KB220896

4백 년 이어져 온 최상의 가훈집

운명을 바꾸어 원하는 대로 살라

[요범사훈了凡四訓 심요心要]

명 원요범袁了凡 저작

정공淨空 큰스님 강술

정인淨仁 허만항 편역

일러두기

1. 《요범사훈》은 중국불교에서 인과의 이치를 소개하고 정토신앙을 홍법하기 위해 널리 유통되고 있는 서적이다.
2. 국내에서는 《요범사훈》이 소개된 이후로 많은 독자로부터 뜨거운 호응을 받아왔다. 이 책에서는 《요범사훈》에 대한 이해의 폭을 넓히기 위해 두 가지 역본을 소개하는 한편, 불교적 시각의 깊은 해석을 소개하고자 한다.
3. 제1부는 요범사훈을 현대어로 쉽게 풀어쓴 요범사훈了凡四訓 어해정편語解精編을 번역하였고, 제2부는 우석음尤惜陰 거사가 주석을 담은 요범사훈 정본을 번역하였다.
4. 제3부는 인광 대사님의 요범사훈 서문에 대해 강술하신 정공 큰스님의 《요범사훈 서문 강기》를 번역하였고, 제4부는 정공 큰스님께서 요범사훈의 핵심적 가르침을 불교적 관점에서 강술하신 《요범사훈 종지》를 번역하였다.

요범게어 了凡偈語

三年學了凡	삼년동안 요범사훈을 배웠더니
眞做得心安	진실로 마음의 평안을 얻었다네.
心安而理得	마음이 평안하여 이치를 얻었고
理得則迷破	이치를 얻어서 미혹을 파하였네.
迷破方看透	미혹을 파하여 진실을 꿰뚫어 보고
看透復看破	꿰뚫어 보고서 다시 간파하였네.
看破自放下	간파함에 저절로 내려놓았고
放下得自在	내려놓아 자재함을 얻었다네.
自在即隨緣	자재하여 곧 인연에 수순하였고
隨緣心清淨	인연에 수순하여 마음이 청정하였네.
清淨念彌陀	청정하여「아미타불」명호를 염하니
彌陀隨時應	아미타부처님 언제나 감응하시네.

"《요범사훈了凡四訓》을 수학하면 마침내 자재하고 청정한 덕성을 얻고 미타정토와 상응할 수 있다. … 《요범사훈》을 불법수학의 기초로 삼아 《요범사훈》과 미타정토의 신앙을 서로 보충하며 서로 성취할 수 있다. 나아가 《요범사훈》의 수학을 통해 정토왕생의 복덕자량을 쌓을 수 있다. 이로써 또한 《요범사훈》의 세간법과 정토신앙의 출세간법 사이를 걸림 없이 원융·상통시킬 수 있다."
_정공 큰스님

목 차

제3부 인광대사 요범사훈 서문 강기

제4부 요범사훈의 종지

[제1부]

요범사훈 어해정편

了凡四訓 語解精編

홍은수洪銀樹 해석

[추천 서문]

진실한 의미를 이해하고 좋은 미래로 걸어가라!

사람의 지식은 두 가지 방면에서 얻을 수 있으니, 한 방면은 선천적인 이성의 총명이고, 한 방면은 후천적인 생활의 경험입니다. 이 두 가지는 모두 도덕을 주요 기초로 삼습니다.

누구에게나 도덕은 각자 자신의 신체, 머리카락과 피부 속에 숨겨져 있습니다. 그것을 발휘하기만 하면 누구나 행복의 문을 두드려 열 수 있습니다. 오늘날 사회학자들은 행복을 건강상으로 문제가 없고, 정신적으로 문제가 없으며, 경제적으로 문제가 없는 상태로 정의합니다. 그러나 그것에 문제가 생겨 그것을 여하히 해결할 수 있는지는 각자의 도덕적 역량에 달려있습니다.

도덕은 삶의 열정을 불러일으킬 수 있습니다. 독서와 관찰, 심사숙고와 학습 및 자기훈련 등 무엇이든 다 이를 통해 자신의 삶을 풍요롭게 할 수 있으면 행복은 더욱더 큰 의미를 지닐 것입니다.

사람은 타오르는 촛불처럼 완전히 연소된 상태에 이르지 않았는데, 때때로 자신의 삶이 머지않아 잿더미로 변해버릴 운명임을 깨닫지 못합니다. 오직 도덕만이 우리 자신의 결말을 깨닫게 할 수 있습니다.

《요범사훈了凡四訓》은 우리에게 이러한 각성을 제공하여 우리가 타오르는 촛불로 진실한 인생을 환히 밝히고 아름다운 미래를 향해 걸어갈 수 있게 합니다.

2006년 8월 30일

홍은수洪銀樹

[들어가는 말]

요범사훈, 운명을 바꾸는 이치를 알 수 있도록 돕는 삶의 보전

자고이래로 보통사람은 운명에 지배되어 자기 마음대로 살아갈 수 없고, 단지 이치에 밝은 사람만이 운명이 그를 속박할 수 없습니다. 이는 곧 "현명하고 이치에 통달한 사람만이 천명에 따라 분수에 맞게 살아갈 수 있다"는 말입니다.

《요범사훈了凡四訓》은 세상 사람 누구나 자신의 운명을 바꾸는 이치를 알 수 있도록 돕는 삶의 보전寶典입니다. 복이 있는 사람은 누구나 이 책을 구해 세심하게 읽으면 자신의 삶에 대한 뜻을 굳건히 세우고 힘써 실천하며, 질병을 치료하고, 빈곤에 떨어지는 온갖 위협과 생활상의 번뇌를 없애며, 나아가 범부를 교화하고 성인의 경지에 이를 수 있습니다.

《요범사훈》은 수신(修身 ; 자신의 몸을 닦음)을 위한 명언을 담은 책으로 이를 통해 누구나 성인이 되고 현인이 될 수 있습니다. 처세의 준칙으로 활용할 수 있고, 온 세상에 재난과 업장을 없앨 수 있어 확실히 자신을 구제하고 다른 사람도 구제하는 최적의 경로입니다.

《요범사훈》「어해정편語解精編」은 그 내용이 뚜렷하게 대중적인 동시에 원저《요범사훈》의 요지를 결코 잃지 않습니다. 독자 여러분은 저마다 이해수준이 같지 않고, 생각이 다를 수 있습니다. 사람마다 견해가 다르다는 관점에서 그것은「자신의 몸을 닦아 자신을 규율하고, 자신의 몸을 편안히 하고 자신의 운명을 세우는(修身律己 安身立命)」道 및「범부를 교화하고 성인이 되어 생사를 뛰어넘고 끝마치는(化凡入聖 超生了死)」이치(理)가 들어있으니, 밝고 밝은 거울과 같아 자신을 환히 비추어 볼 수 있습니다.

그러므로 무릇 선견지명이 있는 사람이라면 누구나 이 책을 읽는 기회를 놓칠 리가 없습니다. 지혜가 있고, 의지와 기개가 있으며, 행동력이 있는 사람과 우주와 인생의 진상을 이해하고, 사회에 봉사하며, 대중을 행복하게 하려는 사람은 이 책을 읽은 후 반드시 누구를 만나든지 이를 소개하고 칭송하여야 옳습니다. 이러한 값진 수확이야말로 이 책이 오랜 세월 동안 널리 퍼질 수 있었던 까닭이고, 오랜 세월 동안 쇠퇴하지 않은 원인입니다.

원요범袁了凡 선생은 한평생 중국의 도교 고전인《태상감응편太上感應篇》의 정화精華를 받들어 행하였습니다.

서두에서 먼저「운명을 세우는 이치(立命之學)」를 이야기한 까닭은 세상 사람들이 분발하여 날로 향상하고 중도에 포기하지 않도록 격려하기 위함입니다. 왜냐하면 자신의 명운命運에 대한 천문 기수氣數가 비록 자신이 전생에 지은 업인業因으로 말미암아 이미 정해져 있을지라도 명운의 좋고 나쁨은 오히려 이번 생의 심성 상태를 따라 시시각각 변화되기 때문입니다. 그래서 서두에서 운명을 세우는(立命) 이치로써 그 종지宗旨를 밝혔습니다.

이어서 제2편에서는 「잘못을 고치는 법(改過之法)」을 말합니다. 왜냐하면 보통사람은 누구나 스스로 잘못이 없는 사람이라고 생각하여 잘못을 고치고 선을 행할 줄 모릅니다. 잘못을 고칠 줄 모르는 사람은 바닥이 새는 용기와 같아 아무리 선을 행하여도 아무런 효과를 거둘 수 없습니다.

여러 죄악을 고치지 않으면 온갖 선을 봉행하여도 공덕과 죄과(功過)가 서로 상쇄되어 아무것도 하지 않는 것과 같습니다. 만일 여러 죄악을 고치지 않고, 대략 몇 가지 선행만 실천하면 온갖 화가 닥쳐올 뿐, 복은 찾아오지 않을 것입니다. 그래서 잘못을 고치는 것은 운명을 창조함에 착수하는 공부이니, 제2편에서는 「잘못을 고치는 법(改過之法)」을 배치하였습니다.

잘못은 고칠 줄 알지만, 선행을 실천하는 이치를 이해하지 못해도 헛수고이고 무익합니다. 그러므로 제3편에서는 이어서 「선행을 쌓는 길(積善之方)」을 이야기하여 선행을 실천하는 이치와 방법을 남김없이 분석합니다.

선행을 쌓은 방법을 처음 배워서 선을 행하는 사람은 가난한 사람이 갑자기 벼락부자가 된 것처럼 천하를 만만하게 여기고 모든 것을 깔보는 거만한 태도가 생길 수 있습니다. 그래서 마지막 편으로 「겸손의 미덕이 지닌 효험(謙德之效)」에서는 "자만하면 손해를 초래하고, 겸손하면 이익을 본다(滿招損 謙受益)."는 이치를 신신당부합니다. 겸허한 마음을 가지고 선행이 부족할까 두려워하여야 「운명을 세움(立命)」이 효과를 거둘 수 있고 운명창조의 목적에 도달할 수 있습니다.

요컨대 《요범사훈》은 「사훈四訓」이라 말하지만 실제로는 처음과 끝이 일관되고 빈틈없는 순리에 따라 짜여진 「**운명을 세우는 이치**」이니, 확실히 인생의 「지극한 도리를 담은 명언」이 아닐 수 없습니다.

《요범사훈》은 문언문文言文으로써 민간에 전해져왔는데, 그 내용은 비록 대중의 수요에 적합할지라도 보통 평범한 권세문權世文 및 교리를 전하는 서적은 결코 이에 따라갈 수 없습니다. 그래서 급속도로 변해가는 세상 속에서 「과학적 사고, 보통의 이해수준, 바쁜 생활」로 인해 읽기가 쉽지 않으므로 필자는 변변치 않은 식견을 무릅쓰고 삼가 작은 뜻에 의지해 《요범사훈 어해정선語解精編》을 펴내어, 일상생활에서 맞닥뜨리는 난제를 해결하고, 젊은이가 정상적인 인생관을 수립하여 의지할 곳 없이 방황하며 잘못된 길로 들지 않도록 돕고자 합니다.

그대들이 바른 마음을 쓸 줄 알면 신들도 기뻐한다. 그저 마음 가는 대로 따라가서는 안 된다. 항상 몸과 마음을 바르게 하여 살아가는 데 나쁜 일을 하지 말고 마음을 부드럽게 가져야 한다. 그대들의 마음이 하늘도 만들고, 사람도 만들며, 그리고 극락과 지옥도 만든다. 그러므로 마음을 쫓지 말고 항상 마음의 주인이 되어야 한다.

<장아함반니원경>

[제1편]

운명을 세우는 이치

[1] 모든 것이 운명으로 정해져 있어 마음대로 살지 못한다

내가 어릴 적에 아버님께서 돌아가셨다.

어머님께서는 의술을 학습하면 생계를 꾸려갈 수 있고 세상을 제도하고 사람을 살릴 수 있을 뿐만 아니라 기술을 하나 배워서 손에 쥐면 부친의 소원을 완성할 수 있다고 생각하셨다.

그래서 나는 어머님의 뜻에 따라 과거시험을 보아 관리가 되려는 생각을 포기하고, 의술을 배우기로 마음을 고쳐먹었다.

어느 날, 자운사에서 도인의 모습에 위엄 있고 빼어난 신선 같은 노인을 만났는데, 그는 나에게 말하였다. "그대는 관리가 될 운명이오. 내년에 과거에 급제할 것인데 왜 학업에 정진하지 않는가?"

나는 그 원인을 잘 말씀드리고, 또 노인의 존함과 본관, 거처를 여쭈었다.

노인께서 대답하셨다. "나는 성은 공 씨이고, 운남 사람이오. 나에게 《소자황극경세邵子皇極經世》의 정전正傳이 있는데, 천명에 따라 그대에게 전할 차례요."

이에 나는 노인을 모시고 집으로 돌아가 잠시 머물게 하고, 또 상황을 어머님께 아뢰었다.

어머님께서는 나에게 그 어르신을 잘 대접하라고 하시고, 또 여러 차례 노인이 명학命學 리수理數 (천문 기수氣數로 사람의 명운이나 일의 길흉변화를 추단하는 사주명리)를 시험해보았는데, 뜻밖에도 큰일 작은 일, 할 것 없이 모두 잘 맞았고, 정확하였다. 그래서 나는 공 선생의 말을 믿고 독서를 시작하였고 과거시험을 준비하였다.

공 선생은 곧 나를 위해 기수氣數를 일으켜 명운命運을 추산하고서 말씀하셨다. "그대는 동생(童生 ; 공명이 없는 유생으로 수재시험을 보는 사람)이 될 때 현고縣考에서는 14등으로 합격하고, 부고府考에서는 72등으로 합격하며, 제학提學고시에서는 9등으로 합격할 것이네."

다음 해에 이르러 세 곳의 고시에서 정말 모두 합격하였고, 합격한 등수는 확실히 모두 노인의 예언과 일치하였다. 그래서 나는 다시 그에게 나의 평생 길흉화복을 추산해달라고 부탁했다.

공 선생이 나의 운명을 산정算定한 결과, 나는 어느 해에 몇 등으로 합격하고, 어느 해에 늠생廩生 결원을 보충하고, 어느 해에 공생貢生이 될 것이고, 그 후 어느 해에 사천성 지현知縣으로 선발되어 3년 반 재임하면 곧 사직하고 귀향하여 53세, 8월 14일 축시에 내 집 침실에서 마지막 숨을 거둘 것이며, 자식은 없다고 하였다.

그 후로는 무릇 시험에 맞닥뜨릴 때마다 그 시험결과의 석차가 모두 공 선생이 예측한 등수에서 벗어난 적이 없었다.

다만 공 선생은 나의 운명은 91섬 5말의 늠생미廩生米를 수령한 다음에야 공생貢生으로 승진할 것이라 정해져 있다고 산정하였다. 그러나 내가 쌀 71여 섬을 받았을 때 나의 상사가 곧 나를 위해 공생결원 보충(補貢)의 정문呈文을 올리자 나는 마음속으로 공 선생이 예언한 것이 맞지 않은 것이 몇몇 있다고 의심하였다.

그래서 나는 공 선생 예언의 정확성을 의심하여 마침내 공생보충의 정문을 기각할 것이라 미처 생각하지 못했다. 정묘년(1567년)에 이르러 상사가 시험장에서 내가 제출한 불합격 처리된 시험답안이 매우 잘 작성되어 있음을 발견하고서 인재를 차마 매장시킬 수 없어 현관縣官에게 날 대신하여 정문을 올려 정식으로 공생결원 보충직으로 승진시킬 것을 분부하였다. 마침내 수령한 늠생미 식량을 계산해보니, 또한 확실하게 91섬 5말이었다.

이로부터 나는 "관직에 올라 재물이 쌓일 운명이 정해져 있고, 운 트임의 더디고 빠름에는 일정한 때가 있으며, 부귀는 하늘에 달려있고, 생사는 운명에 정해져 있다."는 명리命理와 운수運數를 더욱더 믿게 되었다. 이로부터 인생에 대해 초연하고, 일체를 담담하게 보아 애써 구하려는 생각이 없었다.

[2] 운명은 자신이 만들고, 심상은 마음에서 생겨난다

나는 훗날 연경燕京에 들어가 1년 동안 봉사활동을 하였고, 종일 정좌靜坐수행을 하였지만, 학업에 정진하고 승진을 구하는 노력을 게을리하였다.

남경南京으로 돌아온 후 하루는 서하산棲霞山에 가서 운곡 선사를 방문하였다. 두 사람은 마주 앉은 채 3일 밤낮을 한숨도 잔 적이 없었다. 운곡 선사께서는 나에게 물었다.

"평범한 사람이 성인이 될 수 없고 현인이 될 수 없는 까닭은 모두 잡념 및 욕망에 얽매여 있기 때문이오. 그대는 3일간 정좌한 채 잡념을 일으키지 않았고, 생각이 뒤엉키고 어수선하지 않았는데, 필시 무슨 원인이라도 있소?"

나는 말했다. "공 선생이 산정算定하셨듯이 영욕과 생사는 모두 정해진 운수가 있어 망상을 부려도 아무런 쓸모가 없습니다!"

운곡 선사께서는 말씀하셨다. "무심無心 · 명심明心의 경계에 도달할 수 없으면 음양의 기운에 통제당하는 것을 피하기 어렵소. 음양의 기운에 통제당하면 당연히 정해진 운수가 있다고 말하지만, 평범한 사람 · 세속사람에게만 정해진 운수가 있소. 지극히 선한 사람은 운명이 그를 구속할 수 없고, 지극히 악한 사람도 운명이 그를 구속할 수 없다네. 20년 이래 그대는 운명에 통제당하여 바꾼 적이 없었기에 진실로 일개 평범한 사람 · 세속사람에 지나지 않았지만, 그대는 이제 성현이고 영웅호걸이라고 생각하오!"

말씀을 마치고, 운곡 선사께서는 하하 크게 웃었다!

나는 그에게 여쭈었다. "한 개인의 운명을 바꿀 수가 있습니까?"

운곡 선사께서는 말씀하셨다. "운명은 자신이 만들고, 심상은 마음에서 생겨나며, 화와 복은 정해진 문이 없고 오직 사람이 스스로 초래할 뿐이오. 불교 경전에서도 말씀하듯이 부귀를 구하면 부귀를 얻고, 남녀를 구하면 남녀를 얻으며, 장수를 구하면 장수를 얻으니, 모두 쓸데없는 소리가 아니오. 거짓말은 석가세존께서 세운 큰 범계이니, 성현이 어찌 사람을 속이겠소?"

나는 말하였다. "맹자가 말씀하셨듯이 구하면 얻을 수 있으니, 반드시 자신이 만드는 일이다. 도덕인의(道德仁義 ; 인간 본연의 도덕적 감수성과 사회정의의 실현)는 힘써 스스로 구할 수 있고, 공명과 부귀는 반드시 타인이 상을 줄 때까지 기다려야 하니, 어떻게 해야 구할 수 있겠습니까?"

운곡 선사께서는 말씀하셨다. "맹자의 말씀은 절대 틀리지 않지만, 이는 그대가 잘못 이해한 것이요. 육조 혜능 대사께서 일찍이 말씀하셨듯이, 일체 복전福田은 우리 마음을 떠나 있지 않으니. 진심으로 찾으면 감응하여 통하지 못할 것이 없다 하셨소. 단지 마음속으로 스스로 구하면서 인의와 도덕에 힘쓰면 저절로 타인의 존중을 얻을 수 있고 바깥의 공명과 부귀를 불러올 것이네. 사람 됨됨이가 몸으로 반성하고 마음으로 살펴서 마음에서 구하지 않고, 너무 높거나 멀리 떨어져서 몸 바깥의 명성과 이익을 구하면 설령 모든 노력을 다 쏟아부을지라도 이는 모두 무위로 끝나고 말 것이오."

[3] 하늘이 내린 죄과는 그래도 피할 수 있다

운곡 선사께서 또 물으셨다. "공 선생이 그대의 평생 운명을 예언하였다는데, 도대체 어떠하오?"

나는 그간의 경험을 사실대로 상세히 말씀드렸다.

운곡 선사께서 말씀하셨다. "그대 생각에 자신이 공명을 얻을 것 같소? 자식이 생길 것 같소?"

나는 한참 동안 생각한 후에야 말했다. "그렇지 않습니다. 관료사회의 사람들은 모두 복이 있는 상이지만, 저의 상은 외관이 경박하고, 또한 복덕을 쌓을 수 없을 뿐만 아니라 힘들고 무거운 일을 인내하며 처리하지 못하고, 도량이 좁으며, 자존심이 대단해서 하고 싶은 대로 제멋대로 하고, 언행이 가볍고 함부로 이야기합니다. …… 이렇게 모두 박복한 상이거늘 어떻게 관직을 얻겠습니까!

속담에, 더러운 땅에는 많은 생물이 살고, 맑은 물에는 통상 물고기가 없다고 하였습니다. 저는 지나치게 깔끔을 떨어 결벽증이 되었고, 그 모습이 고독한 상이니, 자식이 없는 첫째 이유입니다. 저는 성미가 거칠고 급하여 만물을 기르는 온화한 기운이 모자라니, 자식이 없는 둘째 이유입니다. 어진 마음으로 사랑함은 만물을 기르는 근본이고, 인정이 없고 매몰참은 만물을 기르지 못하는 인이거늘 저는 줄곧 내 한 몸만 챙길 뿐 자신을 희생하여 남을 위하고 다른 사람과 공감하고 소통할 수 없으니, 자식이 없는 셋째 이유입니다. 그 밖에 말을 많이 하고 원기를 소모하며, 또한 음주를 좋아하고 정기를 소모하며, 또한 밤을 새우고 오래 앉아 있기를 좋아하며, 원기를 기르고 보호할 줄 모르니,…… 이것이 모두 자식이 없는 이유입니다."

운곡 선사께서는 말씀하셨다. "그대가 한 말에 따르면 세상에서 얻지 못할 것 같은 일이 대단히 많거늘 어찌 공명과 자식의 일뿐이겠는가! 세상 사람들은 천백 금의 부를 누릴 수 있는 사람은 천백 금의 복이 있게 마련이고, 굶어 죽을 사람은 굶어 죽는 과보를 받게 마련이오. 이는 모두 각자 자신이 지은 업보에 따라 달려있소. 하늘은 단지 인물에 맞추어서 가르침을 베풀고, 순리대로 올바른 방향으로 이끌 뿐, 조금도 힘을 보태지 않는다. 이는 마치 인체의 경중을 결정하는 것은 그 자체의 무게에 있는 것이지 저울로 무게를 달아 한쪽을 중시하고 다른 쪽을 경시하는 것이 아닌 것과 같은 이치이다.

대를 잇는 일도 마찬가지로 각자 쌓은 덕이 두터운지 가벼운지에 따라 백 세대에 공덕이 있는 사람은 자손 백 세대에 전할 수 있게 마련이고, 십 세대에 공덕이 있는 사람은 자손 십 세대 자손에 전할 수 있게 마련이며, 대가 끊겨 후손이 없는 사람은 조금도 공덕이 없는 사람이기 마련이오.

당신은 이제 자신의 업인이 인생의 길흉화복을 만드는 관건임을 알았으니, 장차 과거시험에 급제하지 못하고 자식을 낳지 못하는 원인에 대해 온 마음을 다해 고치고 쇄신하여야 하오.

인색한 사람은 보시하는 사람으로 바꾸고, 과격한 사람은 온화한 사람으로 바꾸어야 하오. 허위로 꾸미는 사람은 진심을 다하는 사람으로 바꾸고, 교만한 사람은 겸손한 사람으로 바꾸어야 하오. 마음이 들뜨고 조급한 자는 침착한 사람으로 바꾸고, 게으르고 산만한 사람은 근면하고 분발하는 사람으로 바꾸어야 하오. 잔인한 사람은 인자한 사람으로 바꾸고, 각박한 사람은 관용하는 사람으로 바꾸어야 하오.

온 마음을 다해 덕을 쌓고, 온 마음을 다해 용서하면서 자신을 소중히 여겨야 하오. 다른 사람이 자신을 모욕하면 이전의 갖가지 모습은 어제 죽은 것처럼 과거가 되었고, 이후의 갖가지 모습은 오늘 태어난 것처럼 새로이 시작하여야 하오 이렇게 반드시 자신의 병근을 제거하여 인의 도덕을 갖춘 몸으로 새롭게 거듭나야 하오.

혈육의 몸이야 정해진 운수가 있기 마련이지만, 인의 도덕을 갖춘 몸은 하늘을 감동시켜 복을 얻게 마련이오! 《서경 태갑편》에서는 "하늘이 내린 죄과에는 그래도 피할 수 있거니와 자신이 초래한 죄과에는 살아남을 수 없다." 말하였소. 《시경》에서도 "매 순간 잊지 말고 자신의 행위가 천심에 맞는지, 천도에 맞는지 살펴볼 수 있다면 틀림없이 좋은 응보를 얻을 것이다." 말하였소.

공 선생이 그대는 고위관료가 되지 못하고 자식을 낳지 못할 것이라 예언하였는데, 비록 하늘이 내린 죄과이지만 그래도 피할 수 있소. 그대가 덕행을 확충하여 음덕을 널리 쌓고 선한 일을 많이 한다면 자신이 지은 복이니, 효과가 없을 이치가 있겠는가? 《역경》의 첫째 장에서는 길한 일로 나아가고 흉한 일을 피하는 이치에 관해 이야기 하고 있소. 만약 운명은 바꿀 수 없다고 말하면 길한 일 또한 어떻게 얻을 수 있겠는가? 흉한 일 또한 어떻게 피할 수 있겠는가? 《역경》의 곤괘에서는 「선을 쌓는 집안에는 두고두고 경사가 있다」는 말이 있다. 그대는 복이 자손에게 미친다는 이 말을 믿을 수 있겠는가?"

[4] 수신 입명하여 덕을 쌓고 하늘에 기도한다

이로부터 나는 갑자기 단박 깨닫고 운곡 선사의 말씀을 깊이 믿고서 그에게 곧장 절한 후 그의 가르침을 받아들였다. 그래서 지난날에 저지른 죄과를 부처님 전에 전부 털어놓고 참회한 후 먼저 과거에 급제하길 구한 후 삼천 가지 선한 일을 하여 천지신명과 조상이 길러주신 은덕에 보답하겠다고 발원하였다.

운곡 선사께서는 또한 날마다 행한 일을 모두 《공과부功過簿》에 하나하나 기록하되, 잘못이 있으면 공과를 상쇄하라고 일러주셨다. 게다가 《준제주》를 지송持誦 · 지념持念하여 효과가 생길 수 있길 기약하라고 가르치셨다.

그는 또 말씀하셨다. "부적 전문가가 말하길, 「부적을 그릴 줄 모르면 귀신의 비웃음을 산다」 하였소. 부적 그리기와 주문 지송은 그 취향은 다르지만, 똑같이 기교의 미묘함이 있소.

붓을 잡고 부적을 그릴 때 반드시 조금도 생각이 일어나지 않고 티끌 하나에도 물들지 않을 정도로 마음을 가라앉혀야 하오. 이렇게 마음이 멈춘 물과 같고 맑게 갠 하늘과 같은 곳에 이르러 종이에 한 점을 찍으니, 이를 혼돈상태의 원기라 하오. 이로부터 단숨에 써 내려가 일필에 부적을 완성하여 마음속에 어떠한 잡념도 일지 않으면 이러한 부적은 영험하기 마련이네.

다른 사람과 어울려 세상을 살아가면서 무릇 하늘에 기도하고 운명을 바꾸는 이치도 이와 마찬가지네. 언제나 어떠한 망상 잡념이 일지 않는 상태에 있어야 인심이 곧 천심이니, 반드시 천지를 감동시켜 복을 얻을 수 있소.

맹자께서는 운명을 세우는 이치를 말씀하시길, "요절과 장수가 다름 아님을 의심하지 않아 자신의 몸을 닦고서 천명을 기다림이 자신의 운명을 세우는 것이다." 하셨소. 보통사람은 요절과 장수, 이 두

가지는 명백히 다른 운명이라고 생각하거늘 맹자께서는 왜 같다고 말씀하시는가? 생각해 보건대, 한 사람이 만일 마음이 욕망에 움직이지 않는 경계에 처하여 어떤 환경을 만나더라도 마음이 편안하고, **살면서 맡게 되는 직책을 잘 수행하면 운명을 필연코 착실히 보내게 되거늘, 여전히 무슨 요절과 장수의 분별이 있겠는가?**

좀 더 자세히 말하면 모름지기 풍작과 흉작, 빈궁과 부유, 궁함과 통함, 존귀와 비천 …… 모두 마음에 욕망을 품은 후에 비로소 분별이 생기네. 바로 세상 사람은 마음에 망념을 품기 때문에 감히 현실과 대면하지 못하고 청정한 마음으로써 순경을 처리할 수 없고 선한 마음으로써 역경에 편안할 수 없소. 그래서 생사는 엄중의 두 가지 면으로 변화되고, 일체 길흉화복, 비방과 칭찬, 옳고 그름, 궁함과 통합, 존귀와 비천도 세상 사람을 시달리게 하고, 심신을 불안하게 하여 영원히 편안한 나날이 없게 마련이오.

「자신의 몸을 수양하면서 천명을 기다림(修身以俟之)」은 곧 덕을 쌓아 하늘에 복을 비는 일이오. 사람이 자신의 몸을 닦고 성덕을 기를 수 있다면 순경 역경의 현실에도 편히 지내고 언제나 조금도 헛된 생각이 나타나지 않는 「마음을 거울처럼 삼아 자신을 비추는(明心似鏡)」 경지에 이를 수 있고, 「본래의 맑고 깨끗한 근원으로 되돌아가 본래면목을 회복하는(返本還原 歸根復命)」 경계에 이미 멀지 않았소. 이것이 곧 진실한 학문이오.

아직 「무심無心」의 경지에 도달하지 못한 사람은 시시각각 《준제주》를 지송하여 그 지송이 완전히 무르익었을 때 지송하고 있지만 지송함이 없고, 지송하지 않아도 지송함이 있어 생각이 움직이지 않는 경지에 이르러야 주문 지송이 영험할 것이오.”

그래서 나는 별호를 「학해學海」에서 「요범了凡」으로 바꾸어 운명을 세우는 이치를 깨닫고서 세속 범부의 상투적인 형식에 떨어지지 않음을 기념하였다.

[5] 운명은 상수에 있지 않아 선하면 얻는다

그 후로 시시각각 조심하고 신중하게 행동하였고, 예전과 달리 도리를 거스르지 않아 마음이 편안해졌다. 종전에는 늘 방탕하고 우울하며 어찌할 바를 몰랐는데, 여기에 이르러 전전긍긍 조심하고 신중한 모습으로 바뀌었고 설사 어두컴컴한 방에 있을지라도 언제나 천지 귀신에게 죄를 짓지 않을까 때때로 경계심을 더하고 나를 욕하고 헐뜯는 사람을 만날지라도 담담히 대처하고 따지지 않았다.

다음 해 연경에 있는 예부禮部에 가서 과거시험을 보았다. 공 선생이 3등으로 합격할 거라고 추산하였는데, 오히려 1등으로 합격하였다. 공 선생의 예언이 효험을 잃기 시작해 가을 거인擧人 고시에 예상을 벗어나 합격하였다.

그러나 냉정히 검토하면 여전히 마지못해 수양한다고 느꼈다. 예컨대 선을 행할지라도 철저하지 못하여 혹 남을 구제해야 할지라도 마음속으론 의심이 들었고, 혹 몸으로는 선을 행할지라도 입으로는 말을 가리지 않았으며, 혹 평소에는 절개를 지킬지라도 술에 취한 후에는 방탕하여 자제력을 잃었다. 공덕을 쌓아 이를 만회하려고 해도 유명무실하였다.

그래서 기사년(1569년) 이래 **십여 년이 지나고서야 삼천 가지 선한 일을 비로소 해내었다.** 다음 해 고향으로 돌아와 곧 불당에 나아가 회향 기도를 올리고 다시 자식을 구하는 발원을 하였고, **다시 삼천 가지 선한 일을 행하여 이번 생의 잘못에 속죄하겠다고 약속하였다. 마침내 신사년, 거의 1년이 지나서 사내아이를 낳았다.**

나는 선행을 하나씩 행할 때마다 붓으로 기록하였지만, 네 모친은 글자를 몰라 선행을 하나씩 행할 때마다 거위 털 대롱으로 달력에 붉은 원을 찍었다. 예컨대 가난한 사람에게 물건을 보시하여 구제하거나 위급한 재난에 처함 사람을 도왔고, 산목숨을 사서 방생하기도 하였다. 때로는 하루에 붉은 원 십여 개를 찍기도 했다! **이렇게 계속 선을 행하고 덕을 쌓아 이년의 시간 만에 삼천 가지 선한 일을 완료한 후 다시 불당에 가서 회향 기도를 올리고 다시 진사進士 합격을 발원하고 다시 선한 일 일만 건을 행하기로 약속하였다.**

삼 년이 지나고서 나는 진사 시험에 합격하여 보지현寶坻縣의 현감이 되었다. 나는 공격부空格簿 한 권을 준비하여 「치심편治心編」이라 이름하고, 이를 문지기에게 분부하여 탁자 위에 두고 날마다 행한 선한 일을 꼭 등록하게 하였다. 밤이 되면 정원에 향로 탁자를 차리고, 천지신명에 기도를 올렸다.

네 모친은 내가 행한 선한 일이 많지 않음을 볼 때마다 언제나 염려하는 마음으로 말하였다. "제가 이전에 고향에 있을 때는 당신을 도와 선을 행하였기에 삼천 가지 선근을 빨리 완성할 수 있었지만, 관청에서 머무는 동안은 행할 수 있는 선한 일이 없으니, 언제 일만 가지 선한 일을 행하겠다는 발원을 달성하여 공과를 완성할 수 있을까요."

어느 날 밤 꿈에 신령이 앞에 나타나서 일러주었다. "그대가 백성의 농지세를 줄여 거두라고 명령만 내리면 이 한 가지 일로 일만 가지 일을 벌충하여 공과를 완성할 수 있을 것이네."

원래 보지현의 농지세는 매우 높아 묘마다 본래 2할 3푼 7리(23.7%)의 조세를 납부해야 했다. 나는 즉시 1할 4푼 6리(14.6%)로 줄이는 계획을 세웠지만, 마음속에는 여전히 이 한 건의 일을 한다고 어떻게 만 가지 선행을 완수할 수 있을까? 의심이 들었다.

그때 마침 환여幻余 선사께서 오대산에서 오셨다. 나는 꿈속의 일을 말씀드리고, 가르침을 청하였다. 선사께서 이렇게 말씀하셨다. "단지 진심으로 선을 절실하게 행하기만 하면 한 건의 선한 일로 일만 건의 선한 일을 완수할 수 있거늘 하물며 **전체 현의 조세를 감면하면 천만 백성이 복을 받지 않겠는가! 당연히 한 건의 선한 일로 만 가지를** 완수**하기에 충분하네.**" 이에 나는 녹봉을 기부하였고, 선사께 오대산으로 돌아가실 때 나를 대신하여 일만 분의 스님에게 공양하여 성심을 표하고 발원 공덕을 회향해달라고 청했다.

공 선생은 내가 53세에 반드시 죽을 것이라고 예언하였다. 내가 이 일을 위해 기도하거나 수명을 늘리는 일을 발원한 적이 없었지만, 그 해 끝내 아무런 병도 없이 편안하게 지내고서 지금 이미 69세가 되었다.

《서경》에 말하였다. "하늘의 길은 좀처럼 파악하기 어렵고, 사람의 운명은 상수가 없다." 또 말하였다, "운명은 상수에 있지 않다."

이는 모두 일리가 있는 말이다. 이른바 운명의 말은 실제로는 말할 수 없고, 또한 고정불변한 것이 아니다.

이로부터 나는 깊이 알았다. "무릇 인생의 화와 복은 오직 하늘이 결정한다고 말하면 세속의 범부이다. **한 사람의 화와 복은 마음에 의지해 결정하고 몸을 편안히 하여 명을 세울 수 있다고 말하면 성현·호걸이다.**"

[6] 겸손한 군자는 덕을 기르고 도를 닦는다

요컨대 사람의 운명을 모를지라도, 팔자에 입신출세할 때를 만나면 곤궁한 세월을 보내는 심경으로 세상에 처하며, 순조로운 경우를 만나면 어긋나는 것 같이 신중하게 여기며, 풍요한 시기를 만나면 궁핍한 시기와 같이 절약하며, 다른 사람에게 옹호와 추대를 받으면 의기양양하지 말고 전전긍긍 두려워하며, 가문의 명망이 높으면 우쭐거리지 말고 비천하다고 생각하며, 학문이 높고 깊으면 예의와 겸손으로 대하고 물어보는 것을 부끄럽게 여기지 말아야 한다. 이렇게 행하여 지녀서 자신의 사욕을 극복하고 본연지성을 회복하면(克己復禮) 도를 얻을 수 있고 덕을 기를 수 있을 것이다.

시시각각 조상의 높은 명망을 지키고, 매일매일 어버이의 죄악과 잘못을 메우며, 위로는 국가사회가 길러준 은혜를 생각하고, 아래로는 가정 자녀의 복지를 도모하며, 타인을 대함에는 위급한 재난을 구제하려는 마음을 늘 품고, 자신을 대함에는 꼭 규율을 엄격히 해야 한다.

매일매일 반성하고, 시시각각 잘못을 꼭 고쳐야 한다. 하루라도 현재 상황에 안주하여 잘못 자신에게 결점이 없다고 생각하고, 자신이 완전무결하여 나무랄 데가 없는 사람이라 생각하면 진보가 없게 된다.

천하에 총명한 사람이 있는 곳에는 다 그러하다. 도덕을 닦지 않고 행실과 공덕을 닦지 못하는 까닭은 일시적인 안일만 꾀하면서 적당히 그럭저럭 지내면서 허송세월하기 때문이다.

운곡 선사께서 말씀하신 입명의 학은 확실히 지극한 이치를 담은 명언이니, 너는 언제나 독송하고 실천궁행하여 한평생 헛되이 보내지 말아야 한다.

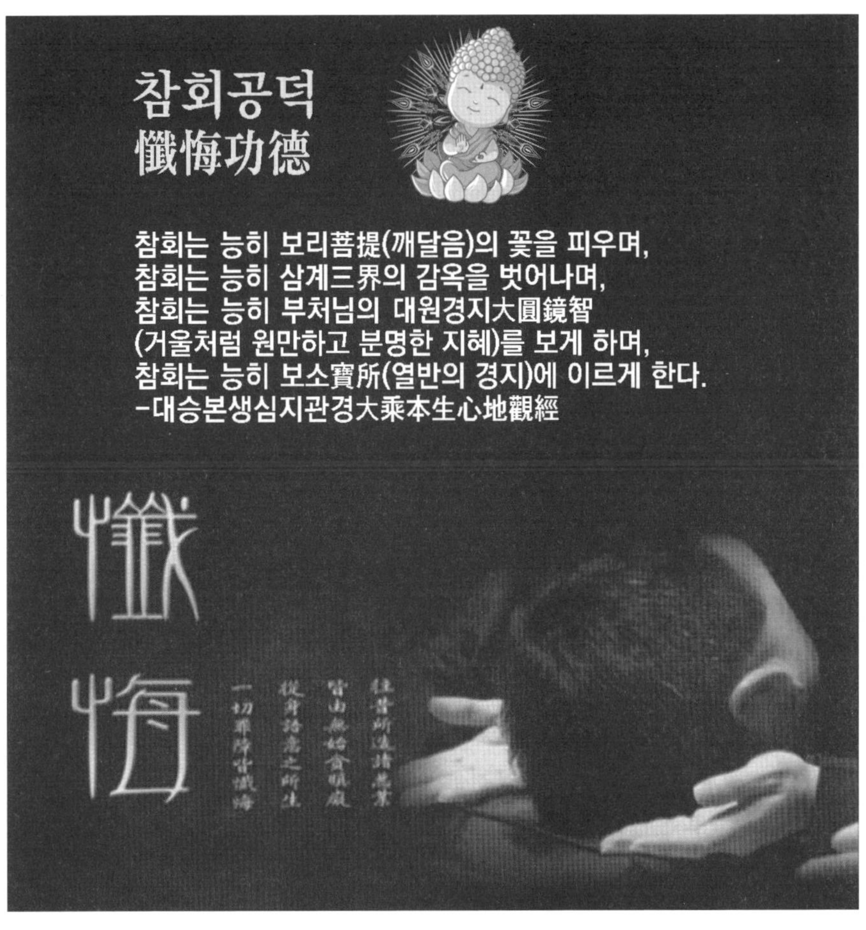
참회공덕
懺悔功德
참회는 능히 보리菩提(깨달음)의 꽃을 피우며,
참회는 능히 삼계三界의 감옥을 벗어나며,
참회는 능히 부처님의 대원경지大圓鏡智
(거울처럼 원만하고 분명한 지혜)를 보게 하며,
참회는 능히 보소寶所(열반의 경지)에 이르게 한다.
-대승본생심지관경大乘本生心地觀經
懺悔
往昔所造諸惡業
皆由無始貪瞋癡
從身語意之所生
一切罪障皆懺悔

[제2편]

잘못을 고치는 법(改過之法)

[1] 잘못을 고치겠다 발심하여야 한다

춘추시대 수많은 사대부는 보통사람의 말과 행동거지를 관찰하기만 하여도 그 사람의 길흉화복을 예측할 수 있었을 뿐만 아니라 대단히 정확하였다. 이러한 일은 《좌전》과 《국어》 등 여러 책에서 매우 많은 기록이 있다.

일반적으로 한 사람의 길흉화복은 마음속에서 발원하여 겉모습으로 표현된다. 예컨대 용모가 인자하고 중후하며 일을 듬직하게 처리하는 사람은 대부분 복을 받을 것이다. 경박한 외모를 갖추고 행위가 경망스러우면 대부분 가까운 시일에 화가 닥쳐올 것이다. 길흉이 정해지지 않은 일과 예측할 수 없는 경우는 절대로 없다.

한 사람이 지닌 심성의 선악은 반드시 천심과 감응한다. 복이 장차 이름은 그 사람의 평온한 심경, 침착하고 자상한 태도로부터 판단할 수 있다. 화가 임박함도 그 사람의 비뚤어진 행위를 발견함에서 얻을 수 있다. 사람이 복을 얻고 화를 피하려면 먼저 어떻게 선을 행할 것인지 이야기하는 대신, 잘못을 힘써 고치면 저절로 선을 향할 수 있다.

잘못을 고치는 방법에 대해 말하면 「염치를 아는 마음(羞恥心)」이 첫째 요소이다.

생각건대, 고대의 성현들도 우리와 같은 사람이거늘 어찌 그들은 명성을 자손만대에 남길 수 있었는데, 우리는 이름이 알려지지 않고 심지어 몸도 망치고 이름도 무너지겠는가? 만약 사람이 성색聲色과 명리名利를 탐내고, 자기 마음대로 남몰래 면목 없는 짓을 하면서도 남들이 볼 수 없다고 생각하고, 우쭐하여 자신을 대단하게 여기면서 조금도 부끄럽지 않다면, 점점 사람 탈을 쓴 짐승이 되면서도 스스로 알지 못할 것이다! 세상에 더 이상 이런 행위보다 더 수치스럽고 부끄러운 것은 없다.

맹자께서 말씀하셨다. "부끄러워할 줄 앎이 사람에게 미치는 영향은 매우 크다. 부끄러워할 줄 알면 곧 성현이고, 부끄러워할 줄 모르면 도대체 무엇인가? 반드시 의심할 바 없이 짐승이다. 잘못을 고치는 관건은 이 일념의 순간에 있고, 사람이 짐승과 다른 까닭도 그 일념의 차이에 있을 뿐이다."

잘못을 고치는 둘째 요소는 「삼가고 두려워하는 마음(敬畏心)」을 가져야 한다.

천지 귀신은 속일 수 없다. 사람이 곧 아주 조금이라도 잘못을 저지를지라도 천지 귀신은 매우 또렷이 알 수 있다. 중대한 잘못을 저질렀다면 하늘이 온갖 재앙을 내릴 것이고, 작은 잘못을 저질렀다면 여전히 현세의 복보에 손해를 미치게 되거늘 천지 귀신을 두려워하지 않을 수 있겠는가?

한 사람이 곧 은밀한 암실에서 생활하여도 천지 귀신은 마찬가지로 한눈에 훤히 알고, 빈틈없이 감추고 매우 교묘하게 해낼지라도 자신의 양심을 숨기고 자신을 속일 수 없다. 만에 하나라도 결점이 드러나면 크게 망신을 당할 것이다. 그래서 반드시 삼가고 두려워하는 마음을 가져야 한다.

한 사람이 숨이 아직 남아 있는 한, 하늘까지 닿을 정도의 큰 죄악일지라도 모두 회개할 기회가 있다. 옛날 한평생 악행을 일삼은 사람이 임종 전에 뉘우치고 자각하여 선한 원을 발하였고 편안한 죽음을 맞이하였다. 그래서 "백정의 칼을 내려놓으면 즉시 성불한다." 하였다. **일념의 순간에 용맹한 생각을 가질 수 있다면 백 년간 쌓인 죄악을 씻어낼 수 있다.** 마치 천 년의 깊숙한 골짜기와 잠긴 동굴에 등불 하나를 비추면 천 년의 어둠을 다 제거할 수 있는 것과 같다. 그래서 "과실은 대소를 막론하고, 고칠 수 있음을 중요한 관건으로 삼을지라." 말한다.

그러나 인생은 무상하고 육체는 쉽게 무너진다. 만약 호흡이 멈출 때 이르면 잘못을 고치려고 해도 이미 늦다. 나타나 보이는 명明의 응보는 이 세상에서 수만 년 동안 악명을 남겨서, 효자와 현손이 씻고 싶어도 씻어낼 수 없다. 보이지 않는 암暗의 응보는 저세상에서 지옥에 떨어져 영원히 고통을 받아야 하니, 성현 · 신선이나 불보살도 구해낼 수 없거늘 어찌 이러한 응보를 두려워하지 않을 수 있겠는가?

잘못을 고치는 셋째 요소는 「나아가려는 결단력과 용맹심(勇氣與決心)」을 가져야 한다.

잘못을 고칠 수 없는 까닭은 단지 적당히 얼버무려 큰일을 그르치기 때문이다. 만약 분발 향상을 도모할 수 있다면 즉시 결단을 내려야 한다. 사소한 잘못을 저지르는 경우 살이 가시에 찔렸을 때 서둘러 뽑아버리듯이, 큰 잘못을 저질렀을 경우 손가락이 독사에 물렸을 때 서둘러 손가락을 잘라버리듯이, 주저하지 말고 기다리지 말아야 한다. 《역경》에서 「풍뢰익風雷益」 괘에서 말씀하듯이 "바람 불고 천둥이 치니, 이익이다." 허물을 고침에 용감하고 선으로 옮아감에 신속하면 반드시 공덕을 이룰 수 있다.

만약 한 사람이 염치를 아는 마음, 삼가고 두려워하는 마음, 나아가려는 결단력과 용맹심의 세 가지 마음을 갖추어 잘못을 알아 고칠 수 있다면 마치 봄철에 햇살에 얇은 얼음이 녹듯이 어떠한 걱정도 반드시 사라질 수 있다!

[2] 잘못을 고치는 방법(改過方法)

보통사람이 잘못을 고치는 방식에는 세 가지가 있으니, 첫째 잘못을 범한 사실로부터 고치는 방식이 있고, 둘째 그 가운데 이치를 인식함으로부터 고치는 방식이 있으며, 셋째 마음으로부터 고치는 방식이 있다. 각각에 기울인 노력이 다르고, 그것을 통해 얻는 효과도 다르다.

예컨대 어제 살생을 하였다면 오늘부터 더 이상 살생을 하지 않겠다고 서원한다. 만약 어제 몹시 성을 내었다면 오늘부터 마음을 가라앉히고 반성한다. 이는 잘못을 범한 사실 그 자체로부터 고치는 방식이다. 그러나 이는 단지 행동상으로 마지못해 억누를 뿐, 병의 뿌리는 제거하지 못하고 근본적인 방법은 아니다.

이에 비해 이상적으로 잘못을 고치는 방법은 이치에 따라 잘못을 고치는 것이다.

예컨대 살생의 잘못을 고치고 싶으면 이렇게 생각해야 한다. "하늘은 생명을 사랑하는 덕이 있으니, 갖가지 중생들은 모두 자신의 생명을 아끼거늘 만약 저들을 죽여서 자신의 몸을 보양한다면 어찌 마음이 편안할 수 있겠는가? 게다가 저들을 도살하여 칼로 잘라 낼 뿐만 아니라 솥에 넣고 튀기고 삶으니, 온갖 고통을 겪어 반드시 골수에 사무칠 것이다.

건강에 이르는 길은 무엇보다 자신의 원기를 운행하고 조화시킴에 있는 것이지, 물건의 소중하고 진귀함에 있는 것이 아니다. 설령 산해진미를 먹었다고 해서 반드시 몸을 보양할 수 있는 것은 아니다. 채식으로도 굶주린 배를 채울 수 있거늘 구태여 자신의 배를 시체 처리장으로 만들 필요가 있겠는가! 자신의 복을 깎아내리려는가?"

또 생각해 보아야 한다. "피와 살이 있는 부류는 영성을 지니고 있고, 사람과 한 몸이다. 설령 품성과 덕행을 수양하여 저들이 우리를 친근히 따르고 바칠 수는 없을망정, 어찌 다시 동물의 생명을 죽여서 저들이 우리와 원한을 맺고 한을 품게 만들 수 있는가?"

이러한 이치를 생각하면 육식에 대해 마음이 아픈 생각이 드니, 차마 고기를 삼킬 수 없고, 나아가 감히 살생할 수 없을 것이다.

또 거칠고 급한 성격을 고치고 싶다면 마찬가지로 이렇게 생각해야 한다. "사람은 생김새가 같을 수 없고, 각자 장점도 있고 단점이 있어 완전무결한 사람은 없으니, 서로 배려하고 타협하여야 한다.

설령 나와 잘 맞지 않고 서로 방해만 될지라도 아무런 손해가 없거늘 무슨 화낼 일이 있겠는가!"

또 이렇게 말한다. "세상에 자신을 옳다고 여기는 사람치고 호걸은 없고, 또한 하늘을 원망하고 남을 탓하는 사람치고 수양법(학문)이 없거늘 어떻게 다른 사람에게만 요구하고 자신에게 요구하지 않을 수 있겠는가? 일상생활에서 마음에 들지 못한 일이 생기는 것은 자신의 덕행을 닦지 않고 함양이 모자라기 때문이다. 반드시 다시 반성을 구해야 한다. 만약 누군가 나에게 헐뜯는 소리를 하면, 그것은 나를 연마하고 성취시킬 것이다. 따라서 헐뜯는 소리를 환영할 겨를도 없거늘 왜 화를 내겠는가?

또 헐뜯는 소리를 듣고서도 화를 내지 않을 수 있다면 하늘로 치솟으며 타오르는 불길처럼 헐뜯는 소리도 마침내 저절로 꺼지고 말 것이다. 만약 헐뜯는 소리를 듣고서 화를 내면 온갖 방법을 다 생각해내어 변론할지라도 마침내 누에가 고치를 지어 자신을 속박하는 것처럼 치욕을 자초하고 말 것이다. 하물며 화를 내면 아무런 이익이 없을 뿐만 아니라 오히려 손해만 있을 것이다. 기타 아직도 갖가지 잘못이 있다면 모두 이러한 유추에 따라 세세하게 사고하여 이치를 분명히 이해할 수 있으면 잘못이 더 이상 생기지 않을 것이다.

무엇을 마음으로부터 잘못을 고침이라 하는가? 일반적으로 말해 우리가 저지르는 잘못은 비록 그 종류가 몇백 가지가 있을지라도 근원을 끝까지 캐면 모두 마음으로부터 일어나는 것이다. 만일 마음으로부터 생각을 움직이지 않아 사리사욕이 없다면 잘못이 있을 리 없다.

명성을 좋아하거나 이익을 좋아하거나 여색을 좋아하거나 재물을 좋아하거나 화내기를 좋아하거나 이러한 여러 잘못에 대해 이렇게 검토할 필요는 없다. 다만 일심으로 선을 행하여 바른 기운이 모이기만 하면 저절로 그릇된 생각에 조금도 물들지 않을 것이다. 마치 태양이 하늘에 떠 대지를 두루 비추면 모든 요괴들이 사라지는 것과 같다. 이것이 곧 가장 순수한 마음을 닦아 잘못을 고치는 진수를 전수함이다!

사람의 잘못은 마음으로부터 생겨나기 때문에 또한 마음으로부터 닦아 고쳐야 한다. 마치 독 있는 나무를 베어낼 때 먼저 그 뿌리를 잘라버리면 반드시 가지와 입이 다 떨어지거늘 가지를 하나하나 쳐내고 잎을 하나하나 따내느라 수고할 필요가 있겠는가?

잘못을 고치는 가장 좋은 방법은 마음을 닦아 마음을 그 자리에서 청정하게 하는 것이다. 망념이 움직이기 시작하면 즉시 알아채고 곧장 이를 중지하면 더 이상 잘못이 생겨나지 않는다.

만약 이러한 매우 심오한 경계에 도달할 수 없다면 오직 잘못을 범한 이유를 잘 알아 이를 고쳐야 한다. 또 이렇게 할 수 없다면 부득이 일에 따라 잘못을 저지르지 못하도록 금하여야 한다. 마음을 닦는 공부와 잘못을 범한 이유를 이해하고 잘못을 금하는 방식을 병행하는 것이 더 이상 잘못하지 않는 좋은 방식이다. 단지 잘못을 금할 줄만 알아 그 이유를 알지 못하고 마음을 닦을 줄 모르는 것은 우둔한 방식이다.

그런 까닭으로 잘못을 고치고 선을 행하겠다고 발원함에 있어 나를 일깨워주고 독려하는 진정한 친구가 있거나 자신의 잘못을 천지 귀신에게 털어놓고 자세히 살펴주시길 청할 수 있으면 가장 좋다. 밤낮으로 느슨하지 말고 일심으로 참회하길 일정한 시일이 경과하면 반드시 효과가 있을 것이다.

이러한 경계에 이르면 저절로 마음이 후련하고 기분이 상쾌해지면서 홀연히 지혜가 열리거나, 혼란한 환경에 처하여도 마음이 움직이고 산란하지 않거나, 원수를 만나도 화를 내지 않고 오히려 선한 마음이 들거나, 꿈에 검은 것을 토해내는 모습이 보여 마음이 편안하고 상쾌해지거나, 꿈에 성현이 돕고 이끌어주시는 모습이 보이거나, 꿈에 자신이 허공을 날라 다니는 모습이 보이거나, 꿈에 갖가지 당번이나 보배우산이 보이는 등 갖가지 보기 드문 수승한 자취와 미묘한 풍경이 보일 수 있다.

이는 잘못과 죄업을 소멸시키고 선을 행하여 좋은 징조가 있음을 나타낸다. 그러나 이에 매우 만족하여 뽐내고 의기양양해서는 안 된다. 그러면 더 이상 진보를 구하지 않게 된다.

고대의 성인인 거백옥은 20세 때 이미 이전의 옳지 않은 점을 깨닫고 즉시 완전히 잘못을 고쳤다. 21세가 되자 또한 이전에 고치고자 한 잘못을 완전히 고치지 못하였음을 깨달았다. 22세가 되자 21세 때 자신을 되돌아보니, 아직도 꿈속에 있는 것처럼 애매모호하였다. 이렇게 한 해 한 해 보내면서 점차 잘못을 고쳐 나갔다. 이렇게 50세에 이르렀지만, 여전히 지난 49년이 옳지 않음을 깨달았다.

옛사람이 잘못을 고치는 법은 이와 같이 진지하였지만, 우리 같은 범부는 잘못이 고슴도치의 몸에 난 가시처럼 많지만, 차분히 생각해 보아도 여전히 자신의 잘못을 제대로 보지 못하니, 꼼꼼하지 못하고 정신이 없는 사람임에 분명하다.

무릇 죄악이 깊고 무거운 사람은 대부분 심신이 우둔하여 부주의하고 잘 잊어버리거나 걱정할만한 일도 없는데, 늘 대단한 일처럼 마음을 졸이거나 올바른 사람을 보면 창피한 느낌이 들면서 의기소침해지거나 진리의 말씀을 듣고도 기쁘지 않거나 이따금 은혜를 베풀어도 오히려 밉고 원망하는 마음만 든다. 또 엎어지고 자빠지는 악몽을 꾸거나, 심지어 행동이 종잡을 수 없고 횡설수설한다. 이러한 갖가지 현상은 모두 죄를 지었다는 표현이다. 만약 이러한 상황이 생기면 즉시 정신을 바짝 차리고 분발하여 잘못을 고치고 선을 향하여 스스로 잘못되지 않길 바란다.

만일 일체 중생을 이롭게 하면
생사 속에 있어서도 근심 없으리.
생사 속에 있어서도 근심 없으면
그 정진을 이길 사람 다시 없으리.
그 정진을 이길 사람 다시 없으면
그는 곧 갖가지의 신통 얻으리.
만일 그 갖가지의 신통 얻으면
그는 곧 중생들의 그 행을 알리.
-화엄경 '현수보살품'

[제3편]

선을 쌓는 길(積善之方)

[1] 선을 쌓는 집안에는 두고두고 경사가 있다.

《역경》에서 말씀하셨다. "선을 쌓는 집안에는 두고두고 경사가 있다."

고대에 안 씨 집안이 있었는데, 자신의 딸을 공자의 부친에게 혼인을 허락하면서 그의 조상이 얼마나 대덕을 쌓았는지 알아보았을 뿐, 공자 집안이 부유한지 상관하지 않았다. 조상이 대덕을 쌓았다면 그 자손은 필연코 출세하리라 생각하였다.

공자께서 순임금이 효성이 매우 지극하였다고 찬탄하면서 말씀하셨다. "후세 사람들은 종묘에 그의 신주를 모시고 제사를 지냈을 뿐만 아니라 자손들도 그의 덕을 대대손손 유지할 수 있었다." 이는 매우 정확하고 가치 있는 말이다.

과거의 일들로 이를 증명해보겠다. 복건성 공경대부公卿大夫인 양영楊榮의 조상은 대대로 뱃사공을 생업 삼아 살았다. 번번이 폭우가 내리면 재해가 되어 민가를 휩쓸어버릴 때 사람, 가축과 물건이 거센 물살을 따라 떠내려가곤 하였다. 다른 나룻배 선주들은 서로 앞다투어 물건을 건져내었지만, 오직 양영의 증조부와 조부만은 사람을 구하는 일을 중요시하고 물건은 전혀 건져내지 않아 동네 사람들은 그를 바보 멍청이라고 비웃었다. 양영의 부친이 태어날 즈음 가세가 점점 더 부유해지기 시작하였다.

하루는 도인 한 사람이 양씨 집에 와서 말하였다. "그대의 조상은 큰 음덕을 쌓아 자손들이 부귀영화를 누릴 것이니, 그대 조상의 묘를 모처의 용혈 자리로 이장하도록 하시오."

이에 도사가 지시해준 대로 그곳에 이장하였는데, 이곳이 곧 현재의 「백토분白兎墳」이다. 나중에 양영이 태어났고, 그는 20세 과거에 급제하여 관직이 삼공三公에 올랐을 뿐만 아니라 황제는 그의 증조부·조부·부친에게 모두 소사와 같은 관직을 추서하였다. 그의 후손들도 모두 영화가 쇠퇴하지 않고 지금까지도 명망 있는 선비가 많이 나오고 있다.

[2] **베푸는 것보다 더 많은 복을 받는다.**

절강성 은현 사람인 양자징은 처음에는 고을 아전(縣吏)으로 일했는데, 마음가짐이 매우 충직하고 후덕하였으며, 법을 지킴에 사람에게 공정하였다. 한번은 현감이 한 죄인을 처벌하면서 유혈이 낭자하게 매질을 하였는데도 화가 식지 않았다. 그는 무릎을 꿇고 죄인을 위해 현감에게 분노를 거두고 용서를 베풀어주길 청하였다.

그러자 현감이 말하였다. "이놈은 법을 범하였고 도리를 어겼거늘 어찌 이런 놈에게 화내지 말라 하는가?" 그는 현관에게 머리를 조아리며 말하였다. "위정자가 도를 잃어버려 백성들은 마음이 흩어진 지 오래이고, 법률과 도리를 알지 못합니다. 죄상을 신문할 수 있다면 좋을 텐데 이런 사건을 처리하였다고 기뻐할 수도 없거늘,

어떻게 화를 낼 수 있겠습니까?” 현감은 양자징의 말을 듣고서 비로소 화를 그쳤다!

양자징은 집안이 매우 가난했지만, 또한 청렴결백하여 자신을 지키는 사람으로서, 다른 사람이 주는 재물을 전혀 받지 않았다. 죄인이 식량이 모자라는 경우 그는 전력을 다해 구제하였다. 설령 자신은 굶주려도 전혀 아깝지 않았다. 지극한 정성으로 선행을 베풂길 지금까지 중단한 적이 없었다.

양자징은 나중에 두 아들을 낳았다. 큰아들은 이름이 수진守陳이었고, 작은아들은 이름이 수지守址였는데, 각각 남경과 북경의 이부시랑吏部侍郎이 되었다. 큰손자는 형부시랑刑部侍郎이 되었고 작은손자는 사천성의 염헌(廉憲 ; 안찰사)이 되었는데, 모두 다 유명한 대신이었다. 지금의 초정楚亭과 덕정德政도 관운이 형통하였는데, 바로 그의 후손이다.

[3] 생명을 보호하면 좋은 과보를 얻는다.

명나라 영종 때 복건성 일대에서 도적이 난을 일으켰다. 백성들 중에 도적을 따르는 자가 매우 많았다. 조정에서는 복건성 포정사 소속의 사도사謝都事를 파견하여 동쪽 길의 도적무리를 찾아내어 붙잡아 사살하라고 명령하였다. 그러나 사도사는 마음이 매우 인자하여 무고한 사람을 함부로 죽이는 것을 피하고자 하였다.

그래서 그는 먼저 방도를 세워 도적무리의 명부를 입수하고, 도적무리에 참가한 적이 없는 사람에게 곧 몰래 흰 헝겊으로 만든 작은 깃발을 나누어주고 그들에게 관병이 성에 진입할 때 깃발을 자신의 문 입구에 꽂아 두고 관병이 무고한 사람을 함부로 죽이지 못하도록 경계하도록 알렸다. 이러한 조치로 일만 사람의 생명을 구할 수 있었다. 후에 사도사의 아들은 과거에 장원 급제하여 재상이 되었고, 그의 손자도 탐화探花로 급제하였으며, 가문이 부귀를 누렸다.

또한 복건성 보전 현에 임씨 선비가 있었는데, 그의 모친은 베풀기를 좋아하여 늘 쌀가루를 반죽하여 경단을 만들어 가난한 사람에게 나누어주었다. 누구든지 와서 달라고 하면 수령에 맞게 내주었다.

도인 한 사람이 매번 경단을 예닐곱 개씩 달라고 하길 삼년을 하루 같이 중단한 적이 없었고, 그의 모친도 틀림없이 내어주면서 싫어하는 내색을 표시한 적이 없었다. 도인은 성심으로 사람을 구하는 모습을 알고 그녀에게 말하였다.

"나는 그대의 경단을 3년 동안 먹었는데, 보답할 길이 없어 특별히 와서 그대에게 한 가지 알려주고 싶소. 그대의 집 뒤에 한 자락의 좋은 땅이 있으니, 이곳에 조상묘를 조성하면 관직과 작위를 받는 자손이 한 됫박의 참깨처럼 많을 것이다."

그녀의 아들이 도사의 말대로 매장하자 제1대 집안에서 곧 아홉명이나 과거에 급제하였고, 그로부터 대대손손 끊임없이 출세를 하여 복건 지방에는 지금까지 "임씨 집안사람이 없으면 합격자 발표 방도 붙일 수 없다."는 풍문이 있다.

또한 풍탁암 태사太史의 부친이 학생이었을 때의 일이다. 어느 몹시 추운 겨울날 이른 아침, 학교로 가던 길에 눈이 덮인 곳에 쓰러져

동사하기 직전인 사람을 만났다. 그는 즉시 자신이 입고 있던 두루마기를 벗어서 그 사람에게 입혀 주었을 뿐만 아니라 그를 부축하여 집으로 돌아와 구호하고 치료하여 주었다.

어느 날 저녁에 꿈에 신령이 나타나 알려주었다. "그대가 지성으로 한 사람의 목숨을 구하였으니, 송나라 명장 한기韓琦를 보내어 그대의 아들이 되도록 하겠다." 그 후 탁암琢菴이 태어나니, 기琦라는 별명으로 이를 기념하였다.

[4] 공명정대한 마음을 지닌 사람은 귀신이 흠앙한다.

절강성 태주 응 상서尚書는 중년 때 산속에 머물며 독서를 하였다. 밤에 항상 귀신들이 시끄럽게 소리치며 해를 끼쳤지만, 그는 조금도 두려워하지 않았다. 어느 날 밤 그는 귀신들끼리 이야기하는 소리를 들었다.

"한 부인이 그의 남편이 집을 멀리 떠나 오래도록 돌아오지 않았다. 그녀의 시어머니가 자식이 죽었다고 생각하여 그녀에게 개가하라고 몰아세우는 바람에 내일 밤이면 그녀는 이곳에서 목메어 죽으려고 할 거야. 이로 인해 내가 차지할 자리가 생겨서 세상을 바꾸어 환생할 수 있어."

응 상서는 이 말을 듣고, 즉시 자신의 땅을 팔아 은자 넉 냥을 마련하여 가짜로 남편의 이름으로 편지 한 통을 써서 함께 그녀의 집에 부쳤다. 그녀의 시어머님이 필적이 다름을 발견하고 조금 의심이 들었지만, 계속해서 말하였다.

“편지는 비록 가짜일 수 있지만, 은자를 까닭 없이 사람에게 보낼 리는 없지 않겠는가! 틀림없이 우리 아들이 무사 평안하다고 생각하는 것이 적절하오.”

그래서 더 이상 그녀의 며느리에게 재가를 몰아세울 필요가 없었다. 그 후 그녀의 남편이 마침내 돌아와서 온 가족이 단란하게 지냈다.

응 상서는 그 후 또 귀신들이 하는 말을 들었다. “그대로 두었으면 대체할 사람이 생겼을 텐데, 유감스럽게도 수재 이놈이 내 일을 망쳐버렸군.”

그러자 다른 귀신이 말했다. “그렇다면 너는 왜 그를 찾아 보복에 나서지 않는가!” “안 되네. 옥황상제께서 이 사람의 심지가 선량해서 이미 그에게 장래 저승에서 상서가 되라고 임명하였거늘 내가 어떻게 그를 해칠 수 있겠나?”

응공은 이로부터 더욱 노력하여 하루하루 선을 행하고 덕을 더욱 많이 쌓았다. 흉년으로 기근이 닥치는 때 양식을 기부하여 많은 사람을 재해에서 구하였고, 친척에게 위급한 재난이 생기면 온 힘을 다해 협력하고 도왔다. 뜻대로 되지 않은 일을 만날지라도 외부의 역경을 참고 견뎠으며, 자신의 잘못을 반성하고 하늘을 원망하지도 남을 탓하지도 않았다. 지금까지 그의 자손 중에서 관직을 얻어 복을 누리는 자가 많다!

또 강소성 상숙현의 서식徐栻 봉죽 선생의 부친은 상당히 부유하였는데, 뜻밖에 흉년이 들자 먼저 소작료 징수를 면하여 재난에서 구제할 것을 주창하였고, 또한 자신의 곡식을 나누어서 재난을 당한 사람이

나 빈민을 구제하였다. 어느 날 밤 귀신이 문 어귀에서 외치는 소리를 들었다.

"천번 만번이라도 절대 거짓말은 안 해. 서씨 집안의 수재秀才가 머지않아 거인擧人이 될 거야!"

며칠 밤 계속해서 그치지 않았다. 그 해에 서봉죽이 과연 향시에 합격하여 거인이 되었다. 그의 부친은 그래서 더욱더 선을 행하고 덕을 쌓기를 노력하고 조금도 게으르지 않았다. 예컨대 마을에 다리를 놓거나 길을 포장하는 일, 스님에게 절밥을 공양하거나 많은 사람을 구제하는 일 등 무릇 대중에게 이로운 일이라면 무엇이든 전심전력을 다하지 않음이 없었다.

나중에 또한 귀신이 문 어귀에서 외치는 소리를 들었다. "천번 만번이라도 절대 거짓말은 안 해. 서씨 집안의 거인擧人이 곧장 도당(都堂 ; 감찰관청의 수장)이 될 거야." 서봉죽은 과연 관직이 절강성 순무(巡撫 ; 지방순시, 도찰원 수장을 겸직)가 되었다.

[5] 공평하게 억울한 누명을 감형하여 천심에 합하다.

절강성 가흥의 도강희 선생은 처음 형부에서 주사主事를 맡았을 때 늘 감옥에 머물면서 죄인들의 범죄 상황을 자세히 심문하였는데, 죄가 없이 억울한 누명을 쓴 사람이 적지 않음을 발견하였다. 그래서 도공은 주심관에게 죄상에 대해 간단히 적어 보고하였다.

그 후 법정이 열리자 주심관은 죄상 보고에 따라 죄수들을 심문하였다. 죄가 없는 범인들은 모두 마음을 드러내어 자백하였고 승복하였다. 그래서 죄가 없어 석방된 자가 십여 명이나 되었다. 그때 경성에 사는 백성들은 모두 형부상서가 청렴결백하고 공정하게 처리한다고 칭찬하였지만, 도공은 조금도 공로가 있다고 자처하지 않았다. 그 후 도공은 다시 진정서를 올려 말하였다.

"경성에도 이렇게 억울한 누명을 쓰고 투옥된 백성이 있는 것으로 보아 전국 드넓은 지역의 수많은 백성 중에는 반드시 억울하게 누명을 쓰고 투옥된 사람이 매우 많이 있을 것이오니, 5년마다 감형관을 파견해서 자세히 조사하여 억울하게 누명을 쓴 사람을 감형 석방하는 것이 공평할 것입니다.

황제는 그의 주청奏請을 윤허하였고, 도공도 감형관의 일원으로 파견되었다. 어느 날 밤 도공은 꿈속에서 한 신령을 만났는데, 이렇게 알려주었다. "그대는 팔자에 본래 아들이 없지만, 지금 감형을 주청한 일은 천심에 꼭 들어맞는다. 그래서 옥황상제께서 그대에게 세 아들을 하사하시고, 모두 높은 관직에 올라 많은 봉록을 누릴 것이다." 얼마 지나지 않아 그의 부인이 임신을 하였다. 그 후 계속해서 세 아들을 낳았는데 그 이름이 응훈應塤 · 응곤應坤 · 응준應埈으로 모두 높은 관직에 올랐다.

[6] 호법신장이 자손의 번창을 말하다.

또 가흥 사람 포빙의 부친은 안휘성 지주부池州府의 태수를 맡았다. 일곱 아들을 낳았는데, 포빙은 가장 막내로 평호현平湖縣의 원씨 집안의 사위로 장가갔는데, 나의 부친과 교분이 매우 두터웠다.

그는 비록 박학다식하고 재주가 많았지만 여러 차례 과거시험에 낙방하였다. 그래서 그는 불교와 도교에 마음을 두었다.

어느 날 포빙은 태호太湖 부근으로 유람하면서 우연히 한 시골에 갔는데, 한 사찰이 부서지고 물이 새는 바람에 관세음보살 불상이 비에 흠뻑 젖고 먼지에 더럽혀진 모습을 보았다. 그는 곧 몸에 소지한 은자 열냥을 꺼내어 주지 스님에게 사찰건물의 개축에 쓰라고 주자 주지 스님은 말했다. "돈이 많이 드는 매우 큰 공사라, 그대가 부탁한 염원을 완성할 수 없을 것 같습니다."

이에 그는 다시 몸에 지니고 여행 다니던 귀중하고 값어치가 나가는 옷을 꺼내어 주지 스님에게 주었다. 비록 수행하는 하인의 거듭된 만류에도 불구하고 성심껏 기부하고 싶어서 말했다. "불상이 파손되지 않기만 한다면, 저야 사용할 옷이 없어도 무슨 상관이 있겠습니까?" 스님은 말하였다. "돈과 재물을 내놓는 일도 어려운 일이 아닙니다만, 그대의 경건하고 정성스런 마음은 확실히 얻기 어렵습니다."

사찰이 잘 수리된 후 어느 날 그는 또 부친을 모시고 이 사찰을 찾아가서 하룻밤 머물렀다. 그날 밤 꿈에 호법신장이 앞에 나타나서 감사하며 말하였다. "그대의 자손들은 대대손손 복록을 누릴 것이다." 그 후 공의 아들 포변包汴과 손자 포정방包檉芳은 모두 큰 관직에 올랐다.

절강성 가선 사람인 지립支立의 부친이 형방의 아전으로 있을 때 죄가 없는데도 다른 사람에게 모함을 당해 사형을 선고받은 죄수를 매우 가엾이 여겨 그를 대신해 누명을 씻어달라고 청하였다. 이 죄수는 그의 아내에게 말했다.

"지 선생은 평소 사람을 잘 대하고 특히 나의 처지를 매우 동정하여 나의 억울함을 씻어주길 청하였는데, 나는 무엇으로도 보답할 수 없소. 그래서 내일 당신이 그분에게 시골로 내려오라고 청하여 사건의 내용과 경과를 상세히 설명하고 그에게 당신의 몸을 허락해 달라 하시오! 혹시 기꺼이 이러한 정분을 활용할 수 있다면 나는 목숨을 부지할 수 있을 것이오." 그의 아내는 눈물을 흘리며 남편의 뜻을 받아들였다.

다음날 지 서판이 집에 도착하자 죄수의 아내가 직접 나와서 술을 권하면서 남편의 뜻을 전부 아뢰었다. 지 서판은 죄수의 안배를 받아들이길 거절하였지만, 전심전력을 다해 죄수를 대신해 억울한 누명을 벗겨주었다. 그 후 잘못 판결한 것을 시정하여 죄수는 무죄 석방 판결을 받았다. 죄수가 출옥한 후 부부는 곧 지 서판의 집에 가서 머리를 조아려 절하고서 감사의 말을 하였다.

"공 선생은 대덕으로 실로 보기 드문 분입니다. 저에게 작은 여식이 있어 선생께 보내드릴 테니 소실로 맞아 시중들게 하십시오. 이는 예법상 말이 통할 수 있습니다."

지 선생은 예물을 잘 준비하여 그녀를 소실로 맞아들였다. 그 후에 아이를 낳으니 이름이 지립으로 스무 살에 과거에 급제하여 벼슬이 한림에 이르렀다. 손자인 지고支高와 그 자손들은 대대손손 모두 관운이 형통하였다.

이상으로 각 단락에서 말한 이야기는 비록 사건의 내용과 경과와 방법은 다를지라도 모두 일심으로 선을 행한 실례일 뿐이다.

[7] 선을 행하여도 흥하지 못하고, 악을 행하는데 번성하는가?

선을 쌓는 일을 상세하게 말하면 참된 선과 거짓된 선이 있으며, 단정한 선과 왜곡된 선이 있으며, 숨겨진 선과 드러난 선이 있으며, 옳은 선과 그른 선이 있으며, 치우친 선과 올바른 선이 있으며, 반쪽짜리 선과 원만한 선이 있으며, 큰 선과 작은 선이 있으며, 어려운 선과 쉬운 선의 분별이 있으니, 반드시 진일보한 견해를 가져야 한다. 그렇지 않고 선한 일을 하면서도 그 가운데 담긴 이치를 알지 못하여 왕왕 자신은 선을 행하였다는 인식이 생기지만 실제로는 죄과를 지은 행위이니, 헛되이 고심할 뿐이다!

예컨대 일반인은 "어떤 사람은 선을 행하여도 자손이 흥하지 못하고, 어떤 사람은 악을 행하는데도 가문이 오히려 번성한다." 말하고, "선악의 과보는 마치 그림자가 몸을 따라다니는 것 같다."는 불가의 말은 터무니없는 말이라고 오해한다.

그러나 실제로는 이는 모두 사리를 알지 못해서 옳고 그름, 선과 악의 판단기준이 전도되어 잘못된 관념이 만들어진 것이다. 선악의 응보를 인정할 수 없다는 말은 사람을 속이는 설법이다.

[8] 그 원인은 참된 선과 거짓된 선이 있기 때문이다.

참된 선과 거짓된 선에 관해 말하면, 일반인은 남에게 욕하고 남을 때리며, 재물을 탐하여 닥치는 대로 돈을 버는 것은 악이라 여긴다. 일반인은 남을 공경하고 예의를 갖추어 남을 대하며, 청렴하게 살며 정도를 지키는 것은 선이라고 여긴다.

그러나 실제로 이러한 행위는 모두 반드시 악이지도 선이지도 않다. 우리는 한 걸음 더 나아가 그 행위의 동기와 목적을 이해하여야 무엇이 선인지, 무엇이 악인지 이해할 수 있다.

정확히 말하면 "군중에게 이익이 있으면 남을 때리고 남에 욕하는 것도 모두 선인 셈이다. 만약 자신의 사리사욕을 챙기기 위해서라면 다른 사람을 존경하고, 예로써 다른 사람을 대하여도 악인 셈이다."

남을 위해 처세하고 남을 이롭게 하는 선이야말로 참된 선이고, 자신을 이롭게 하는 선이면 거짓된 선이다. 하겠다고 마음먹은 선행은 참된 선이고, 다른 사람에게 짐짓 보이는 선행은 거짓된 선이다. 대가를 구하지 않고 하는 선은 참된 선이고, 도모하는 것을 품고 하는 선은 거짓된 선이다.

[9] **단정한 선과 왜곡된 선의 분별이 있다**.

무엇이 단정한 선이고 왜곡된 선인가?

보통사람은 매사에 신중하고, 유순하며, 좋은 게 좋은 사람이 선한 사람이라고 생각하지만, 성인은 과감하게 행하고, 용감하게 책임을 지며, 호쾌하고 시원시원하며, 고매한 이상을 추구하는 사람이라야 선한 사람이라고 생각한다. 왜냐하면 신중하고, 연약하며, 개성이 없는 사람은 비록 온 마을 사람들이 그를 좋다고 말하지만, 좋은

게 좋은 사람은 오히려 시류에 따라가며 기개가 없고, 도덕 정신이 없으며, 도의와 용기가 없는 사람이기 때문이다. 이런 추정에 따라 판단해 볼 때 사회에는 여전히 황당무계하고 뒤바뀌며 아이러니한 현상이 매우 많이 발생한다.

요컨대 천지 귀신은 선악의 관념에 대해 모두 성인의 관념과 같지만, 세속의 안목과는 상반된다. 그래서 말한다. 만약 덕을 쌓고 선을 행하려면 결코 세속의 인정에 순응하고, 세속사람의 환심을 사고 세속의 귀와 눈을 가리려고 해서는 안 되며, 반드시 마음속 깊은 곳에서부터 모르는 사이에 감화시켜야 한다. 일심으로 세상을 구할 뿐 세상 사람에게 영합하지 않고, 순수하게 사랑하는 마음으로 사람을 도와야 단정한 선이다.

만약 털끝만큼이라도 세상 사람의 환심을 사려는 마음이 있고, 조금이라도 세상을 원망하고 업신여기는 마음이 있으면 곧 거짓된 왜곡된 선이다.

[10] **숨겨진 덕과 드러난 선도 또한 다르다**.

선에는 또한 드러난 선(陽善)과 숨겨진 덕(陰德)의 구분이 있다.

선을 행하되 다른 사람이 알도록 하는 것은 드러난 선이고, 선을 행하되 다른 사람이 알려지지 않도록 하는 것은 곧 숨겨진 덕이다. 드러난 선은 널리 명예를 얻는 복보만 얻을 수 있을 뿐이고, 숨겨진 덕은 반드시 하늘이 큰 복을 내려주실 것이다.

세상에서 실제보다 지나치게 명예를 누리면 반드시 뜻밖의 화를 당하고 만다. 왜냐하면 명성이 자자한 것은 조물주가 꺼리는 일이다. 명망이 높은 사람은 대부분 헛된 명성만 누릴 뿐 현실적인 공덕은 모자라다. 그래서 명망이 있는 집안이 부당한 처사를 받는 경우가 특별히 많다.

그래서 선인께서는 사람에게 "**실제보다 지나치게 명성을 누리지 않도록 하고 우직함을 지키는 것은 성인이 칭찬하는 바이다**(勿使名過實守愚聖所贊)."

조금도 잘못이 없는데 터무니없이 오명을 뒤집어쓸지라도 참고 견디면서 도덕 수양을 크게 이룬 사람은 자손 대에 왕왕 별안간 크게 번성할 수 있다. 그래서 세속인의 눈으로 보기에는 악인이 번성한다는 말은 살펴볼 만한 가치가 있다.

요컨대 드러난 선과 숨겨진 덕은 드러남과 숨김에 차이가 있을 뿐이다.

[11] **옳은 선과 그른 선은 영향을 논한다.**

이미 선을 행하였는데, 왜 옳은 선과 그른 선이란 말이 또 있는가?

예를 들어 말하자면, 노나라에서는 법률을 제정하여 어떤 사람이 기꺼이 돈을 내어 이웃 나라에 사로잡혀 노예가 된 백성을 속량시키면 정부가 모두 상금을 지불하여 장려로 삼았다.

공자의 제자인 자공子貢은 사람을 속량시켰지만, 장려금을 받으려 하지 않았다. 공자가 이 사실을 알고서 그를 꾸짖었다.

“그대는 틀렸다! 군자는 무슨 일을 하든지 관습과 풍속을 바꿈으로써 행위가 장차 대중의 규범이 되거늘 어떻게 자신의 허영심을 채우기 위해 마음대로 할 수 있겠는가? 현재 노나라에는 부유한 사람은 적고 대부분 가난한 사람인데, 당신이 이렇게 나쁜 선례를 남기면 모두 사람을 속량하여 상금을 받는 것이 체면이 깎이는 일이라고 여기면 나중에 나라에 인민을 속량하는 풍조가 장차 천천히 사라지지 않겠는가!”

또 사례가 하나 더 있다. 자로가 물에 빠진 사람을 구해내자 주인은 소 한 마리를 보내 감사의 인사를 표하였고 자로는 이를 받았다. 공자는 이 말을 듣고 말했다. “이후로 노나라 사람은 기꺼이 물에 빠진 사람을 구조할 것이다.” 왜냐하면 기꺼이 구하고 기꺼이 감사하는 풍조가 점차 조성되기 때문이다.

이상 두 사례는 보통사람의 관념으로 말하면 자공이 상금을 받지 않은 것은 청렴결백한 좋은 일이고, 자로가 선물한 소를 받은 것은 큰 흠이지만, 공자의 견해는 오히려 대중과 달랐다.

그래서 말한다. 무릇 사람이 일할 때 단지 그 행위만 보아서는 안 되고 반드시 그것의 폐단을 보아야 하며, 단지 현재만 보아서는 안 되고 사정의 결과를 보아야 하며, 단지 개인의 득실만 논해서는 안 되고 대중의 영향을 볼 필요가 있다.

현재 행한 일이 선해 보여도 그 결과가 사람을 해칠 수 있다면 선해 보여도 실제로는 선이 아니다. 현재 행한 일이 비록 선하지 않을지라도 그 결과가 대중에게 유익하면 비록 선이 아닐지라도 실제로는 선이다. 이 한 가지 사례를 들어 두루 통할 수 있다. 예컨대 너그럽게 대하거나, 다른 사람을 지나치게 칭찬해 남의 정신과 지혜를 미혹시키거나, 작은 신용을 지키느라 오히려 큰일을 그르쳐서는 안 된다. "작은 아이를 총애하면 큰 화를 기른다." 등은 모두 급히 냉정하게 검토하고 개선하여야 하는 문제이다.

이는 바로 일반적인 보통 세속의 견해로 "좋은 마음에 좋지 못한 보답이 떨어진다(好心被雷親)."고 말하는 원인이다.

[12] **치우친 선과 올바른 선은 결과를 살핀다.**

선에 관해서 치우친 선과 올바른 선이 있는데, 이 또한 어떻게 말해야 하는가?

예를 들어 말해보겠다. 오래전에 여문의공呂文懿公이 재상 직위를 사임하고 귀향하였을 때 마을 사람들은 변함없이 그를 태산과 북두성처럼 우러러보며 존경하고 받들었다. 어느 날, 마을 사람이 술에 취해 한바탕 그에게 욕을 퍼부었지만, 여공은 동요하지 않고 술에 취했다고 생각하여 잘잘못을 따지지 않았다.

한 해가 지난 후 이 사람이 점점 더 나빠져 마침내 사형에 처해지는 중죄를 범하게 되자 여공은 비로소 후회하며 말하였다. "당초 조금이라도 그와 잘잘못을 따져 관아에 보내 징벌하고, 작은 징벌로 충분히 경계할 수 있었다면, 아마도 오늘 이렇게 큰 죄를 재촉하지 않았을 것이다. 이는 모두 나의 당초 마음이 지나치게 중후하여, 권세에 기대어 남을 업신여겨 그를 해칠까 두려워하였기 때문이다!" 이는 선심이 악행을 저지른 사례이다.

또 악한 마음을 품었어도 선한 일을 한 사례를 들어보겠다. 어느 땅에 한번은 기근이 들어 폭도들이 백주대낮에 도처에서 식량을 약탈하였는데, 어느 부잣집에서 이를 관아에 알렸으나 관아에서는 일체 아랑곳 하지 않았다. 이에 폭도들이 더욱 난폭해지고 더욱 격화되어 어쩔 수 없이 폭도를 사사로이 처벌할 수밖에 없었다. 그러자 마을은 비로소 평정을 되찾아 큰 난리를 면했다.

그래서 누구나 다 선은 올바른 것이고 악은 치우친 것이라고 말하지만, 선한 마음으로 행하여도 악한 일이 되면 치우친 선이다. 이는 사람이 세상을 살아가면서 마땅히 지녀야 할 인식이다.

[13] **반쪽짜리 선과 원만한 선은 일심에 근거한다**.

또 반쪽짜리 선과 원만한 선이 있는데, 이 또한 어떻게 이해하여야 하는가?

《역경》에 말하길, "선행을 쌓지 않는다면 좋은 명성을 얻을 수 없고, 죄악을 쌓지 않는다면 목숨을 잃는 재앙을 초래할 수 없다." 마치 물건을 용기에 담아두는 것처럼 부지런히 쌓아두면 원만하고, 태만하게 쌓아두면 원만하지 않다.

옛날 한 여인이 절에 가서 향을 피우고 보시하고 싶어도 가정 형편이 너무 어려워 몸을 샅샅이 찾아 부득이 엽전 두 냥만 시주했지만, 이 절의 주지 스님이 직접 그녀를 대신해 독송하고 참회하며 복을 빌어주었다. 나중에 이 여인은 궁녀로 귀하게 되자 수천 금을 가지고 와서 절에 보시하였으나, 주지 스님은 제자만 보내 대신하게 하였을 뿐이었다.

그래서 그녀는 입을 열어 주지 스님에게 여쭈었다. "예전에는 두 냥만 시주하였어도 스님께서 직접 저를 대신해 복을 빌어주셨습니다. 그러나 오늘 천금을 헌납했는데, 왜 스님께서 기꺼이 복무하지 않습니까?" 고승은 말했다. "예전에 보시는 비록 작았지만, 마음이 진실하여 노승이 직접 수고하지 않으면 보답할 수 없었습니다. 그러나 오늘 보시는 비록 많지만, 마음은 예전처럼 진실하지 않아서 누군가 대신 수고할 사람이 있으면 충분합니다."

이것으로 예를 삼으면, "천금은 반쪽짜리 선이고, 두 냥은 원만한 선이다."

또 옛날 종리鍾離라는 신선이 있었는데, 여동빈呂洞賓에게 쇳덩이를 다루어 황금을 만드는 법술을 전수하면서 이로써 선을 행하고 세상 사람을 구제할 수 있다고 하였다. 여동빈은 물었다. "이렇게 만든 황금은 원래 상태로 돌아가지 않습니까?" 종리 도사가 답했다. "오백년 후 종국에는 다시 철로 복원될 것입니다." 여동빈은 말했다. "이렇다면 오백년 후 사람에게 손해가 아닙니까? 나는 이러한 법술을 배우고 싶지 않습니다." 종리 도사가 말했다. "선도仙道를 수학하려면 먼저 삼천 가지 공덕을 원만하게 쌓아야 하는데 당신의 이 한마디 말로 삼천 가지 공덕을 이미 원만히 달성하였으니, 신선도를 배울 수 있습니다."

그래서 말한다. 선행을 하려면 반드시 진성·자연 그대로의 마음을 내어야만 한다. 나중에 마음속으로 선한 일을 행하였다고 매순간 잊지 않는다면 비록 작은 선행일지라도 공과를 달성할 수 있다. 만약 선을 행하겠다는 의도를 품고 은혜를 베풀어 과보를 바라면 곧 반쪽자리 선일뿐이다.

예컨대 금전과 재물로써 다른 사람을 구제할 때 만약 금전을 보시할 수 있는 나를 마음에 두지 않고, 보시받는 그 사람을 마음에 두지 않으며, 보시할 금전과 재물을 마음에 두지 않아 곧 보시하는 자 · 보시받는 자 · 보시물에 집착하지 않고(三輪體空), 또한 일심이 청정한 경지이면 동전 한 냥이라도 일천 겁 이래 쌓여온 죄업을 없앨 수 있고, 좁쌀 한 말이라도 끝없는 복을 심을 수 있다.

다른 사람에게 베풀었다는 마음을 잊지 못하고, 은혜를 베풀어 과보를 기대하며, 재물을 기부하고서 속이 쓰리다면 곧 황금 만 냥이라도 단지 반쪽짜리 선일뿐이다.

[14] **큰 선과 작은 선, 어려운 선과 쉬운 선은 동기를 살펴야 한다.**

또 선에는 큰 선과 작은 선이 있고, 어려운 선과 쉬운 선이 있다는 이치를 논하겠다.

옛날에 위중달衛仲達이라는 사람이 조정에서 직무를 맡아 관리가 되었다. 한번은 그는 정신이 풀려 저승으로 끌려갔는데, 염라대왕이 사람을 시켜 선악을 기록한 대장을 중달에게 보여주었는데, 악행 기록대장은 정원에 가득 널려 있었지만, 선행 기록대장은 몇 장에 불과하였다. 염라대왕은 또 다른 사람에게 저울을 달게 했는데, 높이 쌓여 있는 악행 기록대장은 이에 비해 몇 장에 불과한 선행 기록대장보다 가벼웠다.

위중달은 호기심이 생겨 물어보았다. “저는 이제 마흔 살에 불과한데 어떻게 이처럼 악행 기록이 많습니까?”

염라대왕이 답하였다. “생각이 바르지 못하면 반드시 저지르지 않아도 이미 죄를 저지른 것이나 마찬가지이다.”

또 물었다. “선행 기록이 어찌 악행 기록보다 무거울 수 있습니까?”

염라대왕이 답하였다. “그것은 조정에서 삼산에 돌다리를 놓는 큰 공사를 계획하였을 때 그대가 올린 상소문이다.”

중달이 말하였다. “제가 상소문을 올렸을지라도 조정에서는 결코 채택하지 않았는데, 어찌 이렇게 무게가 나갑니까?”

염라대왕이 말하였다. “조정에서 비록 채택하지 않았지만, 그대가 품은 일념의 선한 마음이 만백성의 몸에 두루 닿았기에 채택되지 않아도 선한 영향력이 더욱 클 것이다.”

이로써 뜻을 천하에 두어 만백성에 선한 영향력이 미치면 선행이 비록 적을지라도 공덕은 오히려 크다. 만약 뜻을 일신에 두고 선행이 한 사람에게 미치면 비록 많을지라도 공덕은 오히려 적다.

어려운 선과 쉬운 선에 관해서 말하면, 자신의 몸을 닦아 자신의 사욕을 극복하는 것(修身克已)과 마찬가지로 반드시 가장 극복하기 어려운 부분을 먼저 극복하여야 한다. 그러면 작은 잘못도 저절로 저지르지 않게 된다.

예컨대 장시성의 서舒 옹은 2년 동안 글을 가르치면서 얻은 봉급으로 다른 사람의 벌금을 대신 납부해 부부가 흩어지지 않고 단란하게 살도록 하였다.

또 하북성의 장張 옹은 10년 동안 아껴 먹고 아껴 쓰며 저축한 돈으로 다른 사람을 대신하여 채무를 상환하여 그 사람의 처자식을 살려냈다.

강소성 진강의 근靳 옹은 비록 노년에 자식이 없었지만, 차마 가난한 이웃의 어린 딸아이를 첩으로 삼을 수 없었다.

위에서 말한 대로 주머니를 털어 서로 돕고, 다른 사람의 처지를 이해하여 다른 사람을 생각해서 행한 선의 사례는 모두 다른 사람이 하기 싫은 일을 할 수 있음이고, 다른 사람이 차마 하기 어려운 일을 묵묵히 해낼 수 있음이니, 모두에게 소중한 선이다. 이렇게 하기 어려운 선이야말로 가장 소중하고 하늘이 내린 복도 반드시 풍성할 것이다.

돈도 없고 권세도 없는 사람이 선을 행하여 다른 사람을 돕기는 비교적 곤란하지만, 온 힘을 다해 행할 수 있다면 곤란한 상황 속에서 선을 행하는 것으로 그 가치는 더욱 소중하고 얻는 복도 크다.

돈도 있고 권세도 있는 사람은 선을 행하고 덕을 쌓기가 대단히 쉽다. 선을 행하기 쉽다고 행하지 않으면 다시 말해 스스로 해치고 스스로 버리면 이는 속담에 “부유하되 인仁하지 않으면 살찐 돼지와 같다." 말함과 똑같다.

[15] 선을 행하는 미묘한 방식에는 열 가지 측면이 있다.

선을 행하는 이치와 원칙은 위에서 이미 매우 상세하게 말하였다. 아래에서는 인연에 따라 중생을 구제하면서 선을 행하고 덕을 쌓는 방법을 이야기하겠다.

1. 다른 사람과 함께 선을 행한다 함은 무슨 뜻인가?

순임금이 젊었을 때 산동성에서 고기를 잡는 어부들을 보니, 물살이 고요하거나 수심이 깊어 고기가 많은 곳은 모두 젊고 힘이 센 어부들이 앞 다투어 차지하고, 나이가 들고 힘이 약한 어부는 오히려 물살이 세거나 수심이 얕은 곳으로 밀려나 고기를 잡는 모습을 보고서 몹시 상심하였다.

이에 그도 직접 물에 들어가 고기를 잡았는데, 다른 사람이 와서 앞 다투어 잡는 상황을 맞닥뜨리면 그는 일부러 남에게 양보하고 원망하지 않았다. 어떤 사람이 그가 잡도록 양보하여 주면 면전에서 칭찬하고 감사의 말을 전했다. 이처럼 일정 시간 함께 지내다 보니 서로 양보하는 풍조가 형성되었다.

생각해 보라. 순임금은 재능과 지혜로써 어찌 언어를 사용하여 사람을 가르칠 수 없는 이치가 있겠는가? 그는 오히려 말로 가르치지 않고, 오히려 솔선수범하여 모르는 사이에 감화시켜 인심과 사회풍조를 변화시키도록 진실로 각별하게 마음을 썼다.

그래서 말한다. 가능한 한 자신의 장점을 가지고 다른 사람의 약점을 드러내지 말라. 일부로 자신의 선심을 표현하고 다른 사람의 악의를 드러내지 말라. 절대로 자신의 총명·재능과 지혜로써 다른 사람을 조롱하고 괴롭히지 말라.

가능한 한 겸손하게 처신하고, 다른 사람에게 잘못이 있음을 보면 최대한 용서해야 한다. 다른 사람에게 작은 선이 있음을 보고 드러내어 찬양하여야 한다. 그러면 악인에게 일종의 묵시적인 항의를 형성할 수 있지만, 악인의 체면을 망가뜨리지 않고도 악인에게 감히 방종하지 못하게 만들어 잘못을 고칠 기회가 생긴다.

요컨대 염념마다 잊지 말고 대중을 위해 생각하고 진리 원칙을 생각함이 곧 다른 사람과 함께 선을 행함이다.

2. 사랑하고 공경하는 마음을 품는다 함은 무슨 뜻인가?

일반인의 행위를 보면 군자와 소인이 실제로 조금씩 뒤섞여 있어 명확히 분간할 수 없다. 하지만 한 사람의 마음가짐이 바른지 그른지 관심을 둘 수 있다면 군자의 선한 마음과 소인의 악한 마음은 흑백처럼 명백하게 분간할 수 있다. 그래서 말한다. "군자가 소인과 다른 이유는 일념의 차이에 있을 뿐이다." 맹자도 말한다. "사람이 금수와 다른 이유는 얼마나 작은가(人所以異於禽獸幾稀)?"

속담에서는 "같은 쌀이지만 온갖 다른 사람을 기른다(개개인의 사유방식·생활습관·가치관념 등은 서로 다르다)." 말한다. 인간사회에서는 비록 친근한 사람·소원한 사람, 존귀한 사람·비천한 사람, 지혜로운 사람 · 못난 사람, 현명한 사람 · 우둔한 사람의 분별이 있지만, 십인십색 한 몸으로 모두 동포이니, 누구나 다 서로 존중하여야 한다. **뭇 사람을 공경하고 사랑하는 것은 성현을 공경하고 사랑하는 것과 마찬가지다.** 뭇 사람의 입장을 이해하면 성현의 도에 계합할 수 있다.

노자가 말하길, "**성인은 고정된 마음이 없고 백성의 마음을 자신의 마음으로 삼는다**(聖人無常心 以百姓心為心)." 하였다. 사람마다 모두 자신의 본업에 충실하면서 사람들과 잘 어울려 지낼 수 있다면, 다시 말해 분수에 만족하고 자신의 본분을 지키며, 다른 사람을 존중하고 자신을 소중히 하는 것이 곧 하늘을 대신해 도를 행하고, 사람을 공경하고 사랑하는 마음가짐이다.

3. 다른 사람의 선업을 이루도록 도운다 함은 무슨 뜻인가?

일반적으로 말해 사회에서 선한 마음을 지키면서 사는 사람은 비교적 적고, 이리저리 왔다갔다 헷갈리며 사는 사람이 많다. 보통사람은 자신을 지키려고 다른 무리를 배척하는 나쁜 근성이 있다. 그래서 선한 사람은 세상을 살아가는 동안 오직 정도를 지키면서 아첨하지 않고, 밥솥을 부수고 배를 침몰시켜 다시는 돌아가지 않겠다는 용기와 결심을 하지 않는 한 한 발도 세상에 붙이기가 어렵다.

게다가 생각과 행위가 선하고 재능과 명망을 겸비한 사람은 말과 행동이 세상 사람과 다르고, 성격이 시원시원하고 바른 소리를 잘하지만, 계략을 세우는데 서툴고, 가식을 떨어 허영심을 채우는데 서툴다. 그래서 식견이 높지 않은 세속사람은 종종 그들에게 공평하지 못하게 비난을 하여 선한 목적을 달성하지 못하게 한다.

그래서 말한다. 어진 마음을 갖춘 사람과 뜻이 굳건한 사람, 어르신과 군자는 즉시 선하지 않은 풍조를 바로잡고 선한 사람을 도와줌으로써 이들 선한 사람의 공덕을 홍양한다. 마치 옥석을 가공하는 방법처럼 함부로 던져버리면 자갈과 같지만, 가공할 줄 알면 바로 보배이다.

그래서 어떤 사람이 선을 행하는 모습을 발견하고 그 뜻을 칭찬할 만하면 마땅히 방법을 찾아 도움을 주어 다른 사람의 선업을 이루도록 도와야 한다.

4. 다른 사람에게 선을 행하라고 권한다 함은 무슨 뜻인가?

사람은 누구나 양심이 있지만, 인생을 여행하는 동안 혼란에 빠지고 흔들리며, 명성과 이익을 추구하느라 쉽게 타락에 빠지고 만다. 그래서 사람들과 함께 살아가면서 수시로 타인을 훈계하고 일깨워서 미혹을 풀어야 한다.

한유韓愈가 말하였다. "한 때를 두고 사람에게 권할 때는 입으로 하고, 백세를 두고 사람에게 권할 때는 글로 한다." 만약 기회를 보아가며 거기에 맞춰 수시로 대처하고, 사람에 따라 달리 가르침을 베풀며, 사람을 잃지도 않고 말을 잃지도 않을 수 있다면 마치 고민이 해결되고, 악몽에서 깨어나는 것처럼 가장 좋고 가장 실속 있는 일이다.

5. 다른 사람의 위급한 상황을 구해준다 함은 무슨 뜻인가?

사람이 세상에 태어나 모두 실패와 불행과 맞닥뜨리지 않기는 어렵다. 재난을 만난 사람과 맞닥뜨릴 때 마땅히 자신이 재난과 맞닥뜨린 것처럼 온 힘을 다해 도와야 한다. 예컨대 말로 위로하거나 그의 억울함을 풀어주거나 다른 방식으로 구제해 주거나 모두 좋다.

선인은 말하였다. "**은혜는 크기에 있는 것이 아니라 다른 사람이 위급할 때 구할 수 있는 것이 중요하다**." 이는 위급한 상황에서 사람을 구하는 주요원칙이다.

6. 큰 이익이 생기는 사업을 일으키고 건립한다 함은 무슨 뜻인가?

이는 곧 공공시설을 건설하는 일에 협조하는 것이다. 예컨대 수로 제방 교량을 건설하는 사업, 빈곤을 구제하는 사업 등이 그것이다. 돈이 있으면 돈을 내고, 노동력이 있으면 노동력을 제공하는 것이 모두 큰 이익이 생기는 사업에 참여하는 셈이다.

7. 재물을 바쳐야 복을 짓는다 함은 무슨 뜻인가?

불교의 수만 가지 행지行持 중에서 보시를 제일로 삼는다. 베풂(施)은 곧 버림(舍)이다. 현명한 사람은 안으로 육근六根을 버리고, 밖으로 육진六塵을 버리며, 일체 모든 것을 베풀어도 괘념치 않을 수 있다.

보통사람은 당연히 이러한 경계에 도달할 수 없고, 여전히 돈과 재물을 생사보다 더 중요하게 본다. 그래서 인생에서 가장 곤란한 가장 어려운 일인 재물을 베푸는 것부터 시작하여 군생을 이롭게 하고 음덕을 널리 쌓아서 안으로는 이기적이고 인색한 근성을 제거할 수 있고, 밖으로는 다른 사람을 위급한 상황에서 구제할 수 있으면 장차 선행을 닦는데 큰 도움이 될 것이다. 처음에는 마지못해서 한다는 느낌이지만, 차츰 이치대로 되어 만족한 느낌이 들면서 마음이 후련하고 기분이 상쾌해지며 다른 잘못이 사라진다.

8. 정법을 수호하고 지킨다 함은 무슨 뜻인가?

여기서 정법이란 곧 불법이다. 불법은 만물과 만세의 지표이다. 정법이 없으면 천지 만물을 장차 생성 발육 성장시킬 수 없고, 속세와 삼계에서 벗어나게 하기 어려우며, 창생을 유지 보호하고 중생을 구제하기 어렵다.

그래서 무릇 불당 및 사찰이나 경서와 전적을 보면 모두 깊이 공경하는 마음을 품고, 훼손된 것이 없는지 정성을 다해 살피고 잘 정리하여야 한다. 정법을 홍양하여 부처님 은혜를 갚기 위해서 더욱 성실하게 실천하여야 한다.

9. 어른을 공경하고 존중한다 함은 무슨 뜻인가?

이는 곧 부모 형제와 상관, 선배를 존중함을 뜻한다. 무릇 나이가 많고 덕이 높은 사람은 존중받고, 연장자와 상관은 모두 공경 받아야 한다.

어버이를 모실 때는 목소리를 부드럽게 하고 태도를 공손하게 하여 반드시 공경하여야 한다. 사회와 국가에 복무할 때도 하늘이 너무 높고 황제가 멀리 있다고 해서 제멋대로 닥치는 대로 해서는 안 된다. 범인에게 형벌을 내릴 때 마음대로 전횡을 휘둘러서는 안 된다. 이는 모두 음덕과 가장 관계된 것이다. 살펴보건대 무릇 충의忠義를 지킨 가문의 자손은 오래도록 면면히 이어져 번창한다. 이것이 웃어른을 공경 존중하는 이치이다.

10. 생명을 사랑하고 물건을 아낀다(愛惜物命) 함은 무슨 뜻인가?

선인(소동파)은 시를 지어 노래한 적이 있다. **"쥐를 생각해 늘 밥을 남겨 두고, 나방을 가엾이 여겨 등불을 밝히지 않네**(愛鼠常留飯 憐蛾不點燈)." 당연히 보통사람은 이러한 경계를 실천하기 매우 어렵다. 이는 단지 우리에게 반드시 사람이 갖춘 「측은지심惻隱之心」을 지키도록 일깨울 뿐이다. 맹자가 "군자는 푸줏간과 부엌을 멀리하여야 한다." 라고 말한 이유도 사람마다 모두 측은지심을 기르도록 하기 위함이다. 왜냐하면 사람이 세상에 태어나 인仁을 구하는 자는 모두 이 마음을 다하고, 덕을 쌓는 자도 이 마음에 의거하기 때문이다.

그래서 말한다. 사람이 만약 육식을 끊고 계율을 지킬 수 없으면 마땅히 **"자신이 키운 것은 먹지 않고, 죽이는 모습을 본 것은 먹지 않으며, 죽으며 우는 소리를 들은 것은 먹지 않으며, 오직 나만을 위해 죽인 것은 먹지 않는다."** 이 네 가지 고기를 먹지 않는 금계를 실천하여 자비심을 배양하고 복보와 지혜를 늘려가야 한다.

또 말한다. 옛날 사람은 고치를 삶아 면사로 옷을 만들어 입었고,

요즘 사람은 사람을 먹여 살리려고 농사를 지으면서 곤충을 없앤다. 옷과 음식의 근원은 이렇게 모두 측은한 마음을 불러일으킨다. 그래서 한평생 생명을 아끼고 물건을 아끼고 근검절약할 줄 모르면 살생죄의 잘못을 저지르는 것과 같다. 벌레를 손으로 잘못 해치고 발로 잘못 밟는 일은 더욱 흔하다. 모두 수시로 예방하고 가능한 한 피해야 한다.

요컨대 선을 쌓는 방식은 너무나 많아 하나하나 열거하여 진술하기 어렵지만, 이상의 열 가지 방법에 따라 확대하고 실천하면 수만 가지 공덕을 모두 완성할 수 있다.

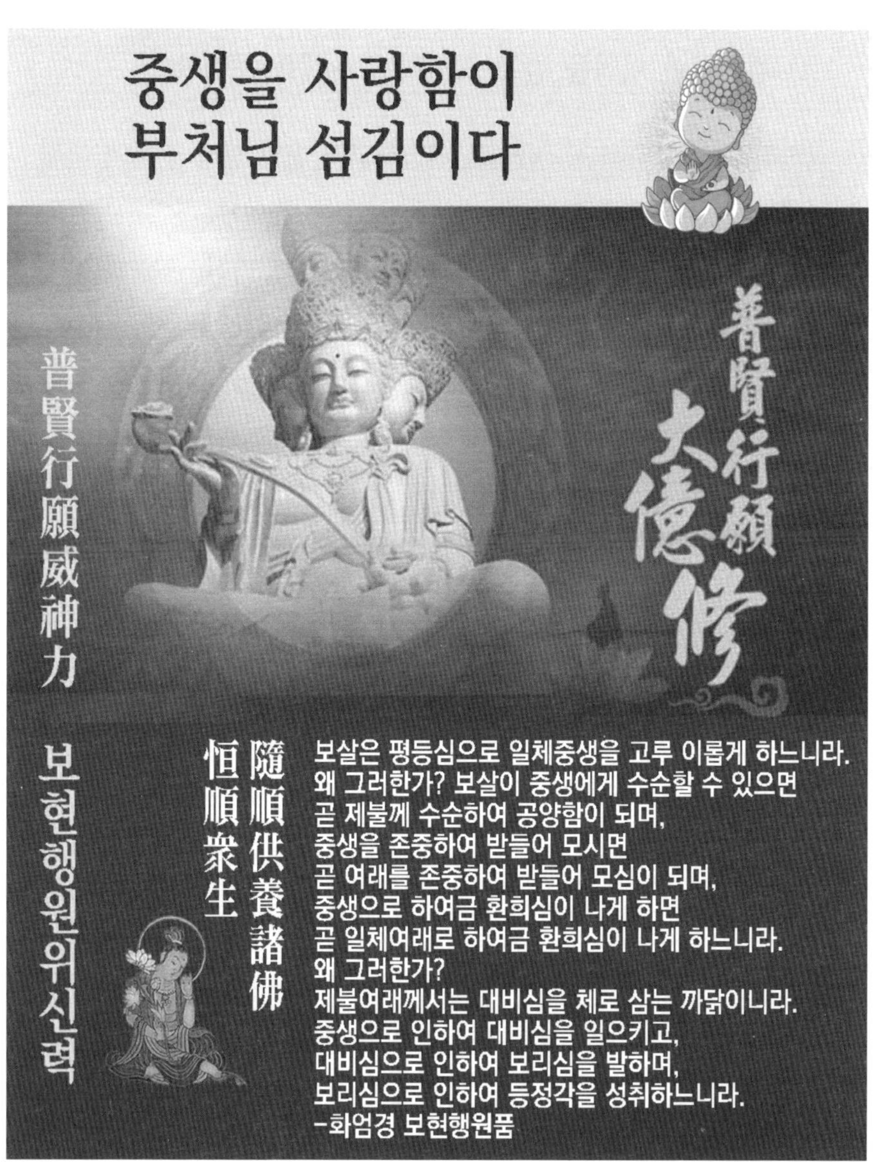
중생을 사랑함이
부처님 섬김이다
普賢行願大德修
普賢行願威神力
보현행원위신력
隨順供養諸佛
恒順衆生
보살은 평등심으로 일체중생을 고루 이롭게 하느니라.
왜 그러한가? 보살이 중생에게 수순할 수 있으면
곧 제불께 수순하여 공양함이 되며,
중생을 존중하여 받들어 모시면
곧 여래를 존중하여 받들어 모심이 되며,
중생으로 하여금 환희심이 나게 하면
곧 일체여래로 하여금 환희심이 나게 하느니라.
왜 그러한가?
제불여래께서는 대비심을 체로 삼는 까닭이니라.
중생으로 인하여 대비심을 일으키고,
대비심으로 인하여 보리심을 발하며,
보리심으로 인하여 등정각을 성취하느니라.
-화엄경 보현행원품

[제4편]

겸손의 미덕의 효험(謙德之效)

[1] **겸손하면 이익을 받고 교만하면 손해를 초래한다.**

《역경》에서 말하였다. "하늘은 거만하고 자만한 만사 만물에 대해 언제나 기울이고 덜어내어 겸손한 사물을 돕는다. 땅의 이치도 마찬가지로 높은 곳의 산수는 아래로 흘러가고 꺼진 곳에 보탠다. 귀신은 거만하고 자만한 사람에 대해 언제나 손실을 입히고 겸손한 사람을 비호하며, 사람의 마음도 마찬가지로 거만하고 자만한 사람은 반드시 남에게 미워하는 대상이 되고 오직 겸손한 사람이어야 사람에게 존중을 받는다."

《역경》 책 한 권은 64조의 대원칙을 달고 384조항의 작은 이치로 나누어 서술하는데, 그 내용은 삼가고 경계하는 말이 3분의 2를 차지하고 있다. 단지 겸괘謙卦의 여섯 이치만이 전부 찬송의 말이다. 《서경》에서 "겸손한 사람은 이익을 받고 교만한 사람은 손해를 초래한다."라고 말하는 것은 이상할 것이 없다.

청빈한 선비는 장차 명성을 키워 성공하기에 앞서 반드시 어느 시기에 겸손한 빛이 얼굴에 가득한 모습을 본다.

[2] **공경 · 온순하고 깊은 골짜기처럼 겸손하다.**

나는 신미년에 동향 사람 십여 명이 상경하여 과거를 보러 갔었는데,

그 가운데 정빈의 나이가 가장 적었지만, 오히려 겸손하였다.

나는 친구에게 말해 주었다. "이 사람은 올해 과거에 급제할 것이네."

친구는 말했다. "어떻게 알았나?"

나는 말했다. "오직 겸손한 사람만이 복을 얻게 되네. 그들 중 오직 그만이 신실하고 온후하며 경박한 모습이 없었고, 그만이 공손하고 온순하며 깊은 골짜기처럼 겸허하여 남과 다투는 모습이 없었으며, 그만이 모욕을 당해도 인내할 수 있고 비방을 들어도 따지지 않았다. 이러한 정도에 이르도록 수양한 결과 천지 귀신이 모두 그를 보우하니, 어찌 합격하지 않을 도리가 있겠는가."

합격자 발표를 하였을 때 과연 예상이 적중하였다.

또한 절강성 수수秀水 사람 풍개지馮開之, 산동성 관현冠縣 사람 조광원趙光遠 및 하건소夏建所 등의 사람은 모두 계속해서 시험에 합격하지 못하였다 …… 그들은 초년의 거만하고 자만에 빠진 나쁜 성격을 크게 고쳐서 겸손한 군자가 되고 난 후 나중에 과거시험에 합격한 사례이다.

[3] 혜안이 열리면 그에게 복이 저절로 이른다.

하늘이 그 사람에게 상을 주려고 하면 복이 오기 전에 반드시 먼저 그의 지혜를 열어야 한다. 혜안이 열리면 겉치레는 저절로 실속으로 채워지고, 위세는 저절로 거두어지며, 그 복은 저절로 이른다.

강음江陰 사람 장외암張畏巖은 박학다재하여 명성을 떨쳤다. 갑오년에 과거시험에 참가하였지만, 결과는 낙방하자 부끄럽고 분한 나머지 화가 나서 시험관에게 "눈 뜬 장님 같은 놈!"이라고 욕을 퍼부었다. 그때 한 도인이 그의 곁에서 미소를 머금자 장군은 오히려 이 사람에게 화풀이를 하였다.

도인은 입을 열어 말했다. "필시 당신의 문장은 아름답지 못하겠군!"

장군은 더 화가 나서 말했다. "당신은 내 문장을 보지도 않고 어떻게 아름답지 않은지 알 수 있소!"

도인은 말했다. "듣건대, 문장을 지을 때는 반드시 마음이 편안하고 기분이 온화하여야 한다 하였소. 지금 당신이 심하게 욕을 퍼붓는 모습을 보니, 마음이 몹시 언짢고 기분이 아주 좋지 않거늘 어떻게 아름다운 문장을 지을 수 있겠소?"

[4] 운명을 만드는 권한은 하늘에 있고, 운명을 세우는 권한은 사람에게 있다.

장외암은 자신도 모르는 사이 굴복하여 도인을 향해 돌아서서 가르침을 청했다.

도인은 말했다. "과거시험도 운명에 달려 있습니다. 운명에 합격하는 운이 아니면 아무리 많은 시간이 지나도 아무런 소용이 없으니, 반드시 자신을 변화시켜야 하오."

장외암이 물었다. "이미 명운이 정해진 이상 또한 장차 어떻게 바꿀 수 있소?"

도인이 답했다. "운명을 만드는 권한은 하늘에 있고, 운명을 세우는 권한은 사람에게 있소. 선한 일을 힘껏 행하고 음덕을 두루 쌓는다면 인생에서 무엇이든 구하지 못한 일이 없소."

장외암이 물었다. "나는 가난한 사람이거늘 어떻게 선을 행하고 덕을 쌓을 수 있겠소?"

도인이 대답했다. "선한 일을 행하거나 음덕을 쌓는 일은 모두 마음을 통해 만드는 것으로 언제나 선한 마음을 품은 채 사람을 대하고 물건을 접촉하면 공덕이 무량하오. 예컨대 겸손한 태도의 수양과 품격은 전혀 돈이 들지 않거늘 그대는 왜 반성하지 않고 (자신의 수준이 부족함을 탓하지 않고) 겸손하지 않으면서 오히려 시험관을 탓하는가?"

[5] 길흉화복은 일념에 결부되어있다.

장외암은 이로부터 갑자기 각성하여 즉각 날마다 선을 행하고 때때로 덕을 쌓았다. 정유년에 한번은 꿈에 자신이 높은 건물 한 동에 가서 합격자 발표 명단을 살펴보았지만, 합격자 명단에는 이름이 지워진 공란이 많았다. 그는 궁금해서 옆 사람에게 물었다.

"이것은 무슨 명단입니까?"

옆 사람은 답했다. "올해 과거 합격자 명단입니다!"

또 물었다. "왜 그렇게 많은 사람이 탈락했습니까?"

옆 사람이 답했다. "저승에서는 한 번 조정하는데, 덕을 쌓고 죄악이 없는 사람이라야 합격자 명단에 이름이 그대로 있고, 공백으로 지워진 사람은 모두 본래 합격자 명단에 이름이 있었지만, 각박한 악행을 저질러서 지워진 것이오." 또 말했다. "그대는 삼년 동안 몸가짐을 신중히 하고 수신하여 이 빠진 자리를 채울 수 있으니 자중자애하길 바라오." 이 해에 장외암은 과연 10등으로 시험에 합격하였다.

[6] 조화는 마음만이 초래하고, 성패는 자신에게 있다.

이를 통해 보건대, 속담에 말하듯이 "사람으로서 양심에 부끄러운 일을 하지 말라. 머리 위 석 자 높이에 천지신명이 늘 당신을 지켜보고 있다(나쁜 짓을 하거나 나쁜 짓을 해서 남을 속여 고비를 넘기려고 하지 말라)." 이는 모든 일에는 원인이 있다는 말이다.

사람이 세상을 살아가면서 길흉화복을 어떻게 빨리 피할지는 확실히 일념에 결부되어있다. 사람이 만약 일념의 선을 굳게 지키면서 털끝만큼이라도 천지 귀신에게 죄를 짓지 않고 겸손하게 자신을 억제하면 천지 귀신이 시시각각 보살피고 수호하여서 나와 남의 행복을 비호할 것이다.

만약 교만하고 자만하여 자기의 재능을 믿고 남을 깔보며, 오기를 부리고 재능을 뽐내면 밝은 미래가 없을 뿐만 아니라 큰 그릇이 되지 못하고 곧 소소한 행복도 누리지 못할 것이다. 그래서 지혜가 있는 사람, 이치에 밝은 사람은 절대로 앞길을 스스로 망치고 스스로 그 복을 거부하지 않는 것이 맞다. 하물며 겸손한 사람이라야 다른 사람의 가르침을 수용할 수 있고, 아울러 다른 사람이 그에게 복과 지혜를 주어서 이렇게 얻는 이익이 무궁무진할 것이다. 이것이 보통사람이 생활을 위해 누구나 갖추어야 할 관념이다.

[7] 자신을 수양하면서 운명을 세우고 모름지기 항심을 가져야 한다.

옛말에 이르길, "부귀를 구하면 부귀를 얻고, 공명을 구하면 공명을 얻는다." 하였다. 사람이 뜻을 세울 수 있음은 마치 나무가 뿌리를 세우는 것과 같이 지향을 굳건히 세워 모름지기 염념마다 잊지 말고 겸손하여야 하고, 곳곳마다 사람에게 이롭게 하고 저절로 천지를 감동시킬 수 있다. 왜냐하면 복과 화의 조화는 마음만이 초래하고 성패는 자신에게 달려 있다.

맹자는 말한 적이 있다. "사람이 만약 자기의 덕성을 확충하여 장차 각자 공명과 부귀의 희망을 간절히 구하여 뭇 사람에게 미치게 하고 남과 함께 누리며 남과 함께 즐기면 인생이 저절로 아무런 근심 걱정도 없고 평화롭고 편안하리라."

애석하게도 보통사람은 세상을 살면서 공명과 부귀를 추구함에 모두 일시적으로 흥미가 높지만, 일방적인 바람일 뿐이고, 흥미가 생기면 행하고 흥미가 시들하면 그만두니, 항심이 모자라고 안목이 모자라다.

그래서 말한다. 무릇 사람이 몸을 수양하면서 운명을 세움에 반드시 항심(恒心 ; 굳게 결심하고 변치 않고 꾸준한 마음)을 지녀야 한다. 지향을 굳건히 세우고 음덕을 널리 쌓아 시방세계 중생에게 회향하면 운명이 사람을 구속하지 않을 것이다.

세상이
아무리 험악하고 나쁘게 보여도
내가 부처의 마음이 되어
부처의 눈으로 보면
세상은 아름답고 찬란한
부처의 세계로 보인다.
–대방등여래장경大方等如來藏經

끝맺는 말

원요범 선생이 자식에게 훈계하는 글 네 편은 《감응편感應篇》《공과격功過格》을 봉행하는 골수이다. 그 머리에서는 「운명을 세우는 이치」를 말한다. 무릇 운수가 정해져 있을지라도 운명은 바꿀 수 있다. 사람에게 분발하고 자포자기하지 말라 격려하기 위한 까닭에 「운명을 세움」을 머리로 삼아 먼저 그 단서를 연다.

평범한 사람은 선뜻 착한 길로 나아가려고 하지 않고, 모두 자신이 잘못이 없다고 여긴다. 무릇 악행을 그치지 않고 선을 행하는 것은 새는 그릇에 물을 붓는 것과 같아 그 감소만 보이고 그 증가는 보이지 않는다. 끝내 아무런 효과가 없는 경우 이는 자신의 잘못이 아니라고 여긴다. 그래서 먼저 여러 악을 짓지 말라고 말하고, 다음에 뭇 선을 봉행하라고 말한다. 여러 악을 여전히 지으면서 뭇 선을 봉행하다 보면 곧 비슷해진다. 여러 악을 여전히 지으면서 선행을 손꼽을 정도로 대충 하면 저절로 복이 보이지 않고 화를 보게 된다!

그래서 둘째 「잘못을 고치는 법」을 말한다. 무릇 「잘못을 고침」은 「운명을 세움」 아래 첫째 공부에 착수하는 것이다. 세상사람 중에서 아직 믿음을 일으켜 선을 행하지 않은 사람은 종종 자신은 그대로 영원하다는 상견常見에 국한되게 마련이고. 여전히 선인의 견해와 서로 맞지 않게 살아가는 사람이 많다.

그래서 셋째「선을 쌓는 길」을 말한다.「선을 쌓음」의 편에서는 선을 행함에는 참된 선과 거짓된 선, 단정한 선과 왜곡된 선, 숨겨진 덕과 드러난 선, 옳은 선과 그른 선, 치우친 선과 올바른 선, 반쪽 선과 원만한 선, 큰 선과 작은 선, 어려운 선과 쉬운 선의 판별이 있다고 논하고 있는데, 그 뜻을 최대한 명백하게 하였다고 말할 수 있다. 그래서「선을 쌓음」의 편은「운명을 세움」의 정상적인 궤도이다.

무릇 처음 선행을 배우는 과정은 가난뱅이가 갑자기 화려한 옷을 입는 것과 같아서 아무래도 교만한 마음이 생기지 않을 수 없다. 공은 높지만 나는 느리고, 모든 것을 얕잡아 보고, 천하의 사소한 일까지 다 하려고 한다. 아만에 가득 차 자신을 높이고 뽐내며, 일체를 깔보고 천하를 가볍게 여긴다. 교만하면 손해를 초래하고 겸손하면 이익을 얻는다.

그래서「겸손의 미덕이 주는 효과」를 마지막으로 삼았다. 무릇 겸손하면 선행만으로는 부족하다고 말한다. 겸손의 미덕은 운명을 세움의 유종의 미를 거둔다. 글은 비록 네 편이지만 실제로는 한 편이다. 이 글은 정교하게 다듬은 금과 아름다운 옥과 같아 명대의 뛰어난 문장으로 평범한 권세문은 비교가 되지 않는다.

쓸데없는 걱정이 일어날 때마다 '나무아미타불'로 항복 받으세요

사람이 하는 걱정 중
절대로 발생하지 않을 사건에 대한 걱정이 40%
이미 일어난 사건에 대한 걱정이 30%
별로 신경 쓸 일이 아닌 작은 것에 대한 걱정으로 22%
우리가 바꿀 수 없는 사건에 대한 걱정이 4%
우리가 바꿀 수 있는 사건에 대한 걱정이 4%이다.
결국, 사람들은 96%의 불필요한 걱정 때문에
기쁨도, 웃음도, 마음의 평화도 잃어버린 채
살아가고 있다.
-노먼 빈센트 필 박사

[제2부]

요범사훈 정본

명 원요범袁了凡 저작

우석음尤惜陰 거사 주석

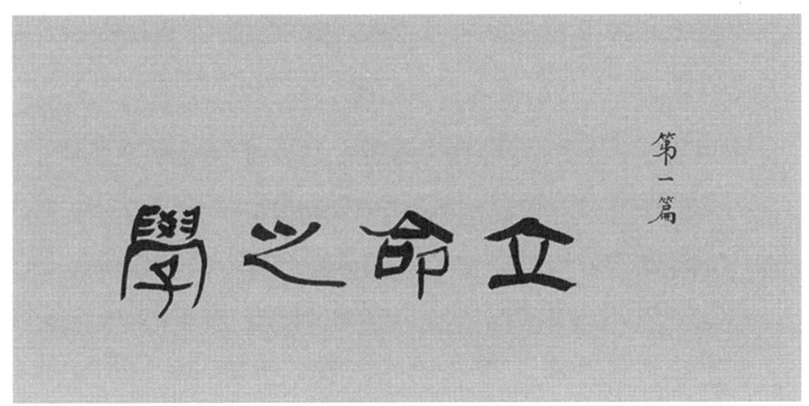

제1편 운명을 세우는 이치

요범 선생은 자식들에게 이야기한다. 내가 소년이었을 때 공 선생으로부터 《역》의 술수를 이용하여 운명을 산정한 결과 "벼슬길에 오를 가망이 없고, 후손이 없으며, 장수를 누리지 못할 것이다." 예언 받았다. 과연 20세에 과거 고시에 합격한 등수와 벼슬길에 오르는 상황이 모두 추산한 대로 조금도 차이가 없었고, 처자식은 줄곧 생기지 않았다.

그러나 운곡 선사가 그에게 일러주었다. **"운명은 바꿀 수 있고, 자신이 곧 운명의 주인이다!"** 이것이 곧「운명을 세우는 이치」이다. 운명을 바꾸고 싶으면 먼저 자신의 성격과 결점, 행위와 잘못을 반성해야 한다. 뒤쪽의 세 가지 가훈은 원요범 선생이 운명을 바꾸는 과정에서 몸소 경험한 것과 사고의 총결이다.

[내레이터]「운명을 세움」은 운명에 속박받기보다는 자신의 운명을 만들어가는 이치에 관한 말입니다. 제1편「운명을 세우는 이치」에

서는 운명 이면의 원리와 그것을 변화시키는데 필요한 지식을 논의할 것입니다.

요범了凡 선생은 그 자신의 경험에 비추어 운명을 변화시키는 시도를 통해 그의 아들 천계天啟에게 운명에 속박받기보다는 최선의 노력을 기울여 선을 닦고 악을 끊어내라고 가르쳤습니다. 단순히 그것이 사소한 선행인 것 같아서 선행을 거부하거나 단순히 그것이 작은 악행인 것 같아서 악행을 저질러서는 안 됩니다. 적절한 방법으로 닦기만 하면 확실히 자신의 운명을 변화시킬 수 있습니다. 우리는 늘 "여러 악을 삼가고 온갖 선을 닦으면 재앙이 사라지고 행운이 찾아온다." 말합니다. 이것이 자신의 운명을 세우는 이치입니다.

[1] 공 선생이 운명을 정확히 추산하다

[어머님께서는 내가 의술을 배우기를 바라셨다]

"어진 재상(宰相)이 되지 않으려면 차라리 훌륭한 의사가 되라!" 이 두 가지 길은 모두 민생의 고통을 해결하는 것과 관계가 깊다.

[요범] 내가 어릴 적에 아버님께서 돌아가셨다. 어머님께서 나에게 과거시험에 합격하여 공명을 추구하는 대신 의술을 배우라고 하셨다. 어머님께서 내게 말씀하셨다.

余童年喪父。老母命棄舉業(言求取科名之應試文字)學醫。謂。

[모친] **의술을 배우면 자신의 생계를 지탱하고, 장래 생활을 꾸려나갈 수 있으며, 또한 세상을 구제하고 사람을 이롭게 할 수 있다. 게다가 기예 하나를 익혀 그것에 정통하면 명성을 이룰 수 있다. 이는 네 부친께서 생전에 늘 품으신 소원(夙心)이기도 하다.**

可以養生。(含支持生計。保養生命二義)可以濟人。且習一藝以成名。爾父夙心也。(藝技術賴以生存者也技術而專精即可以成名。夙心即素心言久有此心也。漢鄧禹佐光武中興功高祿厚以為不足恃有子十三人使各修一藝為天下後世法)

[해설] 예술과 기술을 생업으로 삼는 자는 기술을 전문적으로 정통하면 곧 명성을 이룰 수 있습니다. 숙심夙心은 곧 본심으로 이런 마음을 오랫동안 품는다는 말입니다. 한나라 등우는 광무제를 보좌한 중흥 공신으로 많은 녹봉을 받았으나, 13명의 자식에게 각자 하나의 기예를 익히게 하여 천하 후세의 본보기가 되는 것보다 믿을 것이 못된다고 생각하였습니다.

[자운사에서 공 선생을 만나다]

다행히도 집에는 현명한 어머님이 계셨고, 길에서는 위대한 사람을 만났다. 그때 요범 선생은 15살로 학문에 뜻을 두는 나이였다.

[요범] **나중(15세)에 나는 자운사慈雲寺에서 노인 한 분을 만났**

는데, 긴 구레나룻 수염(빰 양쪽으로 나는 수염을 구레나룻 염髯이라 하고, 아래턱 아래, 입 양쪽으로 나는 수염을 수염 수(鬚)이라 한다)**에 체구가 훤칠하고, 평범하지 않은 모습이 세속을 벗어나 기운이 맑고 깨끗하여 마치 신선 같았다. 내가 그분께 공경하는 마음으로 인사를 드리자 그 노인은 나에게 물었다.**

後余在慈雲寺遇一老者。修髯(在頤曰鬚在頰曰髯修長也)偉貌。(偉不凡也)飄飄若仙。(瀟灑出塵)余敬禮之。語余曰。

[노인] **그대는 관청**(사로仕路는 곧 관청의 마당으로 오늘날의 정계政界)**에서 나랏일을 할 사람으로 내년**(16세)**에 곧 수재秀才 고시를 보고서 학궁**(學宮 ; 공립학교)**에 진학하여 학생이 될 텐데,** (과거시대에 수재로 시험에 합격함을 진학進學이라 하고 또 반궁에 들어가 학생이 됨을 입반入泮이라 함) **왜 독서를 하지 않는가?**

子仕路中人也。(仕路官場也)明年即進學。(科舉時代考取秀才曰進學亦曰入泮)何不讀書。

[해설] 독서는 「기가지본起家之本」이라 했습니다. 이는 책을 가까이하는 것이 집안을 일으키는 근본이라는 뜻으로 자신의 명예와 부가 모두 책 속에 들어있다는 말입니다.

[요범] **나는 연유**(모친께서 독서를 포기하는 대신 의술을 배우라고

일러주셨다)**를 말씀드리고, 노인의 존함과 본관, 거처를 여쭈었더니, 노인은 이렇게 말했다.**

余告以故。並叩老者姓氏里居。曰。

[노인] **나는 성은 공孔씨이고 운남雲南 사람이오. 나는 소강절邵康節 선생께 《황극경세서皇極經世書》의 정전正傳을 얻었는데, 이제 황극수를 그대에게 전해 주어야겠소.**

吾姓孔。雲南人也。得邵子皇極數正傳。(宋邵雍字堯夫讀書蘇門山共城令李之才奇之授以圖書先天象數之學妙悟神契多所發明研窮世變如觀掌紋。有皇極經世書行世是書以易經六十四卦分配元會運世年月日辰以證古今治亂數皆前定謂之皇極數卒年六十七賜諡康節)數該傳汝。

[해설] 소옹은 송나라 범양으로 자는 요부입니다. 소문산, 공성共城에서 움막을 짓고 공부를 하던 중 스승인 이지재李之才에게 도서圖書 선천상수 先天象數의 학문을 전수받아 신묘한 이치를 깨닫고 계합하여 세상 변화를 손바닥 손금 보듯이 밝히고 궁구한 바가 많았습니다. 황극경세서는 역경의 64괘를 우주 1년의 원회운세元會運世 지구 1년의 연월일시에 배분하여 예나 지금이나 다스려진 세상과 어지러운 세상의 수가 이미 정해져 있으니, 이를 「황극수」라 하였습니다. 67세에 죽은 해에 「강절」이란 시호를 받았습니다.

소자邵子는 송나라의 유명한 유학자인 소강절 선생으로 학문이 뛰어나 천문기수氣數로 사람의 명운이나 일의 길흉변화를 추단하는데 정통하였다고 합니다. 소강절은 《황극경세서皇極經世書》라는 책 한 권을 지었습니다. 이 책에서 그는 일체 기수氣數와 명운命運은 큰일이든 작은 일이든 상관없이 혹 국가의 천문기수와 관련되든 개인의 명운과 관련되든 이미 지난 일과 관련되든 혹 아직 오지 않은 일과 관련되든 모두 정해진 천문기수가 있다고 주장합니다. 이후 명운을 점치는 등등 그 수리를 강설하는 학문은 모두 소강절 선생에서 전해져 내려오는 것으로「황극수」라 부릅니다. 소강절 선생은 그의 학생을 가르치고, 그의 학생은 또 학생의 학생을 가르쳐 대를 어어 전해져 내려왔는데, 모두 소강절 선생이 설한 이치, 전한 방법에 따라 가르쳤습니다. 한 대 한 대 이어지는 동안 그들 자신의 뜻은 여기에 뒤섞지 않았습니다. 그래서「정전正傳」이라 합니다. _황지해,《요범사훈 백화해석》

「황극수皇極數」는 곧《황극경세서皇極經世書》로 이 책은 분량이 상당하고,《사고전서四庫全書》에 수록되어 있습니다. 그 내용은 완전히《역경易經》의 이론에 따라 명운을 추산推算하는 것입니다. 그것으로 명운을 추단推算하는 범위는 대단히 광범위하여 전체 세계와 국가의 변화에 대한 논정論定도 있습니다. 그래서 왕조의 흥망, 개인의 길흉을 완전히 수리 상으로 추단推斷하는 대단히 심오한 학문입니다. 이는 확실히 근거가 있고, 상당히 과학적입니다. 그래서 한 사람 한 사람 개인마다, 심지어 한 건 한 건 일마다 모두 정해진 수(천문기수氣數)가 있습니다. 뛰어난 사람을 만나면 유년流年의 명운命運을 또렷하게 추단할 수 있습니다.

_ 정공 큰스님,《요범사훈 강기》

[요범] 그래서 나는 공 선생을 모시고 집으로 돌아가 잠시 머물렀다 가시라고 청하고서 어머님께 이런 상황을

말씀드렸다. 어머님께서는 그 어르신을 잘 대접하라고 하시면서 이렇게 말씀하셨다.

余引之歸。告母。母曰。善待之。

[모친] **이 분이 이미 천문기수**(명운수리)**의 이치에 정통하다고 하니, 너를 대신하여 운수를 추산해달라고 부탁하여 과연 맞는지 시험해 보거라.**

試其數。

[해설] 팔자八字로 나타나는 빈부귀천을 「명命」이라 하고, 세월의 흐름으로 나타나는 길흉화복이 곧 「운運」이라 하며 합쳐 「명운命運」이라 합니다. 운(大運)은 한 세(太歲)의 길흉이고, 유년流年은 한 해의 주재主宰인데, 어떻게 대운과 유년의 길흉과 좋고 나쁨을 연구 판단할 것인지가 팔자로 운명을 논하는 가장 중요한 판단의 중점입니다. _《사주팔자입문보취四柱八字入門步驟》

[요범] **그 결과 공 선생이 추산한 것은 아무리 미세한 일**(전한前漢의 식화지食貨志에 「지섬지실至纖至悉」란 문구가 보이는데 미세하다는 말이다.)**이라도 매우 정확했다. 이에 나는 독서를 하려는 생각이 싹텄을 뿐만 아니라 나의 사촌형 심칭沈稱과 이 일을 상의했다. 사촌형은 이렇게 격려의 말을 해주었다.**

纖悉皆驗。(纖悉見前漢食貨志至纖至悉言微細也)余遂起讀書之念。謀之表兄沈稱。言。

[사촌형] **마침 내 친구인 욱해곡**郁海谷 **선생이 심우부**沈友夫 **집에서 서당을 열고서**(옛날 글을 가르치는 선생이 자신의 집에서 문을 열고 학생을 받아들이거나 이웃의 집을 빌려 학생을 받아들였다. 이를 모두 개관開館이라 하였는데, 현재의 사숙私塾과 매우 흡사하다.) **학생을 가르치고 있다네. 내가 아우를 그곳에 보낼 테니, 그 집에서 하숙하면서 독서를 하면 매우 편리할 걸세.**

郁海谷先生。在沈友夫家開館。我送汝寄學甚便。

[요범] **이에 나는 곧 욱해곡 선생을 찾아가 인사드리고 스승으로 모셨다.**

余遂禮郁為師。

[공 선생이 나의 운명을 정확히 추산하다]

황극수皇極數는 《역경易經》으로 길흉을 예측하는(術數) 정파正派이다. 공 선생은 정전正傳을 얻었기 때문에 정확히 추산하였다. 그렇지 않으면 사람에게 정해진 운명이 있음을 증명하기 어려웠을 것이다.

[요범] **공 선생이 나를 위해 천문기수**(명운수리)**를 추산하고서 이렇게 말했다.**

孔為余起數。

[공 선생] **그대는 동생**(童生 :스무 살이 되지 않으면 동자라 하였고, 공명을 얻지 못한 학생을 동생이라 하였다. 비록 예순 살이 넘은 나이라도 석학이 아니면 또 이렇게 불렀다)**으로서 현에서 보는 시험**(縣考)**에 참가하여 14등으로 합격할 것이고, 부에서 보는 시험**(府考)**에서는 71등으로 합격할 것이며, 성에서 보는 제학고**(提學考 ; 제학사提學使는 곧 과거시대의 시험관(考官)이고 또한 학대學臺, 독학사자督學使者라 불렀다.)**에서는 9등으로 합격할 것이네.**

縣考童生(年未二十曰童子未有功名之考生曰童生。雖耆年碩學亦以此名之)當十四名。府考七十一名。提學考第九名。(提學使即科舉時代之考官亦號學臺一號督學使者)

[해설] 원요범 선생은 강소성江蘇省·소주부蘇州府·오강현吳江縣에 살았습니다. 현고縣考는 옛날 현에서 치르는 고시입니다. 무릇 공명이 없는 유생으로 수재시험을 보는 사람을 동생童生이라 하였습니다. 동생은 첫째 고시를 그 본현本縣의 지현知縣에 가서 시험을 보아야 하였습니다. 그래서 「현고縣考」라 합니다. 지현知縣은 한 현의 수령으로 현의 백성을 관리하는 관직입니다. 현고縣考를 통과하고 지부知府에 가서 시험을 보아야 합니다. 그래서 「부고府考」라 합니다. 명나라 시절은 청나라와 차이가 많지 않아 몇몇 현이 모여서 하나의 부를 이루었습니다. 한 부의 수령을 지부知府라 합니다. 이 한 부에 속한 각각의 현들은 모두 이 한 분의 지부가 관할하였습니다. 「제학고提學考」는 성省에서 치르는 고시로 원시院試라고도 불렀습니다. 한 성의 수령은 지방을 순시하며 군정軍政과 민정民政

을 감찰하던 대신인 순무巡撫라 하였고 또한 무대撫臺라고도 불렀습니다. 제학고는 학원을 지휘 감독하는 제학提學이 주관하였습니다. _황지해,《요범사훈 백화해석》

[요범] **다음 해 시험을 보러 가서 세 가지 고시에서 합격하였을 뿐만 아니라 합격 등수가 모두 일치하였다. 공 선생은 또한 나를 대신해 평생의 길흉화복에 대해 점**(복卜은 점복占卜이다. 기과起課이든 산명算命이든 모두 점이라 한다)을 치고서 이렇게 말씀하셨다(휴休는 길상吉祥이고 원咎은 흉험凶險이다).

明年赴考。三處名數皆合。復為卜終身休咎。(休咎猶言吉凶也)言

[공 선생] **어느 해 시험에서 몇 등으로 합격할 것이고, 어느 해에는 늠생廩生의 결원을 보충할 것이며, 또 어느 해에는 공생貢生이 될 것이오.** (늠생과 공생은 모두 과거시대 제학고에서 시험을 보는 생원의 수준을 말함) **공생으로 승급한 후 어느 해에는 사천성의 대윤**(大尹 ; 부와 현의 관직명)**으로 선발되어 3년 반 재임하면 사직하고 귀향할 것이네. 53세, 그해 8월 14일 아침에 그대의 집 침실**(정침正寢)**에서 마지막 숨을 거둘 것이오. 애석하게도 팔자에 자식은 없을 것이오.**

某年考第幾名。某年當補廩。某年當貢。(廩生貢生皆科舉時代學臺所考生員之程度)貢後某年當選四川一大尹。(尹府縣官名也)在任(職也)三年半。

即宜告歸。五十三歲八月十四日丑時。當終於正寢。(正寢治事之室)惜無子。

[해설] (19세에) 동생童生으로 학궁에 들어가면 3년 동안 세고歲考와 과고科考, 두 시험이 있는데. 모두 학궁으로 나아가 그곳에서 시험을 보았습니다. 시험에 합격하면 늠생廩生(생원의 첫째 등급. 동생과 늠생을 통칭해 [수재]라 함)으로 결원을 채울 수 있습니다. 늠생이 되면 공공기관에서 매년 그에게 녹봉으로 쌀을 주었습니다. 늠생에는 뽑는 정원이 있는데, 세고나 과고 시험에서 높은 등수를 얻어야 합니다. 늠생에 결원이 생길 때를 기다려서 등수가 가장 높은 사람이 결원을 채움을 「보름補廩」이라 하였습니다.

공생貢生에는 세공歲貢 · 은공恩貢 · 발공拔貢 · 부공副貢 · 우공優貢이 있습니다. 세공歲貢은 세공이 된 그 한해에 불과하고, 때마침 황제가 큰 제전이 있는 년도에 해당하면 은공이라 하였습니다. 발공은 12년마다 한 차례 시험에 합격한 사람으로 현마다 뽑는 정원이 있었습니다. 부공副貢은 향시에 합격한 보결합격자입니다.

(35세에) 수재秀才가 향시를 보아 합격하면 관리로 임용될 수 있는 [거인擧人]이 되었습니다. 향시鄕試는 정방正榜과 부방副榜 이 있어 시험 합격자로 정방에 해당하는 사람을 거인擧人이라 하고, 거인의 정원에 해당하지 않는 사람을 부공副貢이라 하였습니다. 우공優貢은 3년마다 한 차례 선발하는데 성省마다 몇 사람이 있을 뿐입니다. 발공과 우공은 모두 평소 시험성적이 좋고, 교관의 추천을 받아야 했기에 품행과 학문이 모두 좋아야 시험을 볼 수 있었습니다.

여기서 말하는 공貢은 세공歲貢입니다. 새로 결원을 채우는 늠생은 매우 많은 늠생 중에서 등수가 꼴찌인 자는 배제됩니다. 등수가 앞인 늠생에 공석이 생기면 등수가 뒤인 늠생은 점차로 승급합니다. 첫째 등수를 올리면 세공이 되어야 합니다. 세공이 되면 공생으로 승급한 셈으로 출공出貢이라 할 수 있습니다.

대윤大尹은 곧 지현知縣입니다. 종전에는 이부吏部라고 하는 매우 큰 관청(衙門)이 있었습니다. 전국에는 크고 작은 각종 관직이 있었는데, 혹 승진하기도 하고 혹 강등되기도 하며 혹 교대를 하여 결원을 보충할 수 있고, 혹 죄를 지으면 삭탈관직이 되어 공명이 없는 사람이 되기도 하였는데 모두 이부 관아의 관직입니다. _황지해,《요범사훈 백화해석》

[요범] 공 선생의 이러한 예언을 나는 하나하나 기록해 두었을 뿐만 아니라 마음속에 깊이 새겨두었다. 그 후로는 무릇 시험에 맞닥뜨릴 때마다, 얻은 등수의 선후가 모두 공 선생이 예정한 등수에서 벗어난 적이 없었다.

余備錄(一一記出也)而謹記之。自此以後。凡遇考校。其名數先後。皆不出孔公所懸定者。(懸定豫定也)

[이로부터 더욱 정명正命을 믿게 되었다]

도종사의 감탄으로 보아 요범 선생이 당시 학문 식견이 매우 높았음을 알 수 있다.

[요범] 다만 공 선생은 내가 늠생미(늠생이 받는 봉급)**를 91섬**

5말 받은 다음에야 공생貢生으로 승급할 것이라 산정하였지만, (늠생에서 공생으로 승급하면 늠생미를 지급한다) **내가 쌀 71여 섬을 받았을 때 학대 도종사**(屠宗師 ; 당시의 제학사. 교육청장)**가 곧 나의 공생 승급을 허가하였다. 그래서 나는 공 선생이 예정한 등수가 결국에 맞지 않으리라고 의심하였다.**

獨算余食廩米(廩生所得之俸也)九十一石五斗當出貢。(廩生出貢廩米止給)及食米七十餘石。屠宗師(即當時之提學使也)即批準補貢。余竊疑之。(疑豫定之數卒至不驗也)

[요범] **나중에 과연 제학의 직무를 대행하던** (서인署印은 결원이 생긴 자리를 임시로 대리함을 뜻한다. 직무를 임시 대행하는 서리署理로 대리에 비해 훨씬 정식용어이다.) **양 공은 도종사가 공생보충을 허가한 정문呈文을 기각하였다. 정묘년**(1567년)**에 이르러서야 은추명殷秋溟 종사는 시험장에 보관 중인 「선발지명(備選) 시험답안(試券)」을 보고 나서 감탄을 금하지 못하며 말했다.**

後果為署印(署理代行職權之人)楊公所駁。直至丁卯年。殷秋溟宗師見余場中備卷。(備中之卷)歎曰。

[해설] 주임시험관을 도와 문장을 살피는 방관房官이 주임시험관에게 추천하는 문서(薦卷)가 너무 많으면 몇몇 교차하는 시험답안을 떨어뜨리는데 이렇게 해서 떨어진 시험답안지를 비권備卷이라 합니다. _황지해, 《요범사훈 백화해석》

[도종사] **이 다섯 편의 문장**(策論 : 과거시험에 주어진 대책對策과 의론문議論文. 문답식 문제)**은 곧 고관대신이 황제에게 올리는 다섯 편의 주접**奏摺 **의론**議論**과 같거늘 어떻게 이처럼 오랜 세월 학문에 힘쓴 유생의** (견문이 해박하고 · 이치가 자명하며 · 글의 뜻이 투철하고 · 문장이 조리 있는) **재능을 파묻어 놓고 늙어가게 할 수 있겠는가?**

五策即五篇(策論)奏議也。(如古名臣因事陳奏條議是非)豈可使博洽淹貫之儒。老於窗下乎。(博言見聞廣博也。洽言理解融洽也。淹言文義透澈也。貫言工夫一貫也)

[요범] **이에 마침내 현감에게 정문**呈文**을 보내어 나의 공생보충을 허가하도록 분부하였다. 계속 앞에서 수령한 늠생미 식량을 합산해 보니, 정확히 91섬 5말이었다. 나는 이렇게 파란만장한 승진을 겪었기 때문에 한 사람의 진퇴와 공명의 부침이 모두 운명에 정해져 있고, 운기가 트임에 있어 더디고 빠름도 모두 정해진 때가 있음을 더욱 확신하게 되었다. 심지어 한평생도 이미 운명이 정해져 있기에 나는 세상 일체를 담담히 바라보면서 이익을 추구하는 것을 그만두었다.**

遂依縣申文准貢。連前食米計之。實九十一石五斗也。余因此益信進退有命。遲速有時。澹然無求矣。

[2] 운곡선사, 운명을 개조할 것을 권유하다

1. 운명을 개조하는 원리

[그대는 원래 일개 범부일 뿐이오]

운곡 선사는 감산대사의 어린 시절 은사로 감공의 《운곡 선사 전雲谷大師傳》에 따르면 그의 학문이 범상치 않았음을 알 수 있다. 매우 다행스럽게 요범 선생이 그를 만남은 후세 학인에게도 다행이다.

[요범] **나는 공생貢生으로 뽑힌 이후 국가의 규정에 따라 북경의 국자감에 들어갔다. 경성에서 1년간 머무는 동안 나는 온종일 일념도 일으키지 않고 정좌하였고, 문자에 관심을 잃어 공부를 전혀 하지 않았다.**

貢入燕都。(北京)留京一年。終日靜坐。不閱文字。

[요범] **기사년(1569년)에 나는 남경의 국자감으로 돌아갔다.** (명나라 남경 국자감을 남옹南雍이라 부른다. 그것은 남경의 벽옹이라 한다. 고대의 학제로 천자가 설립한 대학을 벽용辟雍이라 한다) **국자감에 입학하기 전에** (국학은 국자감이라 한다. 진나라에서 창시되어 청말 대학당이 설립되면서 국자감은 끝내 폐지되었다.) **먼저 서하산에 가서 운곡법회 선사를 예방하였는데, 두 사람은 사흘 밤낮 동안 선방에서 서로 마주**

보고 앉아 눈을 붙인 적이 없었다. 운곡 선사가 내게 물었다.

己巳歸。游南雍。(明南京國子監稱為南雍。言其為南京之辟雍也。古學制天子所設之大學曰辟雍)未入監。(國學曰國子監創始於晉。至清末大學堂立國子監遂廢)先訪雲谷會禪師。(雲谷名法會為當代大善知識。慕道往訪傳佛心印不立文字曰禪參…究話頭明心見性曰參…禪故宏揚宗乘者曰禪師。精修戒律者曰律師。說法度生宏宣教旨者曰法師)於棲霞山中。對坐一室。凡三晝夜不瞑目。雲谷問曰。

[해설] 운곡雲谷 선사는 이름이 법회法會이고 당대의 대선지식이었습니다. 도를 그리워하여 왕방往訪하면서 문자를 세우지 않고 부처님의 심인을 전함을 선참禪參이라 하고… 화두를 궁구하여 마음을 밝혀 밝힘을 참선參禪이라 합니다. 그래서 종승宗乘을 홍양하는 자를 선사禪師라 하고, 계율을 정일하게 닦는 자는 율사律師라 하며, 설법하여 중생을 제도하고 교지를 널리 선설하는 자를 법사法師라 합니다.

[운곡 선사] **무릇 평범한 사람이 성인이 될 수 없는 이유는 망념이 서로 뒤얽히기 때문이오! 그대는 이미 사흘 밤낮을 정좌하였지만, 한순간도 망념이 일어나 생각이 뒤엉키고 어수선한 모습을 본 적이 없었는데, 도대체 무슨 까닭이오?**

凡人所以不得作聖者。只為妄念相纏耳。汝坐三日。不見起一妄念。何也。

[요범] 나는 이렇게 대답했다. "저는 운명을 이미 공 선생에게 산정 받아 득의만만한 삶이나 실의에 빠진 삶, 그리고 생사의 대사는 모두 이미 운수가 정해져 있어 바꿀 수 없으니, 설사 망상을 지으려고 해도 이미 망상을 지을 만한 것이 없습니다." 그러자 운곡 선사는 미소를 지으며 이렇게 말하였다.

余曰。吾為孔先生算定。榮辱死生。皆有定數。即要妄想。亦無可妄想。雲谷笑曰。

[운곡 선사] 나는 그대가 재능과 지혜가 출중한 호걸이라고 대하였는데, 원래 그저 평범한 사람일 뿐이군.

我待汝是豪傑。原來只是凡夫。

[지극히 선량한 행위나 지극히 악독한 행위는 운수에 제한받지 않는다]

지극히 선량한 행위나 지극히 악독한 행위의 과보는 신속하고 맹렬하여 바로 운명을 고칠 수 있다. 요범 선생은 20년 동안 모두 지극히 선량한 행위도, 지극히 악독한 행위도 없어 산정 받은 운수를 벗어나지 않았다.

[요범] 나는 선사의 이런 말씀을 들은 후 그 말에 담긴 뜻을 이해하지 못하여 곧 그 까닭을 여쭈었다. 선사께서는 이렇게 대답하셨다.

問其故。曰。

[운곡 선사] **평범한 사람이 망상의 마음에 사로잡히면 끝내 그들의 삶이 음양**(천문기수)**에 속박되고 말거늘 어찌 정해진 운수가 없겠소? 그러나 평범한 사람만이 운수가 정해져 있을 뿐이오. 지극히 선량한 사람은 시시각각 선한 생각을 품고 항상 좋은 일을 하여 우환을 벗어나고 복보를 얻지만, 운수가 정해지지 않아 그를 구속할 수 없소. 지극히 악독한 사람도 시시각각 악한 생각을 품어 언제나 나쁜 일을 저질러 손실을 입고 해악을 초래하지만, 운수가 정해지지 않아 그를 구속할 수 없소. 그대는 20년 동안 공 선생에게 산정을 받은 대로 운수가 조금도 바뀐 적이 없었으니, 그대가 어찌 평범한 사람이 아닐 수 있겠소?**

人未能無心。終為陰陽(即氣數也)所縛。安得無數。但惟凡人有數。極善之人。數固拘他不定。極惡人之數亦拘他不定。汝二十年來。被他算定。不曾轉動一毫。豈非是凡夫。

[이러한 운수는 피할 수 있다]

운곡 선사는 그의 근기를 알고서 먼저 유교 경전을 인용하고 다시 불전을 인용하여 잘 이끌어나갔다. 요범 선생은 이때 복혜쌍수福慧雙修의 이치에 밝지 못했고, 또한 공명부귀와 인과因果 · 심성心性의 관계를 알지 못했다.

[요범] **나는 "그러면 운수를 변화시킬 수 있어서 운수를 피할 수 있습니까?" 여쭈었더니, 운곡 선사는 이렇게 대답했다.**

余問曰。然則數可逃乎。曰。

[운곡 선사] **"운명은 자신이 짓는 것이고, 복은 자신이 구하는 것이다." 하였소. 이러한 이치는 고대의 《시경》과 《서경》에 있는 말씀으로 명백한 가르침이 분명하오. 우리 불교 경전에서도 "부귀를 구하면 부귀를 얻을 수 있고, 아들딸을 낳고 싶으면 낳을 수 있으며, 장수를 바라면 기대수명에 도달할 수 있다." 하였소. 무릇 "거짓말을 하지 말라"는 말은 석가모니부처님께서 제정하신 근본 대계이거늘, 일체 제불보살이 어찌 함부로 지껄여 사람을 속이겠소?**

命由我作。福自己求。詩書所稱。的(的確也)為明訓。我教典中說。求富貴得富貴。求男女得男女。求長壽得長壽。夫妄語乃釋迦大戒。諸佛菩薩。豈誑語欺人。

[요범] **나는** (선사의 말씀을 듣고 난 후 마음속에 여전히 의문이 남아 이해할 수 없어) **한발 더 나아가 여쭈었다. "맹자께서는 무릇 구하면 얻을 수 있으니, 이 구함은 자신에게 있는 것을 구하기 때문이다." 말씀하셨습니다. 도덕과 인의는** (마음속에 본래 갖추고 있으니) **힘써 수양하여 구할**

수 있지만, 공명과 부귀는 바깥에 있는 것으로 누구도 마음대로 얻을 수 없고 반드시 타인의 인정과 발탁에 의지하니 어떻게 구할 수 있겠습니까? 그러자 운곡 선사께서 말씀하셨다.

余進曰。孟子言。求則得之。是求在我者也。道德仁義。可以力求。功名富貴。如何求得。雲谷曰。

[일체의 복전은 심지를 벗어날 수 없다]

"일체 복전은 마음을 여의지 않아 마음 바깥에서 찾으면 감응할 수 없다." 육조대사의 이 말씀이 전체 강요이다. 운곡 선사께서 "바깥에서 구함을 바꾸어 안에서 성찰하라"라고 조언하신 말은 요범 선생에게 평생 운명을 바꾸어 달라지도록 이끌었다.

[운곡 선사] **맹자의 말씀은 틀리지 않지만, 그대 자신이 깊이 체득하지 못해 뜻을 잘못 이해하고 있소. 그대는 육조 혜능 대사**(육조혜능은 달마의 의발衣鉢을 전할 수 있는 여섯 번째 사람으로 그의 어록인 《단경壇經》이 세상에 널리 전해지고 있다.)**께서 "일체 복전은 모두 우리의 심지를 여의지 않나니, 마음에서 공부하여 찾아 구하기만 하면 절대 감응하지 않을 수 없다!" 하신 말씀을 본 적이 없는가? 나 자신의 마음에서 찾아 구할 수 있으면 도덕 인의를 성취할 수 있을 뿐만 아니라 몸 바깥의 공명과 부귀도**

마찬가지로 획득할 수 있소. 그래서 내재적인 수양과 외재적인 복록을 다 같이 얻을 수 있소. 이렇게 구함은 얻음에 유익함이 있고, 얻음에 원만할 것이오.

孟子之言不錯。汝自錯解了。汝不見六祖說。(六祖慧能傳達摩衣鉢之第六人有壇經行世)一切福田不離方寸。(指心地也)從心而覓。感無不通。求在我。不獨得道德仁義。亦得功名富貴。內外雙得。是求有益於得也。

[내레이터] 공명 · 부귀가 한 사람의 운명에 내재되어 있다면 굳이 구하지 않아도 얻을 수 있습니다. 만약 그렇지 않다면 아무리 주의 깊게 계획을 세워 행하여도 얻을 수 없습니다.

[운곡 선사] **만약 자신을 돌아보아 마음속 깊이 성찰할 줄 모르고, 단지 맹목적으로 바깥을 향해 명성과 이익을 추구하면 구하는 것에 좋은 방법이나 요령이 있고, 얻는 것이 운명에 있을지라도 이렇게 구함은** (이미 내재적인 수양을 도울 수 없을 뿐만 아니라 외재적인 이익도 획득할 수 없어) **결국 안팎으로 함께 잃게 되니, 아무런 이익이 없소.**

若不返躬內省。而徒向外馳求。則求之有道。而得之有命矣。內外雙失。故無益。

2. 운명을 개조하는 방법

1) 잘못 알기

[자신이 과거에 급제할 것인가, 자신에게 자식이 생길 것인가]

운곡 선사께서는 다른 사람을 꾸짖은 적이 없었고, 그 사람이 스스로 반성하도록 이끌었다. 큰 덕과 큰 지혜로 초학자의 선근을 가장 부드럽게 보살필 수 있었다.

[요범] **운곡 선사께서 이어서 또 다시 내게 물으셨다.** (일깨우고 싶은 것이 더 있어서 말을 이어 다시 물었다.)

因問。(更欲有所開發接口再問也)

[운곡 선사] **공 선생이 그대의 평생 운명을 추산했다는데, 도대체 어떠하오?**

孔公算汝終身若何。

[요범] **내가 상세한 상황을 모두 사실대로 말씀드리자** (이는 생략법으로 한 말이 여러 말을 대신해 버린다.) **운곡 선사께서 다시 물었다.**

余以實告。(此省筆法一語代却多語) 雲谷曰。

[운곡 선사] **그대 자신이 생각하기에** (揣揣는 마음을 미루어 헤아린다(度量)는 뜻이다. 사람은 자신의 능력・결점과 분수・처지・

상황을 명확히 알지 않으면 안 된다.) **과거에 급제하여 공명을 얻을 것 같소? 또 자식이 생길 것 같소?**

汝自揣(揣度量也。人不可無此自知之明)應得科第否。應生子否。

[요범] **나는 한동안 성찰한 뒤에야** (사람마다 여래의 지혜와 덕성을 갖추고 있어 일념에 종횡으로 과거 미래 시방국토를 비추어 하나하나 현전하게 할 수 있으나, 애석하게도 거울에 먼지가 앉듯이 쇠에 녹이 쓸듯이 갖가지 감정에 치이고 욕망에 막혀 본명本明을 잃어버린다.) **대답했다.**

"그럴 것 같지 않습니다! (노실은 진덕進德의 기초이다. 무릇 그릇된 것을 꾸미고 잘못을 가리는 사람은 앞길에 무슨 희망이 있겠는가?) **과거에 급제하여 관리가 되는 사람은 대체로 상당히 복이 있는 상이지만, 저의 상은 박복하고 또 공덕과 선행을 쌓아 후덕한 복의 기초를 다지지 못했습니다.** (복은 원래 상이 있지만, 상은 마음에 따라 변한다. 이 음덕과 선행이 소중한 까닭은 쌓임에 있다) **게다가 힘들고 무거운 임무를 인내하며 처리할 줄 모르고, 도량이 좁아서 다른 사람을 포용할 줄도 모릅니다.** (성정이 협소하고 성급하며, 도량이 얕고 협소함이 실로 박복한 상이다.)

余追省良久。(人人俱備如來智慧德性。一念縱橫照去凡過去未來十方國土一一現前。惜為種種情封慾閉失却本明。如鏡蒙塵。如鐵生鏽耳)曰。不應也。(老實乃進德之基。凡飾非掩過之人前途有何希望)科第中人。類有福相。余福薄。又不能積功累行以基(厚培也)厚福。(福固有相。但相隨心變。此陰功善行之所以貴乎積累也)兼不耐煩劇。不能容人。(性情褊急。度量淺狹。實為福薄之相)

저는 때로는 자신의 작은 재주와 지력이 다른 사람을 덮어버릴 정도로 자존심이 대단하여(스스로 재주와 지혜가 우월한 사람이라 생각하는 것이 곧 단점이니, 어찌 진보가 더 있을 수 있겠는가?) **마음대로 감정대로 행동하여 절제할 줄 몰랐습니다.** (마음에 사사로이 왜곡함이 없음을 직直이라 한다. 직심은 성인이 되고 현인이 되는 미덕이다. 여기서 직심直心은 마음 내키는 대로 성질대로란 뜻으로 이해하고, 직행直行은 자신의 감정대로 행동하여 절제할 줄 모른다는 뜻으로 이해한다) **가볍게 말하고 함부로 말하곤 했습니다. 무릇 이런저런 언행들이 모두 박복한 상이거늘 어떻게 과거에 급제하여 공명을 얻을 수 있겠습니까?** (사람이 만약 스스로 자신의 단점을 알지 못함을 안다면 반드시 이에 죄를 인정한 자를 구제하는 이유와 마침내 죄가 없는 이유를 생각하여야 한다.)

時或以才智蓋人。(自以為才智過人便是短處。安能再有進步)直心直行。(心無私曲之謂直。直心是為聖為賢之美德。此直心當作縱情或任性解。則直行當作徑行解)輕言妄談。凡此皆薄福之相也。豈宜科第哉。(人苦不自知己短耳知之。則必思所以救之此認罪者之。所以終於無罪也)

[해설] 여기서 직심직행直心直行의 뜻은 마음속에서 무엇을 말하고 싶으

면 무엇을 말한다는 뜻입니다. 결코 옛 성인과 이전 현인의 경교에서 말한 직심직행이 아닙니다. 《유마경》에서는 "직심이 도량이다(直心是道場)." 말하였습니다, 여기서 직심직행은 망상이 없고, 분별이 없고, 집착이 없다는 뜻입니다. 이런 망상·분별·집착은 병통·습기입니다. _정공 큰스님, 《요범사훈 강기》

[요범] (청결을 좋아하는 것은 원래 좋은 일이지만, 너무 지나쳐서는 안 됩니다. 지나치면 결벽증을 지닌 괴팍한 사람이 되고 맙니다.) **그래서 속담에 "깨끗하지 않은 땅일수록 온갖 식물이 잘 자랄 수 있고, 물이 맑은 곳에는 통상 물고기가 없다." 하였습니다.**

地之穢者多生物。水之清者常無魚。

[요범] **그런데 저는 지나치게 청결을 좋아하여 거의 인정머리가 없는 사람으로 바뀌었으니, 이것이 저에게 자식이 없는 첫째 이유입니다.** (청결함을 좋아하고 청결함을 미덕으로 찬미함이 습관이 되어 정이 없고 야박하니, 이는 자식이 없는 원인의 하나이다.) **천지 우주 사이에 온화한 기운이 가득 차야 만물이 저절로 자랄 수 있는데, 저는 성미가 거칠고 급하여 곧잘 분노하니, 이것이 나에게 자식이 없는 둘째 이유입니다.** (분노는 다른 사람의 원망을 초래하여 쉽게 일을 망치고 인심을 잃게 되니, 이러한 박복한 상도 자식이 없는 원인의 하나가 될 수 있다.)

余好潔。宜無子者一。(好潔亦美德潔而成癖則寡情此為無子之一因。和氣能育萬物。余善怒。宜無子者二。(怒招人怨易敗事易失人心此福薄相亦可為無子之一因。)

인애는 만물을 생장 발육시키는 근본이고, 매몰차고 자비가 없으면 양육할 수 없는 근원입니다. (애愛란 인애仁愛이지 정애情愛로 이해해서는 안 된다. 애는 곧 인함이다. 인仁의 씨를 뿌려 견딤忍이 생기면 자비가 없고, 자비가 없으면 애愛가 없다. 예컨대 인仁이 없으면 생기가 없고, 굳게 참고 견딤堅忍은 거룩한 미덕으로 들어감이다. 여기서는 매몰차다는 뜻으로 이해한다. 인忍 자는 칼날 같은 마음에서 심경이 매몰차다는 뜻을 표시하니, 이 또한 자식이 없는 원인의 하나이다.) **그런데 저는 너무나 자신의 명예와 절개를 소중하게 여기고 무심하여** (명예와 절개를 소중하게 여겨 잘난 척함에 치우치니 이 또한 자식이 없는 원인의 하나이다.) **때때로 자신을 희생하고 남을 구해주기를 꺼려합니다.** (교만하고도 인색하여 이러한 덕을 심을 수 없으니, 이 또한 자식이 없는 원인의 하나이다.) **이것이 제가 자식을 얻지 못할 것 같은 셋째 이유입니다.**

愛為生生之本。忍為不育之根。(愛者仁愛不作情愛解。愛即為仁。仁如果核之仁種之即出忍則無慈無慈則無愛。如無仁則無生機堅忍是入聖美德。此處作殘刻解。忍字從刃從心為心境殘刻之表示。此亦無子之一因。)余矜惜名節。(矜惜名節偏於自好此亦無子之一因。)常不能舍己救人。(既驕且吝不能種德此亦無子之一因。)宜無子者三。

말을 많이 하여 원기를 소모시켜 신체 건강에 영향을 끼치니, 마땅히 자식이 없을 것 같은 넷째 이유입니다. 음주를 좋아하여 정기를 과도하게 소모하니, 자식 없는 다섯째 이유가 됩니다. (말이 많아 원기를 소모하고 술을 좋아하여 정기를 잃어버리니, 이 또한 장수하지 못하는 징후이니 설령 자식을 얻을지라도 또한 요절하여 몇 세나 후세에 전할지 헤아리지 못하거나 후손이 끊기게 되니, 이 또한 자식이 없는 원인의 하나이다.)

多言耗氣。宜無子者四。喜飮鑠精。宜無子者五。(多言耗氣喜飮則鑠精「鑠消失也」此不壽之徵縱令得子亦多夭折不數傳後或至絕嗣此亦無子之一因。)

밤을 새우며 오래 앉아 있기를 좋아하고 잠이 부족하여 원기를 보존하고 정신을 함양할 줄 모르니, 자식이 없는 여섯째 이유입니다. (대수양인은 사욕이 조금도 남지 않아 심경이 텅 비고 밝으며, 또 선정 속의 지혜 광명을 가릴 수 있는 음기가 없고 맑고 깨끗하여 잠자는 모습을 영원히 끊는다. 이러한 거룩한 경지를 황급히 바라니, 이는 생기를 해친다. 실로 불가피하게 이는 자식을 얻기 어려울 뿐만 아니라 병약에 이르는 원인이다.)

好徹夜長坐。而不知葆元毓神。宜無子者六。(大修養人私欲淨盡心境空明更無陰氣足以覆蓋常在定中智光湛然永斷睡相此聖境也欲以凡俗而遽冀此戕害生機實所不免此為致病致弱之因不僅艱於得子已也)

그 밖에 다른 잘못과 결점도 너무 많아 이루 다 나열할 수 없습니다. 이상으로 자신을 돌아보는 말을 듣고서 운곡 선사는 이렇게 말씀하셨다.

其餘過惡尚多。不能悉數。雲谷曰。

[하늘이 언제 그밖에 달리 미세한 생각이라도 더한 적이 있소?]

운곡 선사께서는 그 가르침을 한 걸음 더 넓혀서 말씀하신다.

[운곡 선사] **그대가 한 말에 따르면 어찌 얻지 못할 것 같은 일이 과거급제 뿐이겠소! 인간세상에서 천금의 재산을 누릴 수 있는 자**(재벌 부자)**는 틀림없이 천금의 복보가 있는 사람이고, 백금의 재산을 누릴 수 있는 자**(중산층 부자)**는 틀림없이 백금의 복보가 있는 사람이며, 굶어 죽을 자는 반드시 굶어 죽을 과보가 운명에 정해져 있는 사람이오.**

豈惟科第哉。世間享千金之產者。定是千金人物。享百金之產者。定是百金人物。應餓死者。定是餓死人物。

하늘은 각자 자신이 지은 선악의 성질이 그에게 두텁게 상대하여 그가 실현하여 얻게 되는 과보일 뿐, 하늘이 조금이라도 좋다 싫다 생각을 보탠 적이 있겠소? (《중용》에 이르길, "(하늘이 물건을 낼 적에는 반드시 그 재질에 따라 돈독히 한다) 심은 것은 북돋아 주고 기운 것은 엎어 버린다."[1] 하였다. 동일한 경계・동일한 시기에 생하는 것, 스스로 생멸하는 것, 자멸・성패・득실이 천차만별인데, 사실 갖가지 경계는 모두 심지에서 만들어진다. 이전의 철인들은 자신에게 달려 있다 여겼지만 세속사람은 이것에 어두워 여러 운수에 전가한다. 그래서 이를 선명히 알아 스스로 벗어난다.)

天不過因材而篤。幾曾加纖毫意思。(栽者培之傾者覆之。同一境界同一時機生者自生滅者。自滅成敗得失千差萬別。其實種種境界都從心地上造出。先哲知之認為自取世俗昧之諉諸氣數所以鮮知自拔也)

[내레이터] 다음 절에서는 운곡 선사께서 세상 사람의 관점에서 요범 선생에게 힘써 덕을 쌓고 선을 행하라고 권하신다.

[운곡 선사] **대를 잇는 일로 말하면 백대의 공덕을 쌓은 사람은 틀림없이 백대의 자손을 보존할 것이고, 또 십대의 공덕을 쌓은 사람은 틀림없이 십대의 자손을 보존할 것이며, 삼대 혹은 이대의 공덕을 쌓은 사람은 틀림없이 삼대 혹은 이대의 자손을 보존할 것이오. 대가 끊겨 자손이 없는 사람은 공덕이 지극히 경미한 까닭이오.** (이 방편설법은 세속의 인지상정은 후손이 없는 것을 부끄러운 일로 여긴다고 말한다. 운곡 선사께서는 이 뜻을 빌어 요범 선생에게 경계심을 가지고 힘써 덕을 닦을

---

1) 하늘은 만물의 본성에 따라 보살피고 기른다. 심을 수 있는 것은 기르고 기울고 시든 것은 몰락시킨다.

것을 격려할 뿐이다. 출세간의 성현은 욕망과 애욕을 끊는 것을, 미혹을 제거하여 지혜로 바꾸어 범부를 뛰어넘어 성인으로 들어가는 첫째 공수功修라 생각한다. 세속의 인지상정을 소중히 여겨 아직 또렷이 이해하지 못했을 뿐이다.)

即如生子。有百世之德者。定有百世子孫保之。有十世之德者。定有十世子孫保之。有三世二世之德者。定有三世二世子孫保之。其斬焉無後者。德至薄也。(此方便說法語世俗恆情以無後為可恥之事。雲谷借此意以作警惕勵了凡努力修德耳。出世聖賢。以絕慾斷愛為去惑轉智。超凡入聖第一功修。惜俗情未及了解耳)

2) 결점에 맞추어 잘못을 철저히 고친다

[이전의 갖가지 모습, 어제처럼 죽었고, 이후의 갖가지 모습, 오늘처럼 태어나오]

의리는 곧 진리이다. 의리로 거듭난 몸은 곧 지혜의 생명이다. 중생에게는 육신의 생명이 있고 또한 영원히 꺼지지 않는 지혜의 생명이 있다. 중생에게 진리를 깨우쳐 열어줌은 흙에서 종자가 싹트는 것과 같다.

[운곡 선사] **그대는 지금 이미 자신의 결점을 알았으니, 장차 과거시험에 급제하지 못하고 자식을 낳지 못하는 원인에 대해 온 마음을 다해 고치고 쇄신하시게.** (각각의 사람에게는 각자의 결점이 있다. 이미 마음을 차분히 하고 자신을 반성할 수 있으며, 결점에 대해 하나씩 잘못이 있는 곳을

하나씩 찾아내면 곧 수행을 시작하는 곳이 생긴다. 온 정신, 온 힘을 다해 자신의 결점을 완전히 바꾸어야 한다. 예컨대 인색한 사람은 보시하는 사람으로 바꾸고, 화를 쉽게 내는 사람은 온화한 사람으로 바꾸며, 허위로 과장하는 자는 진심을 다하는 사람으로 바꾸어야 한다. 마음이 들뜨고 조급한 자는 침착한 사람으로 바꾸고, 교만한 사람은 겸허한 사람으로 바꾸어야 한다. 게으르고 산만한 자는 근면하고 분발하는 사람으로 바꾸고, 잔인한 사람은 인자한 사람으로 바꾸며, 무서워 물러나는 사람은 용맹정진하는 사람으로 바꾸어야 한다.)

汝今既知非。將向來不發科第。及不生子相。盡情改刷。(各人有各人之病痛。既能平心自檢。尋出一一病痛。一一過失所在。便有下手處。用全神金力反轉來。慳貪者轉之以施捨。憤激者轉之以和平。虛夸者轉之以切實。浮躁者轉之以沈定。驕慢者轉之以謙恭。惰逸者轉之以勤奮。殘忍者轉之以仁慈。怯退者轉之以勇進)

나아가 꼭 선한 일을 하여 공덕을 쌓을 것이며, 꼭 사람이나 일에 대해 넓게 포용할 것이며, 꼭 사람에게 부드럽고 자애롭게 대할 것이며, 꼭 자신의 정신을 소중히 여기시게. (이상 나열한 것은 요범 선생이 증상에 따라 알맞게 처방한 약으로 우리는 각자에게 특수한 마음의 병에 변통하여 약을 처방할 수 있다.)

務要積德。務要包荒。務要和愛。務要惜精神。(以上數者是了凡對證之藥。吾人可各就特異之心病變通藥之)

[해설] 「포황包荒」은 《역경》 태괘泰卦에 나오는 구절로 더럽고 거친 것(荒穢 ; 예컨대 주변사항의 나쁜 점)을 포용하고 일체를 포용함을 말합니다.

[운곡 선사] **이전의 갖가지 모습은 어제 죽은 것처럼 모두 과거가 되었고, 이후의 갖가지 모습은 오늘 태어난 것처럼 모두 다 거듭 새로이 시작하오. 이것이 곧 의리로 거듭난 몸이오!** (이는 진정으로 깨달은 사람이 운명을 세우는 비결이다. 운명을 개조하는 첫걸음 공부는 곧 이전의 결점을 통렬히 고치는 것이다. 하나하나 습기를 빠짐없이 다 일소하여야 하고, 하나하나 병의 뿌리를 빠짐없이 다 뽑아버려야 하며, 언제 어디서나 늘 스스로 일깨우고 자신을 엄하게 다스려야 한다. 순선의 천진을 보호함은 갓난아이를 돌보는 것과 같다. 운명 개조의 전권은 자신에게 있고 신의 조화에 속하지 않는다. 이는 곧 윗글에서 이른바 지극히 선한 사람의 운수는 그를 구속하지 못한다.)

從前種種譬如昨日死。從後種種譬如今日生。此義理再生之身也。(此至人造命訣也。改造命運第一步工夫便是痛改前非。一一積習悉皆掃除。一一病根悉皆拔去。時時處處常自警覺。嚴自克治。保善天眞。如保赤子。改造命運全權在己不屬造化。即上文所謂極善之人數固拘他不定是也)

[마땅히 스스로 구해야 복이 많다]

운곡 선사께서는 유불도 삼교를 통달하여 요범 선생에게 지혜를 열어준 까닭에 《요범사훈》에서 불학으로 유교와 도교를 융합시킬 수 있었다. 삼교에 깊이 들고자 하는 후학들에게 이는 방도가 된다.

[운곡 선사] **무릇 혈육의 몸이야 정해진 운수가 있기 마련이지만, 정의 · 공리를 갖춘 몸이야 어찌 하늘을 감동시킬 수 없겠소!** (정성이 지극하면 금석도 쪼갤 수 있다. 이렇게 지극한 정성이 하늘을 감동시킬 수 있는 연유이다.) **《서경》의 「태갑편」에서** (상商나라 현군賢君은 처음에는 덕을 상당히 잃었다.) **말씀하셨다.** (이윤에게 감사의 말을 표했다.)

夫血肉之身。尚然有數。(數定數也)義理之身。豈不能格天。(精誠所至。金石為裂。此至誠所以格天也)太甲(商之賢君初頗失德)曰。(感謝伊尹語)

[내레이터] 하늘이 내린 죄과에는 그래도 피할 수 있거니와 자신이 초래한 죄과에는 살아남을 수 없음이라. (위違는 피하거나 만회함으로 해석하고, 활活은 생존하다로 해석한다.)

天作孽。猶可違。自作孽。不可活。(違作避免或挽回解活作生存解)

[운곡 선사] **또 《시경》에서 말씀하셨다.**

詩云。

[내레이터] (자신의 생각과 행위가) 항상 천심에 맞는지 살펴볼지니, 이는 자기 스스로 수많은 복을 구함이라. (이는 만고불변의 금언이다.)

永言(恆言也)配命。(上合天心也)自求多福。(此千古不磨之金言)

[운곡 선사] **공 선생이 그대는 과거에 급제하여 공명을 얻지 못하고 자식을 낳지 못할 팔자라 추산하였는데, 비록**

하늘이 내린 죄과이지만 그래도 피할 수 있소. 그대가 본래 갖추고 있는 덕성을 확충하여 힘써 선한 일을 행하여 음덕이 많이 쌓는다면 (남들이 모르는 사이에 선을 짓는 것을 음덕이라 한다. 복을 얻음이 심대함은 선한 생각을 지을 수 있는 것과 같다. 복을 얻었다는 순간 그것을 잊으면 선을 짓는 마음이 한층 더 진실하며 잘 헤아릴수록 점점 더 측량할 수 없다. 천하의 대덕이 아니면 그 누가 여기에 잘 참여할 수 있겠는가?) **이는** (남에게 빼앗지 않고) **그대 스스로 지은 복이니, 어찌 복을 누리지 못하겠소**?

孔先生算汝不登科第。不生子者。此天作之孽也。猶可得而違也。汝今擴充德性。力行善事。多積陰德。(作善於人所不知不覺之地謂之陰德。獲福甚大若能併作善之。念獲福之念而忘之則作善之心益眞而善量愈不可以測量焉。非天下之大德其孰能與於斯)此自己所作之福也。安得而不受享乎。

[운곡 선사] **《역경》에서는** (역경에 경계하고 삼가며 조심해 두려워하라는 말이 많은 것은 억측하여 만들어낸 말이 아니라 순수하게 64괘 384효에서 나오는 음양강유의 변화와 천지의 차고 빔, 때의 나아가고 물러남의 이치와 천연 그대로의 인과율을 말한다.) **군자**(어질고 너그러우며 도덕이 있는 사람)**를 위해 흉한 것은 피하고 길한 것을 향해 가야 한다고 추산하고 있소.**

易(易經多戒謹恐懼之言所言。非臆造純從六十四卦三百八十四爻剛柔變化。盈虛消息中來。亦天然之因果律也)為君子謀趨…吉避凶。

만약 천명이 항상함이 있다면(항상함이 있다는 것은 중생의 망상이다. 차분한 마음으로 관찰해보건대 무슨 일이든 어떤 물건이든 어느 것 하나 발붙일 수 있겠는가. 하나하나 무상해 보일 뿐이다) **길한 것을 어떻게 향해 갈 수 있고, 흉한 것을 어떻게 피할 수 있겠소?** (제행무상이기 때문이다. 그래서 일체 득실과 고락의 경계는 모두 대단히 상황에 따라 변한다고 느끼고, 각자의 행위를 따라 그것을 가감 승제해 나갈 수 있다.)

若言天命有常。(有常乃衆生妄想試平心觀察。無論何事何物。有那一件站得住脚跟。但見一一無常而已)吉何可趨…。凶何可避。(因為諸行無常。所以一切得失苦樂境界都覺得非常活變。可以隨著各人行為。把他加減乘除去來)

《역경》의 첫째 장을 열면 "선을 쌓는 집안에는 두고두고 경사가 있다." 말하고 있소. (이 말은 《주역》 건괘 문언전에 보인다) **그대는 이 말을 믿을 수 있겠는가?**

開章第一義。便說積善之家。必有餘慶。(語見周易坤卦文言)汝信得及否。

3. 복을 닦고 덕을 쌓아 숙명을 넘어서다

[죄과를 숨김없이 전부 털어놓고 참회하라]

종기를 치료할 때 고름을 먼저 짜내고 소독한 후 더 이상 감염이 되지 않도록 유지하듯이 먼저 죄과를 전부 털어놓고 참회하며, 건강을 회복하겠다고 결심하여 약을 잘 챙겨 먹듯이 잘 발원하고 「공과격」을 잘 기록하면서 주문을 지념하고 불력의 도움에 의지한다. 이와 같은 치료 과정이면 쾌유가 눈앞에 보인다.

[요범] **나는 완전히 운곡 선사의 법문을 믿었을 뿐만 아니라 그에게 진심으로 절하고 그의 가르침을 받아들였다.**

余信其言。拜而受教。(聞善言而生疑謗者。是為罪惡之相。故曰疑為罪根。聞善言而起敬信者。是為福德之相。故曰信為福母)

[해설] 거룩한 말씀을 듣고 의심 · 비방을 내는 것은 죄악의 상입니다. 그래서 의심은 죄의 뿌리라 합니다. 거룩한 말씀을 듣고 공경심을 일으켜 믿는 것은 복덕의 상입니다. 그래서 믿음은 「복의 어머니」라 합니다.

[요범] **그래서 지난날에 저지른 각종 죄과를 부처님 전에 숨김없이 전부 털어놓았을 뿐만 아니라 소문疏文 한 통을 작성하여 먼저 과거에 급제하길 구하고, 삼천 가지 선한 일을 하여 천지신명과 조상의 깊은 은덕에**

보답하겠다고 발원하였다.

因將往日之罪佛前盡情發露。為疏一通。(朱子家訓有云惡恐人知便是大惡。可知回護掩飾便是罪業之相。涅槃經云有二白法能救眾生一慚二愧。慚者內自羞恥。愧者愧作於人懺悔舊時所犯身口意諸不善業便開改過自新之路成翻染為淨之行。或向長者前懺悔。或向法師前懺悔。或向佛座前懺悔。疏敘述行狀之文也)先求登科。誓行善事三千條。以報天地祖宗之德。

[해설] 《주자가훈朱子家訓》에서 악은 남이 알까 두려워하면 더욱 큰 악이 되고, 자신의 결점을 감싸고 지키며 덮어 숨기면 더욱 죄업의 상이 됨을 알 수 있다 하였습니다. 《열반경》에 이르길, “두 가지 선한 법이 있어 중생을 구할 수 있으니 하나는 참慚이고 둘은 괴愧이다.” 하셨습니다. 참慚이란 안으로 자신을 수치스럽게 여김이고, 괴愧는 옛날에 범한 신구의 여러 불선업不善業을 남에게 참회하여 잘못을 고치고 자신을 새롭게 하는 길을 열며, 물듦을 깨끗함으로 바꾸는 행입니다. 또한 장자를 향해 참회하거나 법사를 향해 참회하거나 부처님을 향해 참회함을 말합니다. 소疏는 행장行狀을 서술한 글을 말합니다.

[요범] **운곡 선사께서는 이에 「공과부功過簿」를 나에게 보여주시면서 순서대로 날마다 행한 일을 「공과부」에 하나하나 기록하되, 선한 일은 공란에 숫자를 기록하고, 악한 일은 크기에 따라 공과를 상쇄하라 일러주셨다.**

雲谷出功過格示余。令所行之事。逐日登記。善則記數。惡則退除。(功過格中所定功過數目為修省定則，參照凡例十六條中所指示處，於定則上尚

有加減乘除稱量登記之作用，義益圓滿)

[해설] 공과격에 정해진 공과의 수목數目은 수학하며 반성하는 정칙定則으로 범례凡例 16조 중에 지시한 부분을 참조하십시오. 정칙에 가감 승제하여 헤아리고 기록하는 작용이 있으니, 의미와 이익이 원만합니다.

[요범] **게다가 《준제주》를 지념持念하여 구하는 일에 효험이 생길 수 있길 기약하라고 가르치셨다. 선사께서는 또한 말씀하셨다.**

且教持準提咒。(咒乃斬除一切揣摩情想降伏千魔百邪之不思議法門佛母準提陀羅尼為過去七俱胝准提如來所說俱胝為千萬億大數佛母以諸佛從此法門產出故得此名陀羅尼乃萬行總持之義咒曰南無颯多喃　三藐三勃馱俱胝喃　怛姪他　唵　折隸　主隸　準提　莎婆（二合）訶　持誦功德不可稱量詳準提陀羅尼經)以期必驗。語余曰。

[해설] 준제주準提咒는 미루어 헤아리는 일체 감정과 생각을 제거하고 천 가지 마장과 백가지 그릇됨을 항복시키는 부사의한 법문입니다. 불모준제다라니佛母準提陀羅尼는 과거 칠구지준제여래七俱胝准提如來께서 설하신 것입니다. 구지俱胝는 천만 억 대수의 불모입니다. 제불께서 이 법문으로 태어나는 까닭에 이 이름을 얻었습니다. 다라니는 만행총지萬行總持의 뜻입니다. 주문에 이르시길, 「나무 사다남 삼먁삼못다 구치남 다냐타 옴 자례 주례 준제 사바하」 하셨습니다. 이를 지송한 공덕은 헤아릴 수 없습니다. 상세한

내용은 《준제다라니경準提陀羅尼經》을 참조하십시오.

[운곡 선사] **부적 전문가는 부적을 그릴 줄 모르면 귀신의 비웃음을 산다고 말하오. 여기에 부적을 그리는 비밀 전승의 비결이 있으니, 그저 마음을 움직이지 않을 뿐이오. 붓을 잡고 부적을 그릴 때 먼저 세속의 모든 인연을 놓아버리고, 마음이 청정하여 조금도 잡념이 일지 않아야 하오.** (마음을 말끔하게 청소한 후) **생각이 움직이지 않는 곳에 이르러 종이에 한 점을 찍으니, 이 한 점을 혼돈계기**混沌開基**라 하네.** (천지음양이 아직 나누어지기 이전, 혼돈 상태의 원기를 말합니다. 완전한 부적은 모두 이 점으로부터 쓰기 시작합니다. 그래서 이 점은 부적의 근원입니다)

符籙家有云。不會書符。被鬼神笑。此有祕傳。只是不動念也。執筆書符。先把萬緣放下。一塵不起。(把心地打掃得乾乾淨淨)從此念頭不動處下一點謂之混沌開基。(混沌元氣未判之謂)

이로부터 단숨에 써 내려가 일필에 부적을 완성하되, 아무 생각이나 근심이 없으면 이러한 부적이 영험하네. 무릇 하늘에 기도하고 운명을 세울 때 모두 아무 생각이나 근심이 없는 상태로부터 하늘을 감화시켜야 하오.

由此而一筆揮成。更無思慮。此符便靈。凡祈天立命。(祈禱告也)都要從無

思無慮處感格。(感格言感通也)

[맹자가 운명을 세우는 이치를 논하다]

마음에서 구하되, 분별 집착하지 않으면 운명을 자신이 주재할 수 있다. 이것이 곧 「입명立命」이다.

[운곡 선사] **맹자가 운명을 세우는 이치를 논하여 말하길, "단명과 장수는 다르지 않다." 하였소. 보통사람은 요절과 장수는 명백히 다른 운명이라고 생각하거늘 맹자께서는 어찌 다르지 않다고 말씀하시는가? 태아처럼 망념이 전혀 없고 마음이 움직이지 않을 때 누가 요절하고 누가 장수한단 말이오?** (실제로 이는 모두 의식상의 분별 집착일 뿐입니다! 분별심을 일으키면 전생에 지은 갖가지 선악이 현행하여 업보를 받아 단명과 장수의 분별이 생깁니다.)

孟子論立命之學。而曰夭壽不貳。(短命曰夭)夫夭與壽。至貳者也。當其不動念時。孰為夭。孰為壽。

[운곡 선사] **세분하여 말하면 모름지기 풍요한 생활과 궁핍한 생활은 다르지 않다고 보아 각자 분수에 만족하고 자신의 본분을 지켜 좋은 사람이 되어야 하오. 그런 후 운명을 세우면 궁핍한 사람은 비로소 풍요한 사람**

으로 바뀔 수 있고, 본래 풍요한 사람도 오래도록 복을 유지할 수 있소.

細分之。豐歉不貳。然後可立貧富之命。窮通不貳。然後可立貴賤之命。

[운곡 선사] **모름지기 요절과 장수가 다르지 않다고 보아 모두 생명을 소중히 여기고 살생을 금하고 방생을 하여야 하오. 그런 후 운명을 세우면 요절할 사람은 비로소 건강·장수하는 운명을 얻고 장수할 운명인 사람은 더욱 더 건강·장수할 수 있소. 사람이 이 세상에서 살아가는 동안 단지 생사의 문제가 가장 중대하니, 그래서 요절과 장수만 말한 것이오. 그 밖에 일체 순 경계의 풍요와 존귀한 삶, 역 경계의 궁핍과 비천한 삶은 모두 그 안에 들어감은 물론이오.** (이것이 맹자가 운명을 세우는 이치를 논할 때 다만 요절과 장수만 말하였을 뿐 다른 것은 말하지 않은 이치이다.)

夭壽不貳。然後可立生死之命。人生世間。惟死生為重。曰夭壽。則一切順逆皆該之矣。

[수신 입명은 진실한 학문이다]

마음공부는 사실·진상을 따르는 진실한 학문이다. 즉 "간단하고 쉬운 공부가 결국은 위대하니", 곧 진실한 이익을 얻는다.

[운곡 선사] **"몸을 수양하면서 천명을 기다리라(修身以俟之)." 한 맹자의 말씀은 곧 공덕을 쌓아 하늘에 복보를 비는 일이오. 「수양(修)」이란 자신에게 갖가지 잘못과 죄악이 있으면 모두 단호하게 결단하여 병을 치료하는 것처럼 완전히 제거한다는 말이오. 또 「기다림(俟)」이란 수신 공부가 깊어져 운명이 저절로 바뀌는 때를 기다린다는 말이오. 만약 조금이라도 분수에 맞지 않을 것을 넘보거나 조금이라도 물욕을 좇아 생각이 이리저리 움직이면 이를 모두 완전히 끊어 없애야 하네. 이러한 정도에 이르러 곧장 마음이 움직이지 않은 선천(겁념劫念)의 경지를 성취하면** (본래의 자리로 되돌아가 본래면목을 드러내면) **이것이 곧 세간에서 가장 진실한 이익의 학문이오.**

至修身以俟之。乃積德祈天之事。曰修。則身有過惡。皆當治而去之。曰俟。則一毫覬覦。(音冀俞希望也)一毫將迎。(逐物曰將。豫計曰迎)皆當斬絕之矣。(斷除覬覦將迎之意)到此地位。直造先天之境。(造到也返本還源顯出本來面目也)即此便是實學。

[운곡 선사] **그대가 비록 지금 무심無心·명심明心의 경지에 도달할 수 없지만 《준제주》를 지념할 수 있으니, 마음속으로 기억하지도 말고, 몇 번 지송했는지 헤아리지도 말며, 그저 중단하지 말고 계속 지송하시오.** (손을 놓지 않은 채 물건을 꽉 쥐고 있듯이 진지하게 부지런히) **이렇게**

지송함이 완전히 무르익을 때 입으로 염하고 있되 자신이 염하고 있음을 깨닫지 못하고, 염하지 않아도 자기도 모르는 사이에 마음으로 염하게 되니, (이렇게 나와 주문과 염이 한 덩어리를 이루어) **마음이 움직이지 않는 경지에 이르면 곧 주문 지송의 효과가 저절로 영험할 수 있소.**

汝未能無心。但能持準提咒。無計無數不令間斷。持(如持物不釋手然言精勤持誦也)得純熟。於持中不持。於不持中持。到得念頭不動。則靈驗矣。

[내레이터] 그러나 이러한 수행의 본질은 단지 그대가 그것을 수행한 후에야 이해할 수 있습니다.

[이날부터 「요범」이라 호를 바꾸었다]

「학해」에서 「요범」으로 호를 바꾼 것은 종이에 기록되는 박학다식한 지식을 바꾸어 마음에 새겨지는 진실한 학문을 도야하겠다는 의지를 볼 수 있다.

[요범] **나는 처음 호가 「학해學海」 였는데, 이날부터 호를 「요범了凡」이라고 바꿨다. 무릇 나는 입명의 이치를 깨닫고서 더 이상 범부의 진부한 견해에 떨어지지 않고 싶었다.** (과구窠臼는 상투적인 방법, 오래된 형식을 비유한다. 기존의 방식이나 방식을 그대로 이어받아 일을 진행하다. 답습하다는 뜻이다.)

余初號學海。是日改號了凡。蓋悟立命之說。而不欲落凡夫窠臼也。(窠臼言襲常蹈故也)

[요범] 그 후로는 온종일 경계하고 두려워하는 모습이 종전과 다름을 느꼈다. 이전에는 단지 아무런 속박없이 함부로 행동하면서 세월을 보냈지만, 지금부터는 저절로 (깊은 연못 살얼음 밟듯) **전전긍긍하며 안으로 두려워하며 공경하는 마음을 간직하고 바깥으로 엄숙한 위세에 대해 조심하는 모습이 생겼다. 어두운 방 한 구석**(짝 없이 남의 눈이 없는 장소, 보이지 않는 곳)**에 혼자 머물지라도 항상 천지 귀신의 노여움 사지 않을까 두려워하고, 나를 싫어하거나 비방하는 사람을 만날지라도 저절로 태연히 받아들이고 따지지 않았다.**

從此而後。終日兢兢。(兢兢戒懼之狀)便覺與前不同。前日只是悠悠放任。(隨隨便便無拘無束也)到此自有戰兢惕厲景象。(戰戰兢兢如臨深淵如履薄冰內存畏敬之心曰惕外對嚴肅之威曰厲)在暗室屋漏中。(獨居無侶人目所不見處)常恐得罪天地鬼神。遇人憎我毀我。(厭惡曰憎。造謗曰毀)自能恬然容受。(恬音甜安然也容受承受不較也)

[공 선생의 예언은 더 이상 맞지 않았다.

요범 선생은 잘못을 고치고 선을 행하여 비록 우여곡절이 많았지만, 마침내 실효를 얻었다. 우리 후학들은 단번에 성취할 수 있다고 여기는데, 이는 곧 자신을 너무 높여 보는 것이다. 수십 년의 습기를 하루아침에 어떻게 없앨 수 있겠는가? 또 우리는 오랜 습기가 반복해 나타나서

낙담하는데, 이는 자신을 너무 낮추어 보는 것이다. 그 양단을 제거하고, 강대한 용기와 힘, 꼼꼼한 태도를 지녀야 비로소 성취할 수 있다.

[요범] **다음 해에 예부에 가서 과거시험을 보았다. 공 선생이 3등으로 합격할 거라고 추산하였지만, 홀연 1등으로 합격하였다. 공 선생의 예언이 맞지 않아 가을 과거 시험장에서도 합격하였다.**

到明年。禮部考科舉。(禮部舊官制六部之一。掌禮教及學校貢舉之法。猶今之教育部也)孔先生算該第三。忽考第一。其言不驗。而秋闈中式矣。(科舉時代。生員考舉人之鄉試時在仲秋闈考場也。牆緣棘防弊亦名棘闈中式考取也)

[해설] 예부는 옛 관제인 육부의 하나로 예교 및 학교와 공거(貢舉; 선비를 중앙에 천거)의 법을 주관하였습니다. 오늘날 교육부에 해당합니다. 과거 시대 생원(수재 공생)이 거인舉人이 되고 싶으면 향시에 참가하여야 합니다. (향시를 보기 전에 반드시 예부에 가서 1차 고시를 통과해야 했습니다.) 향시는 가을 시험장에서 열렸습니다. 또한 장연극牆緣棘의 폐단을 방지하여 극위(棘闈; 지방고시) 과거급제 채용이라 하였습니다.

[요범] **그러나 의로운 일을 할지라도 여전히 생각이 뒤섞여 순수하지 못했고, 비록 행할지라도 여전히 내키지 않아 자연스럽게 느껴지지 않았다. 스스로 점검 반성하고 보니 아직도 과오가 매우 많았다.**

예컨대 혹 당연히 행해야 할 선한 일이라고 보여도 아직 대담하게 필사적으로 행할 수 없었다. 혹 남을 구조해야 할 상황이어도 마음속으론 항상 의심이 들어 결단력 있게 행동에 옮기지 못하였다. 혹 자신이 마지못해 선을 행할지라도 오히려 신랄하고 매몰찬 말을 많이 하였다. 혹 정신을 차릴 때는 자신을 잘 단속하여도 술에 취한 후에는 자신을 방종하곤 하였다.

이렇게 우여곡절을 거치면서 평소 하는 일 없이 시간을 헛되이 보내는 날이 많았다. 기사년(1569년)에 발원한 이래 줄곧 기묘년(1579년)에 이르기까지 십여 년을 거치면서 3천 건의 선행을 비로소 해내었다.

然行義未純。(未純言雜而不純。勉強而未自然也)檢身多誤。(檢檢點也。誤過誤也)或見善而行之不勇。或救人而心常自疑。或身勉為善而口有過言。或醒時操持而醉後放逸。以過折功。日常虛度。自己巳歲發願。直至己卯歲。歷十餘年。而三千善行始完。

[부부는 날마다 선한 일을 행하였다]

요범 선생 부부는 모두 성실한 사람으로 독서를 하여 관리가 된 사람에게나 집에서 세월을 보내는 사람에게나 같은 모범을 세웠다.

[요범] 그때 막 이점암李漸庵과 동산성東山省에서 산해관山海關으로 돌아와 3천 건의 선한 일을 회향回向할 여유가 없었다. 그래서 경진년(1580년)에 나는 북경에서 남방

으로 돌아와 비로소 성공性空·혜공慧空 두 분 등 여러 상인(고승)**을 청해 동탑선당東塔禪堂에 나아가 회향기도를 올렸다. 이때 나는 자식을 구하는 발원을 하고, 다시 3천 건을 행하겠다고 서약하였다. 마침내 신사년**(1581년)**에 너를 낳았고 너의 이름을 천계**(天啟 ; 하늘이 내려준 아들)**라고 지었단다.**

時方從李漸庵入關。未及回向。(回回轉。向趨向回。己所修之功德有所趨向曰回向。凡一切善行皆可回向。或以之贖罪。或以之報恩。或以之普施法界眾生均可至誠祝願。以植勝因)庚辰南還。始請性空慧空諸上人。(上人高僧美稱)就東塔禪堂回向。遂起求子願。亦許行三千善事。辛巳生汝天啟。

[해설] 회回는 마음을 돌린다, 향向은 향해 나아가다는 뜻입니다. 자신이 닦은 공덕이 추향趨向하는 바가 있음을 회향이라 합니다. 무릇 일체 선행을 다 회향하여 혹 이를 따라 속죄하거나 혹 보은하거나 혹 법계 중생에게 두루 지성심으로 축원하여 수승한 인을 심을 수 있습니다.

[요범] **나는 선한 일을 행할 때마다 즉시 붓으로 기록하였다. 네 모친은 글을 쓸 줄 몰라 선한 일을 할 때마다 즉시 거위 털 대롱에 붉은색 주사를 묻혀 역일**(曆日은 곧 집집마다 갖추고 있는 역본曆本, 천체를 관측하여 해와 달의 운행이나 월식, 일식, 절기 따위를 적어 놓은 책) **위에 하나씩 동그라미를 찍었다. 혹 가난한 사람에게 음식을 보시하거나 혹 산목숨을 사들여 방생하거나 하여 때로는**

하루에 많게는 동그라미가 10여 개에 이르렀다!

余行一事。隨以筆記。汝母不能書。每行一事。輒(即也)用鵝毛管。印一硃圈於曆日之上。(曆日即家家所備之曆本)或施食貧人。或買放生命。一日有多至十餘圈者。

[내레이터] 하루에 선한 일을 10개 이상 행했다는 의미입니다.

[요범] **계미년(1583년) 8월에 이르러 수가 3천 건 다 채워지자 다시 성공 상인 등을 청해 집에서 회향기도를 하였다. 그해 9월 13일에 다시 진사進士에 합격하겠다고 발원하면서 선한 일을 1만 건 행하기로 서약하였다. 마침내 병술년(1586년)에 과거에 급제하여 보지현寶坻縣의 현감이 되었다. 나는 공란이 있는 책자를 한 권 비치하여 「치심편治心編」이라 이름하였다.**

至癸未八月。三千之數已滿。復請性空輩。就家庭回向。九月十三日。復起求進士願。許行善事一萬條。丙戌登第。授寶坻知縣。(寶坻京兆縣名)余置空格一冊。名曰治心編。(此空格治心編。應人人置備倣行。人人可以覓出平地登雲之路)

[해설] 이 공격空格 「치심편治心編」은 사람마다 비치하여 본떠서 행하면 사람마다 이기적이고 부적절한 사고를 피하도록 도와 단번에 높은 지위에 오를 수 있는 길을 찾을 수 있습니다.

[요범] **새벽에 일어나 직무를 보는 곳에 앉아 집안 머슴에게**

「치심편」을 가져다 문지기에게 건네주고, 탁자 위에 두고 날마다 행한 선악의 일을 지극히 사소한 것도 빠짐없이 기록하게 하였다. 밤이 되면 대청 앞뜰 계단 앞에 탁자를 갖다 놓고 관복을 갈아입은 후 송나라 철면어사鐵面御史 조열도趙閱道를 본받아 향을 사르고 옥황상제께 보고하였다.

晨起坐堂。家人攜付門役。置案上。所行善惡。纖悉必記。夜則設桌於庭，(庭堂中階前也)效趙閱道焚香告帝。(解見前序文中)

[한 건의 선한 일로 일만 건의 선한 일을 벌충할 수 있다]

중생의 고통을 이해하고 전심전력을 다해 일하면 아직 자신의 원을 완성하지 않아도 자신의 공덕을 얻는다. 이것이 「선심진절善心眞切」이다.

[요범] **네 모친은 내가 행한 선한 일이 많지 않음을 볼 때마다 언제나 근심스러운 얼굴로 걱정하면서 말하였다.**

汝母見所行不多。輒顰蹙。(愁容也)曰。

[요범의 아내] **전에는 제가 집에 있을 때 당신을 도와 선을 행하였기에 삼천 건의 선한 일을 비로소 순조롭게 해낼 수 있었지요. 그런데 지금 당신이 일만 건의 선한 일을 하겠다고 서약하셨는데 관청에서 행할 수**

있는 선한 일이 없으니, 언제 비로소 원만히 이루어 만족할 수 있단 말입니까?

我前在家相助為善。故三千之數得完。今許一萬。衙中無事可行。何時得圓滿乎。(圓圓成滿滿足)

[요범] 어느 날 밤, 우연히 꿈을 꾸었는데 신령 한 분을 만나, 내가 일만 건의 선한 일을 완성하기 매우 어려운 원인을 여쭈었더니, 그 신령이 답하였다.

夜間偶夢見一神人。余言善事難完之故。神曰。

[신령] 그대가 단지 백성의 농지세를 감면하는 이 한 건의 일을 하명하기만 하면 일만 건의 선한 일을 이미 전부 완성한 것과 같소.

只減糧一節。萬行俱完矣。

[요범] 당시 보지현의 농지세는 묘마다 본래 2할 3푼 7리 (23.7%)였다. (나는 백성들이 돈을 너무 많이 낸다고 느꼈다.) 그래서 나는 상세히 구획정리를 하여 그것을 1할4푼6리 (14.6%)까지 줄였다. 확실히 이 일을 행하였지만, 마음속으로는 상당히 놀라며 의아해했다.

蓋寶坻之田。每畝二分三釐七毫。余為區處。(計畫也)減至一分四釐六毫。委有此事。(委實屬也)心頗驚疑。(驚一念之微已為神明所知疑僅一善行如何便抵萬善)

[해석] 일념의 미세한 일도 신명이 이미 알고 있거늘, 어떻게 조세감면정책, 한 건의 선행으로 천 건의 선한 일을 벌충할 수 있는지, 요범 선생은 의심이 들었습니다.

[요범] **그때 마침 환여**幻余 **선사께서 오대산에서 보지현으로 오셨다. 나는 꿈속의 일을 말씀드리고, 그에게 이 일을 믿을 수 있는지 여쭤보았다. 선사께서 이렇게 답하셨다.**

適(恰巧也)幻余禪師自五臺來。(五臺山名在山西五臺縣東北五峯聳立高出雲。表山上無林木如壘土之臺故名華嚴名為清涼山今屬山西雁門。道袁公夙因深植與當代出世聖賢有緣方便指引助成勝業福薄之輩緣慳不遇內典博載障重眾生多生多劫不聞佛名僧為上宏下化人中至寶佛法藉以宣傳苦海因而得度得遇聖賢僧宿福之厚可知)余以夢告之。且問此事宜信否。師曰。

[해설] 오대산은 중국 산서성 오대현五臺縣 동북에 다섯 봉우리가 구름보다 높이 치솟아 있다고 해서 이름 붙여진 산으로 문수보살 도량입니다. 덧붙여 관음보살 도량인 상절강上浙江 보타산普陀山, 보현보살 도량인 사천四川 아미산峨嵋山, 지장보살 도량인 안휘安徽 구화산九華山은 중국 사대 명산입니다.

[환여선사] **단지 「선한 일을 하겠다는 마음이 진실하고 간절하기**(善心眞切)**」 만 하면 이 한 건의 선한 일로 일만 건의 선한 일을 벌충할 수 있거늘 하물며 전체 현의**

조세를 감면하면 (전체 현의 농민이 모두 감세의 은혜를 입어) **천만 백성이** (이로 인해 무거운 조세 부담이 덜어지니) **복을 받지 않겠소!**

善心眞切。即一行可當萬善。況合縣減糧。萬民受福乎。

[요범] **그래서 나는 즉시 녹봉을 헌납하여 그에게 오대산에서 나를 대신하여 일만 분의 스님에게 공양하고 그 공덕을 회향해달라고 청했다.**

吾即捐俸銀。請其就五臺山齋僧一萬而回向之。(一即字足見其人當機立斷，慷慨布施，無絲毫牽強吝情處，宜其受福無量也。)

[53세 되던 그 해 아무런 병도 앓은 적이 없었다]

요범 선생은 지성을 다해「운명을 세우는 이치」를 믿고 받아들여 과연 도덕을 갖추고, 공명을 얻었으며, 자손을 낳아 대를 잇고, 수명을 연장함에 모두 실효를 거두었다!

[요범] **공 선생은 내가 53세에 반드시 액**(재난)**이 있을 것이라고 추산하였다. 내가 종래 오래 살게 해달라고 기도한 적이 없었지만, 그해 끝내 아무런 병도 걸리지 않았고, 지금 이미 69세이다.**

孔公算予五十三歲有厄。(厄災難也)余未嘗祈壽。是歲竟無恙。(恙憂也病也)今六十九矣。

[요범] 《서경》에서 말씀하셨다. "하늘의 길은 믿기 어렵나니, 천명은 항상함이 없다." 또한 말씀하셨다. "천명은 항상함에 있지 않다." 운명은 실제로 자신의 수중에 장악하여 개조할 수 있다.

書曰天難諶。命靡常。(文見《商書．咸有一德篇》 諶音申。信也。靡，不也。言天道難信，以其命之不常也，故曰：禍福無不自己求之者)又云。惟命不於常。(文見《周書．康誥篇》亦言天命無常，修德為要)

[해설] 「천난심天難諶 명미상命靡常」:《상서商書．함유일덕편咸有一德篇》에 있는 문장입니다. "천도는 그 명의 항상함이 없음으로 믿기 어렵다."는 뜻입니다. 그래서 맹자는 말하였다. "화와 복은 자기로부터 구하지 못하는 것이 없다."

「유명불어상惟命不於常」:《주서周書．강고편康誥篇》에 보이는 문장입니다. 이 또한 천명은 항상함이 없어 덕을 닦음이 필요하다는 말입니다.

[요범] 이는 모두 일리가 있는 말로 남을 속이는 말이 아니다.

皆非誑語。(非欺人語也)

[요범] 나는 이에 알았다. 무릇 한 사람의 화와 복은 자기로부터 구한다는 말은 성현의 언어이지만, 화와 복은 모두 하늘이 명한다고 말하면 일반 세속인의 논조이다.

吾於是而知。凡稱禍福自己求之者。乃聖賢之言。若謂禍福惟天所命。則世俗之論矣。

4. 자식에게 잘못을 알고 잘못을 고치라, 복을 닦고 덕을 쌓으라 가르쳤다.

[순경과 역경에 대하는 여섯 가지 생각]

요범 선생은 자식에게 여하히 순경에 처할지 가르쳤다. 순경은 쉽게 마음을 훼손시키고 또한 무상하기 때문이다. 말에 담긴 뜻은 혹시 역경에 처하면 평상심으로써 즉시 자신을 편안히 하여야 한다.

[요범] 너의 운명이 구경에 어떠할지 아직 알지 못하면 운명을 추산해 보아 첫째, 입신출세할 때는 늘 불우한 때를 생각하라. 둘째, 순조롭게 잘 풀릴 때는 늘 마음에 들지 않은 때를 생각하라. 셋째, 눈앞에 먹을 음식과 입을 옷이 풍족할 때는 늘 쓸 돈이 없고 머무를 집이 없을 정도로 가난했던 때를 생각하라. 넷째, 주변 사람이 자신을 좋아하고 존경할 때는 늘 전전긍긍 두려워할 때를 생각하라. 다섯째, 가문이 큰 명성을 떨치고 모든 사람에게 존경을 받을 때는 늘 비천하고 한미할 때를 생각하라. 여섯째, 학문이 높고 깊을 때는 늘 얕고 비루할 때를 생각하라.

汝之命。未知若何。即命當榮顯。常作落寞想。即時當順利。當作拂逆想。即眼前足食。常作貧窶想。即人相愛敬。常作恐懼想。即家世望重。常作卑下想。即學問頗優。常作淺陋想。(落寞不遇時也。拂逆不稱懷也。窶音矩貧無禮室也。望重衆望所歸也。此六想皆從現前境界反面看去。如此行持自然克己復禮虛靈不昧。可以入道。可以進德。此空前之庭訓也)

[내레이터] 이 여섯 가지 생각은 모두 현전하는 경계의 다른 일면에서 보는 것이다. 이와 같은 행지行持는 저절로 자신의 사욕을 극복하고 본연지성을 회복하며(克己復禮), 텅 빈 가운데 신령스러우며 어둡지 않아 도에 들 수 있고 덕으로 나아갈 수 있다. 이는 전대미문의 가르침이다.

[요범] **멀리는 조상의 어진 마음씨를 선양하려고 생각하고 가까이는 어버이의 잘못을 숨기려고 생각하라.** (이는 곧 맹자가 부모는 자식을 숨기고 자식은 부모를 위해 숨긴다고 말한 대의이다.) **또 위로는 국가의 은혜에 보답하려 생각하고 아래로는 집안의 복을 지으려고 생각하라. 밖으로는 타인의 위급한 재난을 구제하려 생각하고, 안으로는 자신의 그릇된 생각을 예방하려고 생각하라.**

遠思揚祖宗之德。近思蓋父母之愆。(蓋遮掩也。愆過誤也)上思報國之恩。下思造家之福。外思濟人之急。內思閑己之邪。(急急難。濟救援。邪邪念。閑防制)

[내레이터] 이 여섯 가지 생각하는 법은 정면에서 문제를 긍정하는 것으로 이러한 마음씨를 계발하면 반드시 올바른 사람이 될 수 있다.

[요범] **날마다 자신에게 그릇됨이 있음을 알아차려 날마다 잘못을 고치도록 힘써라. 하루라도 그릇된 것을 알아 차리지 못하면 곧 그날은 자신이 옳다는 착각에 안주하게 된다. 하루라도 고칠 수 있는 잘못이 없으면 곧 그날은 진보가 없게 된다. 천하에 총명하고 준수한 사람이 실제로 적지 않지만, 공덕을 힘써 닦지 않고 도업을 넓게 닦지 못하는 까닭은 단지 인순**(因循 ; 방일, 나태, 안일) **두 글자를 위해 자신의 일생을 허비하기**(안일하게 하루하루 그럭저럭 되는 대로 살아가며 허송세월하여 진보를 가로막기) **때문이다.**

務要日日知非。日日改過。一日不知非。即一日安於自是。一日無過可改。即一日無步可進。天下聰明俊秀不少。所以德不加修。業不加廣者。只為因循二字耽閣一生。(因循苟且偷安也。耽閣阻止進步也)

[요범] **운곡 선사께서 나에게 전수해 준 운명을 세우는 말은 지극히 정미롭고 지극히 심원하며, 지극히 진실하고 지극히 바른 이치이니, 그것을 잘 알아 소중히 여기고 연구·학습하여야 하며 힘써 행하여 결코 세월을 헛되이 보내지 말아야 한다.**

雲谷禪師所授立命之說。乃至精至邃(邃音粹。深遠也)至眞至正之理。其熟玩而勉行之。毋自曠也。(玩作珍愛研學解。曠將光陰空過意。毋禁止辭言不許也)

능소能所(주관 · 객관)가 일어나지 않을 때
그 자체가 바로 선정禪定입니다.
어떤 것이 선정의 마음인가?
한생각이 나지도, 일어나지도 않습니다.
이것을 선정이라 합니다.
청정심이고 불생불멸不生不滅입니다.
이것이 진정한 무아無我입니다.
무아법을 통달하면 진정한 보살입니다.
-몽참 큰스님, 금강경 강설(설오스님 역)

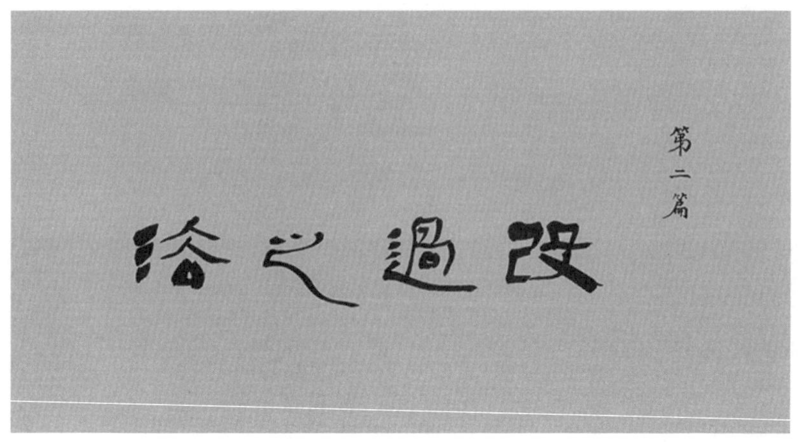

제2편 : 잘못을 고치는 법 (改過之法)

운명을 바꾸는 방법은 먼저 잘못을 고쳐야 한다. 잘못을 고치려면 부끄러워하는 마음 · 두려워하는 마음 · 용맹한 마음을 가져야 하고, 다른 사람을 관용하고 자신을 반성하여야 한다. 일에서 고치고, 도리에서 고치고, 마음에서 고쳐야 한다.

[내레이터] 성인이나 현인으로 태어나지 않았을 때 우리는 어떻게 결점에서 자유로워질 수 있겠는가? 공자께서는 "결점을 지닌 사람은 그것을 고치는 것을 두려워하지 말라(過則勿憚改)." 말씀하셨다. 요범 선생은 운명을 세우는 법을 말하고 나아가 그의 자식에게 결점을 고치는 세 가지 방법을 이야기한다. 첫째는 부끄러워하는 마음을 가져야 한다. 둘째 두려워하는 마음을 가져야 한다. 셋째 용맹한 마음을 가져야 한다. 사소한 실수조차도 알아차리고 고친다면 많은 잘못된 행동을 저절로 피할 수 있다.

[1] 잘못을 고치는 인(改過之因) :

누구나 화를 피하고 복을 누리고 싶은 마음을 가진다.

1. 길흉화복은 모두 조짐이 있다.

[복을 얻고 화를 피하고 싶으면 먼저 결심하고 잘못을 고쳐라]

먼저 잘못을 고치지 않으면 선을 행해도 악으로 변할지 모른다. 비유컨대 그릇에 때가 끼어 있을 때 이를 먼저 깨끗이 씻지 않으면 맛있는 음식도 쓰레기가 되고 만다.

[요범] **춘추시대 각국의 고급관리는** (학문과 이력이 매우 풍부하여) **한 사람의 말과 행동거지를 보고서 그 사람이 만날 수 있는 길흉화복을 뜻으로 헤아려 말해도 맞지 않는 것이 없었다. 이러한 일은 《좌전》과 《국어》 등 몇 가지 기록에서 찾아볼 수 있다.**

春秋(魯史名記衰周列國大事)諸大夫。見人言動。億(以意揣度)而談其禍福。靡(同無)不驗者。左(左傳)國(國語)諸記可觀也。

[해설] 이 책 전반에 걸쳐 언급된 춘추전국시대는 2,000여 년 전 중국 역사에서 큰 변화와 혼란을 겪었던 시기를 말합니다.

[요범] **대체로 한 사람에게 어떤 일이 발생하기에 앞서 길흉화복의 조짐이 미리 드러나니, 모두 마음에서 싹터 온몸으로 나타난다. 예컨대 한 사람이 매우 침착하고**

관대하면 그의 온몸이 듬직해 보인다. 한 사람이 각박하면 온몸이 경망스러워 보인다. 한 사람이 관대하면 반드시 복을 받을 것이고, 한 사람이 지나치게 각박하면 반드시 화가 곧 닥칠 것이다. 속인의 견식은 많은 장애가 있는데, 마치 눈병이 있어 또렷이 볼 수 없는 것과 같다. 화와 복은 일정한 것이 없고, 예측할 수도 없다.

大都吉凶之兆。萌(芽也)乎心而動乎四體。其過於厚者常獲福。過於薄者常近禍。俗眼多翳。(遮障也)謂有未定而不可測(測度)者。

[요범] 한 사람이 지극정성으로 사람을 대하면 천심(진여본성)과 완전히 일치하여 복이 장차 이른다. 그래서 한 사람의 선행을 관찰하기만 하면 그에게 복이 이르는 때를 미리 알 수 있고, 반대로 그가 저지른 악행을 보기만 하면 그에게 화가 곧 닥쳐오는 때를 미리 알 수 있다. 그래서 선을 행하기 앞서 먼저 잘못을 고쳐야 한다.

至誠合天。福之將至。觀其善而必先知之矣。禍之將至。觀其不善而必先知之矣。今欲獲福而遠禍。未論行善。先須改過。

[2] 잘못을 고치는 기초 : 세 가지 마음을 원만히 가진다.

1. **치심恥心 : 부끄러움을 알면 큰 용기를 낼 수 있다.**

[잘못을 고치려면 첫째 부끄러움을 아는 마음을 가져야 한다]

먼저 염치를 알고 두려워할 줄 앎은 성자의 재산으로 양심이 부패하는 것을 막고, 심리상태가 균형을 이루며, 지혜가 늘어난다.

[요범] 지금 복을 얻고 화를 피하고 싶으면 선행을 논하기 앞서 먼저 자신의 잘못을 고쳐야 한다.

今欲獲福而遠禍，未論行善。先須改過。

[요범] 잘못을 고치는 첫째 방법은 부끄러움을 아는 마음을 일으켜야 한다. 생각해 보건대, 고대의 성현들은 나와 마찬가지로 사람으로 태어났지만, 그들은 명성을 자손만대에 남기고 대중들이 본받고 싶은 사표師表가 되었다. 그런데 어찌하여 우리는 이번 생에 기왓장이 떨어져 산산이 부서지듯 만신창이 신세가 되려고 하는가? 기꺼이 일체 바깥의 유혹과 내부의 현혹에 물들어 사사로이 불의한 일을 행하면서도 남들이 모른다고 여겨 오만하게도 부끄러워할 줄 모른다. 그래서 나날이 짐승 같은 생활에 빠져 살면서도 스스로 이를 알지 못한다. 세상에서 부끄러워할 만한 일 가운데 이보다 더 큰 것은 없다. 맹자께서 말씀하셨다.

但改過者。第一要發恥心。思古之聖賢。與我同為丈夫。彼何以百世可師。我何以一身瓦裂。(如瓦墜地而碎裂言結果惡劣也)耽染(耽甘願染受污)塵情。(塵聲色貨利等一切外誘。情喜怒哀樂等一切內惑)私行不義。謂人不知。傲然無愧。將日淪於禽獸而不自知矣。(淪沈溺也)世之可羞可恥者。莫大乎此。孟子曰。

[맹자] 염치, 이 글자는 사람에게 매우 중대하다! 왜냐하면 염치를 알면 용기를 내어 잘못을 고쳐 덕업이 날로 새로워져서 성현이 되고, 염치를 모르면 함부로 날뛰어 인격을 잃어버려 짐승과 같아지기 때문이다.

恥之於人大矣。以其得之則聖賢。(知恥則勇於改過而德業日新)失之則禽獸耳。(無恥則肆意妄行而人格消失)

[요범] 이는 잘못을 고침에 있어 중요한 관건이다.

此改過之要機也。

2. 외구심畏懼心 : 두려워할 줄 알면 성경誠敬이 생긴다.

[둘째, 삼가고 두려워하는 마음을 가져야 한다]

잘못을 고치려면 천지와 귀신을 두려워하여야 하고, 다른 사람의 이목을 두려워하여야 하며, 나아가 생명이 무상함을 두려워하여야 한다.

[요범] 둘째 방법은 삼가고 두려워하는 마음을 가져야 한다. 천지(천제와 지신)가 위에서 지켜보고 있고 귀신도 속이기 어렵다. 내가 비록 아무도 목격할 수 없는 곳에서 잘못을 저지를지라도 천지와 귀신은 거울처럼 매우

또렷하게 나의 잘못을 비춰보고 있다. 나의 잘못이 무거우면 온갖 재앙이 나에게 닥쳐올 것이고, 잘못이 가벼워도 여전히 현재의 복을 덜어내거늘 어떻게 두려워하지 않을 수 있겠는가?

第二要發畏心。天(天帝)地(地神)在上。鬼神難欺。吾雖過在隱微。而天地鬼神。實鑒臨之。重則降之百殃。輕則損其現福。吾何可以不懼。

[내레이터] 천지와 귀신은 걸림 없이 모든 것을 볼 수 있다는 점에서 사람과 다르다. 그래서 그들을 속이기는 쉽지 않다.

[요범] **이뿐이 아니다. 내가 집에 있을 때조차 다수의 사람이 나를 가리키고 나를 지켜보고 있어 비록 내 잘못을 아주 은밀하게 덮어 숨기고 매우 기묘하게 꾸밀지라도 마음속은 이미 오래전에 드러나 있어 끝내 나 자신을 속일 수 없다. 만약 다른 사람이 암암리에 간파하였다면 한 푼의 가치도 없을 정도로 망신만 당할 것이니, 어찌 모든 행위에 끊임없이 주의하고 그것이 불러올 결과를 두려워하지 않을 수 있겠는가?**

不惟(獨也)是也。閒居(指私室也)之地。指視昭然。(雖在私室中，亦如有十目監視著，十手指點著。十乃多數，慎勿泥解)吾雖掩之甚密。文(飾也)之甚巧。而肺肝早露。終難自欺。被人覷破。(暗裏看破也)不值一文矣。烏(義同何)得不懍懍。

[중요한 순간 용맹하면 백년의 악을 깨끗이 씻어 낼 수 있다]

참회는 종전의 잘못을 반성하고 더 이상 짓지 않겠다고 서원하는 것이다. 종전의 광경을 마음속에 재삼 되풀이해서는 안 된다. 심정을 반복해서 오염시키는 것은 반복해서 업을 짓는 것이나 마찬가지이다.

[요범] **이뿐이 아니다!** (두려워하고 공경하는 마음, 조심하고 두려워하는 마음을 포함한다) **한 사람이 숨이 아직 남아 있는 한, 하늘을 두루 가득 채울 정도의 큰 죄악일지라도 그에게 회개할 기회가 남아있다.**

不惟是也。(含畏敬危懼意)一息(一呼一吸為一息)尚存。彌天之惡。(徧滿曰彌)猶可悔改。(放下屠刀，立地成佛。苟有悔罪之心，便開自新之路)

[해설] 백정의 칼을 내려놓으면 즉시 부처가 된다 하였습니다. 죄를 참회하는 마음이 있으면 곧 자신을 새롭게 하는 길이 열립니다.

[요범] **옛날 한평생 악행을 일삼았던 사람이 죽음이 임박하자 갑자기 양심의 가책이 들어 과거의 잘못을 깨닫고 모든 나쁜 짓을 참회하였다. 그는 선한 생각을 내었고, 즉시 편안한 죽음을 맞이하였다.**

古人有一生作惡。臨死悔悟。發一善念。遂(即也)得善終者。(修不嫌早，悔不嫌遲，臨終安詳超拔之徵)

[해설] 수행이 이른 것을 마음에 들어 하지 않고, 참회가 늦은 것을 마음에 들어 하지 않음은 임종시 침착하게 벗어날 조짐입니다.

[요범] **이는 한 사람이 가장 중요한 순간에 아주 압도적이고 용맹스러운 생각을 가질 수 있다면 백 년간 쌓인 죄악을 순식간에 남김없이 씻어낼 수 있다는 말이다.** (얼마나 많은 순결한 선비가 세월을 헛되이 보내는 가운데 패하고 마는가. 간절하게 마음먹고 용맹스럽게 닦는다면 죄가 비록 산처럼 쌓였을지라도 구해낼 수 있거늘 어찌 힘쓸 바를 알지 못하는가!) **비유컨대 천 년의 암흑이 깊은 산골짜기에 등불 하나를 비추어도 천년의 암흑을 완전히 제거할 수 있는 것과 같다. 그래서 잘못이 아무리 오래된 것이든, 새로 지은 것이든 고칠 수만 있다면 가장 뛰어난 사람이다.**

謂一念猛厲。(多少修士，敗於悠悠忽忽之中。苟發心痛切，進修猛厲，雖罪積如山，亦得解救。可不知所勉哉)足以滌(洗除淨盡)百年之惡也。譬如千年幽(黑暗而進深也)谷。一燈纔照。則千年之暗俱除。故過不論久近。惟以改為貴。

[내레이터] 비록 잘못을 저질렀을지라도 그것을 고치기만 하면 됩니다. 하지만 잘못을 저질러도 고칠 수 있으니, 언제나 잘못 저질러도 괜찮다고 생각하지 마십시오. 이렇게 생각해서는 안 됩니다. 그렇다고 일부로 잘못을 저지르면, 그 죄는 이전보다 훨씬 더 커집니다.

[요범] **게다가 이 세상은 우여곡절이 많고 끊임없이 변화하**

며, 우리의 몸은 피와 살로 만들어져 아주 연약하여 쉽게 죽을 수 있다. 만약 숨이 몸에서 떨어지면 이 몸은 더 이상 자신을 위해 있는 것이 아니다. 그때가 되면 잘못을 고치려고 해도 그렇게 할 기회가 없다.

但塵世無常。肉身易殞。(落地也歿也)一息(一呼吸也)不屬。(一氣離身不為己有也)欲改無由矣。(一切攜不去惟有孽隨身)

[해설] 또한 한 사람이 죽으면 이 세상의 어떤 소유물도 가지고 가지 못합니다. 자신이 지은 죄악만이 몸을 따라갑니다.

[요범] **그래서 죄악을 저지르면 밝게 드러나 보이는 세계에서 그 과보로 수백 수천 년 동안 악명을 감당해야 하고, 비록 효성이 깊은 자식과 사랑스러운 자손조차도 당신의 악명을 깨끗이 씻어버릴 수 없다. 또 보이지 않는 사후세계에서 수백 수천 년 동안 지옥에 떨어져 헤아릴 수 없는 고통을 받아야 한다. 성현이나 불보살을 만날지라도 구조받을 수도, 접인 받을 수도 없거늘 어찌 이러한 업보를 두려워하지 않을 수 있겠는가?**

明則千百年擔負惡名。雖孝子慈孫。不能洗滌。幽則千百劫沉淪獄報。(諸想輕舉。情欲沈淪。純想即飛。純情即沈。昇沈因由具　詳楞嚴第八卷文長不備引)雖聖賢佛菩薩。不能援引。烏得不畏。(代行己不到，代食己不飽。欲求超拔唯恃自力。諸天方在快樂障中，修羅方在煩惱障中，欲求解脫亦頗不易。其至不幸而沉淪三惡道中，無數眾生類皆神識昏迷，益少自拔機會。其最易醒覺、最便修持者，唯有人道。但生老病死，息息遷謝，百年之久，轉瞬即去，此身一失，千生百劫，永為夙罪所驅，不知經何長劫，夙罪消盡，再得人身，清夜自思，能不凛然汗下，急作自拔之圖哉)

[해설] 제상諸想은 과보를 가볍게 일으키지만, 정욕은 침륜에 빠지게 합니다. 순상純想이면 곧 천상으로 날아가고, 순정純情이면 곧 아비지옥에 가라앉나니, 상승과 하강의 연유가 이에 갖추어져 있습니다. 자신을 대신하여 이르지 못하고 자신을 대신하여 배불리 먹을 수 없으니, 벗어남을 구하고자 하면 자력에 의지할 뿐입니다.

제천은 바야흐로 쾌락의 장애 가운데 빠지고, 아수라는 바야흐로 번뇌의 장애 가운데 빠져서 해탈을 구하고자 하여도 또한 자못 쉽지 않고 불행에 이르러 삼악도 가운데 빠집니다. 무수한 중생 부류는 모두 신식神識(아뢰야식)이 혼미하여 이익이 적고 스스로 기회를 뽑아버립니다. 그 중에서 가장 깨닫기 쉽고 가장 수행하기 좋은 경우는 오직 인간 세상뿐입니다.

그러나 생노병사는 시시각각 변하고 있으니, 백년을 오래 살아도 눈 깜짝할 사이에 곧 죽습니다. 이 몸은 잃으면 천생에 백겁이 지나도록 영원히 옛날의 죄를 몰아내는데 얼마나 오랜 겁이 지나야 하는지 알지 못합니다. 옛날의 죄가 다 사라져야 다시 사람 몸을 얻습니다. 고요한 밤 스스로 생각해 보십시오. 어찌 꿋꿋하게 땀을 흘리지 않고, 스스로 목숨을 끊으려 시도할 수 있겠습니까?

3. 용맹심勇猛心 : 용맹할 줄 알면 분발할 수 있다.

[셋째, 용맹심을 가져야 한다]

용맹심을 가져야 하고 장원심(長遠心 : 오래도록 꾸준히 밀고 나가는 마음)을 가져야 한다.

[요범] 잘못을 고치는 셋째 방법은 앞으로 나아가려는 결단력과 용맹심을 가져야 한다. 사람들은 자신의 잘못을 고치려 하지 않고, 대부분 조금도 분발하지 않은 채 그날그날 뭉개며 살아간다. 우리는 잘못을 명확히 안 후 용감히 분발하여 잘못을 고쳐야 한다. 자신의 결점을 고치는 것을 지체하거나 의심해서는 안 되고, 속 태우며 기다려서도 안 된다.

작은 잘못은 살이 가시에 찔린 것처럼 빨리 골라내어 뽑아버려야 하고, 큰 잘못은 독사에 손가락을 물린 것처럼 조금도 주저하지 말고 빠르게 그 손가락을 잘라버려야 한다. 이는 바람과 천둥이 만물을 이롭게 하는 까닭이다.

第三須發勇心。人不改過。多是因循(得過且過。毫不振作也)退縮。(退後不前也)吾須奮然(含勇往振作意)振作。不用遲疑。不煩等待。小者如芒刺在肉。速與抉剔。(拔去也)大者如毒蛇嚙(嚙同咬。毒蛇咬指不斬指則身必死)指。速與斬除。無絲毫(十忽曰絲十絲曰毫十毫曰釐絲毫微小之數也)凝滯。(遲疑不決之意)此風雷之所以為益也。(風雷益為周易卦名，言風行雷厲

直捷痛快 , 容易成功也)

[해설] 이는《역경》「풍뢰익風雷益」괘에 있는 말로 바람이 빠르게 불고 천둥이 맹렬히 치듯이 일을 처리할 때 통쾌하게 곧바로 질러가면 성공하기 쉽다는 뜻으로 주저하지 않고 개과천선할 수 있다면 그 이익이 가장 크다는 것을 비유한 것입니다.

[요범] **만약 한 사람이 염치를 아는 마음, 삼가고 두려워하는 마음, 나아가려는 결단력과 용맹심의 세 가지 마음을 가질 수 있다면 잘못이 생기는 대로 바로 고쳐 그의 성격이 분명히 바뀔 것이다.** (이 세 가지 방법으로 대처하면) **마치 봄철에 얇은 얼음이 햇살에 녹듯이, 어떠한 걱정도 사라질 것이다.**

具是三心。(指上文恥心畏心勇心)則有過斯改。如春冰遇日。何患不消乎。

[3] 잘못을 고치는 방식

1. 사실로부터 고치는 방식

[사실로부터 잘못을 고치는 방식]

사실로부터 고치는 방식은 「공과격」을 실천함이 가장 실질적이다. 이치로부터 고치는 법과 마음으로부터 고치는 법은 끝내 사실로부터 고치는 법에서 실현될 수 있다. 총명한 사람은 교묘한 핑계를 둘러대지 말고 사실로부터 고치는 것을 가장 중시하여야 한다.

[요범] **그러나 사람이 잘못을 고치는 방식에는 세 가지가 있으니, 첫째 잘못을 범한 사실로부터 고치는 방식이 있고, 둘째 그 가운데 이치를 인식함으로부터 고치는 방식이 있으며, 셋째 마음으로부터 고치는 방식이 있다.** (염치를 아는 마음, 삼가고 두려워하는 마음, 나아가려는 결단력과 용맹심. 세 가지 마음을 냄을 잘못을 고치는 인으로 삼는다. 사실과 이치와 마음의 세 가지 길로 잘못을 고치는 법을 상술함을 보인다) **각각에 기울인 노력도 다르고, 그것을 통해 얻는 효과도 다르다.**

然人之過。有從事上改者。有從理上改者。有從心上改者。(發恥。畏。勇三心為改過之因。示事理心三路詳改過之法)工夫不同。效驗亦異。

[내레이터] 먼저 사실로부터 잘못을 고치는 방식을 설명하겠습니다.

[요범] 전날에 살생을 하였다면 오늘부터 더 이상 살생을 하지 않겠다고 서원한다. 만약 전날에 남에게 화를 내고 욕을 했다면 오늘부터 더 이상 화를 내지 않겠다고 서원한다. 이는 잘못을 범한 사실로부터 고치는 것이다. 그러나 단지 외부와의 억지 약속으로부터 고치는 것은 근본으로부터 자연스럽게 잘못을 고치는 것보다 백배나 더 어렵다. 게다가 잘못을 범한 근원은 제거되지 않고 마음속에 남아 있어 잠시 억지로 잘못을 멈추었더라도 마치 동쪽에서 없애어도 서쪽에서 다시 튀어나오듯이 결국 그 잘못은 다시 나타날 것이다. 따라서 실제로 이는 잘못을 남김없이 뽑아버리는 길이 아니다.

如前日殺生。今戒不殺。前日怒詈。(音利正斥曰罵旁及曰詈以惡言侵犯也)今戒不怒。此就其事而改之者也。強制於外。其難百倍。且病根終在。東滅西生。非究竟廓然(拔除一空之謂)之道也。

2. 이치를 인식함으로부터 고치는 방식

[이치로부터 고치는 법]

이치의 인식으로부터 고치는 법으로 살생을 저지름과 쉽게 분노하고 미혹에 빠짐, 두 가지를 예를 들어 이것은 실제 복덕과 지혜를 손상하는 주된 원인임을 밝힌다.

[요범] 둘째, 이치에 따라 고치는 방식을 설명해보자. 잘못을 잘 고치는 사람은 이 일을 하지 않겠다고 서원하기에 앞서 먼저 이 일을 해서는 안 되는 이치를 또렷하게 이해하여야 한다. 예컨대 한 사람이 살생의 잘못을 저지를 경우 먼저 이렇게 생각해야 한다.

善改過者。未禁其事。先明其理。如過在殺生。即思曰。

[요범] 하느님은 생명을 아끼고 사랑하신다. 모든 동물은 다 살고자 하고 죽기를 두려워하거늘 만약 저들을 죽여서 자신의 몸에 영양을 공급하려 한다면 어찌 마음이 편안할 수 있겠는가? 게다가 가축들은 도살당한 후 칼로 잘리고 해체되며, 또한 어류들은 숨이 끊어지기도 전에 솥에 넣어 튀기고 볶아져 온갖 고통이 뼛속까지 파고들거늘 어떻게 저들에게 그렇게 잔인할 수 있는가? 우리 자신의 몸에 영양을 공급하기 위해 식사를 할 때 앞에 감칠맛 나는 진수성찬을 한 상 가득 차릴지라도, 다 먹고 나서는 노폐물로 배설되고 만다. (세 치 혀를 펼쳐서 누가 다시 짠맛과 신맛을 분간하고 식탐을 채우기 위해 살생의 업보를 저지르는가! 다시 한번 마음이 아프다) 거친 밥과 나물국으로도 충분히 배를 채울 수 있거늘 어찌 저들의 생명을 해쳐서 자신의 복을 줄인단 말인가?

上帝好生。物皆戀命。(貪生怕死物物皆然)殺彼養己。豈能自安。且彼之殺也。既受屠割。復入鼎鑊。種種痛苦。徹入骨髓。(徹透達也)己之養也。珍

(貴品)膏(厚味)羅列。(陳列滿前)食過即空。(乍過三寸舌。誰更辨鹹酸。貪饞造殺業報。復足心寒)疏食菜羹。儘可充腹。何必戕(傷害)彼之生。損己之福哉。

[어찌 살생하여 자신의 복을 줄인단 말인가]

살생은 탐심貪心에 근원한다.

[요범] 또 생각건대 피와 살이 있는 부류는 모두 영성을 지니고 있다. 영성을 지닌 이상 우리와 한 몸이다. 설령 지극한 덕행을 몸소 닦아 저들이 우리를 존경하고 친근히 따르게 할 수는 없을망정, 어찌 날마다 동물의 생명을 해쳐서 저들이 우리와 원한을 맺고 영원히 다할 기약이 없도록 한을 품게 만들 수 있겠는가? 이러한 이치를 생각할 때, 고기와 생선이 가득 차려진 상을 마주하면 저절로 저들에게 불쌍한 생각이 들어 차마 고기를 더 이상 삼킬 수 없을 것이다.

又思血氣之屬。皆含靈知。(即靈性也)既有靈知。皆我一體。縱不能躬修至德。使之尊我親我。豈可日戕物命。使之仇我憾我於無窮也。一思及此。將有對食傷心。不能下咽者矣。

[쉽게 화내면 자기 자신을 반성하여야 한다]

쉽게 화냄은 진심(嗔心 ; 성내는 마음)에 근원한다. 선인(설선薛瑄, 명나라 유학자)께서 말씀하셨다. "20년 동안 성낼 「노怒」 자 하나를 다스리려 했는데 아직도 다 없애지 못했으니, 극기克己가 가장 어려운 줄 알 수 있다."

[요범] **다른 예로 예전처럼 화내기를 좋아한다면 이렇게 생각해야 한다. 사람마다 각자 미치지 못하는 점(단점)이 있기에 어찌 가혹하게 책망할 수 있겠는가. 인정과 이치에 따라 그의 단점을 불쌍히 여겨서 그의 결점을 용서하여야 한다. 누군가 아무런 이유도 없이 나의 기분을 상하게 한들 그의 문제가 나와 무슨 상관이 있겠는가? 본래 내가 화낼만한 이유는 없다!**

如前日好怒。必思曰。人有不及。(人各有不到之處豈可苛為刻責)情所宜矜。(矜憐憫也)悖理相干。(悖逆也干犯也)於我何與。(與關係也)本無可怒者。

[요범] **생각건대 세상에 자신이 옳다고 여기는 사람치고 영웅호걸은 없다.** (왜냐하면 큰 용맹을 지녔다고 하는 사람은 소심하고, 큰 지혜를 지녔다고 하는 사람은 우둔하며, 스스로 장점을 포기한 채 형색이 편안한 사람은 천박하고 비루하다.) **세상에 남을 원망하는 사람치고 학식이 있는 사람은 없다.** (진정으로 학식이 있는 사람은 더욱 더 겸허할 뿐만 아니라 자신에게는 엄격하고 남에게는 너그럽게 대하거늘 어찌 남을 원망하겠는가? 남을 원망하는 사람은 분명히 학식이 없다.) **그래서 어떤 사람이 하는 일마다 마음에 들지 않은**

것은 모두 자신의 덕을 잘 닦지 못하고, 덕을 원만히 닦지 못하여 다른 사람을 감화시킬 수 없기 때문이다!

又思天下無自是之豪傑。(大勇若怯，大智若愚，自暴所長，適形淺陋)亦無尤人之學問。(尤尤，怨也，尤人，怨恨於人。人無涵養，所以出此。惟有大學問人有大涵養，善於克己，止見自己工夫之未到，感化之未深。淺人則反)行有不得。皆己之德未修。感未至也。

[해설] 오직 큰 학식이 있는 사람, 큰 교양이 있는 사람만이 자신을 잘 극복할 수 있습니다. 자기 공부가 미치지 못하고, 다른 사람을 깊이 감화시키지 못하며, 식견이 얕은 사람은 그 반대입니다.

[다른 사람의 헐뜯는 소리는 모두 자신을 연마하는 교육장이다]

일체 잘못과 죄악은 모두 어리석은 마음에 근원한다. 그래서 이치를 밝히고 지혜를 내어야 한다. 이치를 밝히기 위해서는 성인의 철학과 지혜의 말씀을 배우고 그런 후 사유하고 반성하여야 한다. 배우지 않고 생각이 많은 것은 대체로 전도망상으로 흐른다.

[요범] **우리는 모두 늘 자신을 돌이켜 반성하고, 자신이 다른 사람에게 미안한 점이 없는지 점검하여야 한다. 이러한 마음가짐으로 노력한다면 다른 사람이 나에게 한 헐뜯는 소리가 오히려 나의 인격을 연마하고 성취하는 교육장이 될 수 있다. 우리는 다른 사람의 비판과 가르침을 즐겁게 받아들여야 하거늘, 어디에 분노할**

것이 있겠는가?

吾悉以自反。(人不忠於我，恐我之尚有未忠於人處。如此一一自檢自責自策之不暇，尚何敢輕於責人以重己之罪哉)則謗毁之來。皆磨煉玉成之地。我將歡然受賜。何怒之有。

[해설] 다른 사람이 나에게 충실하지 않으니, 내가 아직 남에게 충실하지 못한 부분이 있을까 두렵습니다. 이렇게 하나하나 자신을 점검하고 자신을 책망하고 자신을 채찍질할 겨를도 없거늘, 어찌 감히 경솔하게 남을 책망하고 자신을 중히 여기는 죄를 지을 수 있겠습니까?

[요범] **또한 다른 사람이 헐뜯는 소리를 듣고도 분노하지 않을 수 있다면 비록 헐뜯는 기세가 하늘에 닿을지라도 마치 불을 놓아 허공을 사르듯이 마침내 저절로 잘못이 멈출(사라질) 것이다.**

又聞謗而不怒。雖讒燄薰天。如舉火焚空。終將自息。(滅也止也)

[요범] **만약 다른 사람이 헐뜯는 소리를 듣고서 분노하면 비록 교묘한 마음으로 애써 변명할지라도 마침내 누에가 실을 토해 고치를 지어 자신을 속박하는 것처럼 자신을 얽어매고 스스로 사서 고생하게 된다. 그래서 분노하면 아무런 이익이 없을 뿐만 아니라 심지어 해로울 수도 있다. 이는 모두 분노의 부작용을 말한다.**

聞謗而怒。雖巧心力辯。如春蠶作繭。自取纏綿。(自縛也)怒不惟無益。且有害也。

[요범] **기타 온갖 잘못과 죄악은 모두 이러한 이치에 따라 생각하면 된다. 이러한 갖가지 이치를 분명히 이해하면 저절로 잘못을 그만두고 더 이상 저지르지 않을 것이다.**

其餘種種過惡，皆當據理思之。(此行文該括法)此理既明。過將自止。

3. 마음으로부터 고치는 방식

[마음으로부터 잘못을 고친다]

마음을 주로 삼아야 대자재를 얻을 수 있다. 어리석은 사람은 이른바 자유란 단지 그저 방자할 뿐 완전히 망상에 의해 조정을 당하고 만다.

[요범] **그러면 무엇을 마음으로부터 잘못을 고침이라 하는가? 우리가 저지르는 잘못은 천 개의 단서가 있을지라도 마음이 만들어낸 것이다.** (일체 마음을 따라 만들어진다)

何謂從心而改。過有千端。惟心所造。(一切惟心造)

[요범] **만일 마음을 움직이지 않으면 아무 일도 할 수 없거늘 잘못은 어디에서 생겨나겠는가?** (일체 마음을 따라 사라진다)

吾心不動。過安從生。(一切惟心滅)

[요범] **학문을 추구하는 유생은 여색을 좋아하거나 혹 명성을 좋아하거나 혹 재물을 좋아하거나 혹 화내기를 좋아하는 등** (호好 자는 좋아하다 즐긴다는 말로 풀이하고, 욕심이 있다 경거망동한다는 뜻이다) **이러한 갖가지 잘못에 대해 하나하나 잘못을 고치는 방법을 찾을 필요가 없다.**

學者於好色好名好貨好怒(此好字去聲作嗜好解。有貪得意。輕舉妄動意)種種諸過。不必逐類尋求。

[요범] **다만 한 마음, 한뜻으로 선심을 발하여 좋은 일을 하고 때때로 자신의 심사를 관조하여 광명정대한 마음**(正念)**이 샘솟아 나타나면 저절로 그릇된 생각**(邪念)**에 물들지 않는다.**

但當一心為善。正念(不提正念，空過春秋。離卻一切邪念、一切差別念，止念無念也)現前。邪念自然污染不上。(念起是病不續是藥時刻觀照邪機止息)

[해설] 정념正念을 갖지 않으면 시간을 헛되이 보내는 것이나 마찬가지입니다. 정념은 일체 그릇된 생각, 일체 차별된 생각, 지념止念·무념無念을 여의는 것입니다. 정념은 무념이 아닙니다. **생각하되 무념이고, 무념이되 생각하는 상태가 정념**입니다. 병이 진행되지 않도록 하는 것이 약인 것처럼 생각을 일으킬 때 시시각각 관조하면 그릇된 기운이 가라앉으면서 그칩니다.

[요범] **이는 마치 태양이 하늘에 떠 대지를 두루 비추면(백주 대낮에) 모든 요괴 악마들이 사라지는 것과 같다.** (나무와 돌이 변신한 요괴, 물귀신 등은 처음에는 잠복하여 감히 나타나지 않는다. 계속되면 결국 흔적 없이 사라진다.) **이것이 정신을 한곳에 집중하여 잘못을 고치는 진수를 전수함이다!** (정신을 한곳에 순일하게 집중하여 정념을 지키는 것이 마음을 거두어들이는 법이다.)

如太陽當空。魍魎潛消。(木石之怪曰魍魎。又水怪亦曰魍魎。始則潛伏不敢出現。繼則直至消滅無蹤)此精一之眞傳也。(精精密一純一執中守正此攝心之法也)

[요범] **사람의 잘못은 마음으로부터 만들어진다. 그래서 또한 마음으로부터 고쳐야 한다. 마치 독 있는 나무를 베어낼 때처럼 직접 그 뿌리를 잘라버려 더 이상 그것이 싹을 피우지 못하게 해야 하거늘 구태여 가지를 하나하나 쳐내고 잎을 하나하나 따내느라 수고할 필요가 있겠는가?**

過由心造。亦由心改。如斬毒樹。直斷其根。奚(同何)必枝枝而伐。葉葉而摘哉。

[내레이터] 이는 잘못이 마음에서 비롯하기 때문이다. 마음을 청정히 하면 모든 그릇된 생각을 행동에 옮기기에 앞서 이를 없앨 수 있다.

[가장 좋은 방법은 마음을 다스리는 것이다]

육조께서 이르시길, "전념에 미혹하면 곧 범부이고 후념에 깨달으면 곧 부처이다." 하셨다. 마음이 움직일 때 번뇌가 생겨남을 알아차려야 한다. 이것이 곧 각지覺知이다. 각지한 후 개오開悟가 생긴다. 아직 각지하지 않았는데 개오를 구하면 막다른 골목에 이른다.

[요범] **대저 잘못을 고치는 최상의 방법은 마음을 다스리는 것이다.** (마음을 다스릴 수 있으면) **그 자리에서 마음이 청정하다.**

大抵最上者治心。當下(立見也)清淨。

[강기] 「당하청정當下清淨」. 일체 내려놓고 한마디 아미타불을 3개월~6개월 염할 수 있으면 당신의 마음은 청청해지고 효과가 현전할 것입니다. 매일 경전 한 권을 염하면 3~5개월에 마음이 청정해질 것입니다. 만약 동시에 많은 경전을 보면 3~5년에도 청정심에 이르지 못해 쓸모가 없습니다. 그 비결은 곧 전정專精에 있다. 진정으로 학불學佛하면 학불할 수록 마음이 청정해지고 번뇌가 줄어들며 무명이 얕아지고 지혜가 자라며 얼굴이 환해지고 몸이 건강해집니다.

[요범] (잘못을 범하는 것은 모두 마음에서 갖가지 나쁜 생각이 움직이는 연고이기 때문이다.) **마음이 막 움직이기 시작하면 즉시 알아채고 그런 후 곧장 이러한 생각이 사라지면**

잘못이 저절로 더 이상 생겨나지 않는다.

纔動即覺。覺之即無。

[강기] 「동動」은 곧 번뇌, 업장이다. 마음이 움직이면 마음속에 생각이 있고 망상이 있습니다. 망상이 있고 생각이 있으면 곧장 알아차리고, 알아차리면 아미타불로 바꿉니다. 우리의 육근六根이 육진六塵 경계에 접촉하여 마음이 움직이면 그것이 선념이든 악념이든 상관없이 단지 생각이 움직이면 두 번째 생각은 「아미타불」로 바꿉니다. 진정한 수행인은 여섯 자, 넉 자 아미타불 명호를 염하면 모두 할 수 있습니다. 망념이 움직이고 두 번째 생각에 「아미타불」이 곧 각覺입니다. 각하여 미혹하지 않습니다. 제1일념이 미迷이고 제2념이 각覺입니다. 각은 빨라야 합니다. 결정코 미혹이 계속 증장하지 않게 하면 효과는 매우 큽니다. 이것이 진정으로 지혜가 열림입니다. 만약 반년 일년을 견지堅持할 수 있다면 지혜가 열려 눈이 빛나고 육근이 총명하고 예리해져 세간법이든 출세간법이든 통달하여 명료해질 것입니다.

[요범] **만약 마음을 바꾸어 잘못을 고치는 경계를 이룰 수 없다면 잘못을 범한 이유를 이해하여 잘못을 범하는 그릇된 생각을 내쫓아야 한다.** (곧장 다스릴 필요 없이 일을 당했을 때 그릇된 생각을 내보내면 된다. 일을 당했을 때 냉정하게 그 이치를 생각하고, 사리에 정통한 이후에는 마음이 저절로 가라앉고 망념이 사라지며 분노를 삭일 수 있다.)

또 만약 이렇게 할 수 없다면 부득이 잘못을 저지르는 일을 맞닥뜨릴 때 잘못을 저지르지 못하도록 단호하게 제지하여야 한다. (단호하게 대처하는 것이 바로 문제를 근본적으로 해결하는 것이다. 금禁은 단도직입적으로 제지하는 법이다.) **마음으로부터 악을 끊는 상등의 공부와 날마다 자신의 공과를 기록하는 하등의 방식을 병행하여 모범을 보이니, 실책을 저지르지 않는 가장 좋은 방법이다. 단지 하등의 방법에만 집착하여 상등의 방법에 어두우면 그야말로 우둔한 짓이다.**

苟未能然。須明理以遣之。(遣發派也不待直攻惟事遣散)又(又設或也)未能然。須隨事以禁之。(取斷然之處置遣乃釜底抽薪法禁則直捷制止法)以上事而兼行下功。未為失策。執下而昧上。則拙矣。

4. 잘못을 고치는 효과

[잘못을 고치는 효과]

오늘날 잘못을 고치는 가르침에 따라 마음의 때를 깨끗이 제거한 후 아래와 같은 효과를 얻는 자가 많다. 정성을 다해 간절한 마음으로 실행하여 때때로 3개월이면 생각이 개선되고, 1년이면 언행이 개선되며, 3년이면 인격이 개선되며, 여러 해가 되면 운명이 개선된다.

[요범] **그러나 잘못을 고치길 발원할 때조차 밝게 드러나 보이는 세계에서는 진정한 친구가 당신이 엉망진창일**

때 일깨워주어야 하고, 보이지 않은 세계에서는 귀신이 당신을 대신해 증명해 주어야 한다. (환여 선사와 운곡 선사를 만나 꿈속의 일을 말씀드리고 회향하겠다고 결심한 것과 같고, 또 자신이 저지른 잘못에 대해 소문을 작성하여 천지 귀신에게 숨김없이 털어놓고 힘써 자신을 새롭게 하는 것과 같다.) **한 마음 한 뜻으로 경건하게 참회하려면 밤낮으로 게으르지 말아야 한다.** (지극정성으로 쉬지 않고 용맹정진하는 것이 성공적으로 수행하는 최상의 비결이다.) **일주일에서 이주일, 내지 한 달 두 달 세 달까지 일정한 기간 이렇게 참회하면 분명히 효과가 있을 것이다.**

顧發願改過。明須良朋提醒。幽須鬼神證明。(如遇雲谷幻余為之指示以決趨向。又疏通告發露己罪力圖自新)一心懺悔。(伏罪自新之謂)晝夜不懈。(至誠無息勇猛精進是修持成功不二訣)經一七(七天)二七。(十四天)以至一月二月三月。必有效驗。

[요범] (죄를 참회한 효과는) **예컨대 혹 심신이 편안하고 활달하다는 느낌이 들고, 혹** (이전에는 어리석었는데) **단박에 지혜가 열리는 느낌이 들 것이다. 혹 사무가 자질구레하고 번잡하여 힘이 드는 환경일지라도 다 통한다는 생각이 들고, 혹 원수를 만나도 증오 대신 기쁜 마음이 들 수 있다.** (이는 큰 복덕, 큰 지혜의 상이다.)

또 꿈에 검은 것(갖가지 나쁜 생각과 더러운 기운)**을 토해 내어 마음이 청정해지고, 혹 꿈에 옛 성현께서 와서**

자신을 돕고 이끌어주시어 앞길에 광명이 비친다. 혹 꿈에 자신이 허공을 날라다니며 자재하게 소요하는 모습이 보이고, 혹 꿈에 갖가지 당번이나 보배우산이 보인다. 이러한 희유한 일은 모두 다 잘못이 사라지고 죄업이 없어진 좋은 징조이다!

或覺心神恬曠。(恬安適曠開展)或覺智慧頓開。或處冗沓而觸念皆通。(冗沓事務冗細重沓也)或遇怨仇而回瞋作喜。(此大福德大智慧相)或夢吐黑物。或夢往聖先賢。提攜接引。或夢飛步太虛。或夢幢幡寶蓋。種種勝事。(勝稀有也)皆過消罪滅之象也。

[요범] **그러나 이러한 경계에 집착해서 자신이 대단하다고 여기면 자신을 더 향상시키고 더 노력하는 경로를 막아버린다.**

然不得執此自高。畫而不進。(畫言截斷進程也)

[옛사람이 잘못을 고치는 법은 이와 같이 진지하였다]

홍일 대사께서는 말씀하셨다. "잘못을 고치는 일은 곧 한껏 당당한 일이기에 충분히 위대한 인격을 표시할 수 있다. 자공이 말하길, 군자의 잘못은 일식이나 월식과 같다. 잘못을 범하면 사람들이 모두 그를 바라보고, 잘못을 고치면 사람들이 모두 그를 우러러본다."

[요범] **옛날 춘추시대, 위나라 현대부賢大夫인 거백옥은 20세 때 이미 이전의 잘못을 깨닫고 완전히 잘못을 고쳤는**

데, 21세가 되자 이전의 잘못을 여전히 고치지 못함을 알았고, 22세가 되자 21세 때 자신을 되돌아보니, 또 작년 한 해도 여전히 꿈속에 있는 듯 애매모호하였다. 다시 한 해 한 해 보내면서 점차 잘못을 고쳐나갔다. 이렇게 50세 이르도록 행하였지만, 그는 여전히 과거 49년 동안 모두 잘못이 있었음을 깨달았다. 선인들은 이와 같이 진지하게 잘못을 고치는 법을 배웠다.

昔蘧伯玉當二十歲時。己覺前日之非而盡改之矣。至二十一歲。乃知前之所改未盡也。及二十二歲。回視二十一歲。猶在夢中。歲復一歲。遞遞(更迭也)改之。行年五十。而猶知四十九年之非。古人改過之學如此。(解見第一篇序文中今不再贅)

[요범] **우리들은 평범한 사람으로 잘못과 죄악이 고슴도치의 가시처럼 많이 모여 있다.** (고슴도치는 온몸에 가시가 있으며, 그 크기는 토끼 같고 그 모습은 쥐 같으며 성질은 사납다. 고슴도치는 낯선 물체가 다가가면 가시를 세우는데, 그 모습은 화살이 총총히 모여있는 것과 같다.) **과거의 일을 회상하지만 늘 자신의 잘못이 얼마나 있는지 보지 못한다. 또 세심하지 못해 눈병이 생긴 것처럼 자신의 잘못을 똑똑이 볼 수 없다!**

吾輩身為凡流。過惡蝟集。(蝟身有叢刺其大如兔。其狀如鼠。性獰鈍物少犯近則毛刺攢起。如矢蝟集喻叢集也)而回思往事。常若不見其有過者。心粗而眼翳也。

[잘못과 죄악이 깊고 무거운 징조]

이 단락에서 기술하는 갖가지 병상은 오늘날 심리 질병이라 부른다. 먼 간접적 원인(遠因)으로 과거의 업장에 속하고, 가까운 직접적 원인(近因)으로는 줄곧 스스로 반성하고 스스로 고칠 줄 모른 채 하늘을 원망하고 사람을 탓하여 여러 해 마음의 때를 깨끗이 씻은 적이 없는 상태를 마음의 병이라 부른다.

[요범] **그러나 사람의 잘못과 죄악은 깊고 무거운 경우에도 또한 증거가 있어 조사하여 밝힐 수 있다.**

然人之過惡深重者。亦有效驗。(有證據可查考也)

혹 심사가 혼란하여 탁 막히고 정신이 침체하여 무슨 일이든 고개를 돌리면 금방 잊어버리고 만다. 혹 아무 일도 일어나지 않았는데 늘 대단한 일처럼 마음을 졸이고, 혹 인품과 덕성이 높은 사람(군자)을 보면 부끄러운 느낌이 들면서 얼굴이 빨개지고 정신적으로 의기소침해진다. 혹 공명정대한 이치를 듣고도 오히려 기쁜 느낌이 들지 않고, 혹 다른 사람에게 은혜를 베푸는데도 상대방이 감사히 여기지 않고 도리어 당신을 원망한다. 혹 밤에 엎어지고 자빠지는 악몽을 꾸거나, 심지어 횡설수설하고 비정상적으로 행동한다. 이러한 현상은 모두 죄를 지었다는 표현이다.

或心神昏塞。轉頭即忘。或無事而常煩惱。或見君子而赧然(懷慚而面赤)消沮。(精神頹喪也)或聞正論而不樂。或施惠而人反怨。或夜夢顚倒。甚則妄言失志。皆作孽之相也。

[요범] **만약 이러한 상황이 나타나면 정신을 바짝 차리고 분발하여 과거의 좋지 않은 생각과 행위를 버리고 새로운 인생길을 시작하여 정말 자신을 그르치지 않기를 바란다.**

苟一類此。即須奮發。舍舊圖新。幸勿自誤。

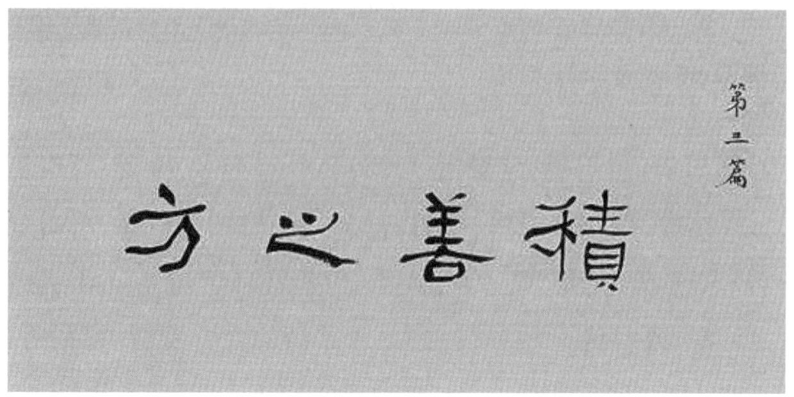

제3편 : 선을 쌓는 길(積善之方)

잘못을 고친 후 여전히 선을 쌓고 복을 닦아야 한다. "선을 쌓는 집안에는 두고두고 경사가 있다." 선을 쌓으면 반드시 참과 거짓, 음지와 양지, 옳고 틀림, 그릇됨과 바름, 편벽과 원만, 크고 작음, 어렵고 쉬움의 분별을 명백히 말하여야 한다. 그렇지 않으면 매우 고심할 것이다!

[내레이터] 앞 장에서 말한 갖가지 방법으로 이번 생에 자신의 잘못을 고치면 저절로 좋은 운명이 나쁜 운명으로 바뀌지 않음을 보장하지만, 그렇다고 나쁜 운명을 좋은 운명으로 바꿀 수는 없다. 왜냐하면 이번 생에 비록 선을 행하고 공덕이 있을지라도 전생에 잘못을 저질렀고 죄업을 지었는지 알지 못한다. 전생에 잘못을 저질렀다면 이번 생에 다시 저지르지 않았을지라도 전생에 저지른 잘못과 죄업에 대해 응보를 겪어야 한다. 그러면 어떻게 해야 나쁜 운명을 좋은 운명으로 바꿀 수 있을까? 자신의 잘못을 고칠 뿐만

아니라 여러 선을 행하고 덕을 쌓아야 전생에 지은 죄업을 없앨 수 있다. 선한 일을 많이 쌓으면 저절로 나쁜 운명이 좋은 운명으로 바뀔 것이고 그리하여 그것의 효과를 증명할 수 있다!

[1] 선을 쌓는 집안에는 두고두고 경사가 있다.

1. 열 분의 고덕이 이를 증명하다.

대대손손 자손이 번창함 / 높고 귀한 지위가 드러남(顯貴) / 어질고 착함(賢良) / 직위가 높은 벼슬에 오름(高官) /넉넉한 벼슬(厚爵) / 천지신명이 보우함

[**선을 쌓는 집안에는 두고두고 경사가 있다**]

많은 사람은 복보를 지키지 못해 전생과 이번 생의 선악 인과를 믿기 어렵다. 요범 선생은 가세가 번성·쇠락함을 열거하여 인과가 헛되지 않은 이치임을 보여주어 사람에게 선을 행하여 복을 구하라고 가르쳤다.

[내레이터] 《역경》에서 말씀하셨다. "선을 쌓는 집안에는 두고두고 경사가 있다."

易曰。積善之家。必有餘慶。

[요범] 옛날 안顔씨네 집안에서 자신의 딸을 공자의 부친인

숙량흘叔梁紇에게 결혼을 허락하기에 앞서 그의 조상이 과거에 쌓은 덕행을 하나하나 기술하면서 이 집안이 오랫동안 매우 깊은 음덕이 있음을 느꼈다. 그래서 자손이 장래에 틀림없이 세상에서 두각을 나타냄을 미리 알았다. (나중에 과연 만세의 사표인 공자를 낳았다.)

昔顔氏將以女妻(去聲配也)叔梁紇。(孔子之父)而歷敘其祖宗積德之長。逆知(豫知)其子孫必有興者。

[요범] **공자께서 순임금은 효성이 매우 지극하였다고 찬탄하면서 말씀하셨다.**

孔子稱舜之大孝。曰。

[공자] **"종묘에 제사를 흠향하고 자손을 보존하였다."**

宗廟(古天子諸候祭祀先人之所也。廟者貌也。因此想像先人之容貌也)饗之。(受享也)子孫保之。

[해설] 종묘는 고대에 천자 제후가 조상의 제사를 지내는 곳입니다. 묘는 조상의 형상으로 이를 통해 선조의 모습을 상상하고 우러러보며 제사를 지낼 수 있었습니다.

[요범] **이는 모두 매우 정확하고 가치 있는 말이다. 과거에 일어났던 일들로 이를 검증해보겠다.**

皆至論也。試以往事徵之。(考驗也)

[양영의 조상은 배로 사람을 구하였다]

선인은 말하였다. "악한 일을 저지르려면 귀신이 알까 미리 막아야 하고, 좋은 일을 하려면 주변 사람이 비웃을까 두려워하지 말아야 한다." 무릇 좋은 일을 할 때는 고생을 마다하지 않기가 쉽지 않고, 불평하지 않기는 더욱 어렵다. 또한 고생을 참아내기가 쉽지 않고, 번거로움을 참아내기는 더욱 어렵다.

[요범] **태자의 스승인 소사少師를 지낸 양영楊榮은 복건성 건녕 사람이었다. 그의 집안은 대대로 뱃사공 일을 생업으로 삼고 있었다.**

楊少師榮。(古皇帝之師舊制有太師太傅太保少師少傅少保之職其尊介於公卿之間)建甯(府名屬福建省)人。世以濟渡為生。(其先祖累世操渡船生涯)

[해설] 고대 황제의 스승은 구제도로는 태사太師・태부太傅・태보太保・소사少師・소부少傅・소보少保 등 여섯 등급의 직위가 있는데, 그 존위는 그 지위의 높이는 고위관료인 삼공구경三公九卿의 사이에 든다.

한번은 비가 너무 오래 내려서 계곡물이 불어 넘침에 맹렬한 물살이 밀어닥쳐 집들을 휩쓸어버리자 물에 빠져 죽는 사람들이 물살을 따라 곧장 하류로 떠내려갔다. 다른 나룻배 선주들은 서로 앞다투어 강물 위로 떠내려오는 물건을 건져내어 배에 가득 실었지만, 오직 양소사의 증조부와 조부만은 강물 위로 떠내려오

는 사람을 구하는 일에 힘쓰고 물건은 전혀 건져내지 않아 동네 사람들은 모두 자신의 재물도 못 챙기는 바보 멍청이라고 뒤에서 비웃었다.

久雨溪漲。橫流(水急勢猛而橫流也)衝毁民居。溺死者順流而下。他舟皆撈取貨物。獨少師曾祖及祖惟救人。而貨物一無所取。鄕人嗤其愚。(嗤竊笑也)

그러나 양소사의 부친이 태어난 이후로 가계는 점점 넉넉해지기 시작하였다. 하루는 신령 한 분이 도사의 모습으로 나타나서 양영의 부친에게 말하였다.

逮(及也)少師父生。家漸裕。(家計寬裕)有神人化為道者。語之曰。

[도사] "그대의 조부와 부친께서 큰 음덕을 쌓아 그대의 자손들이 입신출세할 것이니, 그대의 부친을 모처에 이장하도록 하시오."

汝祖父有陰功。子孫當貴顯。宜葬某地。

[요범] 이에 양영의 부친은 도사가 지시해준 곳에 부친과 조부를 안장하였다. 후세 사람들은 그 묘가 있는 곳을 백토분白兎墳이라 불렀다.

遂依其所指而窆之。(窆音砭安葬也)即今白兎墳也。

그 후 양영이 태어났다. 양영은 20세 과거에 급제하여

관직이 삼공三公에 올랐다. 황제는 그의 증조부 조부 부친에게 모두 소사와 같은 관직을 추서하였다. 그의 후대자손도 모두 번성하여 지금까지도 현자가 많이 나오고 있다.

後生少師。弱冠登第。位至三公。加曾祖祖父如其官。子孫貴盛。至今尚多賢者。

[양자징 부부는 죄수에게 죽을 보시하였다]

죄수를 가엾이 여기는 것이 보살의 마음이다. 아무리 괘씸한 사람일지라도 반드시 가련한 부분이 있기 마련이다.

[요범] **절강성 영파부 사람인 양자징揚自徵은 처음에는 현아縣衙에서 좌리佐理로 일했는데, 마음가짐이 매우 어질고 후덕하였으며, 법을 지킴에 공정하였다. 당시 현감(장관)은 사람에게 엄격하였다. 한번은 때마침 한 죄수를 심문하면서 유혈이 낭자하도록 매질을 하였는데도 화가 식지 않았다. 양자징이 무릎을 꿇고 죄수를 대신해 관대하게 처벌해주길 청하였다. 그러자 현감이 말하였다.**

鄞(縣名屬寧波府)人楊自懲。初為縣吏。(佐理之職)存心仁厚。守法公平。時縣宰(長官)嚴肅。偶撻(打也)一囚。(囚犯)血流滿前。而怒猶未息。楊跪而寬解之。宰曰。

[현감] "이놈은 법을 지키지 않았고 도리를 어겼으며 잘못을 시인도 하지 않거늘 어찌 이런 놈에게 화를 내지 말라고 하는가?"

怎奈此人越法悖理。(越踰越。悖悖逆)不由人不怒。

[요범] 양자징은 현관에게 머리를 조아리며 말하였다.

自懲叩首曰。

[양자징] "위정자가 탐욕에 물들고 부패하여 법에 따라 공정하게 일을 처리하지 않아 백성들은 준칙을 잃어버리고 인정과 괴리되어 민심이 흩어진지 오래입니다. 만약 진정으로 죄상을 심문한다면 그를 대신해 마음 아파하고, 그들이 사리에 밝지 않아 잘못 법규를 범한 사정이 밝혀지거든 가엾이 여겨야 하거늘 큰일을 한 건 했다고 기뻐해서는 안 됩니다. 기뻐해서도 안 되거늘, 하물며 분노할 수 있겠습니까?"

上失其道。民散久矣。(散失所依從也)如得其情。哀矜(哀傷痛矜憐憫)勿喜。喜且不可。而況怒乎。(喜則易涉輕忽。怒則更多冤抑)

[해설] 만약 기뻐한다면 심문을 소홀히 취급하여 실수하기 쉽고, 화를 내면 범인이 매를 견디지 못하여 억지로 자백하여 억울한 죄를 입는 경우가 더 많아질 것입니다.

[요범] 현감은 양자징의 말을 듣고서 마음이 감동하여 화난 표정을 풀고서 더 이상 분노하지 않았다! 양자징은 집안은 매우 가난했지만 청렴하여 자신을 지키는 사람으로 다른 사람이 주는 물건을 전혀 받지 않았다. 그러면서도 죄수들에게 식량이 모자랄 때면 그는 여러 가지 방법으로 구해 와서 그들의 어려움을 급히 해결해 주었다.

宰為之霽顏。(心被感動而息怒也)家甚貧。餽遺一無所取。遇囚人乏糧。常多方以濟之。(濟解人之急也)

하루는 새로 들어온 죄수 몇 사람은 몹시 굶주리고 있었는데 먹을 것을 기다리는 아이처럼 몹시 안타까운 상황이었다. 그러나 그의 집안에도 마침 쌀이 모자랐다. 죄수들에게 쌀을 주자니 자기 가족이 먹을 수 없고, 자기 가족을 돌보자니 죄수들이 굶주려서 차마 볼 수가 없었다.

一日有新囚數人待哺。(飢極期得食如赤子待哺也)家又缺米。給囚則家人無食。自顧則囚人堪憫。

그래서 아내와 상의하였다. 그의 아내가 그에게 물었다. "죄수는 어디에서 온 사람인가요?" 자징이 대답하였다. "항주에서 왔는데, 오는 길에 얼마나 굶주렸던지 얼굴색이 양 손에 든 노란 채소 같소." 그래서 그들은

자신의 집에 남아 있는 쌀을 덜어서 죽을 끓여 죄수에게 굶주린 배를 채우게 하였다.

與其婦商之。婦曰。囚從何來。曰。自杭而來。沿路忍饑。菜色可掬。(言饑者面黃於菜。可與掌中之黃色菜葉相比也)因撤(除去)己之米。煮粥以食(去聲讀如飼給彼充饑也)囚。

양자징은 나중에 두 아들을 낳았다. 큰 아들은 이름이 수진守陳이었고, 작은 아들은 이름이 수지守址였는데, 각각 남경과 북경의 이부시랑吏部侍郎이 되었다. 큰 손자는 형부시랑刑部侍郎이 되었고 작은 손자는 사천성의 염헌(廉憲 ; 관직명으로 원나라 때는 여러 관리를 감찰하는 숙정염방사肅政廉訪司를 두었는데, 각 지방을 순찰하게 되면서 명나라 때 제형안찰사사提刑按察使司로 개명되었다. 그래서 안찰사는 염방廉訪 또는 염헌廉憲이라 불렀다.)**이 되었는데, 모두 다 유명한 대신이 되었다. 지금의 초정楚亭과 덕정德政도 또한 그의 후대 사람이다.**

後生二子。長曰守陳。次曰守址。為南北吏部侍郎。長孫為刑部侍郎。次孫為四川廉憲。(官名元置肅政廉訪司。以巡察各路明改為提刑按察使司。故稱按察使為廉訪亦曰廉憲)又俱為名臣。今楚亭德政。亦其裔(後人)也。

[사도사의 흰 깃발이 수많은 사람의 목숨을 살렸다]

이는 억울하게 사람을 죽이지 않은 과보를 밝힌다. 진심으로 사람을 구하고자 하면 자비심에서 지혜가 생기고, 곧 절묘한 방법이 생각난다.

[요범] 옛날 명나라 영종英宗 정통正統 년간(1436~1449)에 등무칠鄧茂七이라는 도적무리의 수령이 복건성 일대에서 반란을 일으켰다. 그곳의 선비나 일반 백성들 중에는 그를 따라 함께 반란을 일으킨 사람이 매우 많았다. 조정에서는 도어사(都御使 ; 감찰관청 내 최고 관직)를 맡은 적이 있던 은현鄞縣 사람인 장해張楷를 기용하여, 남쪽으로 내려가 그들을 토벌하도록 하였다. 장해는 계책을 써서 등무칠을 붙잡은 후 복건성 포정사(布政司 ; 성 전체의 재정 민정을 관리하는 성의 장) 소속의 사도사謝都事를 파견하여 연해 일대에서 반란 도적무리에 동조한 사람들을 찾아내어 붙잡아 죽이라고 명령하였다.

昔正統間。(明英宗年號)鄧茂七倡亂於福建。士民從賊者甚眾。朝廷起鄞縣張都憲楷南征。以計擒賊。後委(委派)布政司。(管理全省財政民政猶今之省長也)謝都事。搜殺東路賊黨。

그러나 사도사는 마음이 매우 인자하여 무고한 사람을 함부로 죽이는 것을 피하고자 하였다. 그래서 그는 각처로부터 도적무리에 참가한 사람의 명부를 입수하여 도적무리에 참가하지 않은 사람에게 몰래 헝겊으로 만든 작은 흰 깃발을 나누어주고서 관병이 성에 도달한 날, 이 흰 깃발을 자신의 집 문 입구에 꽂아 두면 이는 결백한 민가임을 알리는 표시로 관병이 함부로

죽이지 않겠다고 약속하였다. 이러한 조치로 수많은 사람의 무고한 죽음을 피할 수 있었으니, 대략 일만 여명이나 되었다. 후에 사도사의 아들인 사천謝遷은 과거에 장원 급제하여 재상이 되었고, 그의 손자인 사비謝丕도 과거에 탐화(探花)로 급제하였다.

謝求賊中黨附冊籍。凡不附賊者。密授以白布小旗。約兵至日。插旗門首。戒軍兵無妄殺。全活萬人。後謝之子遷。中狀元。為宰輔。(宰相也)孫丕。復中探花。(科舉時代殿試第三名曰探花)

[해설] 중국 명청 시대에 향시鄕試에 합격한 거인擧人이 회시會試에 합격하면 진사進士가 되었고, 다시 황제의 전시殿試에 참가하여 1등으로 합격하면 장원狀元, 2등은 방안榜眼, 3등은 탐화探花, 4등은 전려傳臚, 5등 이하는 모두 한림翰林이라 하였다.

[보전현의 할머니는 경단을 중단없이 보시하였다]

할머니의 지혜는 3년을 하루 같이 선한 일을 중단하지 않고, 싫증내는 마음 없이 해냄에 있었다.

[요범] **복건성 보전莆田현에는 임씨 집안이 있었다. 그들 조상 중에는 선을 행하기를 아주 좋아하는 할머니가 한 분 계셨는데, 그 할머니는 항상 쌀가루를 반죽하여 경단을 만들어 가난한 사람에게 나누어주었다. 누구든지 와서 달라고 하면 곧바로 내주면서, 조금도 싫어**

하는 표정을 보이지 않았다.

莆田(屬福建廈門道)林氏。先世有老母好善。(歡喜行善)常作粉團施人。求取即與之。無倦色。

한 신선이 도사의 모습을 하고서 날마다 아침이면 찾아와서 경단을 예닐곱 개씩 구걸하였는데, 할머니는 날마다 같은 수로 주길 마침내 3년을 하루같이 하자 신선은 그녀가 성심성의껏 선행을 하였음을 깨닫고 감동하여 할머니에게 말하였다.

一仙化為道人。每旦索食六七團。母日日與之。終三年如一日。乃知其誠也。因謂之曰。

[도사] 나는 그대의 경단을 3년 동안 먹었다. 그대에게 무엇으로 보답하면 좋겠는가? 그대의 집 뒤에 한 자락의 땅이 있으니 죽은 후 이 땅에 묻히면 장차 관리가 되어 작위를 받는 자손이 한 됫박의 참깨처럼 많을 것이다.

吾食汝三年粉團。何以報汝。府後有一地。葬之。子孫官爵。有一升蔴子之數。

[요범] 나중에 할머니가 돌아가시자 그녀의 아들은 신선이 점지해 준 곳에 어머니를 안장하였다. 안장한 후 임씨 집안의 제1대에 과거에 급제한 사람이 아홉 명이나 되었고, 그 후로도 대대손손 높은 관직에 올라 유명한

자손이 대단히 많았다. 그래서 복건 지방에는 "임씨 집안 사람들이 없으면 과거 합격자 발표도 할 수 없다." 라는 풍문(한 고을에 널리 알려진 말)**이 있다.**

其子依所點葬之。初世即有九人登第。累代簪纓甚盛。(代世多貴顯之人)福建有無林不開榜之謠。(一鄉盛傳之說)

[풍태사의 부친은 경단을 한결같이 보시하였다]

"한 사람의 목숨을 구하는 것은 부도(浮屠 ; 불탑)를 조성하는 것보다 낫다." 한기韓琦는 북송 인조 때 현명한 재상으로 범중엄范仲淹과 함께 서북 국경의 요새를 지켜 「한범韓范」이라 불렀다. 한기는 평생 선한 행동, 선한 말을 많이 하여 자신의 전생이 스님이라고 기억하였다.

[요범] 풍탁암馮琢菴 태사(太史 ; 역사 편찬기구인 국사관國史館은 일이 많아 한림원의 관리가 맡은 까닭에 한림원의 관리를 태사라 부름)**의 부친이 수재秀才시험에 합격하여 현의 학교에 진학하였을 때의 일이다. 어느 몹시 추운 겨울날 아침, 학교로 가던 길에 한 사람이 눈이 덮인 곳에 쓰러져 있는 것을 발견하였는데, 손으로 짚어보니 거의 숨이 끊어지기 직전이었다. 풍 선생은 자신이 입고 있던 피포**(皮袍 : 안쪽에 모피를 댄 중국식 두루마기)**를 벗어서 그 사람에게 입혀 주었을 뿐만 아니라 그를 부축하여 집으로 돌아와 생기가 돌아오도록 도왔다. 어느 날**

저녁에 풍 선생의 꿈에서 신령이 나타나 이렇게 말하였다.

馮琢菴太史(國史館事多以翰林任之故翰林號曰太史)之父。為邑庠生。(秀士也)隆冬早起赴學。路遇一人。倒臥雪中。捫之(以手撫之)半殭矣。(幾乎氣絕也)遂解已綿裘衣之。(為之穿著也)且扶歸救甦。(生機回轉也)夢神告之曰。

[신령] **그대가 지성으로 한 사람의 목숨을 구하였으니, 송나라 명신 한기韓琦를 그대의 집에 보내어 그대의 아들이 되도록 하겠다.**

汝救人一命。出至誠心。吾遣韓琦(即宋名臣韓魏公也其簡史已詳舊序中)為汝子。

[요범] **마침내 탁암琢菴이 태어나니, 풍기馮琦라 이름지었다.** (그는 송나라 때 문무를 두루 갖추어 어질고 재능이 있는 재상으로 한기韓琦라는 사람이 환생하였기 때문이다.)

及生琢菴。遂名琦。

[응상서는 땅을 팔아 평민의 부인을 구했다]

귀신도 올바른 사람을 경외한다. 육안으로 볼 수 없다고 곧 함부로 귀신이 존재하지 않고 논리에 맞지 않다고 판단하는가.

[요범] **절강성 태주台州에 응대유應大猷 상서尚書가 있었다. 응**

공은 중년 때 고요한 산속에 들어가 독서에 전념한 적이 있었다. 밤에는 항상 귀신들이 한 곳에 모여들어 무섭게 울부짖으며 소리를 내어 사람들을 놀라게 하였지만, 응공은 조금도 두려워하지 않았다. 어느 날 밤 응공은 귀신들끼리 이야기하는 소리를 들었다.

台州應尚書 , 壯年習業於山中。夜鬼嘯集。往往驚人。公不懼也。一夕聞鬼云。

[귀신1] 한 부인은 남편이 집을 멀리 떠나 객지에 머물며 오래도록 돌아오지 않아서 그녀의 시어머니가 자식이 이미 죽었을 수도 있다고 판단하여 이 부인에게 개가하라고 몰아세웠지만, 이 부인은 수절을 하려 하고 있어. 그래서 내일 밤이면 그녀는 이곳에서 목을 매달아 죽으려고 할 것이야. 드디어 나를 대신할 귀신을 찾을 수 있게 된 거지.

某婦以夫久客不歸。翁姑逼其嫁人。明夜當縊(上弔也)死於此。吾得代矣。

[내레이터] 목을 매달아 죽거나 물에 빠져 죽는 사람은 만약 같은 장소에서 죽어 자신을 대신할 귀신이 없으면 귀신 세계를 벗어나 더 높은 세상에 환생할 수 없습니다.

[요범] 응공이 귀신이 하는 말을 듣고, 그 부인에게 측은한 마음이 생겨 조금도 소문이 나지 않도록 몰래 자신의

땅을 팔아 은자 넉 냥을 마련하고 곧장 부인 남편의 이름을 빌어 거짓 편지 한 통을 써서 은자를 동봉하여 그녀의 집에 부쳤다. 그녀의 시어머님이 이 편지를 읽어보고 필적이 달라서 이 일에 대해 의심이 들긴 하였지만, 이윽고 말하였다.

公潛(毫不聲張)賣田。得銀四兩。即偽作其夫之書。寄銀還家。其父母見書。以手跡不類疑之。既而曰。

[시어머니] 편지는 비록 가짜일 수 있지만 은자는 가짜일 수 없지 않은가! 틀림없이 우리 아들이 아무 탈 없이 잘 지내고 있나 보다.

書可假。銀不可假。想兒無恙。

[요범] 며느리는 마침내 더 이상 개가할 필요가 없었다. 그 후 그 집 아들은 돌아왔고, 부부 두 사람은 예전처럼 정상적인 생활을 유지하였다. 하루 뒤 밤에 응공은 또 귀신들이 하는 말을 들었다.

婦遂不嫁。其子後歸。夫婦相保如初。公又聞鬼語曰。

[귀신1] 나는 본래 대신할 귀신을 찾을 수 있었는데, 유감스럽게도 수재 이놈이 내 일을 망쳐버렸다.

我當得代。奈此秀才壞吾事。

[요범] 그러자 옆에 있던 다른 귀신이 물었다.

傍一鬼曰。

[귀신2] 너는 왜 그놈에게 재앙을 내려 해치지 않느냐?

爾何不禍之。(此之字作他字解)

[요범] 그 귀신이 말했다.

曰。

[귀신1] 옥황상제께서 이 사람이 마음이 좋아 큰 음덕을 쌓아서 이미 음덕 상서(옛 관제 육부의 장관)가 되라고 임명하였거늘 내가 어떻게 해칠 수 있겠니?

上帝以此人心好。命作陰德尚書矣。(舊官制六部之長皆稱尚書)吾何得而禍之

[요범] 응공은 이 두 귀신이 한 말을 들은 후 더욱 노력하고 분발하여 선한 일을 하루하루 늘려 행하고 공덕도 하루하루 더욱 두텁게 쌓아 갔다. 흉년 기근이 닥치면 그때마다 녹봉을 기부하여 사람을 구제하였고, 친척에게 위급한 재난이 생기면 그때마다 자세한 사정이나 곡절을 듣고 책임을 떠맡아 어떻게든 난관을 극복하도록 도왔다.

應公因此益自努勵。善日加修。德日加厚。遇歲饑。輒(每也)捐穀以賑(救

濟)之。遇親戚有急。輒委曲維持。

또 예의에 어긋나게 침범하고 모욕하는 사람을 만날지라도 늘 자신의 입장으로 돌이켜 생각하고 스스로 꾸짖으면서 평온한 마음과 온화한 태도로 사실을 받아들였다. 응공은 이러한 정성으로 덕을 닦아 그의 자손 중에서 과거에 합격하여 공명과 관직을 얻은 이가 지금까지 이르도록 대단히 많다!

遇有橫逆。(非理之侵犯)輒反躬自責。(反回轉也)怡然(心平氣和)順受。(大度包容)子孫登科第者。今累累也。(甚多)

[서봉죽의 부친은 곡식을 나누어 가난한 사람을 구제하였다]

재난으로부터 사람을 구제하는 복덕은 이와 같다. 기회를 틈타 사사로운 이익을 노리는 최후의 결과는 차마 말할 수 없다!

[요범] **강소성 상숙현常熟縣의 서식徐栻 봉죽鳳竹 선생의 부친은 본래 매우 부유한 사람이었다. 뜻밖에 흉년이 들자 그의 부친은 먼저 거두어들여야 할 소작료를 완전히 포기하여 전체 현 내 다른 지주들의 모범이 되었다. 이와 동시에 집에 있는 곡식을 나누어서 가난한 사람과 식량이 부족한 이재민을 구제하였다. 어느 날 밤 그는 귀신 무리가 문 어귀에서 외치는 소리를 들었다.**

常熟(蘇屬縣名)徐鳳竹栻。其父素富。偶遇年荒。先捐租以為同邑之倡又分穀以賑貧乏。夜聞鬼唱於門曰。

[귀신무리] 천번 만번이라도 거짓말은 안 해. 서씨 집안의 수재秀才가 머지않아 거인舉人이 될 거야.

千不誑。(誑欺人語也)萬不誑。徐家秀才做到了舉人郎。

[요범] 이렇게 끊임없이 외치기를 며칠 밤 계속해서 그치지 않았다. 그 해에 서봉죽이 과연 향시鄕試에 합격하여 거인舉人이 되었다. 그의 부친은 이러한 감응을 얻고서 선을 행하고 덕을 쌓기를 진심으로 좋아하여 조금도 게으르지 않았다.

相續而呼。連夜不斷。是歲鳳竹果舉於鄉。(舉舉人鄉鄉試)其父因而益積德。孳孳不怠。

예컨대 마을에 다리를 놓거나 길을 포장하는 일, 스님에게 절밥을 공양하거나 행각승이 묵어갈 수 있도록 접대하는 일 등 무릇 사부대중에게 이로운 일이라면 무엇이든 온 마음을 다하지 않음이 없었다. 나중에 또 그의 부친은 다시 귀신이 문 어귀에서 외치는 소리를 들었다.

修橋修路。齋僧(僧為人中福田。有僧而後佛法住世。遇佛法而後眾生有出苦之期。凡發至心齋僧者此人當來受福。無量謗法謗僧以惡知見導眾造罪業此人當下即得無邊…罪業。罪福皆由人自造也)接眾。(接待行腳僧眾俾得歇息住宿)凡有利益。無不盡心。後又聞鬼唱於門曰。

[해설] 승려는 인간 세상에 복전입니다. 승려가 있어 그 후 불법이 세상에 머물고, 불법을 만나 그 후 중생이 고난을 벗어날 기약이 있습니다. 무릇 승려에게 시주하겠다고 지극한 마음을 발하면 이 사람은 당래에 복을 받을 것입니다. 정법을 비방하고 승려를 비방하며, 악지견惡知見으로써 중생을 이끌어 죄업을 지으면 이 사람은 이 자리에서 즉시 무량 무변한 죄업을 받을 것입니다. 이처럼 죄와 복은 모두 사람이 스스로 지은 것입니다.

[귀신무리] **천번 만번이라도 거짓말은 안 해. 서씨 집안의 거인擧人이 곧장 도당**(都堂 ; 관청의 명칭으로 옛 관제에서는 도감원都察院 당상관堂上官의 수장)**이 될 거야.**

千不誑。萬不誑。徐家擧人直做到都堂。(都堂官廳之稱亦為舊官制都察院堂上官長之稱)

[요범] **서봉죽은 과연 관직이 절강성 순무**(巡撫 ; 지방순시, 도찰원 수장을 겸직)**가 되었다.**

鳳竹官終兩浙巡撫。

[도강희는 상소문을 올려 억울한 죄인을 감형시켰다]

남의 억울한 사정을 풀어주는 복덕은 이와 같다. 형사소송에 종사하는 검사들은 모든 죄의 선고에 여러 번 생각하여야 한다!

[요범] **절강성 가흥 지구의 도강희屠康僖 선생이 처음 형부刑部에서 주사**(主事 ; 중급관리)**를 맡았을 때 감옥에서 숙직을**

하면서 죄수 한 사람 한 사람의 범죄 상황을 자세히 심문하였는데 마침내 죄가 없음에도 억울한 누명을 쓴 사람이 적지 않음을 발견하였다. 그러나 도공은 이 일을 자신의 공로로 여기지 않고 은밀하게 이 일에 대해 상소문을 작성하여 안건을 심리하는 당관(堂官; 상서 및 좌우시랑)에게 품신하였다.

嘉興屠康僖公。初為刑部主事。宿獄中。細詢諸囚情狀。得無辜(音姑罪也)者若干人。公不自以為功。密疏其事。以白堂官。

그 후 추심秋審할 때가 되자 당관은 도공이 올린 보고에서 요점을 골라 여러 죄수들을 심문하였다. 죄수들은 모두 당관에게 성실하게 자백하였고, 승복하지 않는 이가 하나도 없었다. 그래서 당관은 원래 억울하게 누명을 써서 강제로 자백한 자에게 형을 집행할 수 없어 십여 명이나 석방하였다. 그때 경도에 사는 백성들은 모두 형부 상서의 똑똑한 일처리를 칭송하는 소리가 곳곳에 자자하였다. 그 후 도공은 다시 당관에게 아뢰었다.

後朝審。堂官摘其語。(約舉屠公所白語)以訊(審問)諸囚。無不服者。釋冤抑(冤枉屈抑壓迫)十餘人。一時輦下咸頌尚書之明。(輦下指京都咸頌口碑載道也)公復稟曰。

[도공] 황제께서 경행하시는 가까운 지역에도 이렇게 억울

하게 누명을 쓰고 투옥된 백성이 많거늘 하물며 전국의 이렇게 드넓은 지역의 수많은 백성들 중에도 어찌 억울한 누명을 쓴 자가 없겠습니까? 그래서 5년마다 감형관을 각 지방 성에 파견해서 죄수가 죄를 범한 실정을 자세히 조사하여 억울한 사정이 있으면 경중을 짐작하여 판결을 뒤집어 감형하거나 석방하여야 할 것입니다.

輦轂之下。(輦轂指車駕經行之地言切近也)尚多冤民。四海之廣。兆民之眾。豈無枉者。宜五年差一減刑官。覈實(仔細考查究其實情)而平反之。(輕重酌中曰平盡翻舊案曰反)

[요범] 이에 상서는 도공의 품신稟申 그대로 대신 조정에 상소문을 올렸고, 황제는 그의 주청奏請을 윤허하였다. 그때 도공도 감형관의 일원으로 파견되었다. 하루는 도공이 꿈속에서 한 신령을 만났는데, 그에게 이렇게 말하였다.

尚書為奏。允其議。時公亦差減刑之列。夢一神告之曰。

[신령] 그대는 운명에 본래 아들이 없지만, 지금 네가 감형을 주청한 안건은 하늘의 자비심에 꼭 들어맞는 일이다. 그래서 옥황상제께서 그대에게 아들 셋을 하사하려고 하신다. 세 아들은 모두 자주색 옷을 입고 금으로 상감한 허리띠를 차는 대관이 될 것이다.

汝命無子。今減刑之議。深合天心。上帝賜汝三子。皆衣紫腰金。

[요범] 그날 밤 도공의 부인이 곧 임신을 하였다. 그 후 응훈應塤·응곤應坤·응준應埈 세 아들을 낳았는데 과연 모두 높은 관직에 올랐다.

是夕。夫人有娠。(受孕)後生應塤。應坤。應埈。皆顯官。

[포빙은 은자와 의복을 베풀어 사찰을 보수하였다]

사찰은 우주 일체 생명이 깃든 것에 복무하므로 기와 한 장, 나무 한 그루도 물질적으로 도움을 주거나 훼손하면 그 과보는 모두 불가사의하다.

[요범] 또 가흥 사람 포빙包憑의 부친은 자가 신지信之이다. 그의 아버지는 안휘성 지주부池州府의 태수(太守 ; 옛 관제에서 군수 또는 지부知府)를 맡았다. 일곱 아들을 낳았는데, 포빙은 가장 막내였다. 그는 평호현平湖縣의 원씨 집안에 데릴사위로 들어갔는데, 나의 부친과 늘 왕래하여 교분이 매우 두터웠다. 그의 학식은 해박하였고 재기가 매우 뛰어났지만, 매번 과거시험에 낙방하였다. 그래서 그는 석가모니불과 노자의 심오한 학문에 마음을 두었다.

嘉興包憑。字信之。其父為池陽太守。(池陽即安徽池州府別名太守為舊官制郡守亦名知府)生七子。憑最少。贅平湖袁氏。與吾父往來甚厚。博學高才。累擧不第。留心二氏(佛老)之學。

하루는 포빙은 동쪽 지방인 묘호卯湖(강소성 송강부松江府에는 상묘上泖 · 중묘中泖 · 하묘下泖의 삼묘三泖 서승태호西承太湖가 내원하여 동쪽으로 흘러 오송강이 바다로 들어간다)**를 여행하면서 우연히 시골의 사찰에 이르러 거기에서 관세음보살의 성상을 보았는데, 정자도 없이 야외에서 있어 빗물에 흠뻑 젖어 있었다.** (집이 부서져 빗방울을 막아줄 것이 아무것도 없다) **그는 차마 지나칠 수 없어 바로 주머니**(바닥이 있는 주머니를 전대 탁橐이라 하고, 바닥이 없고 봉합한 것을 주머니 낭囊이라 한다)**에서 은자 열 냥을 꺼내어 그 절의 주지 스님에게 사찰건물의 수리에 쓰라고 건네주었다. 그러자 주지 스님은 난색을 표하며 말했다.**

一日東游泖湖。(在江蘇松江府有上泖中泖下泖稱為三泖西承太湖來源東注吳…淞江入海)偶至一村寺中。見觀音像。淋漓露立。(屋破無物禦雨點也)即解橐(有托底之袋曰橐無托底而縫合者曰囊)中得十金。授主僧。令修屋宇。僧告。

[주지스님] **사찰을 보수하려면 매우 큰 공사라 이렇게 적은 은자로는 별로 쓸데가 없어 공사를 완성할 수 없을 것 같습니다.**

以功大銀少。不能竣(音俊完結也)事。

[요범] 그래서 그는 또다시 송강松江에서 생산된 피륙 네 필과 대나무 상자 속에 있던 옷 일곱 벌마저 꺼내 주지스님에게 건네주었다. 그 안에는 모시와 삼으로 짠 직물로 만든 거친 겹옷이 있었는데, 새로 구매한 것이었다. 그의 하인은 끝났으니 이 옷은 주지 말라고 청하였지만, 포빙은 오히려 이렇게 말했다.

復取松布四疋。檢篋中衣(篋竹箱)七件與之。內紵褶。(紵蔴織物也精者曰絺粗者曰綌褶袷衣也)係新置。其僕請已之。(已罷而不與也)憑曰。

[포빙] 관세음보살 성상을 빗물에 젖지 않도록 무사히 지킬 수만 있다면, 저야 옷을 벗고 맨몸으로 있더라도 무슨 상관이 있겠습니까?

但得聖像無恙。吾雖裸裎何傷。(裸裎露體也)

[요범] 주지스님은 이 말을 듣고 감동하여 눈물을 흘리면서 말하였다.

僧垂淚曰。

[주지스님] 은자와 옷 피륙을 내놓는 일도 여전히 어려운 일이 아닙니다. 당신의 이 진실한 마음이야 어떻게 쉽게 얻을 수 있겠습니까?

捨銀及衣布。猶非難事。只此一點心，如何易得。

[요범] 그 후 공사가 완료되어, 포빙은 부친을 모시고 이

사찰을 찾아가서 하룻밤 머물렀다. 그날 밤 포빙은 꿈을 꾸었는데, 꿈에 18분의 호법 가람 성중이 나타나서 감사하며 말하였다.

後功完。拉老父同遊。宿寺中。公夢伽藍(佛寺中護法神有十八位載七佛經)來謝曰。

[호법신장] **그대가 이런 공덕을 지어 그대의 자손들은 대대손손 복록을 누릴 것이오.**

汝子當享世祿矣。

[요범] **그 후 공의 아들 포변包汴과 손자 포정방包檉芳은 모두 진사에 급제하여 명성을 날린 고관이 되었다.**

後子汴。孫檉芳。皆登第。作顯官。

[지립의 부친은 죄수를 대신해 억울한 누명을 벗겼다]

다른 사람의 위기를 이용하지 않으면 자손에 은혜를 남긴다.

[요범] **절강성 가흥부 가선 사람인 지립支立의 부친이 형방의 서판書辦으로 있을 때 한 죄수는 죄가 없는데 억울하게 모힘을 당해 중형을 선고받았다. 지 서판은 그를 가엾이 여겨 장관에게 중형을 적면해 달라고 청하고자 하였다. 그 죄수는 호의를 안 후 그의 처자에게 말했다.**

嘉善(縣名屬浙江嘉興府)支立之父。為刑房吏。有囚無辜(無罪)陷(被害)重辟。(重刑)意哀之。欲求其生。囚語其妻曰。

[죄수] 지공이 호의를 보여주는데, 나는 어떻게 보답할 수 없어 참 부끄럽소. 그래서 내일 그분에게 지방으로 내려가시라고 요청할 테니, 당신이 몸소 그 분을 모시도록 하시오! 이렇게 그분이 혹 기꺼이 이러한 정분을 마음에 두어 기꺼이 돕는다면 내가 목숨을 부지할 기회가 있을 것이오.

支公嘉意。愧無以報。明日延之下鄉。汝以身事之。彼或肯用意。則我可生也。

[요범] 그의 아내는 이 말을 듣고서 달리 방법이 없어 눈물을 흘리며 분부에 따를 수밖에 없었다. 다음날 지 서판이 집에 도착하자 죄수의 아내가 직접 나와서 술을 권하면서 남편의 뜻을 전부 아뢰었다. 지 서판은 그 말을 듣지 않았지만, 마침내 온 힘을 다해 죄수를 대신해 죄의 경중을 짐작하여 판결을 뒤집었다. 그 후 죄수는 출옥한 후 부부는 곧 지 서판의 집을 방문하여 머리를 조아려 절하고서 감사의 말을 하였다.

其妻泣而聽命。及至。妻自出勸酒。具告以夫意。支不聽。卒(到底)為盡力平反之。囚出獄。夫妻登門叩謝曰。

[부군] 공처럼 이렇게 후덕하신 분은 근래 실로 보기 드문 분이십니다. 공께서 아직 자식이 없으니, 원컨대 저희

딸아이를 당신에게 보내드리니 소실로 맞아 시중들게 하십시오. 이는 예법상 말이 통할 수 있습니다.

公如此厚德。晚世所稀。今無子。吾有弱女。送為箕帚妾。此則禮之可通者。

[요범] 지 서판은 예물을 준비하여 그 딸을 소실로 맞아 들였다. 그 후에 지립支立을 낳으니, 스무 살에 과거의 거인에 최우등으로 급제하여 벼슬이 한림원의 공목(孔目 ; 공용문서 담당관리)에 이르렀다. 그 후 지립은 지고支高를 낳았고, 지고는 지록支祿을 낳았는데, 모두 주학州學·현학縣學의 교관으로 천거되었다. 지록의 아들 지대륜支大綸은 진사에 급제하였다.

支為備禮而納之。生立。弱冠(年二十也)中魁。官至翰林孔目。(官名掌翰林院文牘之類)立生高。高生祿。皆貢為學博。祿生大綸。登第。

육인六忍 : 여섯 가지 참음

1. 역인力忍 : 모욕을 당했을 때 성냄을 없애지 못하고 다만 되갚음 하지 않으며 억지로 참을 뿐이다.
2. 망인忘忍 : 모욕을 준 상대방에 대하여 아량을 베풀어 용납해주며 그 모욕이 없었던 것처럼 여겨 잊는 것이다.
3. 반인反忍 : 모욕을 당하는 일이 발생한데 대해 스스로의 책임을 느끼며 반성하고 상대방을 탓하지 않는 참음이다.
4. 관인觀忍 : 나에게 모욕을 준 사람과 당하는 나 그리고 모욕의 세 가지 모두가 텅 비었음을 잘 비추어 들여다 보고 마치 꿈꾼 것 처럼 여기는 참음이다.
5. 희인喜忍 : 모욕을 준 상대방이야말로 나의 부족한 인격을 완성시켜 준 고마운 이라고 생각하고 그에게 감사를 드리는 단계의 참음이다.
6. 자인慈忍 : 모욕을 주는 사람에 대하여 그의 '모름'의 상태를 연민히 여기고 자애로운 마음으로 그를 적극적으로 인도하여 주는 단계의 참음이다.

— 〈항복기심: 인내의 기술〉(영곡스님 저) 중에서

[2] 무엇이 선인가?

1. 선의 변별辨別

참된 선과 거짓된 선 / 단정한 선과 왜곡된 선 / 숨겨진 덕과 드러난 선 / 옳은 선과 그른 선 / 치우친 선과 올바른 선 / 반쪽 선과 원만한 선 / 큰 선과 작은 선 / 어려운 선과 쉬운 선

[선을 상세하게 연구하고 명백하게 변별하여야 진실로 선을 행하고 덕을 쌓을 수 있다]

이 단락은 앞장의 열 가지 이야기와 연결하여 재삼 유의하여야 한다. 선을 행할지라도 이치를 명백하게 변별하지 못하면 억울하게도 쓸데없이 고심하게 된다.

[요범] **이상으로 말한 열 가지 이야기는 비록 한 사람 한 사람 행한 일은 각각 다를지라도 종국에는 모두 선으로 돌아가는 길일뿐이다.**

凡此十條。所行不同。同歸於善而已。

[요범] **상세하게 분류하여 설명하자면 그러한 선에는 참된 선과 거짓된 선이 있고, 단정한 선과 왜곡된 선이 있으며, 숨겨진 덕과 드러난 선도 있으며, 옳은 선과 그른 선이 있으며, 치우친 선과 올바른 선이 있으며,**

반쪽 선과 원만한 선이 있으며, 큰 선과 작은 선이 있으며, 어려운 선과 쉬운 선이 있다. 그래서 갖가지 상황은 각각의 이치가 있으니 모두 자세하게 판별하여야 한다.

若復精而言之。則善有眞有假。有端有曲。有陰有陽。有是有非。有偏有正。有半有滿。有大有小。有難有易。皆當深辨。

[요범] 만약 선한 일을 하면서도 그 가운데 담긴 이치를 자세히 연구하지 않으면 비록 자신이 얼마나 선한 일을 많이 하였는지, 얼마나 공덕을 많이 쌓았는지, 얼마나 오래 수행하였는지 과시할지라도 전혀 자신이 이미 재난을 지은 줄 모른다. 이렇게 하면 억울하게도 쓸데없이 고심하게 되거늘 어찌 이익을 얻을 수 있겠는가!

為善而不窮理。則自謂行持。豈知造孽。枉費苦心。無益也。

[왜 어떤 사람은 선을 행하여도 자손이 흥하지 않고 어떤 사람은 악을 저지르고도 가문이 융성하는가]

다음 장은 불교의 이치로써 선행의 요의를 판단 해석한다. 이는 이 책 전체에서 관건이 되는 부분이다.

[요범] 그렇다면 무엇을 참된 선·거짓된 선이라 하는가? 옛날 원 나라 때 몇몇 유생들이 천목산의 중봉中峰대사

를 알현하고 이렇게 여쭈었다.

何謂眞假。昔有儒生數輩。謁中峯和尚。(元天目山高僧普應國師)問曰。

[유생1] **불가에서는 선과 악의 인과응보는 마치 그림자가 몸을 따라 다녀, 사람이 그곳으로 가면 그림자도 그곳으로 가 영원히 분리되지 않는 것과 같다고 합니다.** (이는 선을 행하면 틀림없이 좋은 과보가 있고 악을 저지르면 괴로운 과보가 있으니, 결단코 선악은 반드시 갚아야 한다는 말이다.) **그런데 왜 지금 어떤 사람은 선을 행하여도 그의 자손은 오히려 흥하지 못하는가? 어떤 사람은 악을 저질러도 그의 집안은 오히려 융성하는가? 그렇다면 부처님께서 말씀하신 인과응보는 근거가 없어 고증할 수 없다.**

佛氏論善惡報應。如影隨形。今某人善。而子孫不興。某人惡。而家門隆盛。佛說無稽矣。(稽考也無稽無可考證也)

[요범] **중봉대사께서 대답하셨다.**

中峰云。

[중봉대사] **무릇 보통사람은 세속의 정을 깔끔히 씻어내지 못하여 정법을 분별하는 지혜**(법안)**가 아직 열리지 않았소. 그래서 선을 오히려 악이라 여기고, 악을 오히려 선이라고 생각하는데, 이러한 일은 늘 생기기 마련이**

오. 그러면서 왜 자신의 옳고 그른 판단의 표준이 거꾸로 전도된 것임을 유감스러워하지 않고, 어떻게 오히려 하늘의 선악에 대한 응보에 잘못이 있다고 원망하는가?

凡情(俗情)未滌。(滌洗濯也)正眼(法眼)未開。認善為惡。指惡為善。往往有之。不憾己之是非顛倒。而反怨天之報應有差乎。

[요범] 그러자 유생들이 다시 여쭈었다.

衆曰。

[유생2] 선은 선이고 악은 악이거늘 선과 악이 어떻게 상반될 수 있다는 말씀입니까?

善惡何致相反。

[요범] 이 질문을 들은 후 중봉대사께서는 곧 유생들에게 각자가 생각하는 선악의 구체적인 상황을 말해보라고 하였다. 그 가운데 한 유생이 말하였다.

中峰令試言其狀。一人謂。

[유생3] 남에게 욕하고 남을 때리는 것이 악이고, 남을 공경하고 남에게 예의를 갖추어 대하는 것이 선입니다.

詈人(罵人)毆人(打人)是惡。敬人禮人是善。

[요범] 그러자 중봉대사께서 말씀하셨다.

中峯云。

[중봉대사] **그대가 말한 것은 반드시 그렇지는 않다.**

未必然也。

[요범] **다른 유생이 말하였다.**

[유생4] **재물을 탐하여 닥치는 대로 돈을 버는 것은 악이고, 청렴하게 정도를 지키는 것은 선입니다.**

貪財妄取是惡。廉潔有守是善。

[요범] **중봉대사께서 말씀하셨다.**

中峯云。

[중봉선생] **그대가 말한 것은 반드시 그렇지는 않다!**

未必然也。

2. 선의 정의

남에게 유익한 일을 하는 것이 선 / 자신에게 유익한 일을 하는 것은 악

[무엇을 참된 선, 거짓된 선이라 하는가?]

이 단락에서 중봉대사께서 말씀하시는 선과 악의 정의는 만고불변의

고견이다. 따라서 교묘한 말과 뒤섞어서는 안 된다! 여기에서 더 나아가 아무런 바라는 것이 없이 선을 행하고, 좋은 일을 행할 때는 앞길을 묻지 말라고 가르친다.

[요범] **이렇게 유생들은 모두 평소 각자 생각하는 갖가지 선과 악의 행위를 말하였지만, 중봉대사께서는 모두 부정하셨다.**

眾人歷言其狀，中峯皆謂。

[요범] **그래서 화상에게 물었다.**

因請問。

[유생들] **구경에 어떠하여야 선입니까? 어떠하여야 악입니까?**

有益於人是善。有益於己是惡。

[요범] **중봉대사께서 말씀하셨다.**

中峯告之曰。

[중봉대사] **남에게 유익한 일을 하는 것이 선이고,** (겉으로 선한 일이라고 보일지라도 실제로) **자신에게 유익한 일을 하는 것은 악이다. 내가 한 일이 다른 사람에게 이익이 된다면 아마 남에게 욕하고 때리는 것도 모두 선이고,**

자기에게만 유익한 일이면 남을 공경하고 남에게 예의를 갖추어 대하여도 모두 악이다.

有益於人是善。有益於己是惡。有益於人。則毆人詈人皆善也。有益於己。則敬人禮人皆惡也。

그래서 한 사람이 선한 일을 행할 때, 다른 사람을 이롭게 한다면 공(公 ; 재물을 내놓아 남에게 베푸는 일)**이 되고, 범사가 공이 되면 참된 것이다. 자신의 이익만 챙기려고 하면 사**(私 ; 재물을 끌어 않아 차지하는 것)**가 되고, 사가 되면 거짓된 것이다.**

是故人之行善。利人者公。公則為眞。利己者私。私則為假。

또 양심에서 우러나와 정성을 다해 일하면 참된 것이지만, 관례를 따라 대충 넘기고 정성이 없으면 거짓된 것이다. 또한, 바라는 것이 없이 선한 일을 하면 참된 것이지만, 바라는 것이 있어 선한 일을 하면 거짓된 것이다. 이러한 갖가지 사항들에 대해 모두 스스로 잘 생각해 보아야 한다.

又根心(從良心發出者)者眞。襲跡(循例)者假。又無為(為去聲謂無所希求也)而為者眞。有為(有所希求)而為者假。皆當自考。

[무엇을 단정한 선, 왜곡된 선이라 하는가?]

세상 사람들을 업신여기는 자는 세상 사람들이 반드시 그를 업신여기고,

세상 사람들에게 분노하는 사람은 세상 사람들도 그에게 화를 낸다. 이른바 분세질속(憤世嫉俗 ; 어두운 현실사회와 불합리한 풍습에 분노와 증오를 표시함)의 실의에 빠질 때 증오로 인해 분노가 생기니 이는 세속사람들보다 더 저속하다. 뜻한 바를 이룰 때 자신의 재간을 자랑하면 세상 사람들의 질투와 원망을 초래한다.

지혜는 교만에 덮여 박복하고 손실을 보며, 양지는 분노와 원망에 잠긴다. 이른바 곡은 곧 인격과 심리는 비뚤어지고 왜곡된다. 심히 애석하니 마땅히 반성하여 고칠 줄 알아야 한다.

[요범] **그렇다면 무엇을 단정한 선이라 하고, 무엇을 왜곡된 선이라 하는가? 요즘 사람들은 일할 때 소심하고 신중하며, 사람에게 공손한 사람을 대부분 선한 사람이라 여기고 칭찬한다. 그러나 고대의 성인은 차라리 작은 일에 구애되지 않고 용감하게 앞으로 나서서 일을 이루며, 굳건히 자기 본분을 지키고 경거망동하지 않는 사람을 칭찬하였다.**

何謂端曲。今人見謹愿(恭順)之士。類稱為善而取之。聖人則寧取狂(勇於進取不拘小節)狷。(堅於退守不肯輕舉)

[내레이터] 이는 용기와 높은 목표를 가진 사람은 가르치고 지도하기가 더 쉽고, 언젠가 인생에서 성취에 도달할 수 있지만, 지나치게 신중하고 보수적인 사람은 결코 아무것도 이루지 못하기 때문이다.

[요범] **매사에 소심하고 신중하며 「좋은 게 좋은 사람(好好先生)」에 대해서는 비록 동네 사람들이 모두 그를 좋아할지라도 이러한 사람은 성격이 유약하고 원칙과 패기가 없어 쉽게 시류에 휩쓸린다. 그래서 성인은 이러한 사람을 도덕을 해치는 적과 같다고 본다.**

至於謹愿之士。雖一鄕皆好。而必以為德之賊。(賊傷害也)

[내레이터] 이렇게 세상 사람들이 말하는 선악 관념은 분명히 성인의 표준과 상반된다.

是世人之善惡。分明與聖人相反。

[요범] **이러한 개념으로 다시 추론해보면 세상 사람이 긍정하거나 부정하는 수많은 일은 황당하지 않은 것이 하나도 없다. 천지·귀신이 선인에게 복을 내리고 악인에게 화를 내리는 기준은 모두 성인과 같지 않고 세속의 취사관념과 다르다.**

推此一端。種種取舍。無有不謬。天地鬼神之福善禍淫。皆與聖人同是非。而不與世俗同取舍。

그래서 선행을 쌓겠다고 마음먹은 사람은 결코 자신의 눈으로 보는 풍경에 왜곡되고 귀로 듣는 소리에 물드는 등 감각에 휘둘려서는 안 된다. 반드시 마음속 원래 가장 은밀하고 미세한 자리로부터 마음이 일어나

고 생각이 움직이는 순간을 묵묵히 살펴서 깨끗하게 씻어내고, 그릇되고 악한 생각이 자신의 마음을 물들이게 해서는 안 된다.

凡欲積善。絕不可徇耳目。(被聲色役使也)惟從心源隱微處。(即無人能見之念頭方動處)默默洗滌。(嚴自糾察善自防止)

[해설] 생각이 바야흐로 움직이기 시작하는 곳을 볼 수 있는 사람은 없습니다. 그래서 엄정하게 자신의 마음을 잘 살펴서 스스로 그릇된 생각이 일어나지 않도록 방지하여야 합니다.

[요범] **완전하게 세상 사람을 구제하려는 마음을 품으면 단정한 선이지만, 만약 조금이라도 세상 사람의 비위를 맞추려는 심사가 있으면 왜곡된 선이다.**

순수하게 세상 사람을 사랑하는 마음을 품으면 단정한 선이지만, 터럭 끝만큼이라도 세상 사람에게 원망하고 불평하는 마음이 있으면 곧 왜곡된 선이다. 또 순수하게 세상 사람을 공경하는 마음을 품으면 단정한 선이지만, 터럭 끝만큼이라도 세상 사람을 깔보고 조롱하는 마음이 있다면 왜곡된 선이다.

純(完全)是濟世之心則為端。苟有一毫媚世之心即為曲。純是愛人之心則為端。有一毫憤世之心即為曲。純是敬人之心則為端。有一毫玩世之心即為曲。(侮弄曰玩)

[요범] **이러한 점들을 빠트리지 않고 자세히 분별해야 한다.**

皆當細辨。

[무엇을 숨겨진 덕, 드러난 선이라 하는가?]

《채근담》에 이르길, "선행은 겉으로 드러나길 꺼리고, 악행은 숨겨져 있길 꺼린다." 《주자가훈》에 이르길, "선행을 다른 사람에게 알리려고 욕심내면 참된 선이 아니고, 악행을 다른 사람이 알까 두려워하면 틀림없이 큰 악이 되고 만다."

[요범] **무엇을 숨겨진 덕(陰德), 드러난 선(陽善)이라 하는가?**

何謂陰陽。

[내레이터] 무릇 다른 사람이 알게 선을 행하면 드러난 선이고, 선을 행하고 다른 사람에게 알지 못하게 선을 행하면 숨겨진 덕이다.

凡為善而人知之。則為陽善。為善而人不知。則為陰德。

[요범] **숨겨진 덕이 있는 사람은 하늘이 복을 내려주시고, 드러난 선이 있는 사람은 세상의 명성만 누릴 뿐이다. 명성을 누릴 수 있음은 비록 복일지라도 하늘이 꺼리는 일이다! 세상에서 매우 큰 명성을 누리지만, 사실과 부합하지(어울리지) 않은 사람은 대부분 뜻밖의(불의의) 화를 당하고 만다. 그러나 죄상이 없는데 억울한 누명을 쓰고 아무런 까닭 없이 오명을 뒤집어쓴 사람은**

그의 자손들이 언젠가는 별안간 번성할 것이다. 이로써 보건대, 숨겨진 덕과 드러난 선 사이의 경계선은 실제로 대단히 미세하여서 이를 잘 분별하지 않으면 안 된다!

陰德天報之。陽善享世名。名亦福也。名者。造物所忌。世之享盛名而實不副(副相配也)者。多有奇(非常)禍。人之無過咎(罪狀)而橫被惡名者。子孫往往驟發。(能逆來順受如此涵養一生所作善業烏有限量。其子孫之發跡有必然者)陰陽之際微矣哉。

[해설] 운명적으로 역경이 닥쳐와도 있는 그대로 받아들이면서 한평생 선업을 함양한 사람의 공덕이 어찌 한도가 있을 수 있겠습니까? 그 자손이 사회에 나아가 성공하여 행복하게 사는 것은 필연입니다.

[무엇을 옳은 선, 그른 선이라 하는가?]

성인은 옳고 그름을 따져 많은 사람과 함께 하지 않는다. 성인은 이치를 깊이 이해하고, 바깥일을 통해 다른 사람과 소통하면서 변화에 따를 수 있어 잘못이 줄어든다.

[요범] **무엇을 옳은 선, 그른 선이라 하는가? 옛날 춘추시대 노나라는 노나라 사람이 다른 나라의 제후에게 사로잡힌 남 노비나 여 노비를 속량시키면 재정부문의 관아에서 장려금을 수령받을 수 있도록 법률을 제정하였다. 그런데 공자의 제자인 자공**(子貢 ; 단목사端木賜 위나라

사람으로 외교 방면에 뛰어난 수완을 발휘하였다. 제자 가운데 가장 부자였으며 실물경제에 대한 예측 능력도 뛰어났다)**은 재산이 매우 많아 비록 붙잡힌 사람을 속량시켰지만, 노나라에서 주는 장려금을 받지 않았다.** (장려금을 받지 않고 순수하게 그 사람을 돕겠다는 본뜻은 매우 좋았지만) **공자가 이 말을 듣고 마뜩하지 않아서 이렇게 말하였다.**

何謂是非。魯國之法。魯人有贖人臣妾於諸侯。皆受金於府。(府掌財幣之官臣家臣。奴僕類, 妾侍妾婢女類, 均坐罪而沒入官家者法有納金贖罪之例)子貢(孔子弟子長於理財)贖人而不受金。孔子聞而惡之。曰。

[해설] 부府는 금전 재화를 관장하는 관아에 소속된 신하(官臣)와 공경대부의 집에 딸린 신하(家臣)입니다. 노복 부류와 시중을 드는 첩과 하녀 부류는 모두 죄를 지어 벌을 받아서 관가에 들어가지 못하는 경우 법으로 금전을 납부하여 속량을 받을 수 있었습니다.

[공자] **이 일은 사賜(자공)가 잘못하였다! 무릇 성인은 어떤 일을 하든지 그 목적은 민간의 지배적인 분위기를 전환하고 그 관습과 풍속을 바꿈으로써 교화의 도**(교훈)**를 베풀어 백성이 좋은 사람이 되도록 인도함에 있지, 그냥 자신의 덕행에 일치한다고**(자신의 마음에 든다고) **해서 할 수 있는 것은 아니다. 현재 노나라에는 부유한 사람은 적고 가난한 사람은 많은데, 만약 이러한 행위가 장려금을 받은 사람이 오히려 재물을 탐내**

는 사람이라는 오명을 받으면 나중에 누가 기꺼이 남 노비나 여 노비를 속량하려고 하겠는가? 관아에서 주는 상을 받는 사람을 청렴하지 못하다고 말한다면, 백성들이 무엇하러 다른 사람을 도와 속량을 해주겠는가? 지금 이후로는 더 이상 여러 제후에게 인민을 속량해 주려는 사람이 없을까 걱정이다.

賜(子貢名)失之矣。夫聖人舉事可以移風易俗。而教道可施於百姓。非獨適己(求快己心)之行也。今魯國富者寡而貧者眾。受金則為不廉。何以相贖乎。自今以後。不復贖人於諸侯矣。(此蓋魯國恤民之道。謂魯國之人或在他國有錮蔽不能自由者。若有好義之士為之納金請令自由魯之政府則賞以金 。子貢善於理財家資甚富。贖人而不受賞金。其心頗善而未免有妨。後人以受金則為不廉。若非大富人誰有此力。故孔子說此以防其弊)

[해설] 이는 노나라가 백성을 민생고에서 구제하는 길입니다. 노나라 사람이 혹 타국에서 구금되어 자유롭지 못한 경우 만약 의리를 중하게 여기는 선비가 있어 그를 위해 금전을 납부한 후 노나라 정부에게 자유롭게 해달라고 요청하면 장려금을 주었습니다. 자공은 이재에 밝아 가산이 매우 부유하였습니다. 사람을 속량할 수 있는데 상금을 받지 않았습니다. 그 마음은 상당히 착하지만, 아무래도 방해가 되지 않을 수 없었습니다. 후세의 사람이 상금을 받으면 청렴결백하지 않다고 여길 것이기 때문입니다. 큰 부자가 아니면 누가 이런 힘이 있겠습니까? 그래서 공자는 이는 그 폐단을 방지하기 위함이라고 말하였습니다.

[요범] **자로**(子路 ; 공자의 제자로 무예에 정통함)**는 물에 빠진 사람을 구해 준 적이 있었다.** (발을 헛디뎌 물에 빠져도 구조한다) **이 사람은 그의 목숨을 구해준 것에 대한 감사의 인사로 소 한 마리를 보내와서 자로는 이를 흔쾌히 받았다. 공자가 이 말을 듣고 매우 기뻐하며 말하였다.**

子路(孔子弟子精通武藝)拯人於溺。(溺失足落水也拯救援也)其人謝之以牛。子路受之。孔子喜曰。

[공자] **지금 이후로 노나라에서는 틀림없이 매우 많은 사람이 자발적으로 물에 빠진 사람을 구할 것이다.**

自今魯國多拯人於溺矣。(一則勇於救難。一則厚於報德。皆足以為世勸)

[해설] 하나는 용감하게 재난을 구하는 일이고, 다른 하나는 후덕하게 은혜를 갚는 일로서, 모두 세상 사람에게 권할만한 일로 삼기에 충분합니다.

[선을 행하는 공과 득실은 여전히 그것의 영향에 달려있다.]

선을 행할 때 예컨대 현재의 행위 혹은 겉모습이 선인지 고려하여 특히 수단과 방법을 가리지 않고 명예를 낚으려고 하면 그것은 우환거리를 만들어 때때로 심지어 이익을 탐하기조차 한다.

[요범] **이 두 건의 일을 세속사람의 눈으로 보면 자공이**

장려금을 받지 않은 것은 인품이 비교적 우월한 일이고, 자로가 선사한 소를 받은 일은 비천하고 경박한 행위이다. 그러나 공자는 유由(자로)를 칭찬하였고, 사賜(자공)는 꾸짖었다. 이를 통해 한 사람이 선한 일을 할 때 단지 현재 일시적으로 편안함을 추구하며 구하는 점으로 잘잘못을 판단해서는 안 되고, 후세에 해독을 끼치는 점을 고려해야 하며, 일시적인 옳고 그름만 보아서는 안 되고 오랜 시간 이후의 결과를 내다보아야 하며, 한 사람의 득실만 논해서는 안 되고 반드시 세상에 미치는 영향을 보아야 함을 알 수 있다.

自俗眼觀之。子貢不受金為優。子路之受牛為劣。(劣可鄙薄也)孔子則取由(子路名)而黜(責也)賜(子貢名)焉。乃知人之為善。不論現行(求快一時)而論流弊。(流毒後世)不論一時而論久遠。不論一身而論天下。

현재 행한 일이 비록 선할지라도 그것의 결과가 다른 사람에게 해를 끼친다면 설사 선인 것처럼 보일지라도 실제로는 결코 선이 아니다. 만약 현재 행한 일이 비록 선하지 않을지라도 그 영향이 미쳐 오히려 다른 사람에게 도움이 된다면 현재 선이 아닌 것처럼 보일지라도 실제로는 오히려 선이다. 그 일은 선이 아닌 듯이 보여도 사실은 선이다. 그러나 이는 한 가지 일을 근거로 이야기한 것일 뿐이다.

現行雖善。而其流足以害人。則似善而實非也。現行雖不善。而其流足以濟人。則非善而實是也。然此就一節論之耳。

[요범] **그 외에도 갖가지 매우 많은 일이 있다. 예를 들면 의리**(사람이 지켜야 할 도리)**에 맞는 듯이 보이지만 실제로는 의리와 절대 부합하지 않으며,** (나쁜 사람을 너그럽게 풀어주면 오히려 간만 더욱 키워 나쁜 일을 더욱 많이 저질러 주변 사람에게 해를 끼치고 자신에게도 죄를 저지른다. 이는 오히려 엄하게 훈계하여 더 이상 저지르지 못하게 하는 것만 못하다.) **예의에 맞는 듯이 보이지만 실제로는 예의에 어긋나며,** (예의를 지키면서 사람을 상대하여야 하지만 너무 지나치면 오히려 오만해져 무례하게 된다.) **신용을 지키는 것처럼 보이지만 실제로는 오히려 그렇지 않으며,** (신용은 매우 중요할지라도 상황을 살펴야 한다. 작은 신용에 만전을 기하면 오히려 대사를 그르치고, 큰 신용을 얻고자 만전을 기할 수 없으면 신용을 잃게 된다.) **자비를 베푸는 것처럼 보이지만 실제로는 제멋대로 하게 두는 것이다.** (지나치게 자애로우면 간을 키워 큰 화를 초래하여 자애롭지 않게 된다.) **이러한 문제는 모두 자세히 판단하고 또렷이 분별해야 한다.**

他如非義之義。非禮之禮。非信之信。非慈之慈。皆當抉擇。

[무엇을 치우친 선, 올바른 선이라 하는가?]

작은 잘못을 저지르면 곧 처벌을 받는 것이 바로 하늘이 사람을 돌보는 방식이다. 악을 저질렀는데 운수가 좋아 아무 일이 없으면 곧바로 아마도 천둥과 벼락이 뒤에 닥칠지도 모른다.

고덕께서는 횡포를 부리는 자의 경계를 만날지라도 진실한 수용처로 간주할 수 있으면 이미 자신의 복덕을 이루고 나를 망치려는 사람이 일을 좋게 처리하도록 돕는다.

[요범] **무엇을 치우친 선, 올바른 선이라 하는가? 옛날 명나라 재상 여문의공呂文懿公이 막 재상 직위를 사임하고 고향으로 돌아왔을 때, 그의 인품이 단정하였고 관리가 되어 청렴 공정하여서 전국의 백성들이 모두 그를 매우 우러러 공경하길, 태산과 북극성과 마찬가지로 추대를 받았다. 한 시골 사람이 술에 취해서 여공에게 욕설을 퍼부었지만, 여공은 꿈적도 하지 않으며 자기 하인에게 이렇게 일렀다.**

何謂偏正。昔呂文懿公初辭相位。歸故里。海內仰之。如泰山北斗。有一鄉人。醉而詈之。呂公不動。謂其僕曰。

[여문위공] **이 사람은 술에 취했으니, 그의 잘잘못을 따지지 말라.**

醉者勿與較也。

[요범] **이에 문을 닫아걸고 들어가 상대하지 않았다. 한 해가 지난 후 이 사람은 중죄를 저질러 사형 판결을 받고 투옥되었다는 말을 들었다. 여공은 비로소 지난 일을 후회하며 말하였다.**

閉門謝之。逾年。(過了一年)其人犯死刑入獄呂公始悔之曰。

[여문위공] **만일 당시 조금이라도 그와 잘잘못을 따져 관청에 보내어 죄를 다스리게 했더라면, 작은 징계를 통하여 큰 경계의 효과를 거둘 수 있었을 것이다. 나는 당시 다른 사람에게 너그럽게 대해야 한다는 생각만 하고, 뜻밖에도 그 일이 그의 악행을 키우게 되는 바람에 현재 이 지경에 이르고 말았다.**

使當時稍與計較。送公家(官署)責治。(懲戒)可以小懲而大戒。吾當時只欲存心於厚。不謂養成其惡。以至於此。此以善心而行惡事者也。

[내레이터] 시골 사람은 재상을 욕해도 그리 대단한 일이 아니라고 여겨 결국 죽을죄를 저질러 목숨을 잃게 되었으니, 이는 곧 원래 선한 마음을 품었어도 마침내 악한 일을 한 경우입니다.

[요범] **또한 악한 마음을 품었어도 선한 일을 하는 경우가 있다.**

又有以惡心而行善事者。

[요범] 한 부자가 어느 해 흉년을 만났는데, 가난한 사람들이 백주대낮에 도처에서 식량을 빼앗는 사건이 발생하였다. 그는 곧 관아에 이 사건을 고발하였지만, 관청에서는 기어코 이 사건을 수리하지 않았다. 그래서 가난한 사람들은 기세가 더욱 더 커져서 갈수록 제멋대로 횡포한 짓을 저질렀다. 이에 이 부자는 부득이 개인적으로 양식을 약탈하는 사람을 붙잡아 수치심과 모욕을 주고 고문하고 구타하게 하였다. 이러한 징계를 받자 그들은 비로소 평정을 찾았고, 더 이상 약탈을 하지 않았다. 만약 이렇게 하지 않았더라면 저잣거리는 거의 큰 난리가 일어났을 것이다.

如某家大富。值歲荒。窮民白晝搶粟於市。告之縣。縣不理。窮民愈肆。遂私執(捕捉)而困辱之。眾始定。不然幾(近也)亂矣。

[내레이터] 그래서 선한 일은 올바른 것이고, 악한 일은 치우친 것이라는 사실은 누구나 다 안다. 그러나 원래 선한 마음을 품었어도 마침내 악한 일을 저지르는 경우가 된다면 이는 올바른 것 가운데 치우친 것(正中偏)이라고 한다. 그러나 원래 악한 마음을 품었어도 마침내 선한 일을 한 경우가 된다면 이는 치우친 것 가운데 올바른 것(偏中正)이라고 한다.

故善者為正。惡者為偏。人皆知之。其以善心而行惡事者。正中偏也。以惡心而行善事者。偏中正也。

[요범] **이러한 이치를 잘 알지 않으면 안 된다.**

不可不知也。

[무엇을 반쪽짜리 선, 원만한 선이라 하는가?]

어떠한 공양 · 보시를 할지라도 마음은 간절하고, 태도는 공경을 다해야 한다. 사찰이나 타인에게 은혜를 베풀었다고 조금이라도 집착해서는 안 된다.

[요범] **무엇을 반쪽짜리 선, 원만한 선이라 하는가? 《역경》에서는 이렇게 말한다. "선행을 쌓지 않는다면 좋은 명성을 성취할 수 없고, 죄악을 쌓지 않는다면 목숨을 잃는 재앙을 초래할 수 없다."**

何謂半滿。易曰。善不積。不足以成名。惡不積。不足以滅身。

《상서》에서는 이렇게 말한다. "상나라의 죄악은 몇 대가 흐른 후 돈과 패물이 줄에 가득 꿰어 있는 것과 같았고(악이 가득 쌓인 것을 돈꿰미에 돈이 가득 꿰어 있음에 비유함), **물건을 그릇에 가득 담아둔 것과 같았다."**

만약 부지런히 쌓아둔다면, 결국 언젠가는 저절로 가득 찰 것이다. (상나라는 개국에서 주왕에 이르기까지 그 잘못과 죄악이 가득 차서 급속히 나라가 망하였다.) **만약 게을러서 쌓아두지 않으면 당연히 가득 차지 않을 것이다.**

(선을 쌓고 악을 쌓는 것은 물건을 저장해 두는 것과도 같다.)

이것은 반선온선半善滿善의 한 가지 설법이다.

書曰。商罪貫盈。(惡貫滿盈喩如錢盈串也)如貯(儲藏)物於器。勤而積之。則滿。懈而不積。則不滿。此一說也。

[요범] **옛날 한 집안의 여인이 절에 가서 시주하고 싶었지만 애석하게도 돈과 재물이 없었다. 수중에는 달랑 엽전 두 냥만 있어 전부 사찰에 시주하였다. 뜻밖에도 그 절의 주지 스님께서 직접 그녀를 대신해 참회기도를 올리고 복을 빌어 주셨다.**

나중에 이 여인은 황궁에 들어가 부귀한 신분을 얻은 후 수천 냥의 은자를 가지고 그 절에 가서 시주하였다. 이번에는 주지 스님께서 그의 제자를 시켜서 여인을 대신해 회향 기도를 올릴 뿐이었다. (그 여인은 두 차례 시주하였거늘 왜 이렇게 대접에 차이가 큰지 이해하지 못하였다.) **그녀는 의심이 크게 들어 주지 스님에게 여쭈었다.**

昔有某氏女入寺。欲施而無財。止有錢二文。捐而與之。主席者親為懺悔。及後入宮富貴。攜數千金入寺捨之。主僧惟令其徒回向而已。因問曰。

[여인] **제가 옛날에 달랑 엽전 두냥 밖에 시주하지 못하였을 때는 스님께서 직접 저를 위해 참회 기도를 올려주셨습니다. 그런데 오늘은 수천 냥의 은자를 시주하였는데 오히려 주지 스님께서 저를 대신해 회향 기도를**

올려주시지 않으니, 무슨 연유입니까?

吾前施錢二文。師親為懺悔。今施數千金。而師不回向。何也。

[요범] **그러자 주지 스님께서 말씀하셨다.**

曰。

[주지스님] **옛날에 보시한 제물은 비록 적은 액수였지만 시주하던 마음은 너무나 진실하였습니다. 그래서 이 노승이 직접 참회 기도를 올리지 않고는 보살님의 이러한 공덕에 보답할 수 없었지요. 그러나 오늘 보살님의 마음은 오히려 옛날처럼 그렇게 간절하지 않아 다른 사람에게 보살님을 대신해 참회기도를 올려도 충분합니다.**

前者物雖薄。而施心甚眞。非老僧親懺。不足報德。今物雖厚。而施心不若前日之切。令人代懺足矣。

[요범] **수천 냥의 은자는 반쪽짜리 선이 되고, 엽전 두냥은 오히려 원만한 선이 되는 이치가 바로 여기에 있다.**

此千金為半。而二文為滿也。

[이 한마디 말로 삼천 공덕이 이미 원만하다]

세간법이든 출세간법이든 상관없이 모두 복덕과 지혜 두 가지 자량資糧을 쌓아야 한다. 선근 공덕을 양식으로 하여 심신을 도움이 부족하면 갈 길이 멀다. 복덕과 지혜의 자량은 먼저 마음에서 쌓아야 한다.

[요범] **한漢 나라 도사 종리鍾離는 그의 연단鍊丹 방법을 여동빈 呂洞賓에게 전수하였다. 그 가운데 단丹을 철에 대어 황금으로 변화시키는 도술이 있는데, 그것으로 세상의 가난한 사람을 구제할 수 있다고 하였다. 여동빈은 그에게 물었다.**

鍾離授丹於呂祖。(呂祖唐時人，名巖，字洞賓，喜作出世裝束，咸通中及第，兩調縣令，途遇異人鍾離權授以修養方法，遂隱陝西終南山得道)點鐵為金。可以濟世。呂問曰。

[해설] 여조呂祖는 당나라 시인으로 이름은 암巖, 자는 동빈洞賓입니다. 출세하는 차림을 나타내길 좋아하여 함통咸通년간에 급제하였습니다. 현령의 근무지를 바꾸러 가는 길에 특별한 사람 종리권鍾離權을 만나 수양방법을 전수받은 후 즉시 산시陝西성에 은거하여 마침내 남산에서 득도하였습니다.

[여동빈] **황금으로 변한 이후 결국에는 본래의 철로 바뀌지 않습니까?**

終變否。

[요범] **종리 도사가 대답하였다.**

曰。

[종리도사] **"오백 년 후 본래의 속성을 회복할 것이다."**

五百年後，當復本質。

[요범] **여동빈이 또한 말했다.**

呂曰。

[여동빈] **이렇다면 오백 년 후 사람에게 해가 될 것입니다. 저는 이러한 일을 하고 싶지 않습니다!**

如此則害五百年後人矣。吾不願為也。

[내레이터] 종리 도사가 여동빈에게 단을 철에 대면 금이 된다고 가르친 것은 그의 마음을 시험에 본 것뿐이다. 지금 여동빈은 마음가짐이 선량한 줄 알고 그에게 말했다.

曰。

[종리도사] **선도를 닦으려면 먼저 삼천 가지 공덕을 쌓아야 하는데, 그대의 이 말 한마디로 삼천 가지 공덕이 이미 원만하다.**

修仙要積三千功行。汝此一言。三千功行已滿矣。 (呂…發此言從不圖現益。普益未來之眞心中出。故其功行彌大)

[해설] 여조는 지금까지 현세의 이익을 도모하지 않고 미래까지 두루 이롭게 하는 진심에서 이 말을 하였습니다. 그래서 그 공행은

더욱 커집니다.

[요범] 이것은 반선온선半善滿善의 다른 한 가지 설법이다.

此又一說也。

[나와 남, 보시하는 물건을 보지 않음을 「삼륜체공」이라 한다]

성자가 이르시길, "공양 혹은 보시를 할 때 조금이라도 집착이 있으면 진정으로 보시하는 것이 아니다."

[요범] 또한 비록 선한 일을 하였을지라도 마음속으로 자신이 한 일을 전혀 떠올리지 않는다면 어떤 선한 일을 하든지 모두 공덕이 원만할 수 있다. 만약 마음속으로 선한 일을 행하였다고 매 순간 잊지 않는다면 설사 한 평생 부지런히 선한 일을 행할지라도 반쪽짜리 선에 그칠 뿐이다.

又爲善而心不著善。則隨所成就。皆得圓滿。心著於善。雖終身勤勵。止於半善而已。

[요범] 예컨대 재물을 내어 다른 사람을 도울 때 안으로는 보시하는 나를 집착하지 않고, 밖으로는 보시를 받는 사람을 생각하지 않으며, 그 중간에 보시하는 재물조차도 생각하지 않아야 한다. 이 셋을 완전히 마음에

두지 않음이 곧 삼륜체공(三輪體空 ; 보시하는 자 · 보시받는 자 · 보시물에 집착하지 않음)**이고, 또한 일심이 청정한 경지로 어떠한 흔적도 남기지 않는다고 말할 수 있다. 만약 이렇게 할 수 있으면 설사 좁쌀 한 말을 보시할지라도 무량무변한 복을 심을 수 있고, 비록 엽전 한 냥이라도 일천 겁 이래 쌓여온 죄업을 없애버릴 수 있다.**

譬如以財濟人。內不見己。外不見人。中不見所施之物。是謂三輪體空。是謂一心清淨。則斗粟可以種無涯之福。一文可以消千劫之罪。

[요범] **만약 자신이 선한 일을 하였다는 생각을 매 순간 잊지 못한다면 비록 이십만 냥의 황금을 보시할지라도 원만한 복보를 얻을 수 없을 것이다. 이것 또한 그 밖에 다른 한 가지 설법이다.**

倘此心未忘。雖黃金萬鎰。(鎰二十兩)福不滿也。此又一說也。

[무엇을 큰 선, 작은 선이라 하는가?]

이번 생에 악한 생각의 많음을 회고해 보건대, 어찌 감히 수시로 경계하지 않겠는가?

[요범] **무엇을 큰 선, 작은 선이라 하는가? 옛날 위중달**衛仲達**이라는 사람이 한림원에서 벼슬을 하고 있었다. 한번은 귀졸에게 그의 혼이 명부까지 끌려간 적이 있었다.**

저승의 주심관은 수하의 서판書判에게 분부하여 그가 이승에서 행한 선행과 악행 두 가지 기록대장을 바치게 하였다. 그런데 그 보내온 기록대장을 보았더니, 악행을 기록한 대장은 방 전체에 가득 쌓였지만, 선행을 기록한 대장 한 퉁구리는 고작 젓가락 하나 크기에 불과하였다. 주심관은 또한 저울을 가져와 무게를 달아보니, 방 전체에 가득 쌓인 악한 일을 기록한 책자는 가벼웠지만, 젓가락 하나 크기의 작은 퉁구리의 선행 대장은 오히려 무거웠다. 위중달은 저승의 선악 기록대장을 본 후 답답하여 물었다.

何謂大小。昔衛仲達為館職。被攝至冥司。(攝攝魂冥陰也)主者(冥官)命吏呈善惡二錄。比(及也)至。則惡錄盈庭。其善錄一軸。僅如筯(音住夾取食物之器)而已。索秤稱之。則盈庭者反輕。而如筯者反重。仲達曰。

[위중달] 제 나이 마흔도 채 안 되었는데, 무슨 잘못 죄악을 이렇게 많이 저질렀습니까?

某年未四十。安得過惡如是多乎。

[요범] 주심관이 대답하였다.

曰。

[판관] 한 생각이라도 바르지 않으면 실제로 저지르지 않아도 악행을 저지른 셈이다. (예컨대 여색을 보고서 나쁜 생각을

움직이면 이는 곧 잘못을 저지른 것이다.)

一念不正即是。不待犯也。

[무릇 마음가짐이 천하와 국가를 위하는 생각으로 아무리 적은 선한 일을 할지라도 공덕은 크다]

이 적은 선한 일을 행할 때마다 중생과 부모는 이러한 공덕으로써 괴로움을 여의고 즐거움을 얻는다. 이와 같이 적은 선한 일을 할지라도 공덕은 크다.

[요범] **그래서 위중달이 선행 책자 한 퉁구리 속에 기록된 것이 무엇인지 물었더니, 주심관이 답하였다.**

因問軸中所書何事。曰。

[주심관] **조정에서 한번은 삼산**(三山 ; 복건성 복주부)**에 돌다리를 놓는 큰 토목공사를 계획한 일이 있었는데, 그대가 황제께 상소를 올려서 다리를 놓지 마시길 간하여 백성을 부리고 재산을 축내는 일을 면하게 한 적이 있었다. 이것이 바로 그대의 상소문 초고이다.**

朝廷嘗興大工。修三山石橋。君上疏諫之。此疏稿也。

[요범] **위중달이 말했다.**

仲達曰。

[위중달] 제가 비록 상소문을 올렸을지라도, 조정에서 저의 간언을 받아들이지 않아 그 일의 진행에 아무런 도움이 되지 않았거늘 어떻게 이런 큰 공덕이 있다는 말씀입니까?

某雖言。朝廷不從。於事無補。(救也)而能有如是之力。

[요범] 주심관이 대답하였다.

曰。

[주심관] 조정에서 그대의 간언을 듣고 따르지 않았을지라도 그대는 일념으로 이미 만백성이 노역을 면하도록 하겠다고 생각하였다. 만약 조정에서 정말 간언을 받아들인다면 그 선한 영향력이 더욱 클 것이다!

朝廷雖不從。君之一念。已在萬民。向使聽從。善力更大矣。

[요범] 그래서 한 사람이 뜻을 세워 선한 일을 하는 목적이 천하 인민의 복리를 도모하고 국가의 앞날을 위한 생각이라면 아무리 적은 선한 일을 할지라도 공덕은 오히려 매우 크다. 설사 자신을 이롭게 할 생각이라면 아무리 많은 선한 일을 할지라도 공덕은 오히려 적다.

故志在天下國家。則善雖少而大。苟在一身。雖多亦小。

[무엇을 어려운 선, 쉬운 선이라 하는가?]

선을 행함은 빈부귀천을 따지지 않고, 단지 매 순간 전심전력을 다할 것을 말할 뿐이다. 만약 더 나아진 후 다시 선을 행하겠다고 말하고, 더 나아질 때를 기다라면, 아마도 또한 핑계가 생길 것이다.

[요범] **무엇을 어려운 선, 쉬운 선이라 하는가? 옛날 선비들이 말하였다.**

何謂難易。先儒謂。

[유생] **자신의 사욕을 극복하려면 모름지기 가장 극복하기 어려운 부분부터 먼저 해야 한다.**

克己須從難克處克將去。

[요범] **공자의 제자 번지樊遲가 공자에게 "인仁의 도는 무엇입니까?" 질문하였을 때 공자께서는 "먼저 어려운 부분부터 노력하여야 한다." 하였다.** (공자께서 말씀하신 어려움은 곧 사심을 제거하는 일이다. 곧 가장 제거하기 어려운 부분부터 하여야 한다.)

夫子論為仁。亦曰先難。

장시성의 서舒 옹 같은 분은 남의 집에서 글을 가르치면서 근근이 2년 동안 받은 봉급으로 가난한 사람 한 집을 도와 그들이 관가에 빚진 돈을 갚고, 그들 부부를

떼어놓는 비극을 면하게 하였다.

必如江西舒翁。捨二年僅得之束修。代償官銀。而全人夫婦。

또 하남성 장덕부 감단현의 장張 옹 같은 분은 (한 가난한 사람이 처자식을 담보로 돈도 사용하였지만, 만약 돈이 없어 찾아오지 못하면 처자도 살 수 없을까 염려하는 모습을 보았다.) **십 년 동안 모은 돈을 내놓아 대신 벌금으로 받은 은(贖銀)을 갚아 그 사람의 처자식을 살렸다.**

與邯鄲(屬河南彰德府)張翁。捨十年所積之錢。代完贖銀。而活人妻子。

이는 곧 이른 바 재물을 내놓기 어려운 상황에서 내놓을 수 있음이다.

皆所謂難捨處能捨也。

[요범] **강소성 진강鎭江의 근靳 옹 같은 분은 비록 노년에 자식이 없었지만, 그의 이웃은 가정 형편이 어려워 어린 딸아이를 그에게 보내 첩으로 삼게 하고 싶었다. 그러나 그는 차마 이 딸아이의 청춘을 해칠 수 없어 그녀를 이웃에게 돌려보냈다.**

如鎭江(府治屬江蘇)靳翁。雖年老無子。不忍以幼女為妾。而還之鄰。

이는 곧 차마 하기 어려운 상황에서 묵묵히 해낼 수 있음이다! (이 몇 분의 노인이 보여준 「내놓기 어려운 상황에서 내놓을 수 있음」과 「차마 하기 어려운 상황에서 묵묵히 해낼 수 있음」, 이 정신은 실제로 일반인이 해내기 어려운 것이다.)

그래서 하늘이 내리는 복보도 또한 특별히 두터울 것이다.

此難忍處能忍也。故天降之福亦厚。

[요범] **무릇 가정 형편이 부유하고 권세가 있는 사람들은 공덕을 세우려면 비교적 쉽다. 비록 쉬울지라도 오히려 하기를 바라지 않는다면 이는 실제로는 스스로 자신의 복보를 망치는 것이다. 반면에 가정 형편이 어렵고 권세가 없는 사람이 선을 행하고 복을 닦으려면 비교적 어렵다. 비록 어려울지라도 오히려 전력을 다해서 할 수 있으면 이것이야말로 정말 소중하다!**

凡有財有勢者。其立德皆易。易而不為。是為自暴。貧賤作福皆難。難而能為。斯可貴耳。

[3] 인연에 수순하여 온 힘을 다해 십선을 닦아라.

다른 사람과 함께 선을 행함 / 사랑하고 공경하는 마음을 품음 / 다른 사람의 선업을 이루도록 도움 / 다른 사람에게 선을 행하라고 권함 / 다른 사람을 위급한 상황에서 구해줌 / 큰 이익이 생기는 사업을 일으키고 건립함 / 재물을 바쳐서 복을 지음 / 정법을 수호하고 지킴 / 어른을 공경하고 존중함 / 생명을 사랑하고 물건을 아낌

[세상을 구제하는 열 가지 선업]

앞 장에서는 선을 행하고 덕을 쌓는 이치를 밝혔다. 여기서는 더욱 인연에 따라 세상을 구제하는 일을 자세히 설명한다. 열 가지 선업을 열거하여 배우는 사람이 실행할 때 강요를 따르게 할 수 있다. 그렇지 않으면 선행은 무량무변하고 세월은 유한하여 막연해서 갈피가 잡히지 않는다.

공자께서 이르시길, " 내가 새나 짐승들과는 함께 무리 지어 살 수 없는 법이거늘, 이 세상 사람의 무리와 어울려 살지 않는다면 누구와 살겠는가? 천하에 도(인자의 마음, 하늘 마음)가 있다면 내가 굳이 천하에 뛰어들어가 바꾸려 하지 않을 것이다. 그것을 바꿀 것도 없다.

[요범] **기연機緣에 수순하여 여러 사람을 구제하는 일은** (쉽지 않은 일로) **그 종류가 대단히 많지만, 간략하게 그 중요한 부분만 설명한다면 대략 열 가지 측면이 있다.**

(우리는 사람을 위해 일을 처리함에 있어 마땅히 기연을 만나 여러 사람을 구제하는 일을 하여야 한다.)

隨緣濟衆。其類至繁。約言其綱。大約有十。

첫째, 다른 사람과 함께 선을 행하여야 한다. (다른 사람이 선한 일을 할 때 도움을 주어야 한다.)

第一與人為善。

[내레이터] 우리가 사람들이 선한 일을 하려고 노력하는 모습을 볼 때, 우리는 그들의 행동을 돕고 그들의 친절이 자라도록 도와야 한다. 우리가 다른 사람이 선한 일을 하기를 원하지만 스스로 그것을 성취할 수 없는 모습을 볼 때, 우리는 손을 빌려주어 그들이 성공할 수 있도록 도와야 한다. 이것이 우리가 「선행을 돕는 지원」을 함양할 수 있는 방식이다.

[요범] **둘째, 사랑하고 공경하는 마음을 품어야 한다.**

第二愛敬存心。

[내레이터] 우리는 우리보다 나이가 많고, 연배가 높고, 덕성과 학식이 높은 사람에 대해 공경하는 마음을 품어야 한다. 나이가 어리고, 연배가 낮고, 가정 형편이 다른 사람에 대해 사랑하는 마음을 품어야 한다.

[요범] **셋째 다른 사람의 선업을 이루도록 도와야 한다.** (마침 좋은 일을 하려는 사람을 만날 때 있는 힘을 다해 완전히 이루게 하되, 시기하거나 파괴해서는 안 된다.)

第三成人之美。

[내레이터] 선행을 할지 말지 고민하고 있는 사람을 보면 그에게 모든 노력을 기울여 이루라고 설득해야 한다. 다른 사람이 선한 일을 하는 데 어려움을 겪을 때, 우리는 어려움을 극복하고 그들을 성공으로 이끌 수 있는 방식을 생각하도록 도와야 한다. 우리는 다른 사람의 성취를 시기하거나 그들의 선행을 방해하려 해서는 안 된다.

[요범] **넷째 다른 사람에게 선을 행하라고 권하여야 한다.** (선뜻 선을 행하려고 하지 않거나 혹 악한 일을 저지르길 좋아하는 사람을 보면 악을 멈추고 선을 행하라고 권하여야 한다.)

第四勸人為善。

[내레이터] 악을 저지르는 사람을 만나면 악행은 괴로운 과보만 초래할 뿐이고, 무슨 수를 써서라도 악한 일은 저질러서는 안 된다고 권해야 한다. 선을 선뜻 행하려고 하지 않거나 약간의 선만 행하려는 사람을 만나면 선행은 틀림없이 좋은 과보가 있고, 선한 일은 행해야 할 뿐만 아니라 끊임없이 대규모로 행해야 한다고 권해야 한다.

[요범] **다섯째 다른 사람을 위급한 상황에서 구해주어야 한다.** (다른 사람이 위급한 상황이나 긴급한 재난을 만났을 때 마땅히 온 힘을 다해 구제하거나 도와야 한다)

第五救人危急。

[내레이터] 일반인은 대부분 다른 사람에게 도움이 필요 없을 때 도와주길(錦上添花) 좋아하고, 진실로 도움이 필요할 때 도와주려는(雪中送炭) 마음이 부족하다. 우리가 큰 위험, 긴급 상황, 또는 곤란에 처한 사람을 만날 때, 우리는 그들에게 제때에 구원의 손길을 뻗어 돈이나 울력과 같은 어떤 방식으로든 그들이 어려운 시간을 벗어날 수 있도록 도와야 한다. 도움이 절박한 시간에 다른 사람을 돕는 것으로부터 생길 수 있는 공덕은 실로 무한하다. 그러나 그러한 행을 했다고 해서 거만하고 우쭐대어서는 안 된다.

[요범] **여섯째 큰 이익이 생기는 사업을 일으키고 건립하여야 한다.** (국가와 사회, 인민에게 큰 이익을 미치는 일에 대해 마땅히 자신의 능력에 근거하여 온 힘을 다해야 하고, 혹자는 그 일에 참여하고 완성시켜야 한다.)

第六興建大利。

[내레이터] 국가와 사회에 큰 이익이 생기는 사업은 당연히 큰 역량을 지닌 사람이 참여하고 완성시킨다. 한 사람에게 큰 역량이 있으면 당연히 큰 이익을 가져다줄 사업에 참여하여 대중을 이롭게 하여야

한다. 만약 한 사람이 역량이 있으면 예컨대 수로를 건설하거나 큰 재해를 겪은 사람들을 구제하는 등등 큰 이익이 생기는 사업에 참여하여 일반 대중을 이롭게 하여야 한다. 그러한 역량이 없는 사람도 큰일을 할 수 있다. 예컨대 강둑에 작은 구멍이 생겨 물이 새어 나오는 것을 발견할 때 진흙과 작은 돌로 작은 구멍을 막아 제방을 보호하여 수재 발생을 예방할 수 있다. 일이 비록 작을지라도, 그 효과는 그냥 지나치지 않을 것이다.

[요범] **일곱째 재물을 바쳐서 복을 지어야 한다.** (축적된 재물이 있는 사람은 보시의 선행을 가장 잘 할 수 있어 다른 사람을 도와 곤란을 해결할 수 있을 뿐만 아니라 자신을 위해 복보를 닦아 쌓을 수 있다.)

第七捨財作福。

[내레이터] 속담에 사람은 재물이라면 죽음도 마다하지 않는다. 세상 사람은 늘 재물을 사랑하기 마련이니, 재물을 구해도 모자랄 판에 누가 실제로 자신의 재물을 바쳐서 다른 사람을 도우려 하겠는가? 그래서 버림에 수반되는 어려움을 인식할 때, 도움이 필요한 다른 사람을 돕기 위한 목적으로 기꺼이 재물을 내놓는 사람은 얼마나 희유한지 감사할 뿐이다. 보통사람으로서는 이미 간단치 않은 일이고, 가난한 사람에게는 더욱 대단한 일이다. 인과율에 따르면, 「크게 버리면 크게 얻고, 작게 버리면 작게 얻는다. 버림이 있어야 얻음이 있다(捨得 捨得 有捨才有得)」「버리지 못하고 버리지 못한다. 버리지 못하면 얻을 수 없다(捨不得 捨不得 不捨就不得)」 일분의

선행을 베풀면, 일분의 복보가 생길 것이다. 그래서 다른 사람들을 돕기 위해 재물을 보시할 때 자기 생활에 남는 것이 없을까 걱정할 필요가 없다.

[요범] **여덟째 정법을 수호하고 지켜야 한다.** (사람으로 하여금 지혜와 지식을 늘릴 수 있는 이치 혹은 법문인 정지정견正知正見에 대해 모두 마땅히 수호 유지하고 지켜야 한다.)

第八護持正法。

[내레이터] 이것은 갖가지 다른 종교의 가르침을 가리키는 것이다. 종교에는 올바른 종교와 그릇된 종교가 있고, 법에도 올바른 가르침과 그릇된 가르침이 있다. 그릇된 종교의 그릇된 가르침은 사람의 마음에 큰 해를 끼치므로 당연히 금지하여야 한다. 이에 반해 올바른 지혜와 올바른 견해(正知正見)를 갖춘 불법은 사람들이 사회에서 선량한 풍속을 되찾도록 가장 쉽게 권유하고 인도하므로 올바른 가르침을 파괴하는 행위를 하는 사람을 보면, 이러한 가르침을 반드시 전심전력을 다해 보호 유지하고 파괴되도록 내버려 두어서는 안 된다.

[요범] **아홉째 어른을 공경하고 존중하여야 한다.** (자신보다 학문이 뛰어나고 견식이 넓으며, 인품과 덕성이 훌륭하고 나이가 많으며, 직위가 높은 사람은 반드시 더욱 존중하여야 한다.)

第九敬重尊長。

[내레이터] 무릇 학식이 깊거나 직위가 높거나 연배가 높거나 나이가 많은 사람은 모두 어른으로 여겨 존중 공경하여야 하고 얕보아서는 안 된다.

[요범] **열째 생명을 사랑하고 물건을 아껴야 한다.** (무릇 살아있는 동물은 모두 반드시 사랑하고 보호하여야 하고, 그들의 생명을 소중이 여겨 함부로 살생하여 먹거나 학대해서는 안 된다)

第十愛惜物命。

[내레이터] 우리는 모든 생명이 있는 것은 개미처럼 작을지라도 지각이 있고 고통을 알며 살고 싶고 죽지 않으려 하기에 마땅히 그들을 불쌍히 여겨야 하거늘 어떻게 함부로 죽이고 함부로 먹을 수 있겠는가? 어떤 사람은 이러한 것은 본래 먹으려고 제공된 것이라고 말하지만, 이 말은 통하지 않을 뿐만 아니라 먹을 것을 탐하는 사람이 지어낸 말일 뿐이다.

이상으로 말한 열 가지는 단지 대략 설명한 것이다. 아래에서는 분별하여 비유를 들 것이다.

[다른 사람과 함께 선을 행함]

선인께서 이르시길 : "학문이 남을 꾸짖지 않을 정도에 이르면 그 학문은 전진하였다." "남을 꾸짖는 마음으로써 자신을 꾸짖고, 자신을 용서하는 마음으로써 남을 용서한다."

[요범] **무엇을 「다른 사람과 함께 선을 행함」이라고 하는가? 옛날 순임금이 아직 황제 자리를 계승하기 전에 산동성 뇌택雷澤의 호숫가에서 나이가 젊고 기운 센 어부는 수심이 깊고 고기가 많이 모이는 곳을 선택하여 고기를 잡는 반면, 나이가 들고 허약한 어부는 모두 물살이 빠른 곳이나 수심이 얕아 고기가 드문 곳에서 물고기를 잡는 모습을 보았다.** (물살이 세면 고기가 머물러 있지 않고, 수심이 얕은 곳은 고기도 적은데 반해 고기는 모두 수심이 깊은 곳에서 헤엄쳐 다니고 비교적 잡기 쉽다. 나이가 젊고 기운 센 어부들이 좋은 곳을 다 차지하였다.)

何謂與人為善。 昔舜在雷澤。(在山東濮縣東南)見漁者皆取深潭厚澤。而老弱則漁於急流淺灘之中。

[요범] **이런 상황을 지켜보던 순임금은 나이가 들고 힘이 약한 어부를 측은한(비통한) 마음으로 가엾이 여기고, 그 자신도 그곳에 가서 고기잡이에 참가하였다.** (그 무리에 발을 들여놓고 솔선수범하려 하였다.)

어부들이 좋은 자리를 서로 빼앗는 상황을 만나게 되면 그들을 대신하여 이러한 잘못을 감춰주고 선전하지 않았다. (사람을 위해 악은 감추고, 그 반항하는 마음을 제거하여 그들에게 새로운 사람이 되는 길을 남겨 두었다.)

만약 서로 양보하는 현상을 보면 칭찬 선양하고 그들

을 모범으로 삼아 배우게 하였다.

한 해가 지나자 모두 순임금의 영향을 받아 수심이 깊고 고기가 많이 모이는 자리를 서로 양보하였다.

惻然(悲痛)哀之。往而漁焉。(投足彼輩中欲以身作則)見爭者。皆匿其過而不談。(為人掩惡。去其反抗之心，留彼自新之路)見有讓者。則揄揚而取法之。朞年。(週年)皆以深潭厚澤相讓矣。(此不過借此故事表出與人為善之德意，並非勸人捕魚而造謀財害命之殺業也。凡一切殺生行業，及一切與殺生業有連帶關係之行業，皆屬黑業。皆為千生百劫沉淪苦海之深因，擇業不可不審慎也)

[내레이터] 순임금의 이야기는 사람에게 선행의 미덕을 보여주는 것이지, 결코 사람에게 물고기를 잡고 재물을 도모하고 생명을 해치는 살생업을 지으라고 권하는 것이 아니다. 무릇 일체 살생의 행업 및 살생업과 서로 관계있는 행업은 모두 흑업黑業에 속하고, 모두 천생 백겁에 고통의 바다에 빠지는 깊은 인이 되니, 직업 선택에 신중하지 않으면 안 된다.

[요범] **순임금처럼 명철한 성인이 어찌 이러한 이치를 말하여 대중을 교화하지 못하겠는가? 그는 말로써 대중을 교화하지 않고, 몸소 모범을 보여서 사람에게 부끄러움을 느끼게 하고 자신의 이기적인 심리를 변화시키도록 할 줄 알았다. 이는 정말 마음가짐이 매우 깊은 사람의 노심초사하는 모습이다!**

夫以舜之明哲。豈不能出一言教衆人哉。乃不以言教而以身轉之。此良工苦心也。

[자신의 장점으로 다른 사람을 덮어버려서는 안 된다]

선인께서는 하늘이 인재에게 재능과 지혜 · 부귀를 준 목적은 그로 하여금 우둔하고 가난한 사람을 구제하게 하려는데 있다. 만약 오히려 속이고 깔본다면 이는 하늘 아래 죄지은 백성이라고 생각하였다.

[요범] **우리는 인심이 타락하고 사회풍조가 문란한 말법시대에 살아가는 동안 자신의 장점을 가지고 자신보다 못한 사람을 덮어버리고 눌러버려서는 안 되고, 자신이 한 선행으로 자신에게 미치지 않은 사람과 비교해 보겠다고 해서는 안 되며, 자신에게 비교적 많은 재능에 의지해서 다른 사람을 어려움에 빠뜨리게 해서는 안 된다. 우리는 자신의 재능과 지혜를 감추고 매우 평범하고 아무것도 가진 것이 없는 것처럼 겸허하게 살아가야 한다.** (이러하면 「큰 지혜는 어리석어 보이고(大智若愚)」「겸허한 마음은 산골짜기만큼 깊다(虛懷若谷)」)

吾輩處末世。勿以己之長而蓋人。勿以己之善而形人。勿以己之多能而困人。收斂才智。若無若虛。

다른 사람이 잘못을 저지르는 모습을 볼 때마다 관대한 심량으로 포용해야 할 뿐만 아니라 덮어주되 떠벌려서는 안 된다. 한편으로는 그들에게 잘못을 고치고 스스

로 새롭게 할 기회를 제공해주고, 다른 한편으로는 그들에게 뒷일을 염려하여 꺼리는 마음을 간직하게 하여 감히 자신의 행위를 계속 제멋대로 하지 않게 할 수 있다. 설사 다른 사람에게 칭찬할 만한 소소한 장점과 기록할만한 작은 선행이라도 있음을 보면 (기록은 그 선행을 저버리지 않도록 기대한다.) 불현듯 자신의 선입관을 버리고 그를 따라 배워야 하며, 또한 진심으로 그의 장점과 선행을 칭찬하고 널리 알려야 한다.

見人過失。且涵容而掩覆之。一則令其可改。一則令其有所顧忌而不敢縱。(放肆)見人有微長可取。小善可錄。(記錄期不負其善行也)翻然舍己而從之。且為艷稱而廣述之。

사람은 모름지기 일상생활 속에 말 한마디 한마디, 일 한 건 한 건 전부 자신의 이익을 위하는 생각을 일으키지 말아야 하고, 모두 대중을 위해 모범을 세우고 세간의 규칙을 지키고자 하여야 한다. 이것이야말로 도덕 수준이 높고 높은 자리에 있는 사람들이 천하 일체를 모두 사유화하지 않고 공유화하는 기개 도량이다!

凡日用間。發一言。行一事。全不為自己起念。全是為物立則。此大人天下為公之度也。

[사랑하고 공경하는 마음가짐]

인자는 사람을 사랑하고, 평등심으로 사랑한다.

[요범] **무엇을 「사랑하고 공경하는 마음을 품음」이라 하는가? 군자와 소인은 단지 겉모습만으로 관찰하면 언제나 쉽게 뒤섞여 진위를 분간할 수 없다.** (왜냐하면 소인은 인의仁義를 가장하여 군자인 척하기 때문이다.) **단지 마음가짐으로 비교하면 군자는 선한 마음이고 소인은 악한 마음으로 그 차이가 매우 커서 흑백처럼 전혀 다르다. 그래서 맹자께서 말씀하셨다.**

何謂愛敬存心。君子與小人。就形跡觀。常易相混。惟一點存心處。則善惡懸絕。判然如黑白之相反。故曰。

[맹자] **군자가 보통사람과 다른 점은 곧 그들의 마음가짐에 있을 뿐이다!**

君子所以異於人者。以其存心也。

[요범] **군자가 간직한 마음은 단지 사람을 사랑하고 사람을 공경하는 선한 마음뿐이다. 사람 중에는 친근한 사람과 소원한 사람, 존귀한 사람 · 비천한 사람, 총명한 사람 · 우둔한 사람, 지혜로운 사람 · 어리석은 사람, 현명한 사람 · 품행이 나쁜 사람이 있으니, 십인십색 모두 같지 않다.**

君子所存之心。只是愛人敬人之心。蓋人有親疏貴賤。有智愚賢不肖。萬品不齊。

그러나 이들은 모두 우리의 동포이고, (생명과 혈육, 감정과 고락이 있어) **모두 우리와 일체이니, 누구인들 공경하고 사랑하는 사람이 아니겠는가? 뭇 사람을 공경하고 사랑할 수 있으면 성현을 공경하고 사랑함이나 다름없다.** (왜냐하면 성현은 나와 남이 동체임을 깨달아서 중생에게 추호의 분별심이 없어 저절로 사람마다 모두 사랑과 공경하는 마음을 간직할 수 있기 때문이다.) **뭇 사람의 뜻에 통달할 수 있으면 성현의 뜻에 통달할 수 있다. 왜 그러한가?**

皆吾同胞。皆吾一體。孰非當敬愛者。愛敬眾人。即是愛敬聖賢。能通眾人之志。即是通聖賢之志。何者。

[내레이터] 성현의 뜻은 본래 이 세상 인간들이 각자 나름대로 평안하고 행복한 생활을 누릴 수 있기를 희망한다.

聖賢之志。本欲斯世斯人。各得其所。

[요범] **그래서 우리는 두루 사랑하고 두루 공경하여 이 세상의 인민들이 모두 평안하고 행복한 생활을 누릴 수 있게 할 수 있다면 이것이 곧 성현을 대신하여 이 세상의 사람을 모두 평안 행복하게 할 수 있다.**

吾合愛(合普徧也)合敬。而安一世之人。即是為(代也)聖賢而安之也。

[다른 사람의 선업을 이루도록 도와야 한다]

다른 사람의 선업을 이루도록 돕고 찬탄하는 공덕은 그와 동등하다. 공자께서 이르시길, "군자는 다른 사람의 선업은 이루도록 돕고, 다른 사람의 악업은 이루지 못하도록 한다(君子成人之美 不成人之惡)." 그래서 다른 사람의 선업을 이루도록 돕는 것을 먼저 생각하여야 한다.

[요범] **무엇을 「다른 사람의 선업을 이루도록 도움」이라고 하는가?** (옥은 본래 돌에 섞여 있는 상태인데) **만약 이 옥을 돌덩이라고 생각하고 버렸다면, 그것은 기와 조각이나 다름없이 아무런 가치가 없다. 만약 옥을 잘 연마할 수 있다면 그것은** (천자가 제후에게 내린) **매우 귀중한 규장이 될 수 있다.** (이 둘은 그것에 들인 공이 달라서 그 가치는 천양지차이다. 한 사람이라도 이러하면 빠짐없이 설득하고 이끌어야 한다.)

何謂成人之美。玉之在石。抵擲(抵拒敵對而拋擲之)則瓦礫。(等於碎瓦石子)追琢(追音堆追琢治玉功程也)則圭璋。(圭瑞玉上圜下方。古之王者作為國家名器以封諸侯故取重圭。如夏禹治水功成而錫玄圭璋說文半圭為璋)

[해설] 홀(圭)은 옥으로 만든 신물로 위는 원형이고 아래는 사각형입니다. 고대의 왕들은 국가의 명기名器로 여겨 제후들을 봉한 까닭에

홀을 중시하였습니다. 하 나라의 우왕은 물을 성공적으로 다스린 후 순임금에게 검은색 규장을 주었습니다. 설문해자에서는 반쪽 홀(圭)을 장璋이라 합니다.

[요범] 그래서 무릇 한 사람이 선한 일을 하는 모습을 볼 때, 혹 그 사람의 뜻이 칭찬할 만하고 자질이 추천할만하면 모두 그를 잘 유도하고 사회의 재목으로 발탁하여 그의 선한 뜻과 덕행을 성취할 수 있도록 하여야 한다. 혹 그가 선한 일을 원만히 이룰 수 있도록 잘 장려하고 잘 따라야 한다. 혹 그가 선한 일을 원만히 이룰 수 있도록 지지하고 도와야 한다.

故凡見人行一善事。或其人志可取而資可進。皆須誘掖(誘善導掖提扶)而成就之。或為之獎借。(獎褒美勸勉意。借善善從長含寬待意)或為之維持。

만약 어떤 사람이 그의 명예를 더럽히고 억울한 누명을 씌우면 그를 위해 누명을 풀어주고, 이유 없이 악의에 찬 비방을 하면 그를 지지하고 그가 무고함을 분담하고 그가 듣는 비방을 분담할 수 있어야 한다. 이와 같이 그를 도와서 선한 일을 이루게 하고 그가 대학문·대지혜·대복덕상을 지닌 완전한 사람이 될 수 있도록 해야 비로소 있는 힘을 다해 그를 도운 것이다.

或為白其誣(污衊也冤枉也)而分其謗。(獎借維持辯誣分謗能如此成全人便是大學問大智慧大福德相)務使之成立而後已。

[요범] **대개 보통사람은 자신과 다른 유형의 사람에 대해 아무래도 싫어하는 감정이 생기기 마련이다.** (예컨대 소인은 군자에게 원망을 품고, 악인은 선인에게 원망을 품는다.) **같은 마을 사람 중에도 선한 사람은 적고 선하지 않은 사람이 많다. 그래서 선한 사람이 세상에서 살아가는 동안 언제나 악인에게 업신여김을 당해 자립하기가 어렵다.**

大抵(大概也)人各惡(去聲不喜歡也)其非類。(宗旨性習或各別、或相反也，眾生肉眼不識好歹，同惡相濟，臭味相投者，誤認為良伴，直至身敗名裂而後已，良可悲也，豈知相反適相成！苦口多良藥，忠言恆逆耳，順時易傾覆，逆境多振拔，有作為人當開放見地以善處之)鄉人之善者少。不善者多。善人在俗。亦難自立。

[해설] 종지 : 자성의 습기는 각각 다르거나 혹 그 반대입니다. 중생은 육안으로 좋은 것과 나쁜 것을 식별하지 못해 나쁜 놈끼리 서로 도우면서 함께 나쁜 짓을 하고, 취미가 서로 맞는 사람끼리 좋은 벗이라고 오인하고, 지위도 명예도 모두 잃을 때까지 멈추지 못하니, 너무 서글픕니다. 서로 반대인지 서로 맞는지 어찌 알 수 있겠습니까! 쓴소리에는 좋은 약이 많고, 충언은 귀에 거슬리기 마련이며, 순조롭게 진행될 때는 일이 엎어지기 쉬우며, 역경이 많으면 나쁜 일에서 발을 빼므로, 이룰 능력이 있는 사람은 견지를 개방하여 잘 처리하여야 합니다.

[요범] **게다가 호걸**(만 명의 지혜를 뛰어넘는 자를 영재英才, 천 명의 지혜를 뛰어넘는 자를 준재俊才, 백 명의 지혜를 능가하는 자를 호재豪才, 십 명의 지혜를 뛰어넘는 자를 걸재傑才라 한다)**은 그의 성정이 강직하여 아첨하지 않고, 재능이 평범한 사람보다 걸출하지만**(쇠붙이 가운데에서 소리가 맑다)**, 외모를 단장하는데 주의를 기울이지 않아 대부분 비평과 지적을 받기 쉽다. 그래서 선한 일을 하여도 종종 실패하기 쉽고, 선한 사람은 종종 비방을 받기 쉽다.** (세속의 안목과 견식은 높지 않아 겉모습만 보고서 이러쿵저러쿵 멋대로 비평한다) **이런 상황에 직면하면 어진 마음을 갖추고 있고 도덕적으로 고상한 사람에 의지해야만 이러한 선하지 않은 풍조를 바로잡고 선한 사람을 보호하고 도와 선한 일을 성취할 수 있다.** (이렇게 파사현정闢邪顯正한 공덕은 가장 위대하다.)

且豪傑(智過萬人者謂之英，智過千人者謂之俊，智過百人者謂之豪，智過十人者謂之傑)錚錚。(金聲。後漢劉盆子傳，光武曰：卿所謂鐵中錚錚者，言不同尋常也)不甚修形跡。多易指摘。故善事常易敗。而善人常得謗。惟仁人長者。匡直而輔翼之。(匡正之也翼覆護也)其功德最宏。

[다른 사람에게 선을 행하도록 권하는 법]

다른 사람에게 선을 행하도록 권할 때 공손하게 성현의 책을 추천함이 타당하다. 자기 자신이 붓을 대어 재주를 부리고, 멋대로 일을 처리하며, 가벼운 말을 가볍게 내뱉으면 화를 내고, 후회해도 늦다. 감정과 폭력,

사람의 마음을 현혹시키는 글을 잘 쓰는 자는 좋은 결말을 보기 어렵다.

[요범] **다른 사람에게 선을 행하도록 권함이란 무엇인가? 우리는 세상에서 사람으로 태어나 누구인들 양심이 없겠는가? 그러나 명리를 추구하느라 급급하다 보니 망망한 세상살이에 이리저리 허덕이기 십상이다.** (구하는 것이 있으면 그치지 못한다) **명리를 얻을 수만 있다면 양심에 어두워 수단과 방법을 가리지 않고 가장 쉽게 타락하고 만다.** (쉽게 그릇된 길로 들고 만다)

그래서 대중과 더불어 살아가면서 그들을 유심히 관찰하되, 다른 사람이 타락하려고 하면 갖가지 방법으로 지시하여 경계시키고, 뒤죽박죽 혼란된 정신상태를 확 트이게 하여야 한다.

何謂勸人為善。生為人類。孰無良心。世路役役。(有所求而不止也)最易沒溺。(容易令人失足也)凡與人相處。當方便提撕。(多方指示使之警悟)開其迷惑。

비유컨대 마치 길고 긴 밤, 의식이 흐려져 한바탕 긴 꿈에 빠져있을 때 그를 불러 정신을 빨리 차리게 하는 것과 같고, 또 마치 아주 오랫동안 번뇌에 빠져있을 때 그를 잡아 끌어내어 머리를 청량하게 바꾸는 것과 같다. 이러한 은혜로 사람을 대하면 공덕이 가장 광대하고 가장 보편적이다. (당나라 대문호인) **한유韓愈는 이**

렇게 말하였다.

譬猶長夜大夢。而令之一覺。譬猶久陷煩惱。而拔之清涼。為惠最溥。(周徧而廣大也)韓愈云。(解見舊序)

[한유] **한 때를 두고 사람에게 권할 때는 입으로 하고, 백세를 두고 사람에게 권할 때는 글로 한다.**

一時勸人以口。百世勸人以書。

[내레이터] 말로 사람에게 권하면 한 시기의 일이 지나가면 다른 곳에 있는 사람은 들을 수 없어 소수의 사람만 이롭게 한다. 책으로 사람에게 권하면 백세까지 오랫동안 전해지고 세상에 널리 전해진다. 그래서 좋은 책을 만들어 후세에 훌륭한 말을 남기는 큰 공덕이 있다.

[요범] **이 방법은 앞에서 말한 다른 사람과 함께 선을 행하는 방법과 비교하면 비록 형식과 자취를 남기는 것 같지만, 오히려 병의 증상에 따라 약을 처방할 수 있어 때때로 특별한 효과를 볼 수도 있다. 그래서 실제로 이 방법을 버릴 수 없다.**

較之與人為善。雖有形跡。然對證發藥。時有奇效。不可廢也。(以口勸而對證發藥奇效立致而所及者近以書勸而造福無量所及者廣宜兼圖之)

게다가 사람에게 권할 때도 합당하여야 한다. 예컨대 이 사람의 성정이 너무 드세면 말로 권해서는 안 된다.

만약 말로 권하면 헛수고이고 권하는 말도 쓸데없는 말이 되고 마는데, 이를 말을 잃는 것(失言)이라 한다. 이 사람의 성정이 온순하면 말로 권할 수 있지만, 오히려 권하려고 하지 않아 선을 권할 기회를 놓치고 마는데, 이를 사람을 잃는 것(失人)이라고 한다.

失言失人。(可與言而不與之言失人。不可與言而與之言失言)

[내레이터] 공자께서 말씀하셨다. "말을 할 만한 사람인데 함께 말하지 않으면 사람을 잃는 것이고, 말을 하지 못할 사람과 말을 하면 그 말을 잃게 된다. 군자는 사람을 잃지도 않고 또한 말을 잃지도 않는다."

[요범] **그래서 이러한 상황이 있으면 모두 자신의 지혜가 모자라 분별하지 못하였음을 스스로 반성하고 스스로 꾸짖어야 한다.** (지혜로운 사람은 말을 잃지도 않고 또한 사람을 잃지도 않는다.)

當反(自返自責)吾智。(智者不失人亦不失言)

[다른 사람을 위급한 상황에서 구제한다]

먼저 위급한 상황에 빠진 사람을 구하고, 나중에 어리석은 사람을 구하며, 나아가 가난한 사람을 구한다.

[요범] **무엇을 「다른 사람을 위급한 상황에서 구제함」이라**

하는가? 환난을 만나거나 큰 불행을 만나서 생업의 기초가 모조리 전복되고, 재해와 전란을 만나 의지할 곳이 없이 떠돌아다니는 상황은 보통사람이 흔히 겪을 수 있다. (어쩌면 어느 때는 이러한 상황을 면하지 못하지만, 전생의 복이 깊고 두터운 사람이 지극한 마음으로 덕을 닦으면 인력으로 어려운 형세를 되돌릴 수 있어 그 상황을 면하고, 또한 어쩌면 그 죄로 인한 과보를 경감시킬 수 있어 그 상황을 면한다는 말이다) **우연히 이런 사람을 만나게 되면 마치 자신이 온몸에 난 부스럼으로 인해 고통을 겪는 것처럼 여기고, 빨리 그를 고통에서 구하도록 도와야 한다.**

何謂救人危急。患難顛沛。(顛，遭大不幸，基業傾覆；沛，遇禍亂時，流離失所)人所時有。(言或者有時不免也。惟夙福深厚之人則免至心修德之人力可回天。而亦免此或減輕其罪報)偶一遇之。當如痌瘝之在身，(瘡潰曰痌回旋痛苦曰瘝)速為解救。

혹은 구변으로 그가 받은 억울한 누명과 억압받는 일을 깨끗이 벗게 해주고, 혹은 갖가지 방법으로 그에게 불행이 연이어 닥치는 고통에서 구제해 준다. 명나라 최자崔子는 말하였다.

或以一言伸其屈抑。(屈冤屈抑壓抑)或以多方濟其顛連。(不幸之遭遇連續而至曰顛連)崔子曰。

[최자] **사람에게 베푸는 은혜는 많고 큼에 있는 것이 아니라**

다른 사람이 위급할 때 긴급하게 그에게 도움을 줄 수 있기만 하면 충분하다.

惠不在大。赴人之急可也。

[요범] **이것이야말로 실재 자비심을 갖춘 인자**(동이족, 한국인) **의 말이다!** (공자께서 말씀하시길, 인자는 어려운 것을 먼저하고 얻는 것은 나중에 한다.)

蓋仁人之言哉。

[대중에게 큰 이익이 생기는 사업을 일으키고 건립한다]

범사는 이익과 피해가 반반씩 겹치거나 혹은 피해가 이익보다 더 크므로 더없이 신중하게 빈틈없이 준비하여 큰 이익이 생기는 사업을 일으키고 건립하여야 한다.

[요범] **무엇을 「큰 이익이 생기는 사업을 일으키고 건립함」이라 말하는가? 작게는 한 마을에서 크게는 한 도시에서 무릇 대중에게 이익이 생기는 일은 무엇이든 일으키고 건립하여야 한다. 혹은 저수지를 파서 가뭄 때 관개를 준비하고 지세에 따라 물을 유리하게 이끌어 농사에 필요한 많은 물을 논밭에 흘려보내고, 혹은 긴 제방을 견고하게 건설해 낮은 지역의 침수피해를 막으며, 혹은 다리를 놓아 교통왕래를 편리하게 하고, 혹은 차나 음식물을 베풀어 굶주리고 목마른 사람을**

구제한다.

何謂興(興起)建(建立)大利。小而一鄉之內。大而一邑之中。凡有利益。(指公眾所受之利益言)最宜興建。或開渠(挖蓄水之處備旱時灌溉)導水。(因勢利導以洩多水)或築堤防患。(低處易受外水浸灌之害宜堅築長隄以防護)或修橋樑以便行旅。或施茶飯以濟飢渴。

(이상과 같은 선한 일을 만나면) **인연에 따라 대중에게 권하고 이끌며, 대중과 더불어 힘을 합쳐 협력하면서 돈이든 울력이든 내어서 함께 건설 수호하여야 한다.** (보는 대로 듣는 대로 협동하고 권유하며 대중을 견인하고 마음을 베풀어 부자는 아낌없이 출자하고, 가난한 자는 의무적으로 일을 하게 하여 실력을 발휘해 서로 돕게 될 뿐 아니라, 사람들에게 권할 뿐이다.)

隨緣勸導。(隨見隨聞，協同勸導，堅人施心，成此美舉)協力興修。(富者慷慨出資，貧者義務工作，曰協力，則出實力相助，不但向人口勸而已)

(진심으로 공공이익을 위해 일하기만 하면) **설사 다른 사람이 남몰래 헐뜯어 명예나 지위를 손상할지라도 혐의를 피하려 하지 말고, 수고를 두려워하지 말며, 다른 사람이 질투하고 원망할까 걱정하여 핑계를 대지 말아야 한다.** (성심성의껏 최선을 다하여, 사심 없이 성실하게 작업하면 이에 따라 의심과 비방이 저절로 사라진다. 고생을 마다하지 않고 원망을 기꺼이 받아들이는 것이 일을 이루는 최상의 비결이

다.)

勿避嫌疑。(竭誠盡力，坦白無私做去實功，隨顯疑謗自消)勿辭勞怨。(任勞任怨是成事不二訣)

[내레이터] 대중에게 이익이 있는 일이라면 우리는 모두 전심전력을 다해야 한다. 이 시대에서 일을 이루기는 쉽지 않다. 생각이 깊은 사람이 지금 자신이 대중에게 이익이 있는 사업에 참여하고 있는 모습을 보면, 우리는 그 사람의 공덕을 따라 기뻐한다. 우리가 어디에서나 다른 사람을 위하여 생각하고 있다면 이는 곧 지금 큰 이익이 생기는 사업을 일으키고 건립하는 것이다. 대중에게 이익이 생기는 사업에는 짧은 것이 있고, 길고 먼 것이 있다. 길고 먼 이익은 대중이 정확한 사상과 관념을 형성하도록 돕는 것이다.

[재물을 바쳐서 복을 지어야 한다]

부처님께서 말씀하시길, "그대가 어떤 물건을 바치면 이 물건은 당신의 것이 되지만, 그대가 어떤 물건을 집에 놀리고 있으면 이 물건은 당신의 것이 아니다. 재물을 보시하면 재물은 모두 없어지지 않고, 재물을 집에 썩히면 저절로 소모하여 없어진다." 하셨다.

[요범] **무엇을 「재물을 바쳐야 복을 지음」이라 하는가? 불문의 육도만행**(행은 행지行止와 행지行持 두 뜻이 있다)**에서 보시를 가장 먼저 시작해야 하는 것으로 삼아야 한다. 이른바 보시는 단지 「버릴 사(捨)」 한 글자일 따름이다.**

(무엇이든 바칠 수 있으면 부처님의 뜻에 일치한다.)

何謂捨財作福。釋門(釋佛姓也，又解釋開演宏教立理曰釋。門通入之義，差別之義。有緣者通入之故云門，差別於他教故云門，佛教亦稱為釋教佛門，亦稱為釋門)萬行。(行有行止行持二意)以布施為先。所謂布施者。只是捨之一字耳。

[해설] 석釋은 부처님의 성이고, 또한 큰 가르침을 해석하고 연설하여 이치를 세움을 석釋이라 합니다. 문에는 공통으로 들어간다는 뜻과 차별의 뜻이 있으니, 인연 있는 자가 공통으로 들어가는 까닭에 문이라 하고 다른 가르침과 차이가 있는 까닭에 문이라 합니다. 불교는 석교불문釋教佛門이라 부르기도 하고 석문釋門이라 부르기도 합니다.

[요범] **이치를 통달한 사람은 무엇이든 기꺼이 바칠 수 있다. 안으로는 육근**(六根 ; 안 · 이 · 비 · 설 · 신 · 의)**을 바칠 수 있고**(예컨대 부처님께서는 보살로 인지因地에서 수행하실 때 자신의 몸을 굶주린 호랑이에게 바친 적이 있다), **밖으로는 육진**(六塵 : 색 · 성 · 향 · 미 · 촉 · 법)**을 내놓을 수 있다. 유형이든 무형이든 소유한 일체를 버리지 않음이 없다.** (이와 같을 수 있어서 몸과 마음이 청정하여 번뇌가 없으면 불보살과 같다.)

達者內捨六根。(眼耳鼻舌身意)外捨六塵。(色聲香味觸法，觸即膚際所接觸之軟硬澀滑冷暖等種種觸塵，法即意識上發生一切愛憎取捨豫計追憶，以迄一切遊思妄念等，種種法塵，性海不波，意地乾淨，便是肉身菩薩)一切所有。無不捨者。

[해설] 촉觸은 곧 피부가 접촉하는 대상의 부드럽고 딱딱함, 거칠고 매끄러움, 차갑고 따뜻함 등 갖가지 촉진觸塵이고, 법法은 의식상에서 발생하는 일체 사랑하고 증오함, 취하고 버림, 예측하고 추억함, 일체 근거가 없고 실재하지 않는 쓸데없는 생각에 이르는 갖가지 법진法塵입니다. 자성의 바다가 파도치지 않아 의식의 땅이 청정하면 곧 육신보살입니다.

[요범] **보통사람은 이러한 경계를 실천할 수 없을지라도 먼저 재물 보시부터 실천하기 시작한다. 세상 사람들은 모두 옷을 입고 식사를 하는 것을 자신의 생명처럼 소중하게 여긴다. 그래서 재물의 보시가 가장 중요하다. 만약 내가 시원하게 재물을 보시할 수 있다면 안으로는 나의 인색함을 깨뜨려 없앨 수 있고, 밖으로는 다른 사람의 위급한 상황을 구제할 수 있다.**

苟非能然。先從財上布施。世人以衣食為命。故財為最重。吾從而捨之。(三寸氣在千般用，一旦無常萬事休。與其蓄積多金以禍子孫，何如乘我一息尚存時，暢所欲為散，施所有於利羣事業上，廣積陰德之為愈乎)內以破吾之慳。(慳吝乃貧乏之因。斂財實叢怨之府)外以濟人之急。

[해설] 세 치의 기운은 아무리 여러 가지에 사용하더라도 하루아침에 숨넘어가면 만사가 쉬거늘 많은 돈을 축적하느라 자손에게 화가 되는 것보다는 차라리 나의 숨이 붙어 있는 때를 타서 마음껏

바라는 것 흩어버리고, 뭇 사업에 베풀어 음덕을 널리 넓히는 것이 낫지 않겠습니까! 인색함은 가난의 원인이고, 재물을 긁어모음은 실로 원망이 모이는 창고이다.

[요범] (그러나 재물을 쉽게 단념하지 못하여) **처음에는 조금도 버릴 수 없다는 느낌이 들어 억지로 할 수밖에 없지만, 습관이 되기만 하면 마음이 자연스럽고 편안하게 바뀔 수 있어 무엇이든 버릴 수 있다. 이러한 방법은 자신의 마음에 쌓인 때**(탐욕과 이기심)**를 깨끗이 씻어낼 수 있고, 자신의 재물에 대해 집착하여 몹시 인색한 습벽을 치료할 수 있다.**

始而勉強。終則泰然。(心安理得也)最可以蕩滌私情。(洗滌心中積垢)祛除執吝。(醫治鄙吝毛病)

[내레이터] 우리는 다른 사람이 경제적으로 위급한 상황에 처해 있는 모습을 보면 분수에 맞게 힘닿는 껏 도와야 한다. 이러한 재물은 일솜씨에 통하고, 지혜에 통한다. 우리는 어디서나 재보시 · 법보시 · 무외보시를 실천할 수 있으면 재물 · 지혜 · 건강의 과보를 얻을 수 있다. 그래서 재물을 내놓으면 저절로 복을 얻는다.

[정법을 수호하고 지켜야 한다]

자신의 뜻으로 정법을 잘못 이해하지 말고, 정법을 빌어 자신을 떠벌리지 말라.

[요범] **무엇을 「정법(불법)을 수호하고 지킴」이라 하는가? 법이란 오랜 세월에 걸쳐 생명과 영성을 갖춘 중생의 눈이요, 진리의 준칙이요, 인생 여정의 안내자로 중생이 미혹하여 인생의 방향을 잃지 않게 한다. 정법이 없다면, 인류는 무엇에 기대어 천지자연의 오묘함에 참가할 수 있겠는가?** (공을 이루어 천지조화에 참가하다. 수행하여 하늘의 뜻을 깨닫다.) **무엇에 기대어 옷감을 재단하듯이 만물을 이룰 수 있겠는가?** (수많은 같은 무리를 도야하다) **무엇에 기대어 세상의 갖가지 번뇌와 속박에서 벗어날 수 있겠는가? 무엇에 기대어 세상의 모든 일을 경륜하고 이렇게 혼탁한 세상과 생사윤회의 고해에서 벗어날 수 있겠는가?** (이는 모두 정법에 기대어야 비로소 광명 대로가 열리는 것과 같다.)

何謂護持正法。(即佛法)法者。萬世生靈之眼目也。不有正法。何以參贊天地。(功參造化)何以裁成萬物。(陶鑄羣倫)何以脫塵離縛。(轉迷成覺)何以經世(舉舉足為法，吐辭為經，澄清宇宙，澤被蒼生，此經世聖賢事也)出世。(智德兼備，人天推轂，說法度生，令出輪迴，此出世聖賢事也)

[해설] 성현(불보살)은 행동거지가 단정하여 모범이 되며, 언어를 토해 내어 경서(사상 도덕 행위의 표준이 되는 책, 종교의 교의를 강설하는 책)가 되며, 우주를 평정하며, 수많은 생명에게 은혜를 두루 미칩니다. 이렇게 세상을 경륜하는 일(經世)은 성현의 일입니다. 성현은 지혜와 덕성을 함께 갖추고 인천의 수레를 밀어 앞으로 나아가게 하며, 설법하여 중생을 제도하여 윤회를 벗어나게 합니다. 이렇게 세상을 벗어나는 일(出世)은 성현의 일입니다.

[요범] **그래서 무릇 성현**(불보살)**의 사당과 도상**(법상)**, 혹은 경서와 전적을 보면 모두 마땅히 공경 존중하여야 하고,** (불법을 비방하고 불법을 경시함은 죄악의 상이고, 불법을 받들고 불법을 공경함은 복덕의 상이다.) **훼손된 정황이 있으면 수리하고 정리하여야 한다. 총림을 건립하고, 정법을 선양하여 위로 제불여래께서 중생의 법신 혜명을 열어주시는 크나큰 은덕에 보답할 수 있다. 이는 곧 우리가 서로 격려하고, 노력 실천해야 하는 일이다.**

故凡見聖賢廟貌。(法像)經書典籍。皆當敬重(謗法慢法，罪孽之相；奉法敬法，福德之相)而修(修治)飭之。至於舉揚正法。上報佛恩。(佛法以教理行果四者為體。善度生死苦，善滅邪倒見，化火獄為蓮池，破幽途以慧炬，消多生之積障，接萬類於慈航。如昔阿難，承佛慈憫，反復宣說，常住真性，妙明元覺，含裹十方，一時大徹大悟，說偈讚揚。妙湛總持不動尊，首楞嚴王世希有，銷我億劫顛倒想，不歷僧祇獲法身，願今得果成寶王，還度如是恆沙眾，將此深心奉塵剎，是則名為報佛恩。宏揚正法，普利有情，廣行佛事，即報佛恩，先覺後覺，皆當奮起以圖之)

尤當勉勵。

[해설] 불법은 교리행과敎理行果(자력 성도문聖道門의 수증득과修證得果의 차제次第로, 교는 불타의 언교이고, 리는 가르침 속에 설법한 이치이며, 행은 그 도리에 수순하여 수행함이고 과는 그 수행의 인을 통해 얻는 증과證果이다) 네 가지를 체로 삼습니다. 생사고해를 잘 건너고, 그릇되고 전도된 견해를 잘 없애며, 지옥을 연지 정토로 변화시키며, 무명의 어두운 길을 지혜의 횃불로 깨뜨리고 다생에 쌓인 업장을 소멸시켜 모든 부류의 중생을 자비의 배(慈航)에 맞이합니다.

예컨대 옛날에 아난은 석가모니 부처님께서 자비심에 가엾이 여기시어 능엄회상에서 생멸이 끊긴 상주진성常住真性 묘명원각妙明元覺(인지의 마음)이 시방세계를 머금고 휘감는다는 이치를 반복해서 선설하신 은혜를 입어 반복하여 일시에 확철대오한 후 게송을 설하여 찬양하였습니다.

"미묘하고 청정한 총지이시고, 부동한 세존이시여!
수능엄 왕은 세상에서 가장 희유한 법이옵니다.
억겁 동안 뒤바뀐 생각을 말끔히 씻어내시어
아승지겁 거치지 않고 법신을 얻게 하셨사옵니다.
저도 이제 거룩한 과위를 얻어 성불한 뒤에
다시 돌아와 한량없는 중생을 건지렵니다.
이 깊은 마음으로 많은 중생 받들어 성불케 함이
크신 부처님의 은혜를 갚는 길이옵니다."

정법을 홍양하고, 유정중생을 널리 이롭게 하며, 불사를 널리 행함은 곧 부처님의 은혜를 갚는 길이니, 먼저 깨달은 이와 나중 깨달은 이 모두 마땅히 떨쳐 일어나 이를 도모하시길 바랍니다.

[내레이터] 정법이 있기에 사람은 비로소 옳고 그름, 선과 악, 좋고 나쁨을 판단할 수 있고, 비로소 죄업을 짓지 않아 집안을 깨뜨리지 않고 한 사람을 망가지지 않게 하며 심지어 나라를 망하게 하지 않을 수 있다. 유교에서도 "하늘이 공자를 낳지 않았다면 영원히 긴 밤과도 같았을 것이다."라고 말했다. 그래서 우리는 정법을 수호하고 지키면서 법륜을 굴리길 청하여야 한다.

[웃어른을 공경하고 존중하여야 한다]

아래에 열거하는 일은 일상적으로 행한 것이 많이 누적된 까닭에 뒤의 결과가 크다. 또 일상적으로 자질구레한 일은 사람이 많으면 그다지 마음에 들지 않는다. 지극히 현저하고 지극히 은미한 까닭에 그래서 「음덕陰德」이라 한다. 음덕의 과보는 풍성하다. 숨겨진 선한 인因으로 이미 찬탄을 누렸기 때문에, 뒤의 복은 남은 것이 거의 없다.

[요범] **무엇을 「웃어른을 공경하고 존중함」이라 하는가? 집안의 부모나 형제, 국가의 통치권자나 직장의 상관, 그리고 무릇 연령 · 도덕 · 직위 · 학식이 높은 사람은 모두 특별히 공경하고 존중하여야 한다.** (모든 사람을 모두 공경하여야 하지만, 이러한 사람들은 각별하게 공경한다)

何謂敬重尊長。家之父兄。國之君長。與凡年高德高位高識高者。皆當加意奉事。

집에 들어와서는 어버이를 모시길, 존경하고 사랑하는 마음과 부드럽고 온순한 얼굴로 대하고, 목소리를 부드럽게 하고 감정을 차분하게 가져야 한다. 이렇게 끊임없이 훈습하여 습관이 된 후 성격이 저절로 좋게 바뀌는데. 이는 곧 온화한 기운으로 하늘 마음(天心)을 감동시키는 근본 방법이다.

在家而奉侍父母。使深愛婉(柔順)容。柔聲下氣。習以成性。便是和氣格天(感動天心)之本。

바깥에 출근하여서는 직무(일)를 맡아 상관(행정수장)을 모시길, 업무를 하나하나 처리할 때 상관이 모른다고 전횡을 휘두르며 제멋대로 처리해서는 안 된다. (검사나 판사가 사건에 대해 심리하는 경우 죄가 가볍든 무겁든) **한 사람에게 형벌을 내릴 때 상관이 모른다고 엄하게 형벌을 내리고 위세로 핍박하여 죄인에게 억울한 누명을 씌어서는 안 된다.** (엄한 형벌과 핍박은 관아의 마당에서 그 진술을 다 할 수 없게 한다.)

出而事君。(君行政首長也)行一事。毋謂君不知而自恣也。(驕横放縱意)刑一人。毋謂君不知而作威也。(嚴刑威逼，使堂下不得盡其情辭也)

[요범] **"상관이 맡긴 직무에 대해 하늘을 대하듯이 공경하는**

마음으로 임해야 한다." 이는 선인의 법언으로 우리는 당연히 이를 준수하여야 한다. 이는 모두 음덕과 가장 관계가 깊다.

事君如天。古人格論。(法言也)此等處最關陰德。

살펴보건대 무릇 충성하고 효도하는 가정은 그들의 자손들이 오래도록 면면히 이어지고 번창한다. 이는 특별히 조심하고 신중해야 하는 일이다.

試看忠孝之家。子孫未有不綿遠(發達久遠)而昌盛者。切須慎之。

[내레이터] 웃어른을 존경하고, 어질고 재능 있는 사람을 존경하여야 한다. 고대의 예의는 도덕과 학문을 갖춘 사람에 대해 특별한 존경을 구체적으로 드러낸다. 이러하면 불평등한지 아닌지? 서양인들이 말하는 평등이란 사람마다 누구나 한 표의 표를 행사할 수 있음을 가리키지만, 모두가 사회에 공헌하는 것은 마찬가지임을 대표하는 것이 아니라는 점을 이해해야 한다. 그래서 공경심을 구체적으로 드러내는 예의규범의 대상은 개개인의 사회에 대한 공헌으로 정해져야만 비로소 순차가 있고 비로소 진실로 평등하다. 그렇지 않으면 사회 전체가 아무도 말을 듣지 않으면 난장판이 되고 만다.

[생명을 사랑하고 물건을 아껴야 한다]

요범 선생은 열 가지 선을 열거하면서 끝으로 「생명을 사랑하고 물건을 아낌」으로 압축하여, 채식 · 살생금지 · 방생을 권함으로써 후학의 선심을 개척하게 하셨으니, 얼마나 생각이 깊고 원대한지 알 수 있다. 인류는 참으로 자신을 사랑하고자 한다면 반드시 생명을 사랑하고 물건을 아껴야 한다.

[요범] **무엇을 「생명을 사랑하고 물건을 아낌」이라 하는가? 무릇 한 사람이 사람이라 부를 수 있는 까닭은 그에게 측은지심**(惻隱之心 ; 인의 마음. 만물을 동정하는 자비로운 심량)**을 갖추고 있기 때문이다!** (보기에 가엾이 여겨 가운데에 움직임이 있어 마음속에 참을 수 없다)

何謂愛惜物命。凡人之所以為人者。惟此惻隱之心而已。(見之惻然有動於中而心不忍也)

[내레이터] 그래서 맹자께서 말씀하셨다. "측은지심이 없으면 사람이 아니다."

[요범] **인仁의 도를 추구하는 사람은 이러한 마음을 추구하고, 즐겨 덕을 쌓는 사람은 곧 이러한 마음을 쌓는다.** (측은지심이 있음이 곧 인이고 측은지심이 있음이 곧 덕이다. 측은지심이 없으면 곧 인자의 마음이 없음이고 도덕이 없음이다.) 《**주례**周禮》(주공이 섭정한 이후 입안한 관제서로 실로 고금을 통해 관리의 귀감이다)**에서 말하였다. 음력 정월에는 가축을 제물로 쓸 때 어미를 쓰지 않는다.**

求仁者求此。積德者積此。周禮。(周公攝政以後所擬之官制書實為古今官鑑)孟春之月。犧牲毋用牝。(孟春，正月也。牛羊豕曰牲。色純白曰犧。牝，畜母也)

[내레이터] 매년 음력 정월 기간에는 소나 양, 돼지 등 가축이 가장 새끼를 배기 쉬운 시절로 이때 제사를 지낼 때 쓰는 공양물로 어미를 쓰지 않는다. 이는 태내의 생명을 해치지 않도록 하기 위함이다.

[요범] **맹자께서 말씀하셨다. "군자는 푸줏간과 부엌을 멀리하여야 한다."**

孟子謂。君子遠庖廚。

[요범] **왜냐하면 이곳에서는 살생하는 일이 늘 생기기 때문에 군자는 이런 장소를 멀리하여야 한다. 이는 곧 자신의 측은지심을 보전하기 위해서이다. 만약 이상 말한 것을 위반하면 오래도록 배여 성격이 되면 쉽게 도덕적으로 죽은 사람이 되어 본래 지닌 갓난아이의 마음, 군자의 인을 잃어버린다. 그래서 예전의 현인들은 「네 가지 고기를 먹지 말라」는 금계를 제시하셨다. 예컨대 가축이 도축 당하면서 괴로워 슬퍼 울부짖는 소리를 들으면 그 고기를 먹지 않으며, 혹 가축이 도축되는 비참한 상황을 보면 그 고기를 먹지 않으며, 혹 자신이 키운 동물과 오래도록 함께 지내 감정이**

생기면 그 고기를 먹지 않으며, 혹 나를 접대하고 보양하기 위해 도축된 것이면 그 고기를 먹지 않는다.

(정토종 제8조 연지蓮池대사의 《계살방생문戒殺放生文》, 《安士全書》를 저술한 주회서周懷西 거사의 《萬善先資》, 그리고 근대 사람이 편집한 호생종복편好生種福編、자호생편慈護生編 등 각각의 책은 인자한 마음을 배양하기 위한 필독서이다.)

所以全吾惻隱之心也。故前輩有四不食之戒。謂聞殺不食。見殺不食。自養者不食。專為我殺者不食。(蓮池大師之戒殺放生文，周懷西居士之萬善先資。與近人所輯之好生種福編、慈護生編，各書均為培養慈心必讀之書)

이러한 예전 현인들의 마음을 따라 처음 배우는 자는 아직 육식을 끊을 수 없으면 이러한 「네 가지 고기를 먹지 말라」는 금계부터 실천하여야 한다. 이 금계부터 실천하여 점점 진보하면 자비심이 저절로 증가한다.

學者未能斷肉。且當從此戒之。(一切有生之物各被宿孽所驅。而現其種種罪業之相。但自覺王天眼觀之一切眾生無非多生多劫以來六親眷屬罪重乃墮之變相。無非多生多劫以後成佛作祖　業消便昇之種子安可以一念貪饞興殺害心。而出未來佛祖身血。安可以惡習所役起吞嗜心。而啖過往六親身肉哉)漸漸增進。慈心愈長。

[해설] 일체 생명이 있는 중생은 각각 과거 죄악으로 내몰려 그 갖가지 죄업의 상이 나타난 것입니다. 다만 부처님의 천안으로 관해보면 일체중생은 다생다겁 이래 육친 권속이 죄가 무거워 떨어져 변한

모습이 아님이 없고, 다생다겁 이후 업이 사라지자 곧 상승하여 부처가 되고 조사가 되는 종자가 아님이 없거늘 어찌 일념에 음식을 탐하여 살해하는 마음을 일으켜 미래의 부처님과 조사의 몸에 피를 낼 수 있겠습니까? 어찌 악한 습벽에 사역 당해 삼키고 즐기는 마음을 일으켜 과거 육친의 살을 먹을 수 있겠습니까?

[내레이터] 부처님의 가르침에 따르면 일체 생명이 있는 것은 모두 전생에 죄악을 저질러 동물로 태어난다. 그들은 죄업을 다 갚은 후 사람으로 다시 태어날 수 있다. 사람으로 태어난 후 기꺼이 수행한다면 성불할 수도 있다. 오늘 내가 먹는 고기는 미래불의 살을 먹는 것이 아니라고 장담할 수 없을 뿐만 아니라 지금 보는 동물은 무량한 과거 전생에 분명코 사람이었던 적도 있을 것이다. 그렇다면 내가 먹는 고기는 나의 전생 부모, 처자식, 친척, 친구의 살을 먹는 것일 수도 있다. 현재 나는 인간이 되었고 그들은 동물이 되어 내가 그 고기를 먹으면 살생의 죄를 지어 그와 원수의 인연을 맺을 수도 있다. 만약 나에게 살생을 당한 동물은 내생에 그의 죄값을 말끔히 치르고 사람으로 태어나고, 나는 살생한 죄를 저질러 축생이 된다면 그도 다시 내가 그를 살생한 원한을 갚으려고 나를 죽여서 그 고기를 먹을 것이다.

그렇게 생각할 때 어떻게 감히 죽일 수 있겠는가? 어떻게 그 고기를 한 조각 삼킬 수 있겠는가? 게다가 비록 그 고기가 맛이 좋을지라도, 입에서 목구멍을 지날 때만 맛을 느낄 뿐이거늘 고기를 삼키고 나면 어떤 맛이 남겠는가? 고기와 채소를 먹는 것에는 아무런 차이가 없거늘 왜 살생하여 죄를 지으려는가? 비록 단번에 고기를 먹지 않을 수는 없을지라도 완전히 고기를 먹지 않을 때까지 점차 육식하는 횟수를 줄여야 한다. 그러면 자비심이 점점 더 증가할 것이다.

[물건을 낭비함은 그 죄업이 살생과 같다]

절약하고 검소하여 복을 아끼면 복과 수명이 늘어날 수 있다. 수명이 다하여 죽는 사람도, 복이 다하여 죽는 사람도 있지만, 수명이 아직 다하지 않고 복이 다하지 않은 사람도 죽는다. 여기서 명확히 말한 대로 절대로 낭비하지 말라.

[요범] **살생만 금해야 할 뿐만 아니라 꿈틀거리는 일체 작은 미물도 모두 업식과 생명(불성)이 있음을 깨달아야 한다. 예컨대 비단 실을 뽑아 옷을 만들기 위해서 먼저 누에고치를 물에 넣고 삶아야 하는데, 이때 얼마나 많은 누에를 해쳐야 하는가? 농사를 짓기 위해서 쟁기나 괭이 호미로 땅을 갈아야 하는데 이때 얼마나 많은 벌레를 해쳐야 하는가?**

不特殺生當戒。蠢動含靈。皆為物命。(一切微命皆有佛性)求絲煮繭。(綢衣一領不知殺害幾千萬飛蛾，故智者願布衣終身)鋤地殺蟲。(通常一飯不知耗費農夫幾多汗血，不知戕害土中幾多生命。仁者念此必有對食傷心不忍下嚥者矣)

[해설] 비단옷 한 벌에 몇천 마리 불나방이 죽는지 모릅니다. 그래서 지혜로운 자는 무명옷을 지으면 한평생 입길 원합니다. 우리는

보통 한 끼에 농부가 얼마나 많은 피땀을 흘리는지 모르고, 흙 속에 있는 얼마나 많은 생명을 해치는지 모릅니다. 그래서 인을 아는 자는 이를 생각하고 반드시 음식물에 대해 마음이 아파 차마 삼키지 못합니다.

[요범] 우리는 몸에 입는 옷과 세끼 먹는 음식을 어떻게 얻는지, 그 유래를 늘 생각하여야 한다. 이러한 것들이 만들어지는 과정에 수많은 생명이 죽어야 비로소 우리는 이러한 것을 구할 수 있고, 우리는 이를 통해 살아갈 수 있다. 그래서 옷과 음식, 물건을 경시하여 어질러놓고 못 쓰게 만들며, 함부로 낭비하여 아껴 쓸 줄 모르면 그 죄업은 직접 살생하는 죄업과 같다고 여겨야 한다.

念衣食之由來。皆殺彼以自活。故暴殄之孽。(暴殄,　　賤視物品，狼藉作踐，不知愛惜也)當與殺生等。

때때로 부주의하여 손으로 잘못 해치거나 발로 잘못 밟아 죽인 작은 생명이 얼마나 많은지 알 수조차 없다. 이러한 것에도 모두 신중하게 나아가야 하고 언제나 잘못 해치는 일을 방지해야 한다. 송나라 소동파蘇東坡는 시 한 수에서 노래한다.

至於手所誤傷。足所誤踐者。不知其幾。皆當委曲防之。古詩云。

[소동파] 쥐를 생각해 늘 밥을 남겨 두고, 나방을 가엾이

여겨 등불을 밝히지 않네.

愛鼠常留飯。憐蛾不點燈。

[내레이터] 이는 자비심을 지닌 사람이 늙은 쥐가 굶어 죽지 않을까 동정하는 마음에 쥐가 먹도록 늘 음식을 남겨놓았고, 공중에 날아다니는 작은 나방이 등불에 뛰어들어 타죽는 모습을 가엾이 여겨 밤에 등불을 밝히지 않는다는 말이다.

[요범] 이 얼마나 인자한 마음씨인가!

何其仁也。

[요범] **선한 일은 대단히 많아서 궁진함이 없다. 그래서 전부 열거하여 설명할 수 없다. 그러나 이상 열 가지 일을 확대하기만 하면 일체 공덕을 다 완전히 갖출 수 있다.**

善行無窮。不能殫述。(殫悉數也)由此十事而推廣之。則萬德可備矣。

제4편 : 겸손의 미덕이 지닌 효과(謙德之效)

겸손은 복의 기운을 받아들이는 기초이다. 교만은 재난을 야기하는 발단이다. 과거시험 중에 겸손과 교만한 태도가 다르면 결과도 다름을 열거한다.

[내레이터] 제3편의 교훈은 선행을 쌓는 방법을 가르친다. 당연히 사람들이 선을 쌓을 수 있다면 가장 좋겠지만, 우리는 인간으로서 사회적 존재이기에 사회에서 다른 사람들과 화합하지 않을 수 없다. 그래서 다른 사람들을 대할 때 우리의 인간됨을 개선할 수 있는 법을 찾는 것이 중요하다. 이를 위한 가장 좋은 방법은 겸손의 미덕을 따르는 것이다. 사회에서 겸손한 사람은 대중으로부터 지지와 신임을 받는다. 겸손의 미덕을 이해한다면 「끊임없는 자기계발(日新又新)」의 중요성도 더욱더 알게 될 것이다.

이러한 끊임없는 자기 향상은 학문의 진보를 구하여야 할 뿐만 아니라, 더욱 인간적이고, 일상 업무에서 더 나은 수행, 그리고 친구들과의 향상된 의사소통 등등을 추구하여야 한다. 모든 갖가지 혜택과 보상은 겸손을 이해하고 행동하는 것에서 비롯된다. 그래서 겸손의 미덕이라 한다.

제4편은 요범 선생 자신의 경험으로 증명된 겸손의 미덕이 지닌 효과에 초점을 맞춰 말한다. 이러한 가르침을 대충 받아들이지 말고 철저히 숙고하고 이해할 수 있다면 큰 이익을 얻을 수 있을 것이다.

[1] 교만하면 손해를 보고 겸손하면 이익을 받는다.

1. 고덕 다섯 분이 이를 증명하다.

[겸손과 교만은 진실로 화복의 갈림길이다]

요범 선생은 잘못을 고침과 선 쌓기를 가르치고 나서 마침내 겸손의 미덕을 가르치신다. 겸손의 미덕이 없으면 새는 그릇과 같아 선업이 쌓이면서 새니 어찌 헛수고가 아니겠는가!

[요범] 《역경》의 겸궤謙卦에서 말한다.

易曰。

[요범] 하늘의 도는 교만한 것에서 들어내어 겸손한 것에 보태며, 땅의 도는 교만한 것은 변하여 바뀌게 하고 겸손한 것은 윤택하게 한다. 귀신의 도는 교만한 사람

은 손해를 입게 하고 겸손한 사람은 복을 받게 하며, 사람의 도는 거만한 사람을 싫어하고 겸손한 사람을 좋아한다. (영盈은, 교만이다. 교만한 까닭에 넘어진다. 겸謙은 속을 비움이다. 변變은 변천이고, 류流는 윤택이다. 오惡는 못마땅하게 여김이고 호好는 좋아함이다.)

天道虧盈而益謙。地道變盈而流謙。鬼神害盈而福謙。人道惡盈而好謙。(盈，驕滿也，驕滿故傾覆。謙，虛中也，虛中故受福。變，變遷也。流，潤澤也。惡，不愜意也，好，歡喜也。)

[요범] **이런 까닭에 오직 겸괘 하나만이 육효가 모두 길하다. 《서경》에서 말하였다. "자만하면 손해를 보고 겸손하면 이익을 받는다."**

是故謙之一卦。六爻皆吉。(謙卦係兌卦中第五變卦。易多戒慎警惕之辭。全經三百八十四爻所綴象辭多悚懼之文。惟於內卦二爻外卦五爻多褒許之辭以得中道故也。惟謙卦六爻多吉語。處世重虛懷若谷之道。於此可見而往聖善通天下之情。亦概可見矣) 書曰。滿招損。謙受益。

[해설] 천지·귀신·사람은 모두 겸손을 중시합니다. 역경의 육십사괘가 말하는 것은 모두 천지 음양변화의 이치이고 올바른 사람이 되는 방법을 사람에게 가르칩니다. 괘효卦爻 마다 흉이 있고 길이 있습니다. 흉괘는 사람을 경계시켜 악을 제거하고 선을 따르게 하고 길괘는 사람을 격려하여 날마다 새롭게 합니다.

겸괘는 태괘兌卦 중에서 다섯 개 효가 변한 괘입니다. 역경에는 경계하고 삼가는 효사爻辭가 많습니다. 전체 경 384효에 엮인

상사象辭[2]에는 털이 곤두서는 두려운 말이 많습니다. 오직 내괘 2효와 외괘 5효에 칭찬하는 효사가 많은 것은 그 효가 중도를 얻은 까닭입니다. 오직 겸괘 육효만이 길한 말이 많습니다. 세상을 살아감에 있어 산골짜기처럼 깊은 겸손의 도가 중요합니다. 이에 지난 성인들은 천하의 정에 잘 통하였음을 대체로 알 수 있습니다.

[요범] **나는 여러 차례 많은 사람과 함께 과거시험에 참가하였다.** (동행이 되어 응시하다) **매번 가난한 신분의 유생이 장차 명성을 이루려 할 때 반드시 얼굴에 한 줄기 겸허하고 점잖은 광채가 마치 양손으로 받치듯이 한가득 발산하는 것을 보았다.** (겸손한 사람은 심기를 수렴할수록 광채를 발산한다. 양손으로 움켜잡음을 국掬이라 하는데, 가득함을 형용한다.)

[겸손한 사람만이 복보를 받을 수 있다]

명성 · 용모 · 능력 · 학문 · 총명 · 재부 · 지위 · 수행 등은 아집 아만을 늘리는 데만 쓰이고 실제로 마음속은 허약하다. 남을 공경하고 남을 이롭게 하는 것으로 바뀔 수 있다면 이기심으로 인해 일어나는 심한 불안과 열등감이 점차 사라지게 되어 고집과 오만함은 즉시 존재의 필요성을 잃게 된다.

[요범] **신미년에 내가 회시**(會試； 향시에 합격한 거인이 3년마다

2) 주역周易에서 64괘의 괘사卦辭 · 효사爻辭 · 효상爻象을 설명한 글로 상전象傳이라고도 한다.

한 번 실시한 과거시험)**를 보러 상경할 때** (절강浙江 가흥부嘉興府) **가선嘉善 사람으로 함께 간 사람 가운데 정빈丁賓 경우**(정빈의 호는 경우敬宇이고, 자는 예원禮原이다. 가선 사람으로 명나라 융경隆慶 때 진사進士로 남도南都에서 30년 동안 벼슬을 살았다. 재물에 신경을 쓰지 않고 백성을 불쌍히 여겼다는 평을 받았고, 사후 청혜淸惠라는 시호를 받았다)**는 가장 나이가 가장 어렸는데도 매우 겸손하였다.**

그래서 나는 함께 시험을 보러 간 비금파費錦坡에게 이렇게 말하였다. "이 노형은 올해 반드시 과거에 급제할 것이네." 그러자 비금파가 말하였다.

辛未計偕。(舉子赴會試曰計偕)我嘉善(縣名屬浙江嘉興府)同袍凡十人。惟丁敬宇賓。(丁賓，號敬宇，字禮原。嘉善人，隆慶進士，官南都三十年，輕財恤民，卒諡淸惠)年最少。極其謙虛。予告費錦坡曰。此兄今年必第。(登科曰及第)費曰。

[비금파] **어떻게 알아차릴 수 있나?**

何以見之。

[요범] **내가 답하였다. "오직 겸손한 사람만이 복을 받게 되네. 노형도 보면 우리 열 사람 가운데 경우처럼 태도가 신실하고 온후하여 일체 일에 감히 남 앞에 나서지 않는 사람이 어디 있겠소? 또 경우처럼 태도가 공손하여 모든 일을 순순히 받아들이며 조심스럽고**

겸손한 사람이 어디 있겠소? 경우처럼 남에게 모욕을 받아도 대꾸하지 않고 남에게 비방을 들어도 맞서 따지지 않는 사람이 어디 있겠소? 이렇게 할 수 있는 사람이라면 천지 귀신도 보우할 것이니 어찌 일이 잘 풀리지 않겠소?" 합격자 발표를 보았더니, 과연 정경우는 시험에 합격하였다.

予曰。惟謙受福。兄看十人中。有恂恂(信實)款款。(樸厚)不敢先人。如敬宇者乎。有恭敬順承。(一切順受)小心謙畏。如敬宇者乎。有受侮不答。聞謗不辯。如敬宇者乎。人能如此。即天地鬼神。猶將佑之。豈有不發者。及開榜。丁果中式。

[마음이 진실로 겸손할 수 있음이 복을 얻는 발단이다]

언행이 오만한 사람은 드러난 곳에서 손해를 초래하고 겉으로 겸손하지만, 마음이 오만한 사람은 보이지 않는 곳에서 손해를 초래하니 말하자면 복이 없다. 특히 학문에 집착하고 오만하면 약제를 부적절하게 복용하여 중독된 경우처럼 스스로 다그쳐서 치료해야 한다.

[요범] **정축년에 나는 경성에서 풍개지馮開之와 함께 머물렀던 적이 있다.** (풍몽정馮夢禎. 자는 개지開之이고 절강성 수수秀水 사람이다. 만력萬曆 회시會試에서 1등, 회원會元으로 합격하여 한림원의 편수編修로 임관하였다. 문장과 기개로써 흠모를 받았는데, 《쾌설당집快雪堂集》라는 저술이 후세에 전해졌다.) **나는 그의 태도가 언제나 겸허하고 용모가 온순하여 조금도**

거만하지 않았는데, 그가 어릴 적 이러한 습관을 크게 바꾼 것을 알아보았다.

그에게는 이제암李霽巖이라는 신실하고 정직한 친구가 있었는데, (《논어》 계씨편季氏篇에는 사귀어서 자기에게 유익한 세 벗으로 정직한 사람 · 헤아리고 살피는 사람 · 견문이 넓은 사람이 있다고 한다) **때때로 직접 마주 보고 그의 잘못을 지적하였지만, 오히려 마음을 가라앉히고 침착하게 친구의 질책을 받아들이는 모습만 보였을 뿐, 지금까지 한 마디도 반박을 한 적이 없었다.**

나는 이렇게 말했다. "한 사람에게 복이 있을 때는 반드시 복의 근원이 있고, 화가 있을 때는 화의 조짐이 있게 마련이네. 이렇게 마음이 겸손할 수 있으면 하늘이 반드시 그를 도울 것이네. 노형은 올해 꼭 과거시험에 합격할 것이오." 예정된 시간이 지나자 그는 과연 합격하였다.

丁丑在京。與馮開之同處。(馮夢禎。字開之，浙江秀水人，萬曆會試第一。官編修，以文章氣節相尚，有《快雪堂集》行世)見其虛己斂容。大變其幼年之習。李霽巖直諒(信實)益友。(益者三友，友直、友諒、友多聞)時面攻其非。但見其平懷順受。未嘗有一言相報。予告之曰。福有福始。禍有禍先。此心果謙。天必相之。兄今年決第矣。已而(踰時)果然。

[마음이 진실로 겸손할 수 있음이 복을 얻는 발단이다]

지혜가 발현하면 인생의 소중함을 깨달아 성실하게 배우게 되어 하늘은 높고 땅은 후덕함을 알아 마땅히 행동을 조심하고 말을 삼간다.

[요범] 유봉裕峰 조광원趙光遠은 산동성 관현 사람이다. 그는 스무 살이 되지 않았을 때 향시에서 거인擧人으로 합격하였지만, 나중에 회시를 보았으나 여러 차례 합격하지 못하였다. 그의 부친은 가선현嘉善縣의 삼윤(三尹 ; 주임비서)**이 되어 유봉은 그의 부친이 부임하는 길에 동행하였다.**

그는 가선현의 명사 전명오錢明吾의 학문을 매우 흠모하여 자신이 쓴 문장을 가지고 그를 만나러 간 적이 있었다. 전 선생은 붓을 들고 그의 문장을 모조리 칠하여 지워버렸다. 조유봉은 화를 내지 않았을 뿐만 아니라, 진심으로 승복하고서 재빨리 자기 문장의 결함을 고쳤다. 이렇게 겸손하게 노력한 젊은이는 실제로 드물고, 다음 해에 조유봉은 과거시험에 합격하였다.

趙裕峰。光遠。山東冠縣人。童年舉於鄉。久不第。其父為嘉善三尹。隨之任。慕錢明吾。而執文見之。明吾悉抹其文。趙不惟不怒。且心服而速改焉。明年遂登第。

[요범] 임진년에 내가 경성에 가서 황제를 알현하였을 때에 하건소夏建所라는 유생을 만난 적이 있었다. 그 사람의

기질은 깊은 산골짜기처럼 겸손하였고, 자신의 뜻을 양보하여 조금도 거만한 기색이 없을 뿐만 아니라 겸손한 광채가 사람을 압도하는 듯했다.

나는 고향에 돌아온 후 친구에게 이렇게 말했다. "무릇 하늘이 장차 이러한 사람을 일으키려 할 때 그에게 복이 오지 않았다면, 반드시 먼저 그에게 지혜가 드러나기 마련이야. 이러한 지혜가 드러나면 경박한 사람은 저절로 성실한 사람으로 바뀌고, 방자하게 굴던 사람도 저절로 언행이 신중한 사람이 되게 마련이지. 하건소는 온후하고 선량한 태도가 이러한 정도에 이르러 이미 지혜가 드러났으니, 하늘이 반드시 그에게 복을 내릴 것이네." 합격자 발표를 하였을 때 과연 그는 과거시험에 합격하였다.

壬辰歲。予入覲。(古人見王曰覲)晤夏建所。見其人氣虛意下。謙光逼人。(動人)歸而告友人曰。凡天將發斯人也。未發其福。先發其慧。此慧一發。則浮者自實。肆者自斂。建所溫良若此。天啟之矣。及開榜。果中式。

[심기가 화평하지 않으면 문장을 어떻게 잘 쓰겠는가]

《문심조룡文心雕龍》〈여기攣氣〉에 말하길, "지극한 마음에 따르고 화창한 기운에 맡기면 사리가 융화하고 감정이 호쾌해진다(率志委和 則理融而精暢)." 마음이 편안하고 기분이 온화하면 문장에서 말하는 이치가 융통하고 감정을 풀어냄이 호쾌하다.

[요범] **강동성 강음江陰현에 장외암張畏巖이라 하는 유생이 있었다. 그는 쌓은 학문이 매우 깊었고 문장도 잘 지어서 유림**(수많은 유생이 다 같이 모여 있음)**에 명성을 떨쳤다.**

갑오년에 그는 남경에서 거행하는 향시에 참가하였을 때 한 사찰에서 묵고 있었다. 그는 합격자 명단이 공표되자 그의 이름이 없는 것을 확인하고 도저히 받아들일 수 없어 시험관들이 안목이 없어 그의 문장을 잘 알아보지 못했다고 심하게 욕설을 퍼부었다. 그때 도인 한 분이 그의 옆에서 빙그레 미소를 짓고 쳐다보고 있었다. 그러자 장외암이 바로 도인에게 불같이 화를 내었다. 도인이 말했다.

江陰張畏巖。積學工文。有聲藝林。(馳譽多士間也)甲午。南京鄉試。寓一寺中。揭曉(出榜曉示)無名。大罵試官。以為瞇目。時有一道者。在傍微笑。張遽移怒道者。道者曰。

[승려] **상공**(수험생)**의 문장은 필시 아름답지 못할 것입니다.**

相公文必不佳。

[요범] **장외암은 더욱 화가 나서 말했다.**

張益怒曰。

[외암] **당신이 내 문장을 보기나 했소? 보지도 못했으면서**

어떻게 아름답지 않은지 알 수 있소!

汝不見我文。烏(何也)知不佳。

[요범] **도인이 답하였다.**

道者曰。

[승려] **내가 듣자 하니 문장을 지을 때 마음이 편안하고 기분이 온화한 것이 가장 중요하다고 합니다. 그런데 지금 당신이 시험관에게 심하게 욕을 퍼붓는 소리를 들으니, 당신의 마음이 매우 불편해 보이고 기운이 매우 사납다는 표시이거늘 당신이 쓰는 글이 어떻게 아름다울 수가 있겠소?**

聞作文。貴心氣和平。今聽公罵詈。不平甚矣。文安得工。

[겸손하면 결코 돈을 낭비하지 않는다]

《증국번가서曾國藩家書》에 이르길, "나는 평생 과거시험에서 매우 순조로웠다. 오직 수재 선발시험에서는 일곱 차례 도전하여 겨우 합격하였다. 그러나 매번 부진하여도 지금까지 감히 불평 한마디 내뱉지 못했지만, 나 자신이 시험장에서 제출한 시문이 너무 창피하여 몹시 부끄러울 뿐이다." 이를 통해 청나라 명 재상 증국번의 그릇과 재능을 알 수 있다.

[요범] **장외암은 도인의 말을 듣고서 자신도 모르는 사이에**

굴복하였다. 그래서 바로 도사를 향해 돌아서서 가르침을 청하였다. 도인이 말했다.

張不覺屈服。因就而請教焉。道者曰。

[승려] 과거시험에 합격하여 공명을 얻음은 전적으로 다 명운에 달려있습니다. 명운에 합격하는 운이 없으면 아무리 문장이 아름다울지라도 아무 소용이 없습니다. 아직도 과거시험에 합격하지 못하였다면 반드시 자신의 운명을 변화시켜야 합니다.

中(中式也)全要命。命不該中。文雖工。無益也。須自己做個轉變。

[요범] 장외암이 다시 물었다.

張曰。

[외암] 운명인 이상 어떻게 바꿀 수 있겠습니까?

既是命。如何轉變。

[요범] 도인이 답하였다.

道者曰。

[승려] 운명을 만드는 권한은 하늘에 있을지라도 그 운명을 바로 세우는 권한은 나 자신에게 있습니다. 기본이 서고서 나중에 도가 생깁니다. 있는 힘을 다해 선한

일을 행하고 음덕을 많이 쌓는다면, 무슨 복인들 구할 수 없겠습니까?

造命者天。立命者我。力行善事。廣積陰德。何福不可求哉。

[요범] **장외암이 다시 물었다.**

張曰。

[외암] **저는 가난한 유생입니다. 제가 어떻게 선한 일을 할 수 있겠습니까?**

我貧士。何能為。

[요범] **도인이 대답했다.**

道者曰。

[요범] **선한 일을 행하거나 음덕을 쌓는 일은 「모두 이 마음으로부터 만듭니다. 항상 이러한 마음을 간직한다면 공덕이 무량무변할 것입니다.」** (운명을 바꾸는 비결) **하물며 겸손 같은 일은 돈이 들지 않거늘 그대는 왜 스스로 반성하지 않고**(자신의 공부가 너무나 부족하다 나무라지 않고) **오히려 시험관에게 불공평하다고 욕설을 퍼붓습니까?**

事陰功。皆由心造。常存此心。功德無量。且如謙虛一節。並不費錢。你如何不自反。(還責自己工夫不到)而罵試官乎。

[자신을 다스리고 근신하여 과연 합격자 명단에 이름이 있었다]
지금 세상에 과거가 흥하지 않을지라도 겸손의 미덕과 학업, 벼슬길의 이치는 아직 변치 않아 세간법에서는 겸손한 것이 이익이 되거늘 하물며 출세간법이랴?

[요범] **장외암은 도인의 말을 듣고서 이후로는 거만한 성정**(지향)**을 꺾고, 언제 어디서든지 자신의 몸가짐을 신중하게 하여 잘못된 길로 가지 않았다.** (도인의 말을 깊이 승복하고 이로부터 이전의 잘못을 힘써 고쳤다.) **날마다 힘을 내어 선을 닦아서 공덕이 날마다 늘어나고 두터워졌다. 정유년 어느 날 꿈에 그는 높은 집에 가서 과거시험 합격자 명부 한 권을 보니, 그 가운데 이름이 빠진 줄이 많이 있었다. 장외암은 이를 이해하지 못하여 옆 사람에게 물어보았다.**

張由此折節自持。(深服道者語，從此力改前非也)善日加修。德日加厚。丁酉。夢至一高房。得試錄一冊。中多缺行。問旁人。

[요범] **그 사람이 말했다.**

曰。

[옆 사람] **이는 금년 과거시험 합격자 명부**(이름을 쓴 기록)**입니다.**

此今科試錄。(題名錄)

[요범] 장외암이 물었다.

問。

[외암] 왜 명단 속에 빠진 줄이 왜 이렇게 많습니까?

何多缺名。

[요범] 그 사람이 또 답하였다.

曰。

[옆 사람] 저승에서는 과거시험에 참가한 사람에 대해서 삼년마다 한 번씩 조정하는데, 반드시 덕을 쌓아 공덕이 있고 잘못이 없는 사람이라야 합격자 명단에 이름이 그대로 남습니다. 명단 앞쪽의 이름이 빠져있는 자리는 모두 전에 본래 시험에 합격해야 하지만 최근에 야박한 행동을 하여 명단에서 이름이 빠진 것입니다.

科第陰間三年一考較。須積德無咎(過失)者。方有名。如前所缺。皆係舊該中式。因新有薄行而去之者也。

[요범] 그 뒤에 또 그 가운데 한 줄을 가리키면서 말하였다.

後指一行云。

[옆 사람] 그대는 지난 3년 동안 언제 어디서든지 자신의 몸가짐을 아주 신중하게 하여 죄를 범하지 않아, 어쩌

면 이 빠진 자리를 채울 것입니다. 부디 자중자애하여 잘못을 범하지 않길 바랍니다.

汝三年來。持身頗慎。或當補此。幸自愛。

[요범] **과연 장외암은 이번 시험에서 105등으로 합격하였다.**

是科果中一百五名。

[거만한 자는 운이 좋아 번창하여도 복을 누릴 수 없다]

"설사 번창하여도 복을 누릴 수 없다." 책 말미의 중요한 말이다. 사업이 번창하여도 행복감이 없으니 마땅히 모든 면에서 반성하고 잘못을 고쳐야 한다.

[외암] **이를 통해 보건대, 머리 위 석 자 높이에 천지신명이 늘 사람의 행위를 지켜보고 있는 것이 분명하다. 그래서 사람을 이롭게 하는 길한 일은 모두 빨리하고 사람을 해롭게 하는 흉한 일을 피해야 하는 것으로 단연코 나 자신을 통해 결정할 수 있다. 우리는 모름지기 나 자신의 마음을 잘 간직하고 일체 선하지 않은 행위를 단속하면서, 털끝만큼이라도 천지·귀신에게 죄를 짓지 말아야 할 뿐만 아니라 마음을 겸허하게 비우고 자신을 거만하지 않도록 바꾸어서 천지·귀신이 항상 나를 불쌍하게 여겨야 복을 받을 기초가 생길 수 있다.**

오기가 가슴에 가득 찬 사람이면 절대 원대한 일을 이룩할 그릇은 못 된다. 설사 운이 좋아 번창하여도 오랫동안 복을 누릴 수 없다. 그래서 조금이라도 식견이 있는 사람이라면 자신의 도량을 매우 편협하게 하여 자신이 얻을 수 있는 복을 거절하는 일은 절대 하려 하지 않을 것이다. 하물며 겸손한 사람이라야 마음이 넓어 다른 사람의 가르침을 받아들일 여지가 있고 타인의 선행을 학습할 수 있는 여지가 있거늘 겸손하지 않으면 누가 그를 가르치려 하겠는가? 아울러 겸허한 사람이라야 기꺼이 다른 사람의 좋은 점을 배우려고 하고, 다른 사람에게 선한 행동이 있으면 그를 따라 배워 선복(善福 ; 모든 사람과 함께 자신에게 바라는 것)**을 취함이 무궁무진할 것이다. 특히 이는 덕을 증진하고 선업을 닦는 사람에게 필수불가결한 것이다!**

由此觀之。舉頭三尺。決有神明。趨吉避凶。斷然由我。須使我存心制(約束)行。(行為)毫不得罪於天地鬼神。而虛心屈己。使天地鬼神。時時憐我。方有受福之基。彼氣盈者必非遠器。縱發亦無受用。稍有識見之士。必不忍自狹其量。而自拒其福也。況謙則受教有地。而取善無窮。尤修業者所必不可少者也。

[지향을 굳건히 세우고 염념마다 겸손하여야 한다]

선인은 "영향력이 있는 사람은 픙체가 평범하지 않고, 지혜로운 사람은 재능과 감정을 결코 드러내지 않는다(有作用者, 器宇定是不凡 有智慧者 , 才情決然不露).”

[요범] **옛말에 이르길, “공명에 뜻이 있는 자는 반드시 공명을 얻고, 부귀에 뜻이 있는 자는 반드시 부귀를 얻는다.” 하였다.**

古語云。有志於功名者。必得功名。有志於富貴者。必得富貴。

[요범] **사람에게 원대한 지향이 있음은 마치 나무에 뿌리가 있어 저절로 자라고 열매를 맺을 수 있는 것과 같다. 이러한 위대한 지향을 굳건히 세우려고 하면 모름지기 한 생각 한 생각 겸손하여야 하고 먼지 같은 매우 작은 일을 만나도 다른 사람에게 이롭게 해주어야 한다. 이러면 저절로 천지를 감동시킬 수 있고 복을 닦는 것은 나 자신에게 달려있다.**

오늘날 과거시험에 합격하길(공명을 얻길) **구하는 사람 중에는 당초에 전혀 진실한 지향을 일으킨 적이 없고, 단지 일시적인 흥미로 시작한 것에 불과할 뿐이다. 따라서 흥미가 있을 때는 열심히 구하다가도 흥미가 시들해지면 금방 그만두게 된다.** (란闌은 쇠퇴이다. 의지와 품행이 박약한 사람은 뒤로 바라봄이 결코 없다. 학자는 마땅히 힘써야 할 바를 알아야 한다.) **맹자는 제선왕에게 말하였다.**

人之有志。如樹之有根。立定此志。須念念謙虛。塵塵無微不至也)方便。自然感動天地。而造福由我。今之求登科第者。(在昔日科舉時代則云然在現代可作求功名者解)初未嘗有眞志。不過一時意興耳。興到則求。興闌則止。(闌衰退也。志行薄弱之人決無後望。學者當知所勉矣)孟子曰。

[맹자] **국왕께서 음악을 좋아하심이 최고조에 달한다면, 제나라의 국운은 아마 거의 다 될 것입니다.**

王之好樂甚。齊其庶幾乎。(將力求快適之心擴而充之作與民同樂之舉安有國運不大昌者乎)

[내레이터] 국왕께서 음악을 좋아하시는 것은 단지 개인이 쾌락을 추구하는 것일 뿐입니다, 만약 개인이 쾌락을 추구하는 마음을 여민동락(與民同樂 ; 백성과 더불어 즐김)으로 확대하여 백성이 모두 즐겁게 할 수 있다면, 제나라의 국운이 크게 번창하지 못할 경우가 있겠습니까?

[요범] **나는 과거에 합격하여 공명을 얻는 것도 또한 그렇다고 본다.** (요범 선생은 공명을 추구하는 모든 자에게도 또한 그 뜻을 굳게 세우고 선의 양을 확충하여 전력을 기울여 실천하고, 복은 자신이 지어 운수에 구속되지 않는 사람이 되라고 말하였다.)

予於科名亦然。(了凡先生言。對於一切求功名者。亦望其立志眞切擴充善量悉力做去。而為福自我造。數不能拘之人)

[내레이터] 과거에 합격하여 공명을 추구하는 마음을 실천하여 덕을 쌓고 선을 행함으로 확충하여야 하고, 더 나아가 전심전력을 다해 행해야 한다. 그러면 운명과 복보는 모두 나 자신을 통해서 결정할 수 있다!

[제3부]

인광대사 요범사훈 서문 강기

정공 큰스님 법문

정종 제13조 인광대사

인광대사님의 서문은 《요범사훈》의 현의玄義에 해당하므로 이 책을 소개하는 부분으로 삼을 수 있습니다. 서문의 소주小註는 우석음尤惜陰 거사가 지은 것입니다. 상당히 요점을 잘 잡아 우리의 이해를 도울 것입니다.

[1] 돈수頓修 : 예리한 근기의 중생은 마음의 근원을 곧장 알아낸다.

성현의 도는 오직 성誠과 명明에 있을 뿐이라.

聖賢之道。唯誠與明。

인광대사의 《요범사훈了凡四訓 서문序文》에서 이 두 마디는 총강總綱입니다. 「성聖」은 부처님이라 부를 수 있고, 「현賢」은 보살이라 부를 수 있습니다. 우리는 통상 「삼현십성三賢十聖」을 말합니다. 십주十住 · 십행十行 · 십회향十迴向의 보살은 현위賢位의 보살입니다. 즉 초지初地 이상 십지十地보살에 이르면 성聖이라 부릅니다.

우리는 부처가 되고 싶고 보살이 되고 싶습니다. 불보살에 이르는 한 줄기 길은 통틀어 말하면 곧 이 두 글자, 「성誠」과 「명明」입니다. 팔만사천 법문은 어떤 법문이든지 이 두 글자를 여의지 않습니다. 이 두 글자를 여의면 방향이 틀리니, 곧 항상 말하는 대로 덮어놓고 하는 수련(盲修瞎練)이 되고 맙니다. 우리가 만약 이 두 글자를 굳게 지킬 수 있다면 이것이 곧 보살도이자 성도입니다.

무엇을 「성誠」이라 합니까? 「성」은 실천하기 매우 쉽지 않습니다. 불법에서 말하는 「성誠」은 곧 「정定」 이고, 「명明」은 곧 「혜慧」입니다. 성은 체體이고, 명은 용用입니다. 이런 뜻은 《금강경》 · 《능엄경》에서 매우 많이 말씀하시고 있음을 알 수 있습니다. 「성」은 곧 여래장의 성체이고, 곧 상주하는 진심眞心입니다. 보리심에서 말하면 곧 직심直心입니다. 부처님께서 《무량수경》에서 우리에게 「지성심至誠心」이라고 말씀하시니, 이것이 곧 「성」의 뜻입니다.

「명明」은 지혜로 일체 사상事相, 일체 사리事理에 대해 모두 명료하게 통달할 수 있어 잘못이 없음을 「명明」이라 합니다. 그래서 「명」은 우리들 처음 학불(學佛 ; 부처님을 모범으로 삼아 신구의 삼업을 부처님과 닮도록 배움)하는 사람이 말하면 곧 성찰의 공부입니다. 우리는 항상 자신을 반성 · 점검 · 관찰하고, 그런 다음에야 비로소 (《요범사훈》의 말씀대로) 「개과改過」 를 실천할 수 있고, 「적선積善」을 실천할 수 있습니다. 그래서 개과와 적선은 세존의 교법教法에서 말씀하신대로 “일체 악을 짓지 말고, 온갖 선을 받들어 행해야(諸惡莫作 衆善奉行).” 합니다. 이는 「성誠」과 「명明」의 기초 위에 건립해야 한다는 말입니다.

만약 우리에게 성과 명이 없다면 무엇이 악인지 무엇이 선인이 알지 못할지라도 여전히 개과와 적선을 이야기할 수 있습니다. 오직 성과 명이 있는 사람이라야 무엇이 선인지 무엇이 악인지 알 수 있고, 악은 고치려고 하고 선은 닦으려고 할 것입니다. 그러면 “저절로 그 마음이 청정할 것입니다(自淨其意).” 성과 명은 동시에 갖추어야 합니다. 즉 성이면 명이고, 즉 명이면 성입니다. 곧 불법에서 말하는 정혜쌍수定慧雙

修입니다. 정혜가 둘이 아닌 경계에 이르도록 닦을 때 저절로 과위를 증득할 것입니다. 무슨 과위를 증득합니까? 성도聖道를 닦으면 당연히 성과聖果, 즉 무상보리無上菩提를 증득할 것입니다. 《화엄경》에서 말씀하신 법계에 걸림없음, 즉 이사무애理事無礙·사사무애事事無礙의 성과를 증득할 것입니다.

그래서 인광대사께서는 우리에게 "성현의 도는 다른 것이 없고, 성誠과 명明일 뿐이다." 한마디로 꿰뚫어 말씀하여 주셨습니다. 성과 명, 이 두 글자는 전체 《요범사훈》도 모두 이런 기초 위에 건립될 뿐만 아니라 세간법·출세간법도 모두 이를 기초로 삼는다고 말할 수 있습니다. 《요범사훈》은 우리에게 무엇을 가르쳐줍니까? 곧 우리에게 「성誠」과 「명明」이 두 글자를 가르쳐줍니다. 인광대사께서는 뒤에서 상세하게 설명하고 계십니다.

성인과 범부의 구분은 한 생각에 달려 있으니, 성인도 한 생각 멍하면(망념을 좇아가면) **범부가 되고, 범부도 한 생각 이겨내면**(자제하면) **성인이 되느니라.**

聖狂之分。在乎一念。聖罔念(逐妄也)則作狂。狂克念(自制也)則作聖。

「성聖」은 곧 성인과 현인이고, 「광狂」은 곧 범부, 어리석고 얼빠진 사람입니다. 어리석고 얼빠진 사람과 불보살, 그들은 어느 부분에서 분별됩니까? 인광대사께서는 한 생각(一念)에 있다고 일러주십니다.

한 생각은 곧 위에서 말한 「성誠」과 「명明」이라고 말할 수 있습니다. 인광대사께서는 《서경書經》〈다방장多方章〉에서 두 마디 말씀을 인용하십니다. "성인이라도 한 생각 명하면 범부가 되고, 범부라도 한 생각 이겨내면 성인이 된다(惟聖罔念作狂 惟狂克念作聖)."[3)]

「성망념즉작광聖罔念則作狂」이라. 간단히 풀이하면 "불보살일지라도 만약 알아차림을 잃어버리면 곧 범부이다." 「망념罔念」은 곧 알아차림을 잃어버림입니다. 「념念」은 곧 알아차림(覺察)의 뜻이고, 「망罔」은 곧 잃어버림 · 사라짐의 뜻입니다. 《대승기신론大乘起信論》에서 말씀하시길, "한 생각 불각하여 무명이 있다(一念不覺而有無明)."[4)] 하셨습니다. 망념罔念은 곧 불각不覺입니다. 이로써 무명이 일어나면 성인도 범부로 변하게 됩니다.

「광극념즉작성狂克念則作聖」이라. 「념念」은 알아차림이고, 「극克」은 극복입니다. 범부라도 염념마다 깨달으려 하면 그는 곧 불보살입니다. 범부와 불보살은 한 생각 미혹한가 깨달았는가(迷悟一念)에 불과할 뿐임을 알 수 있습니다. 이로써 알아차림의 공부는 대단히 중요합니다. 불법에서는

---

3) "성인聖人은 완전히 도심道心이 주재主宰하므로 그 인심人心도 저절로 위태롭지 않지만 만약 인심人心뿐이라면 또한 위태롭다. 그래서 말하기를 「성인이라도 한 생각 멍하면 범인이 된다」 하셨다." 《심경부주心經附註》

4) "시각의 의미란 본각에 의지한 까닭에 불각이 있고 불각에 의지한 까닭에 시각이 있다 말한다(始覺義者 , 依本覺故而有不覺 , 依不覺故說有始覺)." 「본각에 의지한 까닭에 불각이 있다」 함이란 곧 이 심체가 「무명無明」의 연緣에 따라 망념을 일으키니 망념妄念이 곧 「불각不覺」이다. 《대승기신론 회열필기會閱筆記》, 도원道源 장로

곧 「비춤(照)」의 공부라고 말합니다. "고요하되 늘 비추고, 비추되 늘 고요하다(寂而常照 照而常寂)." 「적寂」은 곧 성誠이고, 「조照」는 곧 명明입니다. 성으로 말미암아 밝아지고, 고요하되 비춘다. 명으로 말미암아 성해지고, 비추되 고요하다.[5] 범부와 성인의 분별은 여기에 있습니다.

지조를 지켜 얻고 방종으로 잃는 형상은 비유컨대 강을 거슬러 배를 모는 것과 같아서, 나아가지 않으면 물러나게 됩니다. 지조를 지키려 노력하지 않고 잠시라도 방종하여 제멋대로 내맡겨서는 안 됩니다.

其操(操守也)縱(放縱也)得失之象。喻如逆水行舟。不進則退。不可不勉力操持。而稍生縱任也。

「조종득실지상操縱得失之象」, 여기서 「조操」는 지조(操守)이고, 「종縱」은 방종放縱입니다. 꿋꿋하게 지킨다면 성현의 도를 얻을 수 있습니다. 지조를 잃어버리고 방종 방일한다면 얻을 수 없습니다. 이러한 현상은 마치 강을 거슬러 배를 모는 것과 같아서 나아가지 않으면 물러서기 마련입니다.

왜 이런 현상이 생겼습니까? 우리가 무시 겁 이래 지조를 잃어버리고 세세생생 모두 방종하여 방종하는 습기를 길렀기 때문입니다. 현재 우리가 엄격히 지키려고 해도 말할 나위 없이 매우 어렵습니다. 그래서

---

5) 성誠으로 말미암아 밝아짐(明)을 성性이라 하고, 밝음(明)으로 말미암아 성誠해짐을 교教라 이르니, 성誠하면 밝아지고 밝아지면 성誠해진다. 《중용장구中庸章句》

진정으로 뜻이 있어 성현의 도를 닦고 싶은 사람은 지조를 지키려 노력하지 않으면 안 됩니다. 누가 당신에게 노력하라고 합니까? 당신 스스로 노력하고 분발하여 자신을 강하게 하여야 합니다. 「잠시라도 방종에 맡겨서는」 안 됩니다.

무릇 알지니, 성誠이란 한 글자는 성인이나 범부나 함께 갖추고 있는 한결같이 변하지 않고 둘로 나누어지지 않는 진심眞心이고,

須知誠之一字。乃聖凡同具。一如(亙古不變之謂如)不二之眞心。

방금 말씀드렸듯이 「성誠」은 체, 우주만법의 이체理體를 말합니다. 다시 말해 상주하는 진심眞心이자 곧 《능엄경》에서 말씀하신 「여래장성如來藏性」입니다. 사성육범四聖六凡은 모두 여래장성에 의지합니다. 장성藏性이 비록 인연에 수순하여, 십법계十法界 의정장엄依正莊嚴의 상을 나타낼지라도 장성藏性은 확실히 생겨나지도 사라지지도 않고(不生不滅) · 더럽혀지지도 깨끗해지지도 않고(不垢不淨) · 오지도 가지도 않습니다(不來不去).[6] 다시 간단한 비유를 하나 들어보겠습니다. 우리는 날마다 얼굴을 거울에 비추어봅니다. 거울은 마치 진심의 청정광명과 같습니다. 거울에

6) 또한 아마도 미혹한 자는 이 오온제법五蘊諸法의 공상空相은 생겨나고 사라짐이 아닐지라도 더러움과 깨끗함이 있다고 말하고, 범부는 물든 인연에 따르니 곧 더러워지고 성인은 청정한 인연에 따르니 곧 청정해진다고 말할 것이다. 그래서 다시 되풀이하여 이를 보이며 말하기를, 범부의 오온도 또한 그대로 공상이고, 성인의 오온도 또한 그대로 공상이니, 어찌 더럽고 깨끗함이 있겠는가! **《반야바라밀다심경석요般若波羅蜜多心經釋要》, 우익대사**

비추는 영상은 마치 진심이 십법계 의정장엄의 상을 비추는 것과 같습니다. 좋은 상 · 추한 상 · 선한 상 · 악한 상 무엇을 비추든지 거울의 체는 지금까지 변한 적이 없습니다. 성체性體 또한 그러합니다. 그래서 범부와 성인은 함께 갖추어 둘이 아니고, 인연에 수순하여 변하지 않습니다. 이것이 진심입니다.

명明이란 한 글자는 음을 간직하고 성품을 기르며 분명히 성찰하는 것으로 범부에서 성인에 이르는 지켜야할 도(達道)이다.

明之一字。乃存養省察。從凡至聖之達道。

「존양存養」의 「존存」은 우리의 마음가짐(存心)이고, 「양養」은 수양함이며, 「성省」은 반성 · 성찰입니다. 우리는 여기서 끊임없이 존양반성存養反省할 수 있어야 범부에서 성현의 과지果地에 도달할 수 있습니다. 이는 범부를 벗어나 성인으로 들어가는 원리 원칙을 우리에게 말해줍니다.

그런데 범부의 경지(보통사람이 처하는 평범한 지위)**에서는 일상생활에서 온갖 경계가 뒤얽혀 나타나는데, 한번 알아차리지 못하면** (스스로 우발적으로 언행에 신중함을 잃으면) **이치에 어긋나는 갖가지 감정과 생각이 눈 깜짝할 사이에 생겨남을 면하기 어렵습니다.** (탐 · 진 · 치 · 망상 등 그릇된 생각이 갑자기 발동한다.)

然在凡夫地。(普通人所處庸常之地位)日用之間。萬境交集。一不覺察。(自

已偶失檢點也)難免種種違理情想。瞥爾而生。(貪瞋癡妄等邪念忽然發動也)

우리가 현전하는 모습은 무지하고 용렬한 박지薄地 범부입니다. 이미 범부 지위에 있는 한 우리는 성誠과 명明을 쓰는 공부가 매우 적어 일상생활에서 육근六根이 육진六塵경계에 접촉하는 동안 하나도 알아차리지 못하고 그릇된 일을 하게 됩니다. 하나도 알아차리지 못하고 마음속에서 우치愚癡 번뇌가 생겨납니다. 이것을 의업意業이라 합니다. 그리고 몸과 입으로 갖가지 죄업을 짓게 마련입니다. 탐 · 진 · 치 · 망념 등등의 그릇된 생각이 갑자기 발동합니다. 왜 이러한 것이 생깁니까? 우리에게 알아차림이 없기 때문입니다. 알아차릴 수 있다면 그러한 생각들이 생길 리가 없습니다.

몇 사람이 알아차릴 수 있습니까? 알아차릴 수 있음은 우리가 늘상 말하는 「관조공부를 제기하는 것」[7]입니다. 관조공부를 「알아차림(覺察)」이라고 합니다. 《금강경》에서 말씀하셨듯이 "무릇 모든 상은 다 허망합니다(凡所有相 皆是虛妄)." 우리가 만약 일상생활에서 경전 상 교훈의 표준에 의지해 마음속과 바깥경계를 알아차리면 절대 탐 · 진 · 치 · 망념이 일어나지 않습니다. 이를 성과 명이라 하고, 이를 보살도를

7) 일상생활에서 사람을 상대하거나 일을 처리하거나 물건을 접할 때 마음속으로 시시각각 관조공부를 일으켜야 합니다. 즉 오온이 모두 공함을 조견하고, 일체 사람 · 일 · 물건에 대해 모두 제법공상임을 조견하여 자신이 무시겁 이래 잘못된 견해와 사상을 점차로 반야지혜의 광명 가운데 깔끔하게 일어서 가려내어야 합니다. 이것이 진실한 수행입니다. 《반야심경 오가해 강기》(비움과소통)

행함이라 합니다. 《능엄경》에서도 「관상원망觀相原妄」·「관성원진觀性原眞」이 여덟 글자를 말하는 두 마디 경문이 있습니다.8)

우리가 시시각각 제기할 수 있어야 경계상이 현전하고 육근六根과 육진六塵이 서로 접촉할 때 즉각 상相이 허망하고 성性이 진실함을 알아차릴 수 있습니다. 이 안에는 망념이 있을 리 없고, 탐·진·치·교만이 있을 리 없습니다. 이것이 곧 「알아차림」이자 앞에서 말한 성찰공부입니다. 이 점을 부디 기억해두어야 합니다. 뜻을 잘못 이해해서는 안 됩니다. 내가 지금 무슨 일을 하고 있는지 알아차려서 이렇게 당신이 백년을 알아차려도 여전히 범부이면 깨닫지 못한 것입니다.

이것이 곧 공부를 할 줄 아는 것과 공부를 할 줄 모르는 것의 구별입니다. 우리가 대승경론을 독송하여도 이익(受用)이 있는지 여부는 일상생활에서 경전의 교훈에 따라 실천하는지 여부에 달려있습니다.

이러한 생각이 일단 생기면 진심眞心은 끝내 그것에 뒤덮여 가둬지고, (쇠에 녹이 슬듯이 거울에 먼지가 끼듯이 일편 천진한 마음은 끝내 사람의 욕심에 의해 가려지는 것이다.)

---

8) "형상을 관조하면 원래 허망(무상)하여 가리켜 진술할 수 없나니(실재하는 일이 아니다), 마치 허공 꽃에서 허공 열매가 맺히기를 기다리는 것과 같거늘 어떻게 그 상이 서로 능멸하는 참 뜻을 캐어묻느냐? 성품을 관조하면 원래 진상眞常으로 오직 묘각명妙覺明(불가사의한 각오 명료)이니라. 묘각명심妙覺明心(부처님의 마음)에서 보면 근본은 물과 불이 아니거늘 어떻게 다시 서로 수용할 수 없다고 의심하며 묻느냐? (본래 갖추고 있는) 진묘각명眞妙覺明도 또한 이와 같으니라." 《능엄경》

此想既生。則眞心遂受錮蔽。(如金生鏽如鏡蒙塵一片天眞遂爲人欲所蔽)

우리는 선과 악, 옳고 그름, 이해와 손해를 깨달을 수 없으면 "진심은 끝내 가둬지고 덮여지고 맙니다." 불경에서 늘 진심으로 무명번뇌에 덮여버리고 만다고 말씀하시고 있습니다.

"쇠에 녹이 슬듯이 거울에 먼지가 끼듯이 일편 천진한 마음은 끝내 사람의 욕심에 의해 은폐되는 것이다." 쇠와 거울은 진심과 같습니다. 녹에 슬고 먼지가 끼는 것은 우리가 탐 · 진 · 치 · 무명을 짓는 것과 같습니다. 이는 오욕육진五欲六塵이 우리의 진성眞性을 덮고 있다는 뜻입니다.

그 상태에서 하는 행위는 모두 그 중용과 절도를 잃어버리게 된다.

(이미 치우치고 그릇되면 소인의 아무 거리낄 바 없는 한 길로 들어갑니다.)

而凡所作爲。咸失其中正矣。(既偏且邪入於小人無忌憚之一路)

우리의 모든 행위가 중中과 정正을 잃어버리면 모두 치우침(偏)이고 모두 그릇됨(邪)입니다. 이미 치우치고 그릇되면 소인의 아무 거리낄 바가 없는 한 길로 들어갑니다. 생각해 보건대, 우리의 현재 모든 행위는 치우침과 그릇됨이지 않은가? 우리의 견해가 치우쳤다 말하면 우리는 불쾌하고, 우리의 행위가 그릇되다 말하면 우리는 불쾌합니다.

스스로 자신을 점검하여야 합니다. 만약 자신이 시시각각 바깥 경계에 코가 꿰어 끌려가면 어떻게 증과 정을 얻을 수 있겠습니까? 자신이 명료하게 알고 승인하여야 비로소 용기가 있습니다. 용기있게 잘못을 인정하고 용감하게 과오를 고치는 것이 범부를 뛰어넘어 성인으로 들어가는 근본입니다.

만약 한바탕 혼신의 힘을 다한 절실한 공부로 그릇된 지견을 남김없이 제거하지 않으면 갈수록 타락하여 밑바닥을 모르고(일찌감치 성찰하여 과오를 고치고 자신을 새롭게 하면 과오가 많이 쌓일수록 점점 더 위험에 깊이 빠지게 된다는 말이다), **다만 성인이 될 수 있는 마음만 갖추고 아무것도 하지 않고 멍하니 있으면** (본래 갖추고 있는 천진한 마음을 저버린다는 말이다) **영원히 매우 어리석은 사람의 무리에 빠져들고 말 것이니, 어찌 슬프지 않겠는가!**

> 若不加一番切實功夫克除淨盡。則愈趨愈下。莫知底極。(言若不及早省察改過自新則積過愈多陷溺愈深矣) 徒具作聖之心。(言辜負本具之天眞)永淪(沈淪言墮落也)下愚之隊。可不哀哉。

인광대사의 이 몇 마디 말씀은 모두 발심하여 성인을 배우고 현인을 배우고 싶은 사람을 위해 말씀하신 것입니다. 이미 발심하여 성인을 배우고 현인을 배우고 싶으면 반드시 절실하게 공부를 하여야 합니다. 여기서 「절실切實」 두 글자에 주안점을 둡니다.

「극제정진克除淨盡」은 오욕육진五欲六塵과 치우치고 그릇된 견해를 제거함입니다. 제거할 뿐만 아니라 말끔하게 제거하여야 합니다. 만약 이러한 치우치고 그릇된 지견을 깨끗이 제거할 수 없으면 갈수록 바닥을 칠 줄 모릅니다.

우리는 반드시 자신에게 과오가 있음을 알고 발심하여 과오를 고치고 자신을 새롭게 하여야 합니다. 과오를 고칠 수 있어야 「큰 용기(大勇)」라 합니다. 중국의 성인이 말하는 삼달덕(三達德 ; 사람이 지녀야할 세 가지 변함이 없는 덕)은 지혜(智) · 인애(仁) · 용기(勇)입니다. 이는 불교에서 말하는 삼보리심三菩提心과 뜻이 같습니다.[9] 누가 진실로 보리심을 발합니까? 누가 삼달덕을 갖춥니까? 자신의 과오를 승인할 수 있어야 자신의 과오를 고치고 자신을 새롭게 할 수 있는 사람이어야 진정한 보살이고 진정한 성현입니다. 그렇지 않으면 우리는 예전대로 흐리멍덩하게 일상적인 틀에서 지낼 것입니다.

이는 여기서 말하는 「도구작성지심徒具作聖之心」입니다. 「도徒」는 아무 일도 하지 않고 멍하니 있음(徒然)입니다. 당신에게 이런 마음이 있으면 아무것도 하지 않습니다. 우리는 부처가 되고 싶고 보살이 되고 싶지만, 일상생활의 마음씀(心行)은 결코 불보살과 같지 않습니다. 이런 생각은 영원히 망상입니다. 앞에서 "강을 거슬러 배를 모는 것과 같아 나아가지 않으면 물러나게 된다." 말씀하셨습니다. 과오를 고치고 선을 닦을

9) 부처님께서 말씀하시길, "상선인上善人은 인자한 마음을 기르고 득실의 마음을 제거하며, 중선인中善人은 공경의 마음을 기르고 치우친 마음을 제거하며, 하선인下善은 차분한 마음을 가르고 조급한 마음을 제거하느니라." _《불조반야심인경佛祖般若心印經》

수 없다면 필연코 죄악을 저지르고 악업을 쌓게 마련입니다. 악업을 쌓으면 쌓을수록 죄업이 깊어져 삼악도에 떨어지지 않을 도리가 있겠습니까? 매우 어리석은 사람의 무리로 들어갑니다.

이는 전체 발보리심發菩提心에 대한 것으로 이미 불법을 듣고서 발심發心을 알고, 불법의 공덕 · 이익을 알지만 확실히 수증修證할 수 없는 사람은 실제로 너무나 애석하게도 성불하고 조사가 되는 것이 어렵지 않겠습니까?

그러나 성인이 되는 것은 어렵지 않으니, 스스로 그 명덕을 밝힘에 있다. (명덕은 성인에게도 늘어나지 않고 범부에게도 줄어들지 않는 사람마다 본래 갖추고 있는 천지를 밝게 비추는 진심을 가리킨다.)

> 然作聖不難。在自明其明德。(明德指在聖不加在凡不減人人本具照曜天地之眞心)

성불하고 조사가 되는 이 일은 우리 한 개인 개인마다 모두 실천할 수 있습니다. 문제는 우리가 자진해서 실천하는가 여부입니다. 동수동학 여러분, 이번에 강설을 시작하면서 느낀 바가 매우 깊습니다. 제가 이 책을 읽은 것은 26년 전입니다. 제가 경전을 강설해온지도 18년이나 되었지만, 《요범사훈》을 강설한 것은 이번이 처음입니다. 마땅히 20년 전 강설했어야 하지만, 이전에는 대승경전 안에서 빙빙 돌면서 이상만 높아서 세운 것이라곤 공중누각일 뿐 제대로 기초 공부를 하지 못했습니다.

20년 전, 저는 인광대사님의 이 서문을 보았습니다. 비록 보았을지라도 명확히 보지 않았고, 그것을 대수롭지 않게 여겼으며, 그다지 중요하게 느끼지 않았습니다. 《요범사훈》은 세간법이고, 부친이 자식들에게 준 교훈입니다. 그가 한 말은 여전히 틀림이 없고 여전히 일리가 있지만, 우리는 더 이상 그것을 제대로 이해하지 못하고 있습니다. 지금 20여년이 지나갔지만, 모두 공중누각으로 이룬 일이 하나도 없습니다. 나중에 다시 이 책자를 보고서 대철대오大徹大悟하여 비로소 이것이 값을 매길 수 없는 보배임을 알 수 있었습니다.

이 책은 대소승의 기초입니다. 그것이 없으면 대소승은 모두 허사가 되고 맙니다. 우리는 현재 성인이 됨이 확실히 어렵지 않다는 사실로부터 기초를 닦아야 합니다. 우리는 이러한 이치를 이해하고 일상생활 속에서 그대로 하면 운명을 즉시 바꿀 수 있습니다. 여러분이 제대로 하면 3개월이면 효험을 볼 수 있습니다.

인광대사께서는 우리에게 일러 주십니다. 왜 성인이 되기 어렵지 않은가? 이는 「스스로 그 명덕을 밝힘(自明其明德)」에 있습니다. 이는 「대학大學」에 있는 한 마디 말로 "대학의 도는 명덕을 밝힘에 있다(大學之道 在明明德)."10) 입니다. 명덕明德은 곧 본성이자 앞에서 말한 성誠과

10) 《대학大學》에서 말씀하시길, "대학의 도는 명덕을 밝힘에 있고, 인민을 새롭게 함에 있으며, 지선에 머묾에 있다(大學之道 在明明德 在親民 在止於至善)." 대인의 배움은 자신의 본성으로 돌아감에 있다. 본성은 법계에 두루 미쳐 존재하지 않은

명明입니다. 「명덕」은 성인에게도 늘어나지 않고 범부에게도 줄어들지 않는, 사람마다 본래 갖추고 있는 천지를 밝게 비추는 진심眞心입니다.

명덕明德 위에 다시 「명明」 자를 하나 덧붙인 것은 이 명덕이 현재 밝지 못함을 알 수 있습니다. 왜 밝지 못합니까? 오욕육진五欲六塵의 번뇌로 가로막힌 상태이기 때문입니다. 우리가 성인이 되고 싶으면 단지 우리의 명덕을 회복하기만 하면 됩니다. 바꾸어 말하면 본래의 명덕은 그 위의 장애와 막아 가림을 제거해 버리면 우리의 명덕은 광명을 회복할 것입니다. 아래에서는 우리에게 명덕을 밝히는 방법을 가르쳐 주십니다.

그 명덕을 밝히고자 한다면 모름지기 격물(格物 ; 물욕을 바라잡음 · 잘못을 바로잡아 잘못을 바루어 그 그릇된 마음을 바로잡는다는 말이다) **치지**(致知 ; 각조하길 노력하여 혼침과 산란에 맡기지 말라는 말이다)**로부터 시작하여야 한다.**

> 欲明其明德。須從格物(物物欲格格正繩愆糾謬格其非心之謂)致知(努力覺照勿任昏散之謂)下手。

때도 없고 존재하지 않은 곳도 없다. 그래서 자기를 미루어 남에게 미치고 중생을 널리 구제하여 천리의 극極을 다함으로써 더 이상 조금도 사욕이 없다. 「명명덕明明德」의 실제實際는 바로 자신에게 본래 있는 불성을 찾아내는 것이다. 중생은 「무명無明」으로 번뇌가 있는데, 「명明」 이 나타나면 「명덕明德」 이 현현한다. 「무명」 이 사라지고, 진성眞性이 드러나면 저절로 「지선至善」의 최고 경계에 도달한다. _《인광대사 문초 청화록》(비움과소통)

「물物」은 물욕으로 물질 상으로 탐하여 구하는 욕망을 일으킴입니다. 우리는 그것을 오욕육진으로 귀납합니다. 「격格」은 양명학의 왕수인은 바로잡음(格正)이라 해석하였고, 사마광은 격살格殺이라 해석하였습니다. 무엇을 쳐서 죽입니까? 오욕육진 · 교만과 의심의 망념을 쳐서 죽입니다.

특히 "잘못을 바로잡아 잘못을 바루고 그 그릇된 마음을 바로잡는다(繩愆糾繆。格其非心之)(진덕수의 《대학연의》)는 말이다."라고 주석합니다. 「명명덕明明德」은 이로부터 시작하여야 합니다. 이는 곧 불법에서 늘 말하는 만연을 내려놓음(放下萬緣)이다. 만연萬緣은 무엇입니까? 「만연」은 곧 물욕입니다. 물욕은 우리의 진심을 장애하고, 우리의 청정심을 장애함입니다. 만약 우리가 그것을 내려놓을 수 없고, 그것을 바로잡을 수 없다면 청정광명의 각성覺性이 새어나올 수 없습니다.

「치지致知」는 곧 간파입니다. 우리는 지혜를 얻어 "각조覺照[11]하길 노력하여 혼침과 산란에 맡기지 말아야(努力覺照 勿任昏散之謂)." 합니다. 여기서 「지知」는 일반적인 지식을 말하지 않습니다. 「지知」는 각覺이라는 뜻을 주석에서 매우 잘 해석합니다. 각조覺照는 곧 앞에서 말한 「명明」의 뜻입니다. 「치지(致知 ; 념념마다 각조함)」가 진실한 학문이고, 「격물(格物 ; 물욕을 바로잡음)」이 진실한 공부입니다. 간파가 참 학문이

11) 바깥을 향하여 봄을 안을 향해 봄으로 바꿈을 「각조覺照」라 한다. 내관內觀 혹은 각지覺知 · 각찰覺察로 부르기도 한다. 마치 탐조등 처럼 앞에 있는 사물을 환히 비추어 아주 분명하게 보인다.

고, 내려놓음이 참 공부입니다. 여기서 시작하여야 합니다.

가령 사람의 욕망이라는 물건은 있는 힘을 다해 바로잡아 없앨 수 없으면 본래 갖추고 있는 참된 지혜(眞知 ; 진여본성의 반야지혜)는 결코 드러나기 어렵다. 참된 지혜가 밝게 드러내려면 일상생활 일체의 말과 행위에서 늘 각조覺照를 일으켜, 일체 이치에 어긋난 감정과 생각이 마음에 잠시라도 싹트지 않도록 하여야 한다. (이와 같으면 비로소 캄캄한 방에 있어도 양심에 거리끼는 일을 하지 않고 평지를 밟아도 무서워하고, 푸른 하늘에 대해서도 두려워하며, 격렬한 천둥소리를 들어도 놀라지 않는다.)

> 倘人欲之物。不能極力格除。則本有眞知。決難徹底顯現。欲令眞知顯現。當於日用云爲。常起覺照。不使一切違理情想。暫萌於心。(如此則庶乎。處暗室無虧。履平地若恐。對青天而懼。聞雷霆不驚。)

여기서는 다시 공부와 학문의 방법을 상세히 설명합니다. 「당倘」이란 글자는 가정한다는 뜻입니다. 물욕을 가지고 있다고 가정하면 있는 힘을 다해도 바로잡아 없앨 수 없습니다. 불법을 가지고 말하면 곧 내려놓고 다시 내려놓음, 철저히 내려놓음입니다. 이는 확실히 매우 어렵습니다. 어떤 사람은 돈과 재물은 내려놓지만, 명예와 이익은 내려놓을 수 없습니다. 어떤 사람은 명성은 내려놓을 수 있지만, 이익은 내려놓을 수 없습니다. 바꾸어 말하면 오욕육진五欲六塵에는 늘 내려놓지 못하는 것이 한두 가지 있게 마련입니다. 세간법도 내려놓고 출세간법도 내려놓아야 합니다. 「극력격제極力格除」는 말끔히 없앤다는 뜻입니다.

《능엄경楞嚴經》에서는 상당히 깊이 들어가 철저히 「공여래장空如來藏 · 불공여래장不空如來藏」을 말합니다. 공空 · 불공不空 여래장은 모두 우리에게 이러한 이치를 말해줍니다. 왜 철저히 내려놓아야 하는가? 청정한 심성에는 한 법도 세우지 못하기 때문입니다. 진정으로 선종의 육조 혜능대사께서 말씀하신 「본래무일물本來無一物」을 실천하여야 합니다. 이것이 곧 여기서 말하는 「극력격제極力格除」로 마음에 한 물건도 존재하지 않고 한 법도 세우지 않은 경지입니다. 이때 진여본성의 반야지혜, 광명이 현전하고, 본래 갖추고 있는 참된 앎(本有眞知)이 빈틈없이 나타납니다. 진정한 지혜는 우리가 본래 갖추고 있는 것이지 바깥에서 구하는 것이 아닙니다. 맑은 거울처럼 맑은 거울의 광명은 바깥에서 오는 것이 아니라 자신에게 본래 갖추어져 있는 것입니다. 그러나 거울 표면을 덮은 먼지가 매우 두꺼우면 비추는 작용을 잃게 됩니다. 먼지를 제거해야만 거울 본래의 작용으로 비출 수 있습니다. 그것은 우리가 주는 것이 아닙니다. 광명 지혜는 본래 갖추고 있는 것입니다. 심지가 청정할수록 지혜는 더욱 더 커집니다. 마음이 청정하고 안정될수록 지혜는 커집니다. 이는 필연적인 이치입니다.

우리는 한 개인의 마음이 안정되지 못하고, 청정하지 못하며, 마음속이 엉망진창이면 이런 사람에게는 절대 지혜가 없다고 생각합니다. 세간 · 출세간법은 같은 것으로 큰일을 하는 사람의 마음은 늘 고요하여 움직이지 않습니다. 어떤 경계가 현전하여도 그는 여여부동如如不動합니다.

이러한 사람이라야 지혜광명이 있어 일을 꼭 알맞게 잘 처리할 수 있습니다. 만약 일이 눈앞에 닥치면 마음속이 당황하고 어수선한 사람을 절대 그릇이 될 수 없습니다. 우리는 지혜가 열려야 하고 삼매경에서 착수하여야 한다. 그래서 우리는 있는 힘을 다해 물욕을 바로잡아 제거할 수 없다면 본래 갖추고 있는 참된 앎(眞知)이 현전할 수 없고, 또한 속속들이 나타나기 어렵습니다. 바꾸어 말하면 우리가 본래 갖추고 있는 반야지혜는 우리에게 일분 격치(格致 ; 물욕을 바로잡아 지혜에 이름)의 공부가 있으면 지혜가 일분 나타나고 십분의 공부가 있으며 십분의 지혜가 나타납니다. 지혜가 나타남은 격치格致공부의 깊이로써 결정됩니다.

「욕령진지현현欲令眞知顯現 당어일용운위當於日用云爲 상기각조常起覺照」

이 문구의 말씀은 곧 우리에게 평상시 힘써 공부하는 방법을 가르칩니다. 「일용운위日用云爲」는 곧 일상생활, 아침 일찍 일어나 저녁에 잠들 때까지입니다. 일상생활에서 오랜 기간 끊임없이 각조覺照하는 것으로 곧 각조의 공부가 중단됨이 없음을 말합니다. 왜냐하면 각조의 공부가 중단되면 무명이 일어나 번뇌가 현전하기 때문입니다. 각조의 공부를 제기할 때 무명은 사라지고 번뇌도 사라집니다. 번뇌는 서리와 이슬과 같고, 각조는 태양과 같아, 태양이 떠오르면 서리·이슬이 녹아 없어지는데, 연기나 구름같이 흩어져 사라집니다. 이러한 각조의 공부는 우리에게 대단히 중요함을 알 수 있습니다.

「상기각조常起覺照」에서 중점은 「상常」 자에 있고, 이따금씩 하는 각조는 우리에게도 있지만, 곧 「상常」 이 글자를 유지할 수 없습니다. 실제로 각조하는 공부는 오늘날 사람의 입장에서는 5분간도 10분간도 매우 쉽지 않습니다. 우리 스스로 생각해보건대, 하루 동안 5분간이라도 10분간이라도 각조하는 시간이 있습니까? 아침부터 저녁까지 일찰나도 없을지도 모릅니다. 그러나 우리가 경전을 들을 때 아마도 조금 있을 수 있고, 진지하게 법문을 들을 때 조금이라도 각조하는 공부가 있을 수 있습니다. 그러나 강당을 떠난 후에는 곧 잊어버리고, 각조공부를 제기하지 않습니다, 만약 항상 청경聽經[12]이나 간경看經[13]하지 않는 사람은 오직 향을 사르고 부처님께 절하면 일생동안 몇 차례 각조覺照가 현전하기 어렵습니다.

각조를 잃어버리는 현상이 곧 「위리정상違理情想」입니다. 「이理」는 곧 앞쪽의 「성誠」 과 「명明」, 「진심불이眞心不二」의 이치를 가리킵니다. 이는 또한 《능엄경》에서 말하는 「상망성진相妄性眞」의 이치[14]이고 《반야경》에서 말하는 「범소유상凡所有相 개시허망皆是虛妄」입니다. 이러한

12) 경전을 원문 그대로, 혹은 강설로 풀어서, 혹은 생활에 빗댄 법문으로 음성을 저장해 시공간의 한계를 초월해서 법륜을 굴린다. 무궁무진하게 반복할 수 있다. 이것이 청경聽經이다. _《불광》

13) 경을 외는 송경을 해서 경전을 가까이 하고 간경을 하여야 한다. 옛 거울삼아 자기 마음을 비추어 보는 것이 간경이다. 간경으로 자신의 마음을 반조하여 마음을 깨달아서 성불한다. _종범 스님

14) 상相은 허망하여 쉼 없이 변화하고 성性은 진실眞實하여 변함이 없다. 비록 상은 허망하나 성은 원래 진여이다.

이치에 위배하면 반드시 정식情識 한 쪽에 떨어지고 맙니다. 정상情想이 일어나니(「정情」은 곧 분별집착), 이 때 곧 「식識」이 주관합니다. 이理는 「성性」이고, 정情은 「식識」입니다. 바꾸어 말하면 본성이 바뀌어 아뢰야식이 되고 정상情想이 된다. 진여본성이 바뀌어 아뢰야식이 되니 곧 「성인이 바뀌어 범부가 된다(轉聖作狂)」는 것이니, 이는 크나큰 전도顚倒입니다.

인광대사께서는 여기서 우리에게 일상생활 속에서 항상 각조공부를 제기하여 「불사일체위리정상不使一切違理情想 잠맹어심暫萌於心」 즉 항상 이치에 어긋나면 분별집착의 생각이 되니, 잠시라도 이러한 현상이 생기도록 해서는 안 된다고 말씀하십니다. 선인이 늘 말하는 **"일체 망념이 일어나는 것을 두려워하지 말고 깨달음이 더딜까 두려워할 뿐이다(不怕念起 只怕覺遲)."** 하신 깊은 뜻을 체득할 수 있습니다. 「념念」은 곧 이치에 어긋난 감정과 생각을 우리는 두려워하지 말고 각조가 없음에 두려워하여야 합니다. 각조가 있기만 하면 이치에 어긋난 분별 집착의 생각이 즉시 연기나 구름처럼 흩어져 사라지고, 진심眞心이 상주하면 즉시 광명이 회복될 것입니다.

「여차칙서호如此則庶乎 처암실무휴處暗室無虧 리평지약공履平地若恐 대청천이구對青天而懼 문뢰정불경聞雷霆不驚。」

이는 몇 가지 예를 들어 주석한 것으로 이치에 어긋나지 않아 마음이 편안함을 말합니다. 일상생활 속에서 각조하는 공부를 제기하면 비록 어두운 방에 있을지라도 양심에 거리끼는 일을 하지 않게 됨은 우리의 심지가 영원히 청정한 광명이기 때문입니다.

항상 그 마음을 텅 비워 한 물건도 없어야 하고 환히 밝혀 사무쳐야 하나니, 마치 거울이 누대에 걸려 경대가 되면 경계에 따라 영상이 나타나지만, 단지 거울 앞에 있는 경계를 있는 그대로 비추고 있을 뿐 그 자체는 경계를 따라 바뀌지 않는 것과 같거늘 아름다움과 추한 것은 저 경계로부터 비롯하니 나와 무슨 상관이겠는가. 바깥 경계가 닥쳐와도 미리 헤아리지 말아야 하고, 바깥 경계가 물러감에도 연연하지 말아야 한다.

> 常使其心。虛明洞徹。如鏡當臺。隨境映現。但照前境。不隨境轉。妍媸自彼。於我何干。來不豫計。去不留戀。

이 몇 마디 말씀이 우리 수행인에게 미치는 작용은 너무나 큽니다. 우리는 왜 경계에 따라 구릅니까? 이른바 다른 사람이 코를 꿰어 끌고 간다고 해도 닭을 수 없습니다. 인광대사께서는 여기서 우리에게 비장의 수법을 전수해주십니다.

먼저 우리에게 「**상사기심**常使其心 **허명통철**虛明洞徹」하라고 하십니다. 마음은 비어야(虛) 하고, 밝아야(明) 합니다. 「통철洞徹」이 두 글자는 허명虛明을 형용한 것입니다. 마음속에 한 물건도 있을 수 없고, 걱정이 있을 수 없으며, 집착이 있을 수 없습니다. 왜 있을 수 없는가? 왜냐하면 진심 속에 본래 없기 때문입니다. 무릇 마음속에 걱정이 없고 분별이 없으며 집착이 없습니다. 모두 망심이고 진심이 아닙니다. 진심 속에는 이러한 것이 없습니다. 우리는 깨달아야 합니다. 마음에 걱정이 있으면 이것이 잘못이라 생각하여야 합니다. 망심으로 일을 처리하고 있다면 이는 망심이고, 자신의 진심이 아님을 인식하여야 합니다.

「여경당대如鏡當臺」, 마음은 맑은 거울과 같습니다. 「수경영현隨境映現」, 선인께서 말씀하셨듯이 바깥 경계를 따라 "거울 앞에 외국인이 서면 외국인의 얼굴이 나타나고, 중국인이 서면 중국인의 얼굴이 나타납니다(胡來胡現 漢來漢現)." 옛날 외국인을 오랑캐(胡人)이라 불렀습니다. 외국인이 거울 앞에 서면 거울은 곧 외국인의 영상이 나타납니다. 「한漢」은 중국인입니다. 중국인이 거울 앞에 서면 중국인의 영상이 나타납니다. 사실은 거울에는 중국인도 외국인도 없습니다. 거울 면은 텅 비어 아무것도 없어 그것은 경계를 따라 영상이 나타날 수 있습니다.

「단조전경但照前境 불수경전不隨境轉」. 그것은 바깥 경계를 비출 뿐, 바깥 경계는 결코 그것을 바꿀 수 없습니다. 왜냐하면 **그것은 영원히 여여부동如如不動하고, 더없이 깨끗하며, 한 티끌도 물들이지 못하기 때문입니다. 심지에는 한 물건도 없고 걱정 근심도 없습니다.** 만약 거울의 상을 보고, 이것이 괜찮다고 느껴서 그것을 그리면, 그것은 물들어 경계에 따라 바뀌게(境界所轉) 됩니다.15)

---

15) 《인광대사 문초 청화록》(비움과소통) 113칙 보충법문 [경계와 인연에는 좋고 추함이 없지만, 좋고 추함은 마음에서 일어난다] 참조.

우리는 현재 매우 불쌍하게도 바깥 경계에 따라 바뀌고 있습니다. 눈이 색을 보면 색에 따라 바뀌고, 귀가 소리를 들으면 음성에 따라 바뀌게 됩니다. 조금도 주재할 수 없습니다. 선인께서는 이러한 사람을 늙은 소가 되는 것에 비유하길, 사람은 코뚜레를 사용하여 코를 몰 수 있으니, 동쪽으로 가자고 하면 동쪽으로 가고 서쪽으로 가자고 하면 서쪽으로 갑니다. 우리는 현재 코가 오욕육진五欲六塵에 끌려다니니, 얼마나 불쌍하지 않겠습니까! 우리는 자신의 마음을 주재할 수 없기 때문에 **진심眞心은 흔들리지 않아 공적空寂하고 담연湛然하며 허령靈靈[16]한 것**임을 모릅니다. 바꾸어 말하면 우리 자신은 자신을 인식하지 못합니다. 선종의 화두에서는 「부모미생전父母未生前 본래면목本來面目」을 참하는 수행이 있습니다. 어버이께서 나를 낳아 주시기 전 나의 본래 참모습은 곧 자기본인입니다. 우리는 이를 몰라 본인을 찾을 수 없습니다. 가짜를 진짜로 여기고 진짜가 그곳에 있는 줄 모르고 미혹해 잃어버렸습니다. 바깥 경계상과 우리는 아무런 관계가 없습니까? 밝은 거울에 나타난 상과 마찬가지로 관계가 없습니다.

「연치자피妍媸自彼」에서 「연妍」은 아름다움이고, 「치媸」는 추함입니다. 거울에 비치는 상은 아름다워도 좋고 추해도 좋은데, 거울과 무슨 상관인가? 아무런 상관이 없습니다. 그래서 우리 자신의 마음은 일면 거울입니다. 신수神秀대사께서 말씀하시길, "몸은 보리수요 마음은 명경대이다(身是菩提樹 心是明鏡台)."[17] 하셨습니다. 오조五祖대사께서도 매우

16) 인식 과정에 어떤 삿된 개입이 없고 밝게 생각할 수 있는 능력을 말한다.

찬탄하셨습니다. 불교를 처음 배우는 사람들은 이렇게 생각하여야 합니다. '자신의 마음은 늘 밝은 거울과 같아 비록 대상을 비출지라도 한 티끌도 물들이지 못한다고. 나의 마음은 거울과 같아 아름답거나 추하거나, 향기가 나거나 악취가 나거나 이런 바깥 경계에 실제로 물들지 않아 여여부동하다.' 이렇게 공부해가면 틀리지 않습니다. 비록 이는 제일의第一義가 아니라 두 번째 뜻인 셈이지만 제일의와 서로 차이가 멀지 않습니다. 《능엄경》에서 이른바 두 번째 달, 눈을 누르면(捏目) 보이는 두 번째 달[18]은 물속의 달그림자가 아닙니다. 그래서 마음을 밝은 경대이고 두 번째 달이라 비유한 것으로 이 또한 상당히 얻기 어렵습니다. 그래서 바깥의 경계, 오욕육진의 경계는 확실히 자신의 심성과 아무런 관계가 없음을 알아야 합니다.

---

17) 「몸은 보리수이다,」 이는 비유한 말이다. 금강좌 위의 보리수는 곧 인도의 필발라 pippala) 나무를 말한다. 부처님께서는 그 아래 앉아서 등정각等正覺을 성취하셔서 이를 이루어 보리수菩提樹라 하였다. 「마음은 명경대와 같다」 연지대사께서는 《죽창수필》에서 이르시길, 마음은 거울에 비유하기도 한다. 거울은 대상을 비춰 보이기는 하지만, 대상이 아직 이르지 않았는데도 미리 맞이하는 법은 없고, 대상을 마주할 때에 미워하거나 좋아하는 마음이 없으며, 대상이 사라지면 거울에는 아무런 자취가 없다. 이는 성인의 마음은 항상 고요하고 항상 비추되 과거 현재 미래의 삼제가 텅 비어 고요하기 때문에 거울과 같다고 비유하는 것이다. 그러나 이는 비슷한 점만을 취하였을 뿐으로 사실과는 다르다. 거울은 지각이 없는 물건인데 마음이 과연 이와 같이 지각이 없는 것인가. 그렇다면 캄캄하여 허령하지 않거늘 어찌 미묘하고 밝은 참다운 몸(妙明真體)'이라 할 수 있겠는가? _《육조단경전주六祖壇經箋注》 정복보丁福保 거사

18) 날목생화捏目生花, 날목공화捏目空花는 눈을 문지르거나 누르면 생기는 허공 꽃을 가리킨다.

이러한 이치를 잘 알았다면 「**오더라도 기대하지 않고 가더라도 미련이 없다**(來不豫計 去不留戀)」, 이 얼마나 자재하고 자유롭습니까. 올 때에도 환희심이 없고 내가 그를 기다리리라고 기대하지 않으며, 가더라도 마음에 번뇌가 없고 미련이 없습니다. 비유하자면 밝은 거울이 대상을 비추는 것과 마찬가지로 거울에게는 올 때도 기쁨이 없고, 갈 때도 번뇌가 없습니다. 언제나 우리의 육근이 바깥 육진경계에 상대할 때마다 이렇게 할 수 있다면 우리는 불법에 기초가 잘 다져진 셈이니, 마치 큰 빌딩 건축에서 이미 지반을 잘 닦아놓은 것과 같습니다. 육근이 육진경계와 접촉할 때 여여부동하니, 이 얼마나 중요합니까. 당연히 우리 모두 이렇게 공부하고 싶지만, 다른 한편으로는 제대로 수학하기가 그리 쉬운 일입니까? 어렵고 쉬움은 우리 자신의 성심誠心에 달려있습니다. 만약 우리가 성심을 다해 행하면 어렵지 않겠지만, 제멋대로 행하면 어렵습니다. 진지하지 않은 태도로 대충대충 행하면 성적을 내거나 효과가 있기가 매우 어려울 것입니다. 아래 문장은 인광대사께서 우리에게 이를 대치하는 방법을 가르쳐 주십니다.

만약 이치에 어긋나는 감정과 생각이 잠깐이라도 마음에 싹트면 즉각 엄하게 다스려 남김없이 없애야 한다.

若或違理情想。稍有萌動。即當嚴以攻治。剿除令盡。

우리의 육근이 육진경계에 접촉할 때 마음속에는 망상 · 분별 · 탐진치

교만의 생각이 점차 움직입니다. 이러한 생각이 움직이기만 하면 곧장 대치하여야 합니다. 이러한 생각이 움직이면 곧 병(잘못)입니다. 이렇게 생각이 움직일 때 즉시 침을 놓아야 합니다(잘못을 고쳐야 합니다). 그것을 치료하려면 매우 쉽게 해낼 수 있습니다. 그것에 대처할 방법을 생각하여 남김없이 근절하여야 합니다.

마치 적군과 대치하여 싸우듯이 적이 내 영토의 경계를 침범하지 못하게 할 뿐만 아니라 적장의 목을 베고 그 깃발을 빼앗아 나머지 잔당을 철저히 토벌하여야 하는 것과 같다. 그 군사를 장악하는 법은 모름지기 엄정히 자신을 다스림에 있다.

如與賊軍對敵。不但不使侵我封疆。尚須斬將搴旗。剿滅餘黨。其制軍之法。必須嚴以自治。

이 비유는 매우 잘 이해됩니다. 번뇌를 「적」에 비유한 것으로 불경에서 자주 사용하는 비유입니다. 여섯 가지 근본번뇌를 육적六賊이라 부릅니다. 왜냐하면 그것은 우리의 진심인 본성을 해치고 우리의 진여본성에 있는 공덕과 지혜를 모두 가리고 덮어 그치게 하니, 나타날 수 없습니다. 그래서 그것을 「적」이라 비유합니다. 어떤 곳에서는 육진을 적이라 비유합니다. 육진六塵인 색色·성聲·향香·미味·촉觸·법法에 마음이 집착하면 이러한 것도 우리의 진여본성을 물들일 수 있습니다. 그래서 번뇌와 오욕육진에 대처함은 적군에 대적하는 것과 같습니다.

우리가 그것을 극복할 수 없다면 그것이 우리와 싸워 이깁니다. 바꾸어 말하면 그것이 투항하는 것이 아니라 곧 내가 투항합니다. 우리가 싸워서 이길 수 있으면 우리는 곧 성인이자 곧 불보살입니다. 패배하면 곧 범부로서, 여전히 육도윤회에서 영원히 벗어날 기약이 없습니다. 그래서 오욕육진에 대처하여 전쟁을 치루는 것처럼 그것이 우리의 본성을 침범하게 할 수 없을 뿐만 아니라, 그것을 남김없이 소멸시킬 수 있습니다. 이러한 공덕이야말로 원만한 셈이고, 성취할 수 있습니다. 「기제군지법其制軍之法」, 곧 평소 자신에 대한 훈련이니, 자기 훈련은 일련의 비장한 수법을 이루는데 이것으로 오욕육진에 대처하고 무명번뇌에 대처합니다. 대치하는 능력에 관해서는 인광대사께서 우리에게 몇 가지 원칙을 제시합니다. 이 몇 가지 원칙은 대단히 중요합니다.

이 단락은 수행이론의 근거가 되는 매우 중요한 글입니다. 인광대사께서는 우리에게 망념을 깨뜨려 없애는 방법을 가르쳐주시길, 마땅히 늘 우리의 마음을 "텅 비우고 환히 밝히길, 맑은 거울처럼 닦아라(虛明洞徹如鏡當臺)." 하셨습니다. 인광대사께서는 모두 우리에게 이렇게 가르치셨거늘 만약 행하지 않는다면 어떻게 하겠습니까? 인광대사께서는 또한 우리에게 망념이 막 움직일 때 깨달아야 망념을 그칠 수 있다고 가르치셨습니다.

그래서 전쟁을 치루는 것처럼 우리가 적이 우리의 강토로 침범하지 못하도록 저지해야 할 뿐만 아니라 적을 남김없이 소멸시켜야 합니다. 일반적으로 말해 도적을 소통하려면 당연히 병력에 의지해야 합니다.

이를 위해 평소 병력을 훈련시켜야 하듯이 반드시 엄격하게 자신을 다스려야 합니다.

범사에 게으르지 말고 소홀하지 말라. 자신의 사욕을 극복하고 본연지성을 회복하라. 공경심을 주로 하고 지성심을 잘 간직하라. 그때 사용하는 무기와 의장은 모름지기 안자顔子의 사물(四勿 ; 네 가지 금함. 안연은 극기공부를 잘 활용하였으니, 예가 아니면 보지 말며, 예가 아닌 것은 듣지 말며, 예가 아닌 것은 말하지 말며, 예가 아닌 것은 움직이지 말라는 거룩한 가르침을 정성껏 지켰다), **증자曾子의 삼성**(三省 ; 세 가지 반성. 날마다 일을 도모하되 충실히 하고 있는가? 벗을 사귀되 신의를 지키고 있는가? 스승의 가르침을 전수하되 제대로 익히고 있는가? 이 셋에 대해 빈틈없이 몸과 마음으로 검증함에 달려있다), **거백옥蘧伯玉의 과과지비**(寡過知非 ; 잘못을 줄이고 잘못을 아는 태도. 위衛 대부는 춘추 시절 사람으로 이름은 온瑗이고 자는 백옥伯玉이었다. 스무 살에 이미 반성공부를 시작하여 날마다 반성하고 날마다 자신을 점검하여 하루도 전날의 잘못을 발견하지 않는 날이 없었다. 하루하루 한해한해 반복하여 개과천선하여 항상 전날의 잘못을 발견하여 50세에도 여전히 49년의 잘못을 나무랐다.)를 **활용할지라.**

毋怠毋荒。克己復禮。主敬存誠。其器仗須用顏子之四勿。(顏淵善用克己工夫恪守非禮勿視非禮勿聽非禮勿言非禮勿動之聖訓)曾子之三省。(曾子善用返省工夫每日以爲謀不忠交友不信傳授不習三者密密在身心上勘驗去)蘧伯玉(衛大夫春秋時人名瑗字伯玉年二十已始行返省工夫逐日如是日日自檢無日不發現前日之非日復一日年復一年改過遷善常見前非至五十歲時猶追咎四十九年之非)

之寡過知非。

어떻게 「엄격하게 자신을 다스릴 수 있겠는가」? 선인들 중에서는 세 가지 구체적인 사례를 들어 우리에게 보여주고 있습니다. 우리는 도업道業에서 성취가 있고, 덕학德學에서 세운 것이 있으려면 선인이 어떻게 했는지 살펴보아야 합니다.

먼저 우리에게 "게으르지 말고 소홀하지 말라(毋怠毋荒)." 가르치십니다. 「태怠」는 게으름(懈怠)이고, 「황荒」은 소홀함(荒廢)입니다. 이는 구학수도求學修道에서 매우 큰 장애입니다. 게으르고 소홀하면 반드시 성취할 수 없습니다. 이 두 가지를 먼저 끊어야 합니다. 그러나 이 두 가지는 확실히 끊기가 쉽지 않습니다. 열 명 중 아마도 대여섯 사람이 게으름의 결점이 있을 것입니다. 우리는 어떻게 게으름을 대치할 수 있겠습니까? 어떻게 소홀함을 대치할 수 있겠습니까?

대치하는 방법은 곧 「**극기복례克己復禮**」[19]를 실천하도록 하여야 합니다. 맨 먼저 자신의 결점, 곧 앞에서 말한 두 가지 결점, 게으름과 소홀함을 극복하여야 합니다.

「**주경존성主敬存誠**」, 공경심을 주로 하고 지성심을 잘 간직하여야 한다.[20] 이는 인광대사께서 학인들에게 가르치신 것으로 성패의 관건이

---

19) 비록 사람들이 없는 곳일지라도 부처님을 마주하듯이 자신의 사욕을 극복하고 본연지성을 회복하며(克己復禮), 홀로 있을 때 삼가고 성심을 보존하라. _《인광대사 문초 청화록》 참조

있는 곳입니다. 즉 성패의 관건은 「성誠」 같은 것과 「경敬」 같은 것에 있습니다. 만약 안으로 성誠이 있고 밖으로 경敬이 있으면 확실히 결점을 극복할 수 있습니다. 진실로 이러한 진취성(志氣)이 있고 이러한 결심이 있으면 다시 하지 못하겠습니까? 그것이 선인을 따라 배우는 것입니다.

우 거사는 주석에서 잘 말하고 있습니다. "안연은 극기공부를 잘 활용하였으니, 예가 아님은 보지 말며 예가 아닌 것은 듣지 말며 예가 아닌 것은 말하지 말며 예가 아닌 것은 움직이지 말라는 거룩한 가르침을 정성껏 지켰다."

이는 공자가 그에게 가르쳐 준 것입니다. 안연顔淵이 성취할 수 있었던 까닭은 곧 이 네 마디 말을 지켜 득력得力하였기 때문입니다. 그는 이를 지켜낼 수 있었습니다. 「예」는 절도節度로 뛰어넘을 수도 없고 미치지 못할 수도 없음으로 범사에 모두 예절에 맞아야 합니다. 네 가지 일은 불법에서 말하면 곧 사위의(四威儀 ; 행 · 주 · 좌 · 와)와 유사합니다. 여기서는 특별히 보고 · 듣고 · 말하고 · 움직이는 것이 모두 예에 맞아야 합니다. 오늘날 환경에서는 상당이 번거로운데 왜 그랬습니까? 요즘 사람들은 예를 말하지 않고 예가 없습니다. 바꾸어 말하면 보고 · 듣고 · 말하고 · 움직임에 표준이 없습니다.

고서에서 우리가 《예기禮記》, 《의기儀禮》를 보면 그것은 주周 나라 예임을

20) "계율은 행동으로 표현되는 거친 자취만을 가리키는 것뿐만 아니라 마음속으로 공경심을 주로 하고 지성심을 잘 간직하지 않으면 곧 계율을 범하는 것이다." _《인광대사 문초 청화록》 참조

볼 수 있습니다. 《이십오사二十五史》의 《예약지禮樂誌》에서 각 나라 각 시대의 예를 읽습니다. 현재 민간에는 혼례와 장례가 있는데, 여전히 만청滿淸시대의 예법을 지키고 있습니다. 「예禮」를 지킨다고 하면 상당히 어렵습니다. 현재 정부가 공표한 국민생활수칙이 곧 현재의 예로 우리 모두가 준수하여야 하지만, 그 정해진 것은 총강이라 말할 수 있고 상세하지는 않습니다.

학불學佛한 후 불문에서도 예절이 있고 생활의 표준이 있는데, 그것은 「계율의규戒律儀規」입니다. 재가에는 재가의 율의가 있고, 출가에는 출가의 율의가 있습니다. 그것은 석가모니부처님께서 우리에게 정해준 예입니다. 우리가 보거나 듣거나 말하거나 움직이거나 모두 이 예를 준수하여야 합니다. 왜냐하면 율의의 예는 범부와 성인을 구별하는 점이기 때문입니다. 우리가 범부를 벗어나 성인으로 들어가려면 마땅히 학습하여야 합니다. 세간의 예보다 훨씬 더 상세하고 훨씬 더 세밀합니다. 《요범사훈》을 읽으면 학불하지 않는 사람이라도 가장 좋은 표준을 찾을 수 있습니다. 이는 아마도 현대 사회에서 그리 쉽지 않을 것입니다.

「증자지삼성曾子之三省」, 이와 관련하여 《논어論語》 속에 기록이 있습니다. 증자曾子도 공자의 학생입니다. 우 거사는 이렇게 주석합니다. "날마다 일을 도모하되 충실히 하고 있는가? 벗을 사귀되 신의를 지키고 있는가? 전수를 하되 익히고 있는가? 이 셋에 대해 빈틈없이 몸과 마음으로 검증함에 달려있다."

증자는 날마다 세 가지 일을 반성하였습니다.

첫째, 다른 사람이 부탁한 일을 나는 전심전력을 다해 하는가. 「충忠」은 곧 충실하게 전심전력을 다해 일하는 것입니다. 아마도 어떤 이는 오늘 아무도 나에게 일을 부탁하지 않았다고 말할는지 모릅니다. 만약 이렇게 말한다면 그 뜻을 잘못 이해하였습니다.

예컨대 당신이 공무원이라면 장관이 당신에게 일을 분부하는 것은 곧 다른 사람이 일을 부탁하는 것입니다. 만약 장사를 하거나 점원이 된다면 당신은 자신의 직책에서 충성을 다해 직무를 수행하면서 일을 잘 해내지 않겠습니까? 설령 출가자일지라도 예외는 아닙니다. 사찰에서는 항상 절에 머무는 스님에게 각자 직분이 있어 당가사當家師[21]가 되거나, 지객知客[22]이 됩니다. 오늘 자신의 직무를 원만히 하도록 전심전력을 다하였는지 살피는 것이 모두 이 조항에 속합니다.

둘째, 교우불신交友不信. 당신은 친구를 마주할 때 신의를 지키고 있는가? 바꾸어 말하면 신용이 있는가?

셋째, 전수불습傳授不習. 당신은 스승이 가르친 것을 복습(실습)하고 있는가? 그대로 행하고 있는가?

---

21) 방장方丈이 예의를 갖추어 수행을 잘하고 일을 잘 하는 사람을 청해서 당가當家를 맡겼기 때문에, 당가사當家師는 스님들 중에서 비교적 위신이 있다.

22) 사찰에 오는 손님을 다른 승려들의 수행에 방해가 되지 않도록 손님을 보살피고 배려하는 직무.

증자는 뛰어난 사람으로 그의 성취는 날마다 이 세 가지 일을 반성함으로써 자신을 점검하였습니다.

「거백옥지과과지비蘧伯玉之寡過知非」, 거백옥蘧伯玉은 위衛나라의 사대부로 춘추시절 사람입니다. 「년이십年二十 이시행반성공부已始行返省功夫」. 이렇게 하기는 매우 어렵습니다. 스무 살에 깨달았고 미혹하지 않았습니다. 날마다 반성하고, 날마다 점검하였습니다. 그는 이렇게 공부하여 비로소 매일 잘못한 일이 있음을 알았고, 일을 잘못 하는 것을 두려워하지 않았습니다. 두려운 것은 잘못을 모르는 것입니다. 잘못을 알면 고칠 수 있고 날마다 새로워질 수 있습니다.

그 사람의 공부는 하루 이틀이나 일이년 동안 하다 그만두는 것이 아니라 끝까지 관철하였습니다. 하루만 산다면 「극기복례克己復禮」의 공부를 하루 실천하여야 합니다. 이는 인광대사께서 열거하신 세 사람입니다. 이 세 사람은 바로 원요범 선생 자신이 법을 취한 본보기였습니다. 대사께서는 서문에서 제시하여 학습하도록 지도하셨습니다.

게다가 전전(두려워서 벌벌 떪) **긍긍**(움츠리며 조심)**하기를** (경계하고 삼가며 두려워하는 모습) **마치 깊은 연못에 임하는 듯 살얼음을 밟는 듯해야 한다. 그것**(사욕, 위에서 말한 이치에 어긋나는 감정과 생각을 가리킴)**과 이렇게 상대**(스스로 엄격히 살피고 밝힌다는 뜻)**하니, 군사의 위세가 멀리 떨쳐 도적의 무리가 간담이 싸늘하여** (위의 비유한 뜻을 이어서 이 행의 글 전후로 법에 조응한다.) **멸종에 이르는**

지독한 살육을 조우할까 두려워하고 그저 따뜻이 어루만져주는 크나큰 은혜만 입길 바라게 될 터이니, 이로부터 연이어 투항하고 스스로 돌아와 순종하고 교화되기에 이르러 (될 수 있는 대로 넉넉히 말뜻을 표현한다) **이전 마음을 다 혁신하고** (이전 잘못을 통렬히 없앤다는 뜻) **마침내** (마음을 돌리고 업을 바꾼다는 뜻) **본래의 덕**(사람마다 본래 갖추고 있는 명덕)**을 닦을 것이다.**

加以戰戰兢兢。(戒慎恐懼狀)如臨深淵。如履薄冰。與之(之指私欲即上文所言之違理情想)相對。(嚴自糾察之意)則軍威遠振。賊黨寒心。(承上比喩之義此行文上前後照應法也)懼罹(遭遇也)滅種之極戮。冀沾安撫之洪恩。從茲相率投降。歸順至化。(儘量形容．足上語意)盡革先心。(痛除前非意)聿(遂也．有回心轉業之義)修厥(後)德。(指人人本具之明德)

이는 여전히 비유로 말씀하고 있습니다. 「전전긍긍戰戰兢兢 여임심연如臨深淵 여리박빙如履薄冰」, 이 두 문구는 시경에 나오는 말로 경계하고 삼가며 두려워하는(戒慎恐懼)23) 모습입니다. 중국대륙에서 황하유역 일대는 겨울에 모두 얼어붙었기에 사람들은 빙판 위를 걸어서 건너갔습니다. 만약 얼음이 매우 얇게 얼면 걸어갈 때 한걸음 한걸음 조심하여야 합니다. 자칫 조심하지 않으면 꺼질 수 있으니 물에 빠지는 것보다 더 위험합니다. 물에서는 헤엄칠 수 있지만 빙판에서 빠지면 헤엄쳐 나올 수 없기 때문에 조심하고 신중해야 합니다. 이것이 살얼음 위를

23) "하늘은 형상도 소리도 없지만 인간을 낱낱이 굽어보고 있으니, 이런 사실을 깨달아 깜깜한 방에 혼자 있을 때에도 계신공구(戒慎恐懼; 경계하고 삼가서 두려워함)하는 것이 신독愼獨이다." _다산 정약용 선생

걷는 것입니다. 깊은 연못은 소화공로(蘇花公路 ; 화렌 지역의 유명 해안도로)처럼 까마득한 절벽으로 보이니, 그곳에서 걸을 때는 조심하고 신중해야지 결코 부주의해서는 안 됩니다. 이것으로 마음을 닦음(修心) · 본성을 기름(養性) · 배움을 구함(求學) 모두 이러한 태도가 있어야 함을 형용합니다. 이러한 태도로써 망상 · 잡념과 상대하여야 하니, 마치 당신 자신의 훈련된 정예병이 적군을 상대하는 것과 같습니다.

「군위원진軍威遠振 적당한심賊黨寒心」, 이는 모두 앞쪽 비유에서 말한 것입니다. 당신 자신이 공경심을 주로 하고 지성심을 잘 간직할 수 있고, 자신의 사욕을 극복하고 본연지성을 회복할 수 있기만 하면 일체의 그릇된 사유는 저절로 침입할 수 없습니다. 예를 들면 도적의 병사가 상대방이 이렇게 잘 훈련되어 있고 이렇게 사기가 높은 모습을 보고 그를 칠 필요도 없이 투항하여 이후로 개과천선하는 것과 같습니다.

그릇된 생각과 올바른 사유는 「체體」가 하나로 결코 다르지 않습니다. 체는 무엇입니까? 《능엄경》에서는 여래장성如來藏性으로서 인연에 따라 상相이 나타난다고 말합니다. 여기서는 **"이전 마음을 다 혁신하고 마침내 덕을 닦을지라(盡革先心 聿修厥德)."** 말씀하십니다. 이는 사람마다 본래 갖추고 있는 명덕明德을 가리킵니다. 명덕은 곧 《능엄경》에서 말한 여래장성입니다. 우리가 수덕修德이 있기만 하면 성덕性德이 현전할 수 있습니다. 이래야 범부가 성인으로 바뀔 수 있습니다. 바로 이와 같습니다.

(이래야) **장수가 문밖을 나서지 않고 병사가 칼에 피를 묻히지 않아도 도적**(오욕칠정 갖가지 망념)**은 모두 갓난아기**(진심 즉 명덕)**가 되고, 반역자는 모두 양민이 될 것이라.**

將不出戶。兵不血刃。擧寇仇(指七情六慾種種妄念也)皆爲赤子。(指眞心即明德也)即叛逆悉作良民。(正喩夾寫語意同上)

「적구賊寇」는 오욕칠정五欲七情의 갖가지 망념을 비유한 것이고, 「적자赤子」는 진신眞心 · 명덕明德, 여래장성如來藏性을 비유한 것입니다. 수덕修德이 있기만 하면 번뇌는 보리로 변함을 알 수 있습니다. 「번뇌 즉 보리, 생사 즉 열반」, 이는 수덕이 있어야 정말 명료합니다. **깨달았을 때 번뇌는 원래 보리이고, 생사가 곧 열반입니다.** 이 비유는 도적이 투항하여 개과천선하니, 원래 양민이었고 착한 백성이었다는 뜻으로 잘 이해됩니다. 이러한 이치는 대승경전에서 매우 많이 말하고 있어 여기서 자세히 설명할 필요가 없습니다.

윗사람의 행동을 아랫사람이 본받아서 (하나를 닦아 일체를 다 닦는다는 뜻이다.) **온 나라**(심지)**가 청정하고 편안하면 전쟁을 일으키지 않아도 앉아서 태평성대를 얻을 것이다.** (죄의 성품은 본래 공하니, 내려놓으면 그만이다.)

上行下效。(一修一切皆修意)率土(指心地也)清寧。不動干戈。坐致太平矣。(罪性本空放下便了)

「상행하효上行下效」는 여전히 비유에서 말할 것인데, 무엇을 상행上行이라 합니까? 상행은 근본 상에서 닦음, 곧 마음을 닦음(修心)으로 대승경론에서 설한 삼여래장三如來藏[24]이 곧 여기서 말씀한 상행입니다. 심지에서 시작하는 것이지 지엽에서 착수하는 것이 아닙니다. 마음이 올바르면 행行도 올바릅니다. 마음에 그릇된 생각이 없습니다. 생각해 보십시오. 안자顔子의 「사물四勿」은 당연히 행함이 원만하였습니다. 만약 마음이 바르지 않으면 억지로 행하고 지엽을 향해 추구하여 공부가 여전히 득력하지 못합니다. 그래서 수행하는 사람은 심지에서 시작합니다.

「솔토청녕率土清寧」에서 「솔토率土」는 심지를 가리킵니다. 곧 심지가 청정하면 죄업과 업장(罪障)이 사라짐을 비유한 말입니다. 죄업을 없애고 싶으면 실로 쉽지 않습니다. 우리가 죄업을 지은 것은 일생일세에 그치는 것이 아니라 무시 겁 이래 세세생생 모두 죄업을 지어 왔습니다. 물론 우리는 항상 업장을 참회 · 회개(懺除)[25]하라고 말하는데, 참회 · 회개할 수 있습니까? 몇 사람이 참회 · 회개할 수 있습니까? 왜 참회 · 회개하지 않습니까? 왜냐하면 모두 지엽에서 공부를 하기 때문입니다. 마치 호미로 김을 매듯이 뿌리를 뽑아내지 않고 위쪽만 깨끗이 자를 뿐입니다.

---

24) 여래장은 여래를 가려 덮는다는 뜻(覆藏義) · 중생과 국토를 머금어 거둔다는 뜻(含攝義), 무루인과와 인천의 도행을 낸다는 뜻(出生義)이다. 이에는 온갖 번뇌를 여읜 공여래장空如來藏 · 부사의한 불법을 구족한 불공여래장不空如來藏 · 상주진심常住真心 성정명체性淨明體인 공불공여래장空不空如來藏의 세 가지 여래장이 있다.

25) 저지른 잘못을 뉘우친 사람이, 그 잘못을 고치고 되풀이하지 않으려 노력하는 태도를 갖추는 것을 가리키는 말이다. 기독교에서 회개는 삶 전체의 방향을 바꾸는 결정을 내리는 것으로서 마음과 행동의 완전한 변화가 뒤따라야 한다고 한다.

이틀이 지나면 또 자라날 것입니다. 이것이 곧 영원히 죄업을 참회·회개를 할 수 없는 이치입니다.

집에서 예불禮佛·염불念佛·배불拜懺하여 자기 한 사람의 역량으로는 충분하지 않아 다시 여러 스님에게 청하여 며칠 동안 《자비도량참법(梁皇懺)》[26]을 절하면 죄업이 참회·회개할 수 있습니까? 마치 잡초가 빨리 자라나는데 뿌리를 뽑지 않고 풀을 잘라 내는 사람을 찾아 잘라내는 것과 같습니다. 뿌리를 뽑아 없애는 참법懺法[27]은 다른 사람이 도와줄 수 없습니다. 다른 스님뿐만 아니라 불보살이 와도 도와줄 수 없습니다. 그러면 어떻게 해야 합니까? 자신이 해야 합니다. 언제나 마음이 청정하면 무시 겁 이래 업장은 모두 없앨 수 있습니다. 이른바 **"죄업은 서리와 이슬 같아 지혜의 태양이 떠오르면 없앨 수 있다(罪業如霜露 慧日能消除)."** 무시 겁 이래의 죄업은 흡사 서리 같고 이슬 같아 마음이 청정하여 지혜가 나타날 때 서리와 이슬을 없앨 수 있습니다.

---

26) 《자비도량참법》은 중국 중국 양(梁)나라 무제(武帝)가 황후 치씨(郗氏)를 제도하기 위하여 여러 법사들에게 명하여 찬술하였으며 《양황참(梁皇懺)》이라고도 한다.

27) "정토종에서는 보리심을 발하고 믿음과 발원으로 염불하는 방식으로 죄를 참회하고 기타 참법은 필요 없다. 만약 상응할 수 있으면 일념 내지 십념에 곧 마음을 바꾸고, 경계를 바꿀 수 있다. 만약 상응하지 않으면 부끄럼도 두려움도 없는 자가 보리심을 발한 체하는 경우 비록 지송으로 용맹하게 염불할지라도 마음으로는 참회하지 않아 마음을 바꾸기 어렵고, 마음을 바꾸지 않으면 곧 진실한 공덕이 생기지 않는다. 공덕이 없으면 죄가 사라질 수 없고 죄가 사라지지 않으면 자연히 왕생하기 어렵다." _《인광대사 문초 청화록》. 정토종의 참범은 《정토참법 : 업을 지닌 채 윤회를 끊는 길》(비움과소통)을 참조.

만약 우리의 심지가 청정하지 않으면 업장을 깨끗이 없앨 수 없습니다. 이는 틀림없는 이치입니다. 우리의 심지가 구경청정에 도달할 수 없지만, 우리는 청정한 길을 향해 걸어갑니다. 심지가 일분 청정하면 일분의 업장이 사라집니다. 이분 청정하면 이분의 업장이 사라집니다! 효과가 없는 것이 아닙니다! 구경 원만한 청정에 이르면 성불합니다. 무시겁 이래의 업장이 전부 사라지면 이를 진정한 수행이라 합니다. 우리는 할 수 있겠습니까? 할 줄 모른다면 인광대사께서 다시 성인이 공부하는 방법을 열거하여 우리에게 가르쳐주십니다.

이렇게 말한 대로 한다면 물욕을 거절하고 자신의 앎을 극진히 하고, (죄과를 꾸짖어 다스리고서 각조한다.) **자신의 앎을 극진히 하고서 자신의 명덕을 밝히고,** (각조하고서 본래 갖춘 진심을 회복하고 천지의 본능을 환히 비춘다.) **성**誠(지극한 정성, 가식이 없는 천연의 성덕)**과 명이 일치하게 되면 곧 범부가 성인을 이룰 것이다.**

> 如上所說。則由格物而致知。(因攻治罪過而覺照)由致知而克明明德。(因覺照而回復本具眞心照曜天地之本能)誠(言至誠無僞天然之性德)明(言克復已極心光徹現之修德)一致。即凡成聖矣。

이는 공자의 말씀으로 실제로는 불타께서 우리에게 가르치신 것과 다르지 않습니다. 이 몇 마디 말씀을 확실히 잘 기억해 두고서 그것으로부터 시작하여야 합니다. 「격물格物」에서 시작하고, 「치지致知」에서 시작합니다.

「격물치지格物致知」에 관해 우 거사의 소주小註에서 「**죄과를 꾸짖어 다스리고 각조覺照함**」이 곧 격물치지라 합니다. 「물物」은 물욕을 가리킵니다. 요즘말로 하면 물질의 유혹을 가리킵니다. 「격格」은 거절한다는 뜻입니다. 격은 곧 물질상의 유혹을 거절할 수 있는 능력이 있어야 한다는 말입니다. 이를 통해 오욕육진五欲六塵은 「물物」 자에 포함되어 있음을 알 수 있습니다. 오욕육진은 우리의 육근을 유혹하고 우리의 육근은 그것과 격투하니, 그것에 동요되지 않고 유혹당하지 않도록 항거할 수 있어야 합니다. 이를 「격물格物」이라 합니다. 생각해보건대 우리의 육근六根은 육진六塵에 동요되지만 그곳에 여전히 지혜가 있어야 합니다. 지혜가 없으면 미혹되고 맙니다. 지혜가 있으면 물욕에 동요되지 않습니다. 그래서 격물格物한 후에 비로소 치지致知할 수 있습니다. 다시 말해 정지정견正知正見이 비로소 현전할 수 있습니다. 이 앎 같은 것이 곧 지혜입니다. 본성에 있는 지혜이고 세간의 총명과 재주·지혜가 아닙니다. 왜 세간의 총명과 재주·지혜가 아닌가? 하면 이는 격물에서 오기 때문입니다. 세간의 총명과 재주·지혜는 격물하는 공부가 없습니다. 이런 「지知」를 얻음은 곧 불법에서 말하는 각조覺照임을 알 수 있습니다. 곧 이런 공부입니다.

「유치지이극명명덕由致知而克明明德」. 우 거사는 주석에서 "각조하고서 본래 갖춘 진심을 회복하고 천지의 본능을 환히 비춘다." 하였습니다. 이는 곧 우리의 명덕明德입니다. 불법에서는 본성의 회복을 말하고, 선가에서는 명심견성明心見性을 말합니다. 우리는 명심견성을 공자도 해내었다고 알아야 합니다. 왜 그는 해낼 수 있었을까요? 공부방법이 정확했기 때문입니다! 사욕을 굴복하고서 자신의 앎을 극진히 하고, 자신의 앎을 극진히 하고서 뜻을 정일하게 하며, 자신의 뜻을 진실하게 가졌으며 마음을 올바로 가졌습니다. 그래서 명심견성할 수 있었고, 그런 후 전체 대용大用을 발휘하였습니다. 대용은 곧 수신修身·제가齊家·치국治國·평청하平天下입니다.28) 공자의 가르침은 곧 보살도입니다! 후세 사람은 공자만 못한데, 왜 못합니까? 「격물」 두 글자를 어떻게 해석할지 모르기 때문입니다. 후대의 대유학자는 격물을 물질의 이치를 연구함이라 보았습니다. 물리의 연구는 오늘날의 물질과학입니다. 완전히 분별심·집착심·망상심으로 연구합니다. 바깥 경계인 물질을 관찰하는데 어떻게 견성할 수 있을까? 어떻게 참지혜를 얻을 수 있을까? 글자 한자, 뒤쪽을 완전히 잘못 해석하였음을 알 수 있습니다. **물욕을 굴복시켜 바로 잡음(格正物欲)**으로 해석하여야 합니다. 옛 대덕 사마광司馬光이 곧 이런 의견이었습니다. 그는 송나라 재상으로 학불하여 보살계를 받은 재가거사였습니다. 그의 의견과 불법의 의견은 다르지 않습니다.

---

28) "옛날, 자신의 명덕을 천하에 밝혀보고자 한 사람들은 먼저 자기 나라부터 잘 다스렸고(治), 자기 나라를 잘 다스리고자 했던 사람들은 자기 집안부터 잘 단속하였으며(齊), 자기 집안을 잘 단속하고자 했던 사람들은 먼저 자신의 몸부터 닦았고(修) 자신의 몸을 닦고자 했던 사람들은 먼저 자신의 마음을 올바르게 가졌으며(正), 자신의 마음을 올바르게 가지고자 했던 사람들은 먼저 자신의 뜻을 진실하게 가졌고(誠), 자신의 뜻을 진실하게 가지고자 했던 사람들은 먼저 자신의 앎을 극진히 하였고(致) 자신의 앎을 극진히 하는 함은 사물의 이치를 연구하는데(물욕을 굴복시키는데)(格物) 달려 있다." _《대학》

「성誠 명일치明一致」, 인광대사께서는 이 한편의 서문, 서두의 두 마디 말, "성현의 도는 오직 성과 명이다(聖賢之道唯誠與明)."에서 이 두 글자를 나타내었습니다. 성과 명이 일치하면 성인이 됩니다. 「성誠」은 정定이고 체體입니다. 「명明」은 혜慧이고 용用입니다. 성과 명이 일치하면 정과 혜가 균등하고, 체와 용이 둘이 아닙니다. 이래야 불과를 증입證入할 수 있습니다. 불법에서는 증證을 말하고 입入을 말합니다. 《화엄경입법계품華嚴經入法界品》에서 설하신 불이不二를 입入이라 합니다. 성誠이 곧 명明이고, 명이 곧 성이니, 성과 명은 둘이 아닙니다. 성은 체이고, 명은 작용입니다. 우리는 「성誠」 자로부터 닦기 시작하여야 합니다. 성誠을 닦으면 광명을 놓을 것입니다. 만약 「명明」에서 닦기 시작하면 쉽지 않고 상당히 어렵습니다. 이러한 이치를 잘 알아야 합니다. 수많은 경전과 논서. 무량한 법문에서 모두 우리에게 정定을 닦으라고 합니다. 정을 닦음은 곧 우리에게 성誠을 배우게 합니다.

전청前清 시대 증국번曾國藩 선생은 「성誠」 자를 해석하셨습니다. 그의 정의는 마음속에 한생각도 없는 때를 「성誠」이라 하였습니다. 한생각을 움직이면 성誠이지 않습니다. 마음속에 한생각도 생기지 않음이 정定입니다. 불법에서는 「삼매三昧」 현전現前이라 말합니다. 유교에서도 결코 이해하지 못하는 것이 아닙니다. 그들도 이러한 이치를 알고 있습니다. 현대인은 이 글자의 진정한 의미를 여전히 모르는 사람이 많습니다. 「성명誠明」을 말하면 나는 매우 성심이라고 느끼고, 자신의 마음이 무척 진실하다고 여깁니다. 자신이 매우 총명하다고 여기고 물건을 보면 대개 잘못 볼 것 같지 않습니다. 하루 종일 생각이 뒤엉키고 어수선하여도 그는 여전히 매우 진실하다고 여깁니다. 이는 곧 자신의 잘못을 모른다는 뜻입니다. 안회의 반성공부는 없고, 증자와 거백옥이 날마다 자신을 점검한 공부가 없어 자신의 잘못을 여전히 모릅니다. 그래서 성취가 없습니다. 만약 자신의 잘못을 알고 날마다 자신의 잘못을 고쳐나가면 언제라도 정혜균등을 얻고 성과 명이 일치할 때 우리는 자신도 모르는 사이에 범부가 바뀌어 성인을 이루고, 성과聖果를 증득합니다.

[2] 점수漸修 : 둔한 근기의 중생은 악을 끊고 선을 닦는다.

혹여 근기가 하열하여(숙업이 깊고 무거운 둔기의 중생) **효과를 거둘 수 없으면 마땅히 조열도趙閱道**(송나라 취저우 서안 사람으로 이름은 변이다. 1034년, 전중시어사殿中侍御史가 되어 권력자이든 황제의 총애를 받는 사람이든 가리지 않고 탄핵하자 그를 「철면어사」라 불렀다. 성도成都에서 벼슬을 하였는데, 거문고 하나와 학 한 마리만 함께 하여 청렴결백하게 다스리니, 여러 군을 합쳐서 평온하였다. 태자의 스승으로 퇴직하여 마침내 청헌淸獻이란 시호를 받았다. 사람됨이 장후하였고, 마음을 간직하고 성품을 길러 공덕이 깊었다. 대낮에 행한 일을 밤마다 의관을 차려입고 노전에서 분향하며 하늘에 고하였다)**를 본받아야 하리라. 그는 낮에 행한 일을 밤에 반드시 향을 사르고 하느님께 고했는데, 감히 고할 수 없는 일은 곧 감히 행하지 않았다.**

其或根器陋劣。(言夙障深重之鈍根眾生)未能收效。當效趙閱道。(名抃宋衢州西安人。景祐初爲殿中侍御史。彈劾不避權倖。時稱鐵面御史。游宦成都。以一琴一鶴自隨。爲政簡易。合郡晏然。以太子少保致仕。卒諡淸獻。爲人長厚。存養功深。日間所爲事。每夜必衣冠露香。以告於天。晩年學道有得。臨終與後人訣別。神致不亂。安坐而歿。有趙淸獻集刊行於世。)日之所爲。夜必焚香告帝。不敢告者。即不敢爲。

다시 예를 하나 들어 우리 후학들이 근기가 하열할지 걱정하십니다. 「숙장심중지둔근중생夙障深重之鈍根衆生」, 이는 과거세에 지은 죄업이 너무나 크고 장애가 무거우며, 이 한 부류의 중생은 입도하기 쉽지 않습니다. 어떻게 할 것인가? 여전히 자신의 노력으로 착실히 해야 합니다. 다시 한 분 이전 현인을 들어 본보기로 삼아 우리에게 그를 배우라고 하십니다. 이 분은 송나라 때 사람으로 그의 성은 조趙씨이고 이름은 변抃이며, 열도閱道는 그의 호입니다.

그의 관직 품계는 어사御史가 되었습니다. 현재의 청치제제로 말하면 감찰위원에 해당합니다. 「치사致仕」는 곧 요즘 말로 퇴직입니다. 퇴직할 때 그의 관직은 태자소보太子少保였습니다. 태자소보는 곧 태자의 스승님입니다. 청헌淸獻은 시호諡號입니다. 중국의 옛사람은 이른바 죽은 이후 비로소 그 사람에 대한 평가를 내릴 수 있었습니다(蓋棺論定). 그가 죽은 후 관을 덮고 황제가 그에게 평어評語를 내렸습니다. 이 평어는 그의 일생을 대표하는 것이었습니다. 그의 시호는 「청헌淸獻」이니, 곧 "한평생 청렴 고결하였다."는 뜻으로 매우 근사하였습니다.

"사람됨이 장후하였고, 마음을 간직하고 성품을 길러 공덕이 깊었다. 대낮에 양심에 맞는 일을 하고 밤마다 의관을 차려입고 향을 피우고 하늘에 고하였다."

이는 그가 빼어난 점입니다. 철면어사인 그가 이러한 이치를 얻을 수 있었습니다. 이 사람은 매일 낮에는 양심에 부끄럽지 않은 일을 하고, 저녁이 되면 관리가 입는 의관을 차려입고 하느님께 신중하게 향을 피우며 기도하면서 오늘 낮에 무슨 일을 했는지 보고하였습니다. 매일매일 빠짐없이 그랬습니다. 생각해보십시오. 그가 나쁜 일을 저질렀다면 날마다 어떻게 기도를 하였겠습니까!

그의 문장은 후세에 전해져《조청헌집趙清獻集》이《사고전서四庫全書》의 집부集部에 수록되어 있습니다. 이는 인광대사께서 그를 추천하여 좋은 본보기로 삼아 우리에게 그를 따라 배우게 하셨습니다.

「일지소위日之所爲 야필분향고제夜必焚香告帝」. 그는 향을 사르고 기도하면서 하느님께 고하였습니다. 우리는 아침저녁 수행일과를 하면서 하루 중 한 일을 불보살님 면전에 기도회향합니까? 우리가 오늘 무슨 일을 하던지 감히 고하지 못하는 일은 감히 하지 않을 것입니다. 이는 업장이 깊고 무거운 사람에게 매우 효과가 있는 방법 중 하나입니다. 우리는 과거세 업장이 깊고 무거운지 걱정하지 않고 자신이 기꺼이 분발하지 않고 뜻을 세우지 않는 것에 걱정한다는 사실을 알 수 있습니다.

진정으로 기꺼이 분발하여 뜻을 세우면 부처님께서는 자비로 상중하 세 근기에게 두루 가피하고, 근기가 예리하든 둔하든 전부 거두어주실 것입니다. 근성根性이 어떠한 사람이든 상관없이 설사 업장이 무거울지라도 이른바 "백정도 칼을 내려놓으면 즉시 성불할 수 있습니다." 그러면 할 수 없는 일이 있을 것입니다. 성불하고 조사가 되는 것은 남에게 도움을 구하지 말고 자신에게 물어야 합니다. 앞 편에서 말한 세 가지 대치 방법은 상근기이면 당연히 쉽지만, 중하의 근성 내지 업장이 매우 무거운 사람도 방법이 있습니다. 이번 단락은 잘못을 고쳐 자신을 새롭게 하고, 범부를 벗어나 성인으로 들어가는 사리를 모두 대강 이야기한 것이라 말할 수 있습니다.

명나라 때 원요범袁了凡 선생은 「어떤 악도 짓지 않고, 온갖 선을 받들어 행하여 운명을 자신으로부터 세우고 복을 자기로부터 구함」으로써, 조물주가 그 권능을 독단적으로 주장하지 못하도록 「공과격功過格」을 수지하였다. (「수지」는 법에 의지해 수지함이다. 「공과격」 이 책에서는 일체 선악행위를 규정하고 있으니, 마땅히 공과功過의 수량을 얻어야 한다. 주렴계周濂溪, 주회암朱晦菴, 요부堯夫 및 한위공韓魏公, 소문충공蘇文忠公 등 이전의 현인은 모두 이 격을 수지하였다. 신수봉행하여 공덕을 당대에 세웠다.)

> 袁了凡諸惡莫作。衆善奉行。命自我立。福自我求。俾造物不能獨擅(獨作主張)其權。受持功過格。(受持依法修持也。功過格一書。規定一切善惡行爲。應得功過數量。先賢如周濂溪。朱晦菴。邵堯夫及韓魏公。蘇文忠公俱受持此格。信受奉行。立功當代。馳譽千秋。此書流通甚廣。坊間易覓。即如上海城內邑廟後翼化堂書坊亦有出售。書價連運費六分)

원요범 선생의 《사훈四訓》에서 가장 중요한 것은 가운데 두 편으로 우리는 주의해서 읽어야 합니다. 「입명立命」 일편은 단지 머리말일 뿐으로 우리가 일반적인 경서에서 강설하는 서분序分과 같습니다. 그리고 「개과改過」 와 「적선積善」은 정종분正宗分에 속합니다. 마지막 「겸덕謙德」 이 일편은 유통분流通分과 마찬가지입니다. 이 삼분三分에서 가운데 두 편은 불법에서 말하는 "어떤 악도 짓지 않고, 온갖 선을 받들어 행하라(諸惡莫作 衆善奉行)."입니다. 이는 《사훈四訓》의 종지宗旨가 담긴 곳으로 이를 진실로 해낼 수 있으면 운명은 확실히 자신이 건립하게 될 것입니다. 모두 잘 배우시길 바랍니다. 선인께서는 진정으로 발심하면 3개월 후 효과를 볼 것이라 말씀하셨습니다.

우리는 자신의 운명을 돌려 세우고, 자신의 체질로 개조하여야 합니다. 바꾸어 말하면 빠르면 3개월에 우리는 해낼 수 있습니다. 업장이 매우 무거운 경우 아무리 늦어도 3년이면 반드시 효과를 봅니다. 어렵지 않음을 알 수 있거늘 누가 자신의 운명을 개조하길 원하지 않겠습니까? 이러한 효과는 부처님께서 설하신 일체 경전과 견주어도 여전히 효과가 있습니다. 이 《사훈四訓》 한권의 이론과 방법은 동수 여러분에게 완전히 불경의 말씀에 의거한 것이라고 말씀드리겠습니다. 비록 경론이 아닐지라도 우리는 그것을 경론으로 간주하고 볼 수 있습니다. 이것이 인광대사, 그 어르신께서 세상에 계실 적에 강력하게 유통하신 이치입니다.

「복자아구福自我求」, 어느 누가 복을 구하고 싶지 않겠습니까? 구할 수 있습니까, 구할 수 없습니까? 답안은 구할 수 있습니다. 만약 이론을 알고 방법을 알아 이치대로 여법하게 스스로 많은 복을 구할 수 있습니다. 만약 이치에 밝지 못하고 방법을 알지 못하여 초파일과 보름에 사찰에 가서 절을 하고, 향을 몇 개 사르고, 향초 몇 자루를 공양한다고 해서 복이 온다고 잘못 생각한다면 그것은 일리가 있겠습니까? 나쁜 일을 저지르면서 여전히 감히 복을 빌고, 양심을 저버린 채 악을 저지르고 얻은 재물, 얻은 일백만 원, 일만 원을 불전에 공양하고 복을 닦으면서 이러한 것으로 매우 많은 복을 닦는다고 여깁니다. 솔직히 말해서 양심을 저버리고 얻은 일백만 원으로 모두 복을 지어도 죄업을 상쇄하지 못할 것이니, 우리는 이 이치를 알아야 합니다. 진정한 복보는 무엇일까?

「심지청정心地清淨」이 곧 가장 큰 복보福報입니다. 이는 복보의 기초입니다. 심지가 청정하지 않은 채 하루 선한 일을 행하여 설사 복이 있더라도 「유루복보有漏福報」입니다. 유루의 복보는 여전히 업장입니다. 심지청정이 얼마나 중요한가! 알 수 있습니다. 그래서 인광조사께서는 말을 하자마자 「성명誠明」을 꺼낸 걸 보면 얼마나 중요한지 보십시오.

「성명誠明」은 어떠한 악도 짓지 않고 온갖 선을 받들어 행함에 있어 기초입니다. 만약 앞에 성과 명 두 글자가 없다면 어떠한 악도 짓지 않고 온갖 선을 받들어 행하여도 이는 세간의 유루복보일 따름입니다. 설사 이를 행할지라도 얻는 것은 매우 한계가 있습니다. 생각해보십시오. 「성현의 도는 오직 성誠과 명明에 있을 뿐이라」, 서문의 서두 두 마디에 담긴 의도는 매우 깊습니다. 이 두 마디의 말은 곧 불교의 대의 속 「스스로 그 뜻을 청정히 하라(自淨其意)」입니다.

수많은 경전과 논서에서 시방제불보살께서 중생을 교화하는 총강령은 곧 이 세 마디 말입니다. "어떠한 악도 짓지 않고 온갖 선을 받들어 행하며, 스스로 그 마음을 청정히 하라(諸惡莫作 衆善奉行 自淨其意)." 심지가 청정하여야 하고, 한 티끌에도 물들지 않아야 하며, 여여부동하여야 합니다. 그래야 정정당당하다 말할 수 있습니다. 다음에 악을 끊고 선을 닦아야 성불하고 조사가 되는 기초가 마련됩니다.

서문을 자세히 살펴보고, 원요범 거사의 수지受持를 살펴보면 조열도의 방법과 유사함을 알 수 있습니다. 조열도는 하루 행한 일을 향을 사르고 하느님께 보고 드렸고, 원요범 거사도 하루 행한 일을 선한 일이든 악한 일이든 상관없이 모두 그것을 공과격功過格에 기록하였습니다. 요범 선생은 곧 이러한 공부를 하여 이로써 자기의 몸과 마음을 점검하였고 자신의 운명을 개조하였습니다. 입명 한편의 문자를 읽으면 우리는 원요범 거사의 업장이 매우 무거운 범부였음을 알 수 있습니다. 그는 자신의 운명을 개조하였는데 우리는 왜 개조할 수 없겠습니까? 우리도 당연히 개조할 수 있습니다. 나아가 그보다 더 수승할 수 있습니다. 우리가 이번 생의 성취는 마땅히 그를 뛰어넘어야 맞습니다. 왜냐하면 우리의 기연機緣은 그보다 좋기 때문입니다.

그는 「공과격을 수지하였다(受持功過格)」 말합니다. 「수지受持」는 법에 따라 수지한다는 말입니다. 「수受」는 받아들인다는 뜻이고, 「지持」는 가르침에 따라 받들어 행하며 잃어버리지 않도록 유지한다는 뜻입니다. 이래야 「수지受持」입니다. 현재 수많은 사람들이 이 두 글자를 잘못 이해하고 있습니다. 예컨대 어떤 사람은 《금강경》을 매일 아침저녁 한번 독송하기만 하면 《금강경》을 수지하는 것으로 잘못 생각하고 있습니다. 우리가 《요범사훈》을 수지하는 경우 만약 이 책을 펼치고 읽은 후 하루에 행한 일이 《사훈》의 이치와 아무런 상관이 없다면 이는 잘못이니, 이미 수受도 없고 지持도 없습니다.

아침에 《금강경》을 불보살 면전에서 한번 독송하였다고 나는 오늘 공부를 마쳤다고 결코 말하지 마십시오. 이는 자신이 자신을 속이는 것입니다. 《금강경》을 수지하려면 최소한도 착실히 아상我相·인상人相

· 중생상衆生相 · 수자상壽者相의 사상四相을 깨뜨려나가야 합니다.[29] 《금강경》의 이치와 방법에 비추어 수행하여 일상생활 한가운데 이러한 이치와 방법을 운영하여 언제든지 관조觀照를 일으켜 일체 경계 인연 중에 「상相에 머무르지 않는 보시布施」를 학습하여야 비로소 「수지」라고 합니다.

날마다 끊임이 없고 해마다 끊임이 없음이 지持의 뜻입니다. 우리들 자신이 대경대론大經大論에 기연機緣이 있어 불법을 많이 듣고서 아뢰야식 안에 몇몇 선근종자가 많이 뿌려지길 바랍니다. 가르침에 따라 받들어 행하는 것은 실제로 쉽지 않습니다. 우리는 마땅히 《요범사훈》을 수지하는 것으로부터 실천하여야 합니다. 이는 비교적 어렵지 않습니다. 「수지」 두 글자는 진정으로 해낸다는 뜻입니다. 진정으로 해내면 효과가 있습니다. 그래서 빠르면 3개월에 운명은 바꿀 수 있다고 말합니다.

---

29) 「아상我相, 인상人相」이라 할 때, 아상 · 인상은 상대로부터 임시로 세운 것입니다. 「중생상衆生相」이라 할 때의 중생은 일체 만사 · 만물입니다. 만사 · 만물은 모두 온갖 인연이 화합하여 나타난 상입니다. 이른바 광물, 식물, 일체 자연현상은 모두 중생상입니다. 강우와 폭풍도 중생상입니다. 온갖 인연이 화합하여 임시로 세운 것을 중생상이라 합니다. 「수자상壽者相」이라 할 때의 수자壽者는 시간이 상속함입니다. 수자는 상속하여 임시로 세운 것입니다. 당신이 집착하는 이러한 물건은 가상이고 당신이 집착할 수 있는 마음도 가상입니다. 당신에게 아직도 해볼 만한 가치가 있는 일이 있습니까? 아직도 집착할 만한 것이 있습니까? 아직도 내려놓지 못한 것이 있습니까? 이러한 사실 · 진상을 모두 다 명백히 알고, 심신 · 세계 · 일체를 내려놓는다면 당신은 마음속에서 곧바로 「대자재」를 얻을 것입니다. 바꾸어 말하면 당신의 진심이 현전하고 망심이 사라지며 그것이 망상이고 불가득임을 철저히 이해할 것입니다. _《금강반야연습보고金剛般若研習報告》 정공 큰스님

업장이 무거운 경우에도 3년을 수지하면 틀림없이 효과를 볼 것입니다.

우 거사는 주석에서 "「공과격」 이 책에서는 일체 선악의 행위를 규정하고 있으니, 마땅히 공과功過의 수량을 얻어야 한다." 말합니다. 모름지기 선악을 변별할 수 있는 능력이 있어 크게 선한 일이면 공이 많아 몇 십 개 몇 백 개 공을 얻고, 작게 선한 일이면 한 개 두 개의 공을 기록합니다, 크게 악한 일이면 백 개 십 개의 과가 있고 작게 악한 일이면 한 개 두 개의 과가 있습니다. 매일 자신이 공과 과를 기록하여야 합니다. 꾸준한 마음이 있어야 합니다. 이 삼일만 기록하다 그만두어서는 안 됩니다. 귀찮다고 「공과격」을 내버려두면 성공할 수 없습니다! 요범 선생은 인내심이 있어 날마다 적었습니다. 《사훈》 뒤쪽을 읽으면 그 자신만 기록하였을 뿐만 아니라 그의 부인도 이와 같이 적었음을 명백히 알 것입니다. 그녀는 글자를 몰라 거위 털로 만든 붓으로 주사朱砂를 찍었습니다. 공은 붉은 색으로 찍었고, 과는 검정색으로 찍었습니다. 그녀는 이 방법을 써서 적었습니다. 생각해보십시오. 글자를 모르는 사람인 그녀도 닦을 수 있고, 운명도 개조할 수 있었습니다.

주렴계周濂溪, 주회암(朱晦菴 ; 주자), 요부堯夫 및 한위공韓魏公, 소문충공蘇文忠公 이들 몇 분은 모두 과거의 대유학자입니다. 요부는 송나라 도학자 소강절邵康節이고, 한위공은 송나라 재상인 한기韓琦이며, 소문충공은 소동파蘇東坡입니다. 이 분들도 모두 이렇게 「공과격」을 수지하였으니, 우리도 착실히 학습하여야 합니다. 우리는 현재 진정으로 발심하여 수지한다고 말하려면 연지대사의 《자지록自知錄》, 《감응편感應篇》과 같은 몇 가지 과거의 「공과격」을 참고할 수 있습니다. 《덕육고감德育古鑑》 등의 책은 그의 정신을 근거로 삼아 중시하고 현대의 조류를 배합하여 한 책을 수정하여 자신이 공부하기에 알맞는 「공과격」을 수지할 수 있습니다. 고대의 「공과격」 내용에 완전히 따를 수 없습니다. 그것은 많은 쓸데없는 번뇌를 증가시켜서 오히려 나쁩니다. 이는 우리가 반드시 주의해야 할 점입니다. 생활의식이 현대와 고대가 매우 다르기 때문입니다.

무릇 마음을 일으키고 생각을 움직이며 말하고 행동할 때 선과 악을 상세하게 빠짐없이 다 적는다.

凡擧心動念。及所言所行。善惡纖悉皆記。

마음을 일으키고 생각을 움직일 때 언제 어디서나 모두 기록하여야 합니다. 「소언소행所言所行」, 「언言」은 언어입니다. 언어에는 선한 것도 있고 악한 것도 있습니다. 「공과격功過格」 안에 이를 상세히 기록합니다. 그리고 《계경戒經》에서는 강령綱領만 말할 뿐입니다. 거짓말을 하지 않음이 선이고, 거짓말은 과입니다. 십선十善에서 말로 짓는 업(口業)에는 거짓말을 하지 않음 · 험한 말을 하지 않음 · 이간질하는 말을 하지 않음 · 쓸데없는 말을 하지 않음, 이 네 가지가 선으로 나뉩니다.[30]

30) 거짓말은 곧 말이 진실하지 않음이다. 말이 진실하지 않으면 마음도 진실하지 않고 인격을 크게 잃게 만든다. 쓸데없는 말은 곧 외설스럽고 저질스런 말(쓸데없는 말로는 1) 농담 등 실없는 말장난, 2) 무익한 말, 무익한 논쟁 토론, 3) 때에 맞지 않는 말 4) 아첨하는 말, 번드르르하게 치장하는 말 5) 터무니없는 허황된 말

뒤집으면 곧 악입니다. 그러나 모두 「공과격」 상에 상세히 기록합니다. 이는 우리에게 「공과격」에 따라 수행하여야 함을 가르칩니다. 목표는 매우 뚜렷하니 선은 날로 증가하고, 악은 날로 줄어들길 바랍니다. 자신이 기재하고 자신이 압니다. 선과 공은 날로 증가하고, 과와 악은 날로 감소하는 것이 아닙니까? 만약 이러하다면 진보가 있고, 기뻐할만 합니다. 우리의 선이 날마다 줄어들고 과가 날마다 증가하면 복이 아니고 뒤집어져 곧 재난이 멀지 않습니다. 《태상감응편太上感應篇》에서 매우 잘 말하고 있습니다. "화와 복은 달리 들고나는 문이 없고, 오직 자기 자신이 스스로 초래할 뿐이다(禍福無門 唯人自召)." 이는 복과 화는 모두 우리가 만들어낸 것입니다. 복은 우리 자신이 닦은 것이고, 화도 우리 자신이 초래한 것입니다. 자신이 초래한 것이 악이니, 어떻게 하늘을 원망하고 남을 탓할 수 있겠습니까? 하늘을 원망하고 남을 탓하는 생각이 생기면 또한 과입니다. 다만 자신의 선이 너무 적고 과가 크게 증가할까 두려울 뿐 어떻게 복보가 현전할 수 있습니까? 그래서 목표는 대단히 분명합니다.

선이 날로 증가하고 악이 날로 감소되길 기대하였다.

以期善日增而惡日減。

---

6) 부풀리고 과장하는 말)을 하여 사람들의 마음을 음탕하게 만든다. 험악한 말은 말이 흉악하여 칼 같고 검과 같아 사람이 받아들이기 어렵다. (또한 남이 듣고 기뻐하지 않으며, 불쾌하게 여기고, 성냄을 일으킨다) 이간질하는 말은 한 입으로 두 말을 하여 쌍방에게 시비를 부추긴다. _《인광대사 문초 청화록》(비움과소통)

이 두 마디 말이 우리에게 만약 그다지 기쁘지 않은 말로 들린다면, 다시 이 말에서 두 글자를 바꾸어 우리의 경각심이 높아질 것입니다. "복이 날로 증가하고 화가 날로 감소되길(福日增 而災日減)." 이러면 기쁠 것입니다. 즉 복보가 날마다 증가하고 재난이 날마다 감소하면 당연히 기쁠 것입니다. 우리는 화와 복은 과果에서 말한 것이고 선과 악은 인因에서 말한 것임을 알아야 합니다. 부처님께서 설하신 말씀은 정말 조금도 틀리지 않습니다. 중생은 「과果」는 두려워하지만 「인因」은 두려워하지 않습니다. 선과 악은 대수롭지 않고 중요하지 않으며 자기와는 이해관계가 없습니다. 화와 복이 심하다고 말하면 이런 일은 중대합니다. 보살은 우리 범부보다 총명하여 보살은 「인因」을 두려워합니다. 그는 작은 선한 일, 작은 악행은 아주 조금일지라도 두려워하고 모두 전전긍긍하며, 매우 신중하게 악을 끊고 선을 닦습니다. 선의 과는 곧 복이고, 악의 과는 곧 화와 재난임을 알아야 합니다. 이는 우리에게 원요범 선생을 배워서 「공과격」을 따라 신수봉행하길 권합니다. 이처럼 해야 진정으로 《요범사훈》을 배움이라 합니다.

처음에는 선과 악이 뒤섞여 있었으나, 오래 지속하면서 오직 선만 있고 악은 완전히 없어졌다. 그래서 복이 없는 운명이 복이 있는 운명으로 바뀌었고, 장수하지 못하는 운명이 장수하는 운명으로 바뀌었으며, 자손이 없는 운명이 자손이 많은 운명으로 바뀔 수 있었다.

初則善惡參雜。久則唯善無惡。故能轉無福爲有福。轉不壽爲長壽。轉無子孫爲多子孫。

이는 원요범 선생이 「공과격」에 따라 수지하여 그가 한평생 감응한 사실을 말합니다. 맨 처음 수행하던 상황은 "선과 악이 뒤섞여" 있었습니다. 요범 선생이 닦은 것은 이러했고, 우리가 닦는 것도 이러합니다. 그래서 걱정할 필요가 없습니다. 맨 처음 닦을 경우 선과 악이 뒤섞여 있게 마련이고, 우리는 날마다 기록하여 선한 일과 악한 일이 한데 섞여 있습니다. 차츰 선이 많아지고 악이 줄어들어 언젠가는 「유선무악唯善無惡」을 해냅니다. 즉 「공과격」을 펼치면 모두 선이고, 더 이상 과와 악은 없습니다. 하루를 실천하기만 하면 운명이 바뀝니다.

바꾸어 말하면 3개월에 해내면 3개월에 바뀌고, 3년에 해내면 3년에 바뀝니다. 어떻게 바뀌는가? 어느 날 「공과격」을 펼쳤더니, 선만 있고 과가 없으면 그 날부터 시작하여 운명이 바뀝니다. 원요범 선생은 곧 이렇게 운명을 바꾼 것입니다. 요범 선생은 복이 없었고 복보가 매우 얇았으나, 「복이 없는 팔자가 복이 있게 바뀌었다」는 것입니다.

요범 선생의 수명은 「공 선생」 이 추산해주었는데, 그의 수명은 53세 일 뿐이라 말했으나, 결과는 70여세까지 살았습니다. 수명의 조종은 자신의 손 안에 있습니다. 「장수하지 못하는 팔자가 장수하게 바뀌었다.」 그도 해내었습니다. 그의 수명에는 자식이 없었으나 나중에서 대단히 좋은 자식 두 명이 있었습니다. 「자손이 없는 팔자도 자손이 많게 바뀔 수 있었다.」 그는 모두 해내었습니다. 《사훈四訓》을 읽고 진심으로 구하면 반드시 감응이 있음을 알 수 있습니다. 그러면 우리는 현재 구하고 있는데 왜 감응하지 않는가? 자신의 공과격을 펼쳐보면 날마다 여전히 매우 많은 검은 점이 있는데, 어떻게 구하면 감응할 수 있겠는가? 감응할 수 없습니다. 언젠가는 검은 점이 없고 잘못이 없어지면 감응이 없는지 살펴보십시오. 그때 비로소 우리는 부처님께서 경전에서 하는 말씀을 진정으로 믿을 것입니다. "불씨문중에는 구함이 있으면 반드시 감응이 있다."

현생에 뛰어나 성현의 경지로 들게 되었고, 업보가 다하여서는 (우리는 현생에서 누리는 부귀와 빈천, 지혜와 우매, 영예와 치욕 등등 무엇이나 숙업으로 초래되지 않은 것이 없다. 인연이 무르익으면 이에 오고 업보가 다하면 곧 그친다. 사람의 몸은 어렵게 얻어 쉽게 잃는다. 만약 서둘러 명광이 변천하여 시들어지지 않았을 때 부지런히 선업을 닦아 스스로 구해내지 않고 타락하여 다시 몸을 얻으려고 한다면 얼마나 많은 세월을 겪어야 하는 줄 모르니, 어찌 두렵지 않겠는가!) **높이 극락의 고향에 올라갔다.** (타고난 운명에 구속되지 않고 숙업에 속박되지 않아 영원히 고통의 세계(삼악도)에 빠지길 거부하고 상적광정토의 성스러운 경계에 안온히 머문다. 대수행인, 대해탈인이 아니면 어찌 이에 도달할 수 있겠는가. 이러한 지위에 이르러 일체 세상의 복보는 견줄 수 없다. 이를 일러 극락이라 하나 어찌 과장된 말이겠는가.)

現生優入聖賢之域。報盡(吾人現生無論貧富貴賤。智愚榮辱等等。無非夙業所驅。緣熟斯來報盡便休。人身難得易失。若不急趁命光未遷謝時。勤修善業以自救拔。倘一墮落設欲再得人身。不知經歷幾何年月矣。如之何不懼。)高登極樂之鄉。(不爲命數所拘。不爲夙業所縛。永謝沉淪苦趣。安住寂光聖境。非大修行人大解脫人。烏能致此。到此地位。一切世福無與倫比。稱之曰極樂豈夸辭哉。)

「현생에서 뛰어나 성현의 경지에 들어간다」. 현재 우리의 이 몸으로 여전히 업보의 몸을 버리지 않았을 때 성현이 될 수 있습니다. 성현은 세간의 성인 · 현인을 가리킵니다. 업보가 다하고 업보의 몸을 버린 후 마땅히 극락의 고향에 태어나고, 서방극락세계 상품상생에 왕생합니다.

우 거사는 주석에서 이렇게 말합니다. 「우리가 현생에서 누리는 부귀와 빈천, 지혜와 우매, 영예와 치욕 등등 무엇이나 숙업으로 초래되지 않은 것이 없다. 인연이 무르익으면 이에 오고 업보가 다하면 곧 그친다. 사람의 몸은 어렵게 얻어 쉽게 잃는다. 만약 서둘러 명광이 변천하여 시들어지지 않았을 때 부지런히 선업을 닦아 스스로 구해내지 않고 타락하여 다시 몸을 얻으려고 한다면 얼마나 많은 세월을 겪어야 하는 줄 모르니, 어찌 두렵지 않겠는가!」

우리가 현재 이 세상에 부귀하게 혹은 빈천하게, 우매하게 혹은 총명하게 태어나든 세간 출세간의 대각자는 이 모든 것이 다 과거세에 닦은 것이고 숙업으로 초래한 것이라 말합니다.

이를 통해 우리는 인생이 결코 한 세상에 완료되는 것이 아님을 매우 똑똑히 볼 수 있습니다. 우리는 한 세상의 세월이 매우 촉박하여 진정으로 수십 번의 추위와 더위가 손가락 튕기는 순간 지나감을 기억해야 합니다. 40대 이상의 사람은 모두 이러한 체험이 상당히 깊습니다. 인광대사의 교훈을 읽으면 당연히 젊은이의 느낌보다 훨씬 더 깊습니다. 이는 곧 수십 년 몸소 경험한 것입니다. 특히 이 책에서 "얼마 안 되는 음식이라도 전생에 정해지지 않음이 없다(一飮一啄 莫非前定)."라고 말합니다. 이것은 우리가 배워야 하고 기억해야 할 것입니다. 이러한 사실의 진상을 분명히 하고, 일상생활 속에서 복을 닦고, 복을 기르며, 복을 아껴야 이런 복보를 더없이 누릴 수 있다는 것을 우리는 기억해야 합니다. 마치 우리가 땅을 갈고 파종하여 오늘 수확이 있어도 여전히 계속해서 내년의 종자를 준비하는 것과 같습니다. 만약 복을 닦을 줄 모르고 복을 기를 줄 모르며 복을 아낄 줄 모르면 아무리 애를 쓸지라도 얻는 일체 향수는 여전히 숙세의 복보에 속합니다.

예를 들면 저는 출가자입니다. 갖가지 궁리를 하여 사람들이 내게 공양하도록 유인합니다. 옛말에 이르기를, "스님이 나쁜 꾀를 내지만, 신도들은 절하러 오지 않는다(和尙不作怪 居士不來拜)." 하였습니다. 왜 절하러 오느냐 하면, 여러분은 나에게 돈과 재물을 주러 옵니다. 이는 도둑질하는 행위입니다. 이렇게 얻은 돈은 여전히 운명 속에 정해져 있는 것이고 운명 속에 본래 있는 것이라고 알아야 합니다. 운명에 없는데 나쁜 꾀를 내는 스님이 매우 많지만 거사는 여전히 절하러 가지 않습니다. 와서 절하고 와서 공양하는 것은 여전히 운명에 정해져 있는 것으로 절대로 인이 없는 과는 없습니다.

이런 복보는 이러한 수법을 쓰지 않아도 기연機緣이 차츰 무르익으면서 차츰 수용하게 되거나, 이러한 수단을 써서 기연을 앞당겨 무르익게 하거나 증상연增上緣을 짓는 것에 불과할 뿐입니다. 그러나 복보를 다 누리면 사라집니다.

이는 마치 회사에서 일하고 급여를 가불하는 것과 같습니다. 당신은 가불을 받겠습니까? 매달 드리겠습니다. 월말에 회사에서 지급해드리면 당신의 생활이 매우 안정될 겁니다. 나는 오늘 이유를 생각해내어 일 년치 월급을 모두 가불했습니다. 나는 제멋대로 몇 달 동안 다 써버리고, 그 후 몇 달 동안 궁핍한 생활에 시달릴 것입니다. 그래서 이런 이치를 분명히 알고서도 감히 또 나쁜 꾀를 내겠습니까? 감히 또 궁리를 하겠습니까? 그래서 갖가지 궁리를 다 해서 얻은 것인지, 아니면 운명에 있는 일부분인지 분명히 해야 합니다.

우리는 가불을 받지도, 대출을 받지도 않을 뿐만 아니라 항상 저축하여야 합니다. 어떻게 저축합니까? 곧 잘못을 고치고 선을 닦고 공덕을 쌓는 것을 저축이라 합니다. **"일체 상을 여의고 일체 선을 닦을 수 있을 때 구함이 있으면 반드시 감응합니다."** 이 몇 마디 말이 《요범사훈》에서 가장 중요한 효용이 있습니다. 처음 배우는 사람에게 가르칠 때, 여러분 모두 마찬가지이고 요범 선생도 예외가 아닙니다. 처음 배울 때는 선과 악이 뒤섞여 있어 매우 어렵습니다.

처음 배우는 방법은 여전히 「공과격」을 사용합니다. 업장이 가벼운 사람의 경우 불필요할 수 있습니다. 왜냐하면 그는 날마다 일어나는 악한 생각이 적고 선한 생각이 많기 때문입니다. 업장이 무거운 사람의 경우도 불필요할 수 있습니다. 왜냐하면 그는 날마다 일어나는 선한 생각이 적고 악한 생각이 많기 때문입니다. 「공과격」은 매우 중요한데 우리에게 도움이 큽니다. 「공과격」을 펼치면 나는 오늘 악한 생각이 얼마나 일어났는지 선한 생각이 얼마나 일어났는지, 악한 일을 얼마나 하였는지 선한 일을 얼마나 하였는지 볼 수 있습니다. 하루 중 선이 많고 여전히 악도 많으면 날마다 비교하고 달마다 비교합니다. 과연 여러분이 이렇게 착실히 행하여 3년 후면 유선무악唯善無惡을 해낼 수 있습니다. 마음속에 생각이 일어나지 않으면 그치고 생각이 일어나면 선으로 더 이상 나쁜 생각이 있을 리 없습니다. 이러한 때에 이르면 불법에서 말하듯이 구함이 있으면 반드시 감응합니다.

본래 박복하면 현재 복보가 현전합니다. 복보는 어디에서 옵니까? 인因이 곧 선을 행하였을 때 옵니다. 선의 인이면 선의 과보가 있고 악의 인이면 악의 과보가 있습니다. 선과 악의 과보는 추호도 틀림없습니다. 보응이 없다고 생각하면 대단한 잘못입니다. 틀림없이 보응이 있습니다. 아마도 어떤 사람은 물을지도 모릅니다. "나는 마음을 움직이고 생각을 움직일 때마다 모두 선인데 나의 보응은 왜 좋지 않는가?" 그러면 스스로 분명히 해야 합니다.

'과거세의 업장이 너무나 무겁지만 지금은 다행히 선을 닦고 있다.

선을 닦지 않으면 아마 사람 몸조차도 유지할 수 없을 것이다. 눈앞에 작은 괴로움을 조금이라도 겪어서 바로 과거세의 중죄가 없어질 것이다.' 불경에서는 이에 대해 「**무거운 죄에 가벼운 과보를 받는다**(重罪輕報)」 말합니다. 그래서 인과응보의 이치에 대해 깊이깊이 믿고 의심이 있어서는 안 됩니다. 《사십화엄四十華嚴》에서 말한 열 가지 악인이 곧 우리에게 자기점검에 대한 가르침입니다. 바꾸어 말하면 맨 먼저 무엇이 선인지 무엇이 악인이지 분명히 알아야 하고, 결코 악한 일을 선으로 여기고 선한 일을 악이라 여겨서는 안 됩니다. 자신이 죄업을 저질렀음에도 자신이 선을 행하고 공덕을 쌓았다고 여기면 큰 손해를 볼 것입니다.

그래서 세간·출세간의 학문은 선과 악을 판별하게 하고, 옳고 그름을 판별하게 하고, 진심과 망상을 판별하게 하며, 그릇됨과 올바름을 판별하게 합니다. 이래야 학문이 있습니다. 그래서 진실로 학문이 있는 사람은 복이 없는 팔자를 복이 있게 바꾸고 요절하는 팔자를 장수하게 바꿀 수 있습니다. 이러한 몇 가지는 모두 원요범 선생 자기 자신과 상응합니다. 요범 선생은 복보가 없었고 장수할 팔자도 아니었으며 운명에 자식이 없었습니다. 하지만 이러한 것을 그는 모두 바꾸었습니다. 이는 세간법을 말합니다. 우리는 세간법을 경시해서는 안 됩니다. 왜냐하면 세간법에서 우리가 구하려는 것을 모두 구할 수 없고 여전히 장애가 있어 바꿀 수 없기 때문에 출세간법에서도 희망이 없습니다. 왜냐하면 출세간법의 선근복덕은 세간법의 선근복덕보다 훨씬 높습니다. 우리 자신이 닦은 선근복덕이 세간법의 수준조차 미치지 못하면 출세간법은 말할 필요가 없습니다.

그래서《요범사훈》책 한권을 우리가 착실히 닦으면 장래의 효과는 저절로 더욱 수승할 것입니다. 현재 이대로 닦으면 지금 곧 성현입니다. 완전히 이대로 하면 곧 세간의 성현이고, 불법으로 수지하면 곧 출세간의 성인입니다. 그래서 "현생에서 뛰어나 성현의 경지에 들어갔다." 말씀하셨습니다. 「보진報盡」은 이번 생의 수명, 이 한번 뿐인 업보가 다할 때를 말합니다. 이때 당신은 서방극락세계에 왕생하길 발원해야 합니다. 당신도 상품상생上品上生할 수 있습니다. 당신이 정토를 닦아야 비로소 득력할 수 있고, 비로소 상上의 공덕을 얻을 수 있습니다. 우리는 소주小註 안에 말한 경계의 말씀을 인식하여야 하고 명백히 알아야 합니다. 사람은 무엇을 위해 이 세상에 태어났는가? 부처님께서는 우리에게 과거의 업을 갚기 위함이다 말씀하셨습니다. 요컨대「인생은 업을 갚기 위함이다(人生酬業)」, 바꾸어 말하면 인생은 곧 와서 과보를 받는 것입니다. 과거세에 지은 선이 많으면 이번 세상에 복을 누리고, 과거세에 지은 악업이 많으면 이번 생에 곧 괴로움의 과보를 받거늘 어찌 하늘을 원망하고 남을 탓하겠습니까!

속담에 "운명이려니 하고 단념하라, 우리의 운명은 필히 이럴 것이다."라는 말이 있습니다. 그저 운명이니 단념하라고 말한다면 이는 매우 소극적인 사고입니다. 비록 소극적일지라도 여러분에게 정말 운명이니 단념하라고 말해주어 그가 업을 짓지 않으면, 운명이라 단념하지 않고 운명이라 몸부림치면서 다시 무량한 죄업을 짓는 사람보다 여전히 훨씬 더 수승할 것입니다.

불법은 소극적인 사고가 아니라 어떻게 운명을 개조하여야 하는지 가르쳐 주고, 우리에게 운명을 개조하는 정확한 이론과 방법을 지시합니다. 우리는 《요범사훈》이 얼마나 적극적인 사고인지 알 수 있습니다. 원요범 선생이 마음을 일으키고 생각을 움직이며 말하고 행동할 때 적극적으로 운명을 개조하였습니다. 우리는 이 점을 알고 본받아야 합니다.

인간의 몸은 어렵게 얻지만 쉽게 잃습니다. 불경에서는 이를 비유하여 「수미산에서 바늘에 실 꿰기(須彌穿針)」와 같다고 말합니다. 이는 기연機緣이 쉽지 않음을 말합니다. 즉 수미산 정상에서 실 한 가닥을 늘어뜨리고, 산 아래에서 자수 바늘 하나를 놓고서 이 실을 꼭 맞게 바늘귀에 넣어 꿰는 것과 같습니다. 생각해 보십시오, 실 백 가닥을 늘어뜨려 한 가닥이라도 바늘귀에 넣어 꿸 수 있겠습니까! 수미산은 말할 것도 없고 설사 우리 강당 3층 창문에서 실 한 가닥을 늘어뜨리고 밑에서 한 사람에게 바늘을 하나 가져와 꿰어보라고 한들 한 가닥이라도 꿸 수 있겠습니까? 다. 부처님께서는 우리에게 사람 몸을 잃고 다시 사람 몸을 얻는 것은 수미산 정상에서 바늘에 실을 꿰려고 하여 바로 지금 잘 꿰어 들어가는 것과 같다고 알려주셨고, 그것은 결코 요행이 아니라고 말씀해주셨습니다.

경전에서는 이번 생에 오계五戒를 범하지 않으면 내세에 사람 몸을 얻을 수 있다고 또렷이 말씀하고 있습니다. 오계를 하나하나 말하면, 살생을 하지 않음(不殺生) · 도둑질을 하지 않음(不偷盜) · 삿된 음행을 하지 않음(不邪淫) · 거짓말을 하지 않음(不妄語) · 술을 마시지 않음(不飮酒)입니다. 이러한 계율의 조항을 들으면 이해하기는 매우 쉽지만 실제는 쉽지 않습니다. 이 속에는 미세한 행상行相이 있습니다. 즉 「지킴(持) · 어김(犯) · 허용(開) · 금지(遮)」(지범은 계율에 대한 준수와 위반을 의미하고, 개차란 실제의 생활에서 피치 못하게 계율을 어긴 경우에 그것의 허용 여부에 대한 부처님의 판단을 의미함)가 있습니다. 만약 명료하지 못하면 어떻게 계를 지킬 수 있겠습니까? 그래서 계학戒學이라 칭하니, 이를 매우 잘 학습해 나가야 합니다.

도둑질을 하지 않음의 계율에는 무엇이 포함됩니까? 단순히 내가 좀도둑이 되지 않는다는 말이 아닙니다. 위에서 말한 바와 같이 남을 속이는 수단으로 얻은 것은 모두 도둑질입니다. 속임수를 부려 남에게 공양하게 하는 것도 도둑질하는 행위입니다. 이런 미세한 상은 정말 지키기 어렵습니다. 우리들도 흔히 볼 수 있습니다. 예컨대 보통 편지봉투 안에서 지폐 한 장을 부치는 경우 등기로 하지 않으면 이것은 도둑질이고, 우체국의 우편요금을 훔치는 것입니다. 기관단체나 회사에서 쓰는 편지지와 편지봉투는 공용인데 우리 개인이 사적으로 가져다 쓰는 것도 도둑질입니다. 날마다 도둑질을 하고 있는데, 여전히 나는 도둑질하지 않음의 계율을 지켜서 매우 청정하다고 생각하니, 입을 열기가 어찌 쉬운 일이겠습니까!

다시 말해 의도가 있든 의도가 없든 다른 사람의 재물을 침범하여 차지하는 것은 도둑질하는 행위이고, 도둑질을 하지 않음의 계율을 범하는 것입니다. 계율의 이러한 미세한 상을 알지 못하면 자신이 계율을 범하였는지 알지 못합니다. 그래서 계율을 지키는 것은 쉬운 일이 아닙니다. 오계는 조항마다 범하지 않아 60% 이상을 도달할 수 있어야 내생에 사람 몸을 얻을 수 있습니다. 오계는 어떻게 닦는가 하면 「공과격」에 따라 실천하면 됩니다. 예전에 사용된 「공과격」의 조항은 많아서 3, 4백 개나 됩니다. 이는 너무 번잡하고 자질구레하여 수지하기가 쉽지 않습니다. 옛 대덕은 다시 그것을 귀납하고, 그것을 간략화하여 대략 백여 조항으로 만들었습니다. 우리가 이대로 수학하면 매우 좋을 것입니다. 소주小註의 이면은 자신을 연마 · 격려하고 자신을 경계하는 것입니다. 사람 몸을 얻기 어려운 줄 알아야 합니다. 실제로는 얻기가 쉽지 않습니다. 이미 사람 몸을 얻은 이상 잘 수행하여 한평생 헛되이 보내지 말아야 합니다.

그래서 현재 신체가 건강할 때를 이용해서 스스로 새롭게 하고 스스로 구함(自新自救)의 길 하나를 구하도록 노력하여야 합니다. 만약 이번 생에 수행하여 공을 이루지 못하여 사람 몸을 잃어버리면 저 일생, 저 일겁에 다시 사람 몸을 얻을 수 있을지 알지 못합니다. 그래서 우리는 학불學佛하면서 근본에서 닦아야 합니다. 시간이 있으면 대승경전도 시간을 내서 보아야 합니다. 왜냐하면 우리의 의혹을 깨뜨려 없애고 우리의 신심을 증장시킬 수 있기 때문입니다.

이론상으로는 대경大經 대론大論에서 철저하게 말씀하고 있어 기회가 있으면 《화엄경》·《법화경》·《능엄경》·《열반경》과 같은 몇몇 대경을 훑어보면 좋겠지만, 수행에 관해서는 여전히 《요범사훈》으로부터 시작하여야 합니다. 왜 우리는 대경을 많이 보고 많이 들어야 할까요? 학문을 증장시켜야 작은 견처를 가지고 만족하는(得少爲足) 잘못을 범하지 않게 됩니다. 특히 《화엄경》에서는 세간과 출세간법은 다름이 없다고 말씀하십니다. 세간과 출세간법은 하나의 단체 속에서 펼쳐집니다. 그래서 단체의 지도자는 매우 중요합니다. 이 경전의 감로화왕甘露火王장에서 매우 명백하게 말씀하고 있습니다.

한 나라의 국왕이 되면 온 나라의 백성이 행하는 선과 악에 대해 무거운 책임을 져야 합니다. 온 나라의 백성이 다 선업을 행할 수 있다면 선업의 공덕은 영도방법이 적절한 국왕에게 귀속됩니다. 그는 스스로 여러 사람의 왕이자 부모이자 스승(君親師)입니다. 대중은 모두 가르침에 따라 받들어 행합니다. 그러나 그가 영도하는 방법이 적절하지 못하여 백성이 죄를 짓게 되면 그가 짓는 죄의 무게는 바다보다 더 깊습니다. 이는 한 국왕이 국가를 다스리는 경우를 말합니다.

범위를 좁혀서 예컨대 한 가정의 경우를 말해봅시다. 당신은 한 집안의 가장입니다. 집안사람이 지은 선과 악에 대해 당신은 막중한 책임을 집니다. 집안사람이 모두 선을 행하면 당신 집안의 크고 작은 일체 선업은 가장에게 속합니다. 만약 집안사람이 악을 저지르면 가장도 일체죄업에 대해 책임을 져야 하는데, 같은 이치입니다. 또한 나쁜 일을 한 적이 없는 스님이 주지스님이 되는 경우를 말해봅니다. 만약 이 사찰의 청정신도가 죄업을 짓는다면 지은 죄과에 대해 주지스님은 반드시 책임져야 합니다. 왜냐하면 청정신도를 이끄는 직책을 다하지 못하였기 때문입니다.

우리는 독경을 하면서 한 가지로부터 열 가지를 미루어 알아야 합니다. 위의 말씀을 보고서 국왕은 재능을 가지고 있지만 다른 사람은 재능을 가지고 있지 않다고 생각하지 말아야 합니다. 그러면 우리는 볼 줄도 들을 줄도 모르는 것입니다. 불보살께서 이런 이치를, 이런 사상을 하나하나 또렷하게 말씀하셨음을 깨달아야 합니다. 우리는 스스로 선을 닦아야 하고, 우리는 모든 사람에게 선을 행하라고 권하여야 함을 알 수 있습니다. 한 사람이 지도자가 되기란 실제로 쉽지 않습니다. 우리는 지금 다들 앞 다퉈 우두머리가 되고 지도자도 되려고 하는데, 그의 수하 사람들이 모두 선업을 행할 수 있겠습니까? 만약 할 수 없다면 스스로 모두에게 서둘러 나를 좀 도와달라고 하고, 나의 죄과를 더욱 무겁게 하며, 나를 빨리 지옥에 떨어지게 하는 것이나 마찬가지입니다. 단지 이러한 사실일 뿐입니다. 그래서 지도자의 지위에 올라서는 것은 상당히 어렵습니다. 자신이 악업을 짓지 않아도 악업을 짓는 것이 불가피합니다.

이와 같은 이치와 사실을 불보살님께서는 경론에서 매우 또렷하게 말씀하고 있습니다. 그래서 당신이 한 집안의 장남이면 가정에 대해 교화의 책임을 집니다. 이는 교육을 말합니다. 교육이란 곧 사람에게 잘못을 고치고 선을 닦으라고 가르치는 것이고 사람에게 성현이 되라고 가르치는 것입니다. 이것이야 말로 교육입니다. 사회에서 생계를 꾸리는 기능은 교육의 지엽적인 면이지, 근본이 아닙니다. 교육의 근본은 덕행에 있고 도덕에 있습니다. 우리에게 사람과 사람의 관계, 사람과 천지대자연의 관계를 이해하라고 가르쳐줍니다. 다시 말해 《요범사훈》은 우리에게 진정한 교육, 근본적인 교육을 가르쳐 줍니다. 이는 우리가 반드시 기억해야 할 것입니다.

우 거사는 주석에서 말합니다. 「타고난 운명에 구속되지 않고 숙업에 속박되지 않아 영원히 고통의 세계(삼악도)에 빠지길 거부하고 상적광정토의 성스러운 경계에 안온히 머문다. 대수행인 대해탈인이 아니면 어찌 이에 도달할 수 있겠는가. 이러한 지위에 이르러 일체 세상의 복보는 이와 견줄 수 없다. 이를 일러 극락이라 하나 어찌 과장된 말이겠는가.」

요범 선생께서는 한 평생 선행을 닦는 가운데 선업의 역량이 그의 숙업夙業을 뛰어넘었습니다. 그래서 그의 과보는 당생當生에 잘못을 바꾸어 타고난 운명에 구속되지 않았습니다. 세상 사람은 관상과 사주를 보곤 합니다. 만약 당신의 운명을 다른 사람이 매우 정확하게 볼 수 있을지라도 그것을 좋아할 필요가 없습니다. 어떤 사람이 당신의 운명을 매우 정확하게 볼수 있을지라도 자신이 운명을 변화시킬 능력이 없다면 당신은 그 운명에 따라 살아가게 됩니다. 자신의 운명을 바꿀 수 없기 때문에 다른 사람이 그렇게 당신의 운명을 정확하게 볼 수 있습니다.

원요범이 공 선생으로부터 그의 운명을 매우 정확하게 추산받았다고 말하자, 운곡선사께서 그에게 말해주었습니다. “그대는 박지범부薄地凡夫로 업력에 끌려 다닌다. 당신은 업력을 뛰어넘을 능력이 없으니, 이를 「범부」라 한다.”

진정으로 대장부, 유위有爲의 사람은 반드시 운명의 구속에서 벗어나야 합니다. 어떻게 벗어납니까? 선업을 닦기를 노력하여야 뛰어넘을 수 있습니다. 성숙할 때까지 선업을 닦고, 게다가 정업淨業이 더해지면 운명의 체질이 숙명을 넘어설 뿐만 아니라 삼계육도의 윤회도 뛰어넘을 수 있습니다. (이 글의 소주小註는 특히 우석음尤惜陰 거사가 주석한 것입니다. 그는 인광대사의 귀의 제자입니다. 그의 주해가 있으면 우리는 대사의 가르침을 더욱 쉽게 이해할 수 있습니다.)

“상적광 정토의 성스러운 경계에 안온히 머문다.” 이는 서방 극락세계, 사토四土에서 상적광常寂光 정토에 대한 말입니다. 이는 이미 정점에 도달한 경계입니다. 대수행인, 대해탈인이 아니면 이 경지에 도달할 수 없습니다. 우리가 평소 염불하여 이일심불란理一心不亂을 얻었다고 말하면 이런 경계에 이르렀습니다. 일체 세상의 복보, 천상의 복보, 아라한 벽지불의 복보는 모두 그것과 견줄 수 없습니다. 이는 결코 과장된 말이 아닙니다. 그래서 정토종에서는 이를 일러 「극락세계」라 합니다.

그의 행지는 세상의 법칙이 되었고, 그의 언어는 세상의 가르침이 되었다. (이 위대한 성현의 언행을 보통사람 입장에서 관하면 너무 높아서 올라갈 수 없다고 여기고, 법문 속 요의에서 말하면 이와 같이 고심 역행하여 공덕을 쌓는 것이니, 여전히 초급공부에 속한다.)

> 行爲世則。言爲世法。(此大聖賢言行自尋常人觀之方以爲高不可攀自法門中了義言之如是苦心力行積德累功尚屬初級工夫)

당신 자신이 진정으로 이러한 한 걸음을 내딛으면 당신의 행지는 세상 사람의 모범이자 본보기가 될 것입니다. 당신의 언어는 곧 세상 사람의 가르침입니다. 사람마다 본받길 바라고, 존중하길 바랍니다.

우 거사는 주석에서 말합니다. 「이 위대한 성현의 언행을 보통사람 입장에서 관하면 너무 높아서 올라갈 수 없다고 여기고, 법문 속 요의에서 말하면 이와 같이 고심 역행하여 공덕을 쌓는 것이니, 여전히 초급공부에 속한다.」

나중에 요범 선생이 보인 한평생의 언행은 불법에서 특히 대승불법에서 확실히 초급이었습니다. 요범 선생이 한평생 행한 것은 불문에서 초급 공부였습니다. 초급이 있어야 중급이 있고, 중급이 있어야 고급이 있습니다. 우리가 지금 일심으로 기도하며 구하는 것은 무상보리이지만, 초급의 공부도 여전히 없습니다. 날마다 여전히 망상을 피우면서 무상보리를 이루고 싶어 하니 어떻게 허사가 되지 않겠습니까? 어떻게 성취가 있겠습니까? 뒤집어 말하면 성취한 것은 모두 악한 업, 악한 습기가 되어 나중에는 부처님을 배울 수 없습니다.

예전에 몇몇 노스님께서 저에게 말씀하셨습니다. 사찰에서 몇몇 처음 출가한 어린 비구 비구니에 대해 주지스님께서는 그들이 불학원에서 공부하는 것을 허락하지 않았습니다. 일반적인 재가 동수 여러분은 사찰의 주지 스님께서 너무 전횡한다고 느낍니다. 불학원은 좋은 곳인데 왜 그들에게 가라고 하지 않습니까? 실제로 우리는 그 하나만 알고 그 둘은 알지 못합니다.

예전 몇몇 노스님께서는 나에게 일러주셨습니다. "사찰에서 주지스님은 몇몇 처음 출가한 어린 비구와 어린 비구니를 불학원에 보내지 않으신다." 우리들 일반 재가 신도들은 이렇게 생각합니다. "사찰의 주지 스님이 너무 전횡을 하신다. 불학원이 좋은데 왜 그들에게 가라고 하지 않으실까?" 실제로 우리는 그 하나만 알뿐 그 둘은 모릅니다.

그가 불학원에서 공부하지 않을 때에도 착실하게 상주하는 스승님을 대신해 조금이라도 일을 할 수 있고 인간과 천상의 바보스런 복덕(癡福)을 닦을 수도 있습니다. 불학원에 공부하여 3년에 졸업하면 학문이 있는 스님이 됩니다. 절에 돌아오면 이것도 눈에 거슬리고 저것도 눈에 거슬립니다. 상주하는 스승님이 지휘하여도 움직이지 않습니다. 안중에 스승님이 없습니다. 스승님은 불학원에서 공부를 한 적이 없어 나만 못하다고 여겨 거만하여 자신을 높입니다. 불학원을 안 다녔을 때는 착실한 사람이었는데, 공부를 하고 나니 거만하여 자신을 높이는 습기를 배우게 됩니다. 선한 것, 좋은 것은 배워서 아는 것이 아닙니다. 악업을 짓는 증상연을 오히려 적지 않게 배워서 압니다. 3년 불학원을 배우고 나서 홍법하면서 중생을 이롭게 하고 강경 설법하는 이는 매우 드뭅니다.

여러분은 아셔야 합니다. 진정으로 학문이 성장하면 품성과 덕성도 저절로 성장합니다. 바꾸어 말하면 배울수록 겸허해집니다. 공자께서 사람에게 얼마나 겸허하셨는지, 어린아이도 매우 공경하셨습니다. 석가모니부처님께서도 얼마나 겸허하셨는지, 길에서 가난한 사람, 비천한 사람을 만나서 가던 길을 멈추고서 그들에게 인사하고 안부를 여쭈었습니다. 거만하여 자신을 높이는 성현이 있습니까? 배우고 나면 스승도 무시하고 부모도 무시합니다. 이를 스승을 등지고 상궤를 벗어남(背師叛道)이라 합니다. 스승을 등지고 상궤를 벗어나는 죄업은 곧 지옥에 떨어지는 죄업입니다. 실제로 스승이 제자를 불학원에 보내지 않는 것은 곧 제자가 지옥에 들어가지 않도록 하기 위함입니다.

세간법도 마찬가지입니다. 저도 본 적이 있습니다. 당연히 이는 다수가 아니라 소수입니다. 그러나 사회풍조가 날로 나빠지고 있어 앞으로 점점 더 다수가 될 것 같습니다. 자식은 대학을 졸업했지만 어머니는 초등학교만 공부하였고, 아버지는 중학교만 공부하였기 때문에 자식은 학문이 커져 집으로 돌아와 부모도 무시합니다. 부모는 자식이 학업을 완성하도록 쉽지 않게 키웠습니다. 그렇게 키우지 않았다면 눈에 여전히 부모가 있습니다. 이는 학문이 아니고 교육이 아님을 마땅히 알아야 합니다.

마음을 밝게 하는 덕학德學이 있는 사람의 면전에서 당신은 발붙일 곳이 없습니다. 예전 사회에서는 당신에게 이런 행위가 있으면 부모의 뜻을 거스르고 스승을 등지며 상궤를 벗어납니다. 오늘날 사회에서는 생계를 꾸리는 작은 일을 찾고 싶어도 주지 않고, 심지어 밥을 달라고 하여도 사람들이 주지 않습니다. 이러한 이치는 현재 학교에서 많이 말하지 않습니다. 불법의 경론에서는 비록 있을지라도 자신이 체득하여야 합니다.

진정으로 상세하고 조금도 남김없이 말하고 있는 것은 곧 《감응편感應篇》·《요범사훈了凡四訓》입니다. 옛 대덕들께서는 이에 대한 주석에서 선악의 과보를 남김없이 상세하고 설명할 뿐만 아니라 고금의 사례를 들고 있습니다. 불법에서는 신信·해解·행行·증證을 말합니다. 「증證」은 곧 입이고, 「입入」이 곧 증입니다. 당신에게 초급의 공부가 있어야 중급의 희망이 생깁니다. 중급의 공부가 있어야 당신의 고급의 희망이 생깁니다. 불법에서는 등급을 건너뛰는 것이 없습니다. 요즘 젊은이들은 지름길로 가고 싶어 합니다. 몇몇 공부는 닦기가 쉽지 않고, 가장 좋은 것은 모두 필요 없다고 생각합니다. 한걸음에 천상의 경지에 올라서려면 무엇을 배워야 하는가? 참선을 배워야 한다고 생각합니다. 냉정하게 바라보건대 참선을 배워 성취할 수 있는 사람이 얼마나 되겠습니까!

영가永嘉대사께서는 선종에서 확철대오(大徹大悟)하여 선의 3단계 관문(三關)31)을 철저히 알았던 사람입니다. 당신은 그의 교학을 살펴보고

31) 무명을 끊고 현현한 이치를 공부함은 견성을 도모함이니 지금 그대의 성품은

참선을 배우려면 어떤 조건을 구비하는 것이 필요하겠습니까? 이런 조건이 없다면 참선이 어디에 희망이 있겠습니까? 중국은 자고이래로 이 일천여년 동안 산림의 사찰·암자가 대륙에 얼마나 있겠습니까? 재가이든 출가이든 화두를 참구參究하는 사람이 얼마나 있겠습니까? 몇 사람이 성취하겠습니까? 왜 참선하는 사람은 그렇게 많은데, 성취하는 사람은 그렇게 적습니까? 바꾸어 말해 그 자신은 이미 초급 중급 고급의 공부를 구비하여야 참선을 성취할 수 있습니다. 그 자신이 초급의 선근 복덕도 없는데, 한걸음에 천상의 경지에 올라서려는 게 말이 됩니까!

경전에서는 이론적으로 매우 또렷하고 명료하게 말씀하고 있습니다. 우리의 육근六根이 육진六塵을 접촉할 때 본사本事의 부동심이 있는가, 없는가? 만약 심지가 진정으로 청정하여 조금도 물들지 않으면 그것은 곧 초급·중급·고급을 모두 구비한 것입니다. 육근이 육진경계에 접촉할 때 이렇게 내려놓지 않고 이렇게 분별하며 이렇게 집착하면 애를 써서 얻으려고 할지라도 초급의 공부는 모두 없습니다. 도업을 어떻게 성취할 수 있겠습니까?

어느 곳에 있는가? 내 성품이 어디에 있는 줄 안다면 생사를 해탈한 것이니 눈에 광명이 떨어질 찰나에 어떻게 생사를 벗을 것인가? 생사를 해탈함을 얻었다면 바야흐로 갈 곳을 알 것이니 몸(사대 : 지수화풍)이 분리될 때 어디로 갈 것인가? 위 세 가지 질문에 확실하게 낱낱이 답을 달 줄 알아야 한다. 「선문삼관禪門三關」을 명확히 알 때 생사해탈이 저절로 되는 것이다.

육조 혜능대사께서는 오조 인忍대사 회하會下에서 몇 마디 말 아래 성취하였습니다. 그것은 어떤 원인입니까? 그의 마음속은 본래 한 물건도 없고 모든 업식이 깨끗이 말라 청정합니다. 우리가 해낼 수 있겠습니까? 당신이 육조 대사를 청해서 나의 절을 당신에게 매우 크게 공양하겠다고 말하면 그가 바라겠습니까? 그는 바리지 않습니다. 그가 바란다면 마음속에 한 물건이 있고, 그는 성취할 수 없습니다. 그에게 보내면 그는 모두 바라지 않을 것입니다.

아마 동수 여러분은 물어볼지도 모르겠습니다. "도량이 있으면 홍법하여 중생을 이롭게 할 수 있으니 이는 좋은 일이지 않겠습니까?" 여러분은 아무리 좋은 일도 아무 일 없느니만 못하다는 것을 알아야 합니다. 가장 좋은 일은 아무 일이 없는 것임을 반드시 기억하여야 합니다. 불보살께서는 인연에 따릅니다. 보현보살 십대원왕을 보면 「수희공덕隨喜功德」이란 조항이 있습니다. 우리들이 일반적으로 하는 것은 인연에 끌림(攀緣)이고, 본래 한 물건도 없음은 인연에 따름(隨緣)입니다. 마음속으로 도량이 하나 있으면 좋겠다, 사찰이 하나 있으면 좋겠다, 홍법하여 중생을 이롭게 하면 좋겠다는 생각이 들면 모두 인연에 끌림입니다. 인연에 끌리면 마음이 청정하지 못하고, 번뇌가 쌓입니다.

《능엄경》에서 말씀하십니다. "여래께서 마음을 일으키고 생각을 움직일 때 먼저 광명을 놓지만, 중생이 마음을 일으키고 생각을 움직일 때는 먼저 번뇌(塵勞)를 일으킨다." 원인은 어디에 있습니까? 하나는 인연에 따름이고 하나는 인연에 끌림입니다. 따름과 끌림, 한 글자의 차이로 범부와 성인으로 영원히 거리가 생깁니다. 우리는 언제나 인연에 끌리지 않고 인연에 따라 행할 수 있어야 성취할 수 있습니다. 바꾸어 말해 수행인은 무엇을 구하는가? 하면 마음의 청정을 구하여 번뇌를 멀리 여읩니다. 인연에 끌림을 멀리 여의고 이 인연에 끌리는 마음을 끊고 일체 인연에 따릅니다. 설사 공양할 사람이 없고, 내일 먹을 밥이 없을지라도 탁발(化緣)할 사람을 찾지 않습니다. 만약 내일 먹을 밥이 없고 식량(道糧)이 없어 서둘러 와서 도와줄 사람을 구하면 이를 「반연攀緣」이라고 합니다. 그러면 어떻게 해야 할까요? 내일도 없으면 하루 굶고 하루 염불하고, 모레도 없으면 이틀 굶고 이틀 염불하며, 죽을 때까지 굶으면 염불하여 왕생한다고 생각하여 마음속이 여전히 여여부동하면 이를 「수연隨緣」이라고 합니다. 이래야 성불하고 조사가 될 수 있으며 성취할 수 있습니다. 이것이 공부의 관건이 있는 것입니다.

진정으로 인연에 따라 해낼 수 있으면 성취하지 못할 리 없습니다. 왜냐하면 인연에 따름은 부동심이기 때문입니다. 어떤 사람이 와서 당신에게 설법을 청합니다. 그가 와서 청하여 당연히 당신은 인연에 따라 갑니다. 와서 청하는 사람이 없으면 절대 찾을 리 없습니다. 찾는 것도 기연이 무르익어서입니다. 진정으로 헤아릴 수 있는 기회입니다. 그것은 무엇인가? 그것은 자신이 이미 성취한 것입니다. 최저한도는 이미 타심통他心通이 있고, 숙명통宿命通이 있습니다. 자신이 성취한 후 자비의 배를 거꾸로 몰아야 비로소 보살도를 행할 수 있습니다.

보살은 중생을 위해 청하지 않아도 찾아가는 벗(不請之友)이 됩니다.

내가 지금 보살도를 행한다고 제발 생각하지 말아야 합니다. 그가 나를 청하지 않아도 나도 그를 찾아갈 수 있습니다. 《능엄경》에서 표현된 것처럼 아난존자가 어떻게 타락하지 않을 수 있겠습니까! 아난은 초과를 증득하였지만, 그래도 타락하려고 합니다. 우리는 초과공부도 이루지 못했지만, 박지범부는 보살을 배워서 중생에게 청하지 않아도 찾아가는 벗이 되려고 하니, 타락하지 않는 것이 이상합니다! 그래서 자신이 공부하여 도달한 수준을 알아야 합니다. 보살의 마음, 보살의 서원, 보살의 행지에 있어 우리의 수준은 모자라기 짝이 없습니다. 지금 우리가 당장 해야 하는 것은 발심입니다. 즉 무상보리를 이루겠다는 대도의 마음을 내어야 합니다.

처음 배우는 사람은 악을 끊고 선을 닦는 것으로부터 시작하여야 합니다. 가장 초보적인 공부를 해내야 성취가 있을 수 있습니다. 그래서 이러한 대경 · 대론을 볼 수도 있고 들을 수도 있지만, 당분간은 그것을 배울 필요는 없습니다. 왜냐하면 배울 수 없기 때문입니다. 달리 말해 우리는 이러한 불보살의 행지도 배울 수 없고, 조사들의 공부도 배울 수 없습니다. 멀리 볼 필요도 없이 우리는 근대의 고승인 허운虛雲 노화상을 따라 배울 수 있습니까? 인광대사를 따라 배울 수 있습니까?

우리는 《요범사훈》으로부터 배우기 시작하여야 하고, 원요범 선생을 따라 배워야 합니다. 먼저 이러한 기초를 진정으로 잘 쌓아야 합니다. 이를 통해 얻을 수 있는 효과는 복이 없는 운명을 복이 있는 운명으로 바꾸고, 요절하는 운명을 장수하는 운명으로 바꾸며, 법연이 없는 운명을 법연이 있는 운명으로 바꿉니다. 그때 다시 한걸음 더 나아가 조사를 배우고, 조사를 배워 이룬 후 다시 한 걸음 더 나아가 보살을 배우며, 보살을 배우고 난 후 다시 한 걸음 더 나아가 부처님을 따라 배워야 합니다.

순서에 따라 차근차근 나아가야 성취가 있을 수 있습니다. 한걸음에 천상의 경지에 오른 사람은 중국불교사에서 오직 혜능惠能대사 뿐이고 더 이상 제2의 사람은 볼 수 없습니다. 당신은 자신이 혜능과 견줄 수 없다고 생각합니다. '혜능대사와 비교해 차이가 너무나 많다.' 당신은 이런 한 생각이 있습니다. 혜능대사는 이런 한 생각이 없었습니다.

그(원요범)**는 이미 대장부이고 나 또한 이러하거늘 어찌 자신을 경시하여 물러나 굽힐 수 있겠는가?** (그는 장부이고 나 또한 장부이다. 그는 그럴 수 있거늘 나는 어찌 그럴 수 없는가? 그러나 자포자기하는 자는 실로 자살하는 것이나 매한가지이다.)

> **彼既丈夫我亦爾。何可自輕而退屈。**(彼丈夫我亦丈夫。彼能是我豈不能是。然則自暴自棄者。實等於自殺耳。)

이 한 단락은 모두 원요범 선생의 일 및 원요범과 같은 사람을 말합니다. 그들은 착실히 수학하여 악을 끊고 선을 닦아 자신의 운명을 개조할 수 있고, 성불하고 조사가 될 수 있습니다. 그들은 왜 자신을 경시하여야 합니까? 왜 자신을 낮추어야 합니까? 그들은 해낼 수 있고, 우리들도 해낼 수 있습니다.

우 거사는 주석합니다. "그는 대장부이고 나 또한 대장부이다. 그는 그럴 수 있거늘 나는 어찌 그럴 수 없는가? 그러나 자포자기하는 자는 실로 자살하는 것이나 매한가지이다."

우리는 고개를 돌려 자신을 생각하여야지 자포자기해서는 안 됩니다! 만약 이전의 현인을 본받을 수 없다면 곧 자포자기입니다. 바꾸어 말하면 3년 안에 운명을 바꿀 수 없으면 곧 자포자기입니다. 절대 아만에 빠지지 말고, 절대 자신을 높이지 말아야 합니다. 우리 자신은 누구와 비교가 될 수 있을까 잘 생각해 보십시오. 여기까지 원요범 거사, 일생의 행지를 가지고 우리를 격려하였습니다. 다음으로 악을 끊고 선을 닦는 요령을 자세히 말하겠습니다.

愼獨知於衾影

저 시방법계의 성인들은 자심自心이 본래 갖추고 있는
법계장심法界藏心을 철저히 증득하여, 법계 속 모든 유정중생이
마음을 일으키고 생각을 움직임에 대해 몸소 알고 몸소 보지 않음이 없다.
왜 그러한가? 중생과 부처님은 진여자성眞如自性을 함께 갖추고 있어
자타自他가 다름이 없기 때문이다.
이러한 의리를 안다면 저절로 두려워하고 조심하며
언제나 경계심을 유지하여, 공경심을 주로 하고 지성심을
잘 간직할 수 있을 것이다.
처음에는 망념을 멈추길 노력하되, 오래되면 망념조차 얻을 수 없다.
-인광대사문초청화록

홀로 있을 때 삼가하길, 자신의 그림자와
덮고 자는 이불에도 부끄러워할 줄 안다

[3] 격물치지格物致知의 진의眞義

혹 묻건대, “「격물」은 천하 사물의 이치를 다 궁구함이고, 「치지」는 나의 지식을 끝까지 추론하여 하나하나 또렷이 아는 것이라 헤석하거늘, 어떻게 사람의 욕망을 「물」이라 여기고 참된 지혜를 「지」라고 여겨서 욕망을 극복하고 다스려 참된 지혜를 드러내는 것을(이는 망념을 없애고 욕망을 제어하는 내공이 녹쓴 철을 갈아서 윤을 내어 신령한 무늬가 환히 빛나는 것과 같음을 가리킨다.) 「격물치지」라고 할 수 있단 말인가?”

或問格物乃窮盡天下事物之理。致知乃推極吾之知識。必使一一曉了也。何得以人欲爲物。眞知爲知。克治顯現。(此指去妄克欲之內功如將鏽鐵打磨而使神彩煥發也)爲格致乎。

이는 하나의 의문을 가정한 것입니다. 혹 어떤 사람은 이렇게 의문이 있다고 말합니다. 유교에서 흔히 말하는 「격물치지格物致知」에서 물物은 「천하 사물의 이치」 를 말하고, 격格은 깊이 파고들어 연구하여 이치를 다 풀어 밝힌다(當窮盡講)는 뜻입니다. 우리는 일체 사물, 일체 만법의 이치를 연구하여야 합니다. 이것을 격물格物이라 합니다. 치지致知는 우리의 지식과 학문을 밀고 나아가 일체 법에 대해 갖가지로 다 명료하게 이해할 수 있다는 뜻입니다. 이를 「격물치지格物致知」라 합니다. 이는 앞에서 인광대사께서 하신 말씀과 같지 않습니다.

앞에서 대사께서 말씀하신 것은 사람의 욕망을 「물物」이라 하고, 본성에 있는 참된 지혜가 나타나게 함을 「지知」라 하여, 망념을 없애고 욕망을 억제하여 내공을 드러냄을 「격물치지」라 합니다.

답하되, "성誠과 명덕明德은 모두 자기 마음의 본체에 준거하여 말하는 것이다. (정성은 오직 진심일 뿐 망념이 없는 성덕이다. 명덕은 곧 진심 하나의 담연한 심체이다.) **이름은 비록 둘이지만, 체는 본래 오직 하나이다."**

答曰。誠與明德。皆約自心之本體而言。(誠即惟眞無妄之性德明德即一眞湛然之心體)名雖有二。體本唯一也。

이 문장은 인광 대사께서 이 한 편의 발단으로 수학의 인과를 제시하신 것입니다. 뒷 문장은 이 이치를 발휘하였을 뿐입니다. 성현의 도는 정성과 명덕에 있습니다. 이 두 글자는 앞에서 매우 상세하게 말하여 더 이상 말할 필요가 없습니다. 정성과 명덕은 모두 자기 진심의 본체를 말합니다.

우 거사는 주석에서 말합니다. '정성은 오직 진심일 뿐 망념이 없는 성덕이다. 명덕은 곧 진심 하나의 담연한 심체이다." 그래서 성과 명은 모두 본성상에서 말한 것으로 본성의 이체와 본성의 작용을 이 두 글자로 형용하고 해석합니다. 정성과 명덕은 이름 상으로 두 글자를 말하였지만, 본체 상으로는 하나입니다.

(치지 · 성의 · 정심에서) 지知 · 의意 · 심心 이 세 가지는 자기 마음

의 본체와 작용에 준거하여 말한 것이다. 실제로는 곧 셋이면서 하나이다.

知與意心。兼約自心之體用而言。實則即三而一也。

앞에서 치지致知와 성의致知 정심正心을 말하면서 지知 · 의意 · 심心 이 세 가지 명사는 진심의 이체 상에서 말한 것입니다. 성과 명은 두 방면에서 말한 것이고 지 · 의 · 심은 세 방면에서 말한 것입니다. 셋은 곧 하나이고 하나는 곧 셋입니다. 격

(격물 · 치지 · 성의 · 정심 · 명덕에서) 바로잡음(格) · 지극히 함(致) · 정성스럽게 함(誠) · 바르게 함(正) · 밝힘(明) (이는 명명덕明明德의 명과 성명誠明의 명을 가리킨다) 이 다섯 가지는 모두 모두 삿된 것을 예방하여 정성을 간직하고, 망념을 돌이켜 진심으로 돌아가는 것을 말한다.

格致誠正明(此指明明德之明與誠明之明)五者。皆約閑(防範也)邪存誠返妄歸眞而言。

두 방면, 세 방면을 종합해보면 역시 한 가지 일이 아닙니까? 이는 명명덕明明德의 명과 성명誠明의 명을 가리킵니다. 무엇을 삿된 것을 예방하고 정성을 간직함이라고 합니까? 우리는 삿된 생각, 삿된 앎, 삿된 견해를 먼저 예방하여야 합니다. 당신은 항상 경각심을 일깨워 삿된 지견이 침입하지 않도록 예방하여야 합니다. 성명은 왜 잃어버립니

까? 삿된 지견이 침입하기 때문입니다.

점검하고 성찰하여 경지를 이루는 공부(혼신의 힘을 기울이지 않으면 마음먹었던 뜻을 버리지 않는다)에 있어 밝힘(明)이 총강령이 되고, 바로잡음(格)·지극히 함(致)·정성스럽게 함(誠)·바르게 함(正)은 개별적인 세목일 따름이다.

其檢點省察造詣功夫。(造詣全神灌注不到不罷意)明爲總綱。格致誠正。乃別目耳。

공부를 한다고 말함은 우리가 일상적으로 수지하는 일, 즉 점검하고 성찰하여 경지를 이루는 것과 관계합니다.

수행하여 반드시 공을 이루려고 하면 어디서부터 실천해야 하는가? 명明은 참된 지혜로 총강입니다. 생각해보건대 세간법과 출세간법은 모두 총명이 아니라 참된 지혜를 기초로 삼습니다. 세간의 총명은 참된 지혜와 달리 그것을 또렷이 분별합니다. 부처님께서는 세간의 총명을 팔난의 하나인 세지변총(世智辯聰 ; 세상일에 총명하여 세상 지혜를 초월한 진리를 알아듣지 못하는 어려움)과 참된 지혜의 변별점은 어디에 있는가? 마땅히 세지변총은 분별이 있고 집착이 있습니다. 참된 지혜는 분별이 없고, 집착이 없습니다. 마음 씀씀이가 다르고, 작용과 수용도 다릅니다.

불경은 확실히 참된 지혜입니다. 우리는 지금 불경을 읽고 있는데,

왜 참된 지혜가 현전할 수 없는가? 그것은 우리가 세지변총으로 불경을 독송하기 때문에 불경도 세지변총으로 변하여 지혜가 열리지 않고, 깨달음이 열리지 못하며, 성취하지 못합니다. 언제 우리의 마음이 청정하고 무분별심으로 독경讀經하고 청경聽經하면 곧 개오開悟합니다. 바꾸어 말하면 이렇게 개오한 사람, 이렇게 노력한 사람이 사용한 방법은 비슷해 보이지만 마음 씀은 완전히 다릅니다. 남이 「아미타불」 부처님 명호를 염하면 한마디 「아미타불」은 팔십억 겁의 생사중죄를 없앨 수 있습니다. 그러나 우리가 80만 마디 「아미타불」을 염하여도 한 개의 죄업도 없애지 못합니다. 그들이 염한 것도 「나무아미타불」 이고 우리가 염한 것도 「나무아미타불」 이지만 왜 효과는 같지 않은가? 남은 무분별심과 진심으로 염하지만, 나는 인연에 끌리는 마음 · 분별하는 마음 · 잡념의 마음 · 희구하는 마음 · 인색한 마음으로 엉망진창의 어지러운 마음으로 염하는데 어떻게 같겠습니까? 당연히 서로 같지 않습니다. 만약 어떤 사람이 제대로 학불한다면 그 비결은 무엇입니까? 아주 간단합니다. 그 비결은 곧 일체 법 가운데 무심함에 있습니다. 당신이 일체 법에 유심이면 안 됩니다. 당신은 조금이라도 나아가지 못합니다.

우리가 불보살님의 일상생활 형식을 자세히 보면 우리와 아무런 구별이 없습니다. 《금강경》에서 특히 명백하게 나타나 있습니다. 석가모니부처님께서 옷을 입고 음식을 먹는 등 일상생활을 영위하는 가운데 《반야대경》을 제창하셨습니다. 그 사람은 그날 옷을 입지 않았습니까? 그날 음식을 드시지 않았습니까? 부처님에게 옷을 입고 음식을 먹는 일은 무상보리를 증득함이지만, 우리에게 옷을 입고 음식을 먹는 일은 생사의 근본을 지음이니, 어떻게 똑같겠습니까? 이는 곧 일을 제대로 마치는 것은 같은 마음이지만 다르다는 설명입니다. 그가 옷을 입고 음식을 먹을 때는 무심이지만, 우리가 옷을 입고 음식을 먹을 때는 유심입니다. 옷을 한 벌 입을 때 어떤 재료, 어떤 모양이 더 좋을까? 음식이 구미에 맞아야 하고, 마음에 드는 옷을 고릅니다. 이것이 곧 생사의 근본을 지음입니다.

생각해보건대, 우리가 옷을 입고 음식을 먹는 것은 인연에 끌림이 고, 불보살님이 옷을 입고 음식을 드시는 것은 인연에 따름입니다. 고덕께서 잘 말씀하셨습니다. "인연에 따라 옛날 업을 없애고, 더 이상 새로운 재앙을 짓지 말아라." 새로운 재앙을 짓지 않음은 무엇인가? 인연에 끄달리면 새로운 재앙을 짓고, 인연에 따르면 새로운 재앙을 짓지 않음입니다. 십대원왕十大願王에서 「수희공덕隨喜功德 · 항순중생恒順衆生」(남의 공덕에 따라 기뻐하고 항상 중생에게 수순한다)은 등각보살인 보현보살께서 우리에게 설해주신 말씀임을 확실히 기억해두어야 합니다.

수행은 반드시 참된 지혜에 의지함을 총강으로 삼아야 합니다. 그 아래의 세목은 하나하나 모두 지혜를 근본으로 삼습니다. 이것이 곧 불법입니다. 만약 참된 지혜를 총강으로 삼지 않으면 닦은 바 격물格物 · 치지致知 · 성의誠意 · 정심正心 · 수신修身 · 제가齊家 · 치국治國 · 평천하平天下는 모두 세간법입니다. 32)만약 참된 지혜에 의지해 인연에 따르면 하나하나 법은 모두 불법입니다. 옷을 입고 음식을 먹음은 모두 불법이고, 사람을 대하고 사물을 접함도 불법입니다. 만약 인연에 끌리는 마음을 쓰면 날마다 독경하고, 배불하며, 홍법하고 중생을 이롭게 함도 모두 세간법이고 모두 생사의 근본입니다. 인연에 끌리는 마음을 쓰며 홍법하고 중생을 이롭게 하면 여전히 생사의 근본을 짓습니다. 확실히 생사의 근본으로 단지 인간과 천상의 바보스런 복덕(癡福)일 뿐입니다.

여기서 말하는 문구는 진실합니다. 일상생활 가운데 인연에 끌리지 않고 인연에 따른다면 당신이 행하는 것은 곧 「보살도菩薩道」이고, 닦는 것은 곧 「무상보리無上菩提」입니다. 곧 선인께서 말씀하신대로 「일체법은 모두 불법」입니다! 만약 법마다 인연에 끄달리면 일체법은 모두 불법이 아닙니다. 인광대사께서 말씀하신 뜻은 매우 깊어 우리가 《요범사훈了凡四訓》에 따라 수행하고, 현실에서 이렇게 실천하길 희망하십니다. 인연에 따르는 마음을 쓰면 곧 보살도를 행함이고 《요범사훈》은 위없는 제호(醍醐 ; 부처님의 공덕)입니다. 본래는 세간의 복보이지만, 결과는 출세간의 무루無漏복보로 바뀝니다. 이는 정말 불가사의합니다.

---

32) 명덕을 밝히는 공부는 격格·치致·성誠·정正·수修이고(눈앞에 드러나는 사물을 만나게 되면 격格을 사용하고, 아는 것이 지극해지면 치致를 사용하고, 뜻이 발휘되면 성誠을 사용하고, 마음이 움직이면 정正을 사용하고, 몸이 응접할 때는 수修를 사용하고), 지선至善의 사업은 제齊·치治·평平이다(집에서는 제齊를 사용하며, 나라에서는 치治를 사용하며, 천하에서는 평平을 사용한다) _ 《인광대사 문초청화록》(비움과소통)

그래서 격물·성의·정심은 수행의 세목입니다, 이 한마디는 매우 중요합니다.

수신修身·정심正心·성의誠意·치지致知는 모두 다 명덕明德을 밝히는 까닭이다.

修身。正心。誠意。致知。皆所以明明德也。

이러한 공부에는 깊이가 있고 차제가 있고 목적이 있습니다. 그러나 그 목표는 일치하니 모두 우리의 명덕을 회복하려는 것입니다.

만약 자신의 마음에 본래 존재하는 참된 지혜가 물욕에 뒤덮여 가려진다면 뜻이 정성스럽지 못하고 마음이 바르지 못하게 됩니다.

倘自心本有之眞知。爲物欲所蔽。則意不誠而心不正矣。

우리의 「뜻」은 왜 정성스럽지 못하는가? 「마음」은 왜 그 바름을 얻지 못하는가? 곧 오욕육진五欲六塵이 앞에 있으면 우리는 주인이 되지 못하고 그것에 끌려가게 됩니다. 당신은 그것의 노예이니, 그것이 당신에게 무엇을 하게 한다면 당신은 무엇을 할 수 있지만 자신에게는 조금의 자유도 없고 몸이 말을 듣지 않아 경계에 따라 구르게 됩니다. 그래서 뜻은 정성스러울 수 없고 마음도 그 바름을 얻을 수 없습니다.

반연攀緣을 여읠 수 없으면 마음이 경계에 끌려가 주재하지 못합니다. 수연隨緣하여 주인이 될 수 있으면 경계에 끌려가지 않습니다. 만물 가운데 자신이 주인이 되어야 비로소 뜻을 정성스럽게 하고 마음을 바르게 할 수 있습니다. 맛있는 것을 보고 그것을 얻고 싶으면 마음은 탐욕 경계에 끌려가고, 재미있는 것을 보고 얻고 싶으면 마음은 재미있는 경계에 끌려갑니다. 마음은 그 속에 정성이 있을까요? 그 속에 바름이 있을까요? 심지어 여기 매우 좋은 경서를 보고서 기뻐하며 얻고 싶어 하여 이 마음이 불경에 끌려가면 그 마음은 정성스럽지도 않고 올바르지도 않습니다. 왜냐하면 불경도 여전히 물건이기 때문입니다.

석가모니부처님께서 오시는 모습을 보고 삼십이 상, 팔십 종호를 마음속으로 기뻐하고 좋아하여 어쩔 줄 몰라 바로 정례하고 엎드려 절하면 당신은 여전히 박지범부로 석가모니부처님의 환상에 코가 꿰여 끌려가게 됩니다. 《금강경》에서는 "무릇 모든 상은 모두 허망하니라(凡所有相皆是虛妄)." 말씀하셨고, 선가에서는 "부처가 오면 부처를 베고, 마구니가 오면 마구니를 베라(佛來斬佛 魔來斬魔)." 말씀하셨습니다. 이치가 어디에 있습니까? **그것(대상경계)에 끌려 다니지 않으면 마음속에 한 티끌도 물들지 않습니다.** 실제로 말씀드리면, 한 생각을 움직이면 부처님께서 오셔도 그를 베고, 마구니가 와도 그를 벨지라도 여전히 끌려가는 것입니다. 이미 일을 방해하지 않을 때 그를 베면 무엇을 합니까? 한 생각 움직임이 곧 인연에 끌림, 반연攀緣입니다.

이런 느낌을 곰곰이 생각해보건대, 우리가 진정으로 학불하고 진정으로 자기 원돈圓頓의 근성을 배양하고 싶으면 어떻게 수련하여야 할까요? 수많은 경계 상의 부동심으로부터 시작하여야 합니다. 말하자면 육근六根이 육진六塵과 접촉할 때 《능엄경》에서 말씀하신 것처럼 근根을 쓰지 않고 식識을 써야 합니다. 근을 쓰지 않고 식을 써도 무방하지만, 심소心所를 쓰지 말아야 합니다. 나의 심왕心王을 쓰고 심소를 쓰지 않으면 이것도 매우 대단합니다. 그것은 명심견성明心見性과 종이 한 장의 매우 가까운 거리일 뿐입니다. 그러나 우리는 육근이 육진경계에 접촉할 때 진성眞性도 쓸 줄 모르고 심왕도 쓸 줄 모르고 심소가 맡아서 처리합니다. 《백법명문百法明門》을 펼치면 51개 심소가 주요한 작용을 처리합니다. 51개 심소가 주재하면 곳곳마다 인연에 끄달리고, 시시각각 인연에 끄달리며, 염념마다 인연에 끄달립니다. 죄업을 짓지 않은 시각이 없거늘 언제 비로소 해탈을 얻을 수 있겠습니까? 설사 복을 닦을지라도 꼭 참된 복이라 할 수 없습니다. 무엇을 복이라 하는지, 무엇을 죄라고 하는지, 실제로 또렷하게 구분하지 못합니다.

때때로 죄를 복이라 여기고, 악을 선이라 여기며, 삿됨을 바름이라 여기어 자신이 또렷하지 못한 채 좋은 일을 매우 많이 한다고 생각하니 이는 어리석음이요 무명입니다. 예를 들어 말하면, 외부의 그릇된 종교가 매우 많은데 귀신에게 절하면서도 보살이라고 합니다. 몇몇 도사들이 당신을 찾아와 시주를 구합니다. 토지의 보살상이 허물어졌다고 하면서 당신에게 절을 개축하자고 청합니다. 당신의 재력을 내는 것을 공덕이라 여기고, 그것이 삿된 귀신인 줄 전혀 모릅니다. 당신이 돈을 내어 그가 소란을 피우고 죄업을 짓도록 도우니, 귀신은 주범이고 당신은 방조범입니다. 당신 자신은 공덕을 지었다고 생각하지만 실제상으로는 이미 큰 죄업을 지은 것입니다. 이것이 삿됨과 바름, 옳고 그름에 밝지 않음입니다.

《능엄경》에서는 특히 잘 말씀하셨습니다. 말법 시기에는 항하사만큼 많은 삿된 스승이 설법합니다. 이는 우리 불문에서 삿됨과 바름을 구분하지 못하고 선과 악을 판별하지 못한다는 말입니다. 불문 이외에는 판별하기 쉽지만 불문에서는 판별하기 쉽지 않습니다. 지혜가 없고 명덕이 없다면 때때로 자신이 공덕과 복덕을 매우 많이 닦고 있다고 여깁니다. 장래에 업보가 다할 때 염라대왕이 그곳에 와서 흑백을 가리니 모두 죄업입니다. 자신은 여전히 선뜻 승인하지 못하거늘 언제 비로소 깨달을 수 있겠습니까? 그래서 이 단락에서는 특별히 지혜에 중점을 두고 우리에게 세간의 유류有漏 복보를 바꾸어 출세간의 무루無漏 복덕을 성취하라고 가르칩니다. 무루복덕은 무량무변하지만 유루복보는 매우 유한합니다. 이것이 인광대사께서 서문에서 대자대비하신 마음에 우리에게 원요범 선생을 배우도록 인도하시는 이유이자 마음의 경계를 바꾸어 세간의 복보를 출세간의 무량한 복덕으로 변화시킨 구상의 소재입니다.

만약 물욕을 거절하고 없앤다면 지혜의 바람이 업장의 구름을 다 쓸어 없애버리고, 마음의 달이 중천에 홀로 떠서 원만히 밝게

빛날 것이다.

若能格而除之。則是慧風掃蕩障雲盡。心月孤圓朗中天矣。

인광대사께서는 학을 끊고 선을 닦는 방법에 대해 우리에게 이렇게 열어주셨습니다. 「명明」을 총강으로 삼아야 합니다. 명은 곧 「지혜」입니다. 만약 지혜가 현전할 수 없다면 더 좋은 방법도 여전히 문제가 있습니다. 지혜가 현전할 수 있다면 요컨대 맹목적인 수련(盲修瞎練)을 피할 수 없습니다. 이는 무상보리를 배우는 것에 대해 말한 것입니다. 보살의 육바라밀 중에 「반야」 가 없다면 「보시」에서 「선정」 까지 나머지 다섯 바라밀은 모두 인천에서 누리는 유루복보입니다. 수행의 목적은 명심견성이어야 하고 부처가 되고 조사가 되는 것이어야 합니다. 그 결과가 여전히 인천 두 세상에서 복을 부리는 것이라면 이는 곧 자신의 길을 잘못 걸어가는 것입니다. 그래서 맹목적인 수련이라고 말합니다.

수학의 목표가 인천의 복보를 구하는 것에 있다면 반야지혜가 현전할 수 없거늘 복보를 얻을 수 있겠습니까? 꼭 얻을 수 있다고 할 수 없습니다. 《요범사훈》을 다 읽은 후 아마도 이해할 수 있을 것입니다. 이치상 우리 범부는 삿됨과 바름, 선과 악, 옳고 그름을 판별하기 매우 어렵기 때문입니다. 인천의 복보는 악을 끊고 선을 닦아야 획득할 수 있습니다. 아마도 우리 자신이 닦는 것이 선이고 끊는 것이 악이라 여기지만 사실은 전혀 상반됩니다. 끊는 것이 선이고 닦는 것이 악이니 장래의 과보는 상상조차 할 수 없습니다. 그래서 이 점을 또렷이 인식하여야 합니다. 그런 후에야 자신의 운명을 개조할 수 있습니다. 우리는 서문이 모두 지혜가 제일임을 가리키고 있음을 똑똑히 알 수 있습니다. 왜냐하면 명明을 총강으로 삼기 때문입니다.

격물 · 치지 · 성의 · 정심에서 수신 · 제가에 이르는 이 한 세트는 모두 방법입니다. 여기서 가장 먼저 우리가 해내야 하는 것은 물욕을 거절하고 없애는 것이라고 매우 또렷하게 말씀하십니다. 바꾸어 말하면 우리가 해야 하는 첫째 일은 곧 수행의 근본입니다. 수행의 대 근본은 무엇인가? 하면 먼저 경계에서 부동심을 배우는 일입니다. 일체 경계에서 자신의 탐 · 진 · 치 · 교만을 끊어 없애야 합니다. 이것이 곧 「격물格物」입니다.

마음에서 물욕을 거절하고 없애야 합니다. 당신이 이 한 걸음을 딛기만 하면 설사 전부 내비칠 수 없을지라도 당신이 본래 갖춘 반야지혜가 내비칠 것입니다. 일분을 내비침도 매우 얻기 어렵습니다. 왜냐하면 이 일분은 참된 지혜이기 때문입니다. 이로부터 이후 지혜가 생깁니다. 우리에게 무상보리를 수증하는 기초가 되면 모든 수행이 그 바름을 얻거늘 어떻게 성취하지 못하겠습니까? 그래서 인광대사께서는 여기서 선인의 두 마디 말씀을 인용하여 우리를 인도하십니다.

「혜풍소탕장운진慧風掃蕩障雲盡」, 「장障」은 곧 오욕육진이 자성의 지혜 덕능을 장애함을 말합니다. 마치 구름이 햇빛을 방해하는 것과 같습니다. 지혜는 큰 바람에 비유합니다. 구름을 날리면 장애가 사라지고 지혜가 비춥니다.

「심월고원낭중천心月孤圓朗中天」, 이 문구는 알기 쉽습니다. 밝은 달이 중천에 떠 있어야 일체의 사물진상을 또렷하게 비출 수 있습니다.

이처럼 성인은 사람들에게 평범함에서 절실할 때까지, 소원함에서 친밀할 때까지 정해진 수행의 차제를 보이셨다.

此聖人示人從泛至切。從疏至親之決定次序也。

자고이래로 불보살과 조사·대덕들은 우리에게 수행의 차제를 가르치셨으니 절대 소홀히 해서는 안 됩니다. 우리의 수행공부가 득력하지 못하고 가르침을 연구해도 개오하지 못한 까닭은 곧 순서를 잘못 다루기 때문입니다. 그러면 길이 통하지 않아 갈수록 힘듭니다. 나중에는 몇몇 동수들은 신심을 모두 잃어버리고 맙니다. 원인은 곧 인광대사께서 지도하신 순서에 따르지 않았기 때문입니다. 바꾸어 말하면 수행의 총강과 세목이 전도되어 두서가 없기 때문입니다. 인광대사께서는 여기에서 수학하면서 생기는 병통을 우리에게 지적하여 한 줄기 길을 우리가 걸어가도록 가리켜주십니다. 확실히 고덕은 이와 같습니다.

만약 천하 사물의 이치를 모두 궁구해서 내 마음이 지식을 빠짐없이 다 명료하게 알아야 비로소 뜻을 정성스럽게 할 수 있다고 한다면 오직 여러 가지 책을 폭넓게 많이 읽고 천하를 두루 유람한 사람이라야 뜻을 정성스럽게 하고 마음을 바르게 하여 그 명덕을 밝힐

수 있다. 책을 폭넓게 많이 읽고 여러 가지 일을 두루 겪으며 지내지 않은 사람들은 설령 순수하고 온후한 품성과 자질을 타고났다고 할지라도 뜻을 정성스럽게 하고 마음을 바르게 함에 모두 그 연분이 없거늘 하물며 그 아래의 중생들이겠는가! 이러한 이치가 어디에 있단 말인가?

> 若窮盡天下事物之理。俾吾心知識悉皆明了。方能誠意者。則唯博覽群書。遍游天下之人。方能誠意正心以明其明德。未能博覽閱歷者。縱有純厚天資。於誠意正心。皆無其分。況其下焉者哉。有是理乎。

이 단락에서는 「격물格物」의 대의를 매우 잘 설명하고 있습니다. 일반인은 격물을 잘못 말합니다. 「격물」을 곧 천하 만물의 도리를 연구하여야 한다고 잘못 생각합니다. 바꾸어 말해 우리가 말하는 박학다문博學多聞이 격물이라고 생각합니다. 박학다문은 필경 소수의 사람에게만 해당합니다. 이렇게 말하면 성현이 되는 삶은 소수의 사람에게만 연분이 있습니다. 부처님께서는 경전에서 "일체중생은 모두 불성이 있어 모두 성불할 것이다(一切衆生皆有佛性 一切衆生皆當成佛)."라 말씀하셨습니다. 대다수의 사람은 모두 희망이 없습니까? 그래서 인광대사는 여기서 대단히 명백하게 말씀하셨습니다. 「격格」은 배제한다는 뜻이고, 「물物」은 물욕입니다. 당신은 이런 해석을 알아야 합니다. 글자를 몰라서 책을 읽지 않았어도 격물치지를 해낼 수 있었습니다. 성인의 법은 사람마다 연분이 있어 반드시 박학다문한 대학자일 필요는 없습니다. 글자를 모르는 사람도 연분이 있습니다. 책을 읽지 않아도 마찬가지로 성현이 되고, 조사가 되며, 부처가 될 수 있습니다. 이 단락에서는 이러한 이치를 명백히 말한 것입니다.

만약「천하 사물의 이치를 다 궁구」하여야 한다면 이는 과거 일반인이「격물」을 해석한 견해입니다. 격물치지格物致知하고 나서야 성의정심(誠意正心 ; 뜻을 정성스럽게 하고 마음을 바르게 한다)할 수 있습니다. 이러한 견해에 비추면 단지 여러 가지 책을 폭넓게 읽을 뿐입니다. 여러 가지 책을 폭넓게 읽어도 여전히 안 되고, 천하를 두루 유람하여야 합니다. 이른바 만권의 책을 읽고 만 리 길을 다녀본 사람만이 격물치지의 조건을 실현할 수 있습니다. 확실히 이런 오해를 가진 사람이 매우 많습니다. 이러한 견해는 우리가 상세히 생각해보건대 성인의 말씀이 아닙니다. 성인의 뜻은「격格」은 확실히「배제」의 뜻입니다. 물욕을 배제해야만 청정심이 현전할 수 있습니다. 청정한 마음에서 절로 지혜가 생겨납니다.

《육조단경六祖壇經》을 읽어보면 당신은 육조대사가 홍인대사에게 "혜능의 자심에서 지혜가 생겨납니다." 말씀하신 것을 볼 수 있습니다. 그는 한 글자도 몰랐지만 그의 마음속에서 지혜가 생겨났습니다. 그는 왜 지혜가 생겨났습니까? 격물의 공부를 매우 깊게 하여 차별상을 여의고 망념을 여의면 마음이 청정하여 마음속에서 지혜가 생겨납니다. 우리 범부는 물욕에 덮여서 지혜가 생겨날 수 없고 지혜가 현전할 수 없습니다. 물욕이 많이 덮을수록 바깥으로 나타나는 지혜가 줄어들고, 물욕이 얇게 덮을수록 나타나는 지혜가 많아집니다. 나타나는 지혜가 많든 적든 상관없이 우리는 모두 물욕에 장애를 받습니다. 범부 · 소승 · 권교보살도 모두 예외가 아닙니다.

언젠가 물욕(탐진치)을 진정으로 마음속에서 끊어 없애면 곧 세간 만법, 나아가 출세간의 불법에 이르기까지 당신이 물욕에 티끌만큼도 물들지 않을 수 있으면 불보살님께서 당신의 면전에 나타나고 당신의 마음도 여여부동합니다. 이때 격물의 공부가 절정에 이르렀다 말할 수 있습니다. 왜냐하면 본성 속 참 지혜는 조금도 장애 없이 나타나기 때문입니다. 이는 바로 마땅히 알아야 하는 것입니다. 서문에서 말씀하신 순수하고 두터운, 타고난 품성과 자질은 불경에서 말하는 깊고 두터운 선근입니다. 《아미타경》에서 말씀하신 선근이 많고 복덕이 많다는 뜻입니다.

《아미타경》에서는 적은 선근 · 복덕 · 인연으로는 저 국토에 태어날 수 없다고 말씀하십니다. 그래서 반드시 선근 · 복덕 · 인연이 깊고 두터워야 합니다. 단지 마음이 순수하고 두텁기만 하면 이러한 사람은 도를 닦음에 저 세속의 지혜 · 변재 · 총명을 지닌 사람보다 대단히 쉽습니다. 그래서 이러한 사람은 성의誠意 · 정심正心 · 격물格物 · 치지致知를 공부함에 저 세속의 박학다문하고 만 리 길을 다녀본 사람보다 오히려 빠르고 착실하니, 결코 연분이 없는 것이 아닙니다. 이 단락의 말씀은 인광대사께서 다른 일면에서 우리에게 말씀해주신 것입니다.

吾人一擧一動 天地鬼神
諸佛菩薩 無不悉知悉見

만약 조금이라도 (색욕 등) 삿된 생각이 생긴다면
우리의 일거일동을 천지의 귀신, 제불보살이
모두 알고 보지 않음이 없다고 생각하여야 한다.
사람 앞에서 감히 온갖 나쁜 짓을 저지르지 못하거늘,
하물며 불보살께서 삼엄한 곳에서
감히 그릇되고 비천한 생각을 간직하고,
그릇되고 비천한 일을 행하겠는가?
-인광대사 문초청화록

[4] 인과를 깊이 밝히고, 악을 그치고 선을 닦을 것을 권하다.

그러나 (일체) 이치를 깊이 궁구(궁은 구경까지 탐구하고 철저하게 캐묻는다는 뜻이다)하지 않은 선비들이나 지식이 없는 사람들은 이성理性(대도, 진상)에 대해 들어도 대부분 이를 성인의 경지로 높이 밀어 올리고, (대인은 갓난아이의 마음을 잃지 않는다. 갓난아이의 마음은 곧 사려함이 없고 조금도 육진에 물들지 않은 마음이다. 이러한 마음을 갖추면 대인일 뿐이다) 자신은 평범하고 우매한 존재로 처신하면서 (미친 사람이 속이고 업신여기거늘 어떻게 도에 드는 인연이 있겠는가. 많은 사람이 스스로 의심하고 마침내 본래면목을 망각한다.) 기꺼이 분발하거나 격려하지 않고 관례에 따라 처리할 뿐이다.

> 然(一切)不深窮理之士。(窮乃追尋究竟直窮到底之意)與無知無識之人。若聞理性。多皆高推聖境。(大人者不失其赤子之心赤子之心即無思無慮點塵不染之心如具此心則亦大人而已矣)自處凡愚。(狂夫欺慢如何有入道因緣多眾自疑竟忘却本來面目)不肯奮發勉勵。遵循從事。

여기에서는 몇몇 병통을 말씀하고 있습니다. 우리는 이러한 병통을 세심하게 관찰하면 확실히 매우 많습니다. 「궁窮」은 이론(이성)을 탐구하고 토론함에 있어 근원(구경)에 이르도록 철저하게 캐묻는다는 뜻입니다. 우주와 인생의 진상을 철저하게 이해하여야 지혜로운 사람입니다. 그러나 이성에 대해 탐구하지 않거나 지식이 없는 사람은 매우 많습니다. 우리가 그와 이성, 우주와 인생의 대도에 대해 이야기하고 불성과 불법에 대해 말하면 그는 때때로 승낙할 수 없습니다. 불보살이라야 해낼 수 있을 뿐 우리 범부는 해낼 수 없다고 여깁니다. 실제 상황은 또렷하지 않아 자신은 아직 멀었고 해낼 수 없다고 여깁니다.

우 거사는 주석에서 말합니다. "대인은 갓난아이의 마음을 잃지 않는다. 갓난아이의 마음은 곧 생각이 없고 티끌에도 물들지 않은 마음이다." 여기서 말하는 대인은 불보살이라 해석할 수 있습니다. 불보살은 우리와 어떤 차이가 있는가? 불보살의 마음은 청정하여 조금도 티끌에 물들지 않습니다. 「진塵」은 무엇인가? 곧 앞에서 말한 물욕입니다. 「물」은 일체의 물상物相이고, 「욕」은 욕망입니다. 밖으로 육진(六塵 ; 육근의 인식 대상인 육경六境을 말한다. 육경이 육근을 통하여 우리들의 깨끗한 마음을 더럽히고, 참된 본성을 덮어 흐리게 하므로 진塵이라 표현한다)이 있다고 집착하면 마음속에 욕망이 일어나고 마음이 그것에 오염됩니다.

「대인大人」은 불경에서 말하는 사대부이고 불보살의 본사本事는 곧 심지가 항상 물들지 않습니다. 육진의 물상이 있습니다. 공부는 자신이 육진六塵의 상에 물들지 않도록 훈련하는데 있습니다. 물들지 않음이란 마음이 일어나고 생각이 움직이지 않음입니다. 여기서는 어린아이의 마음에 비유하고 있습니다. 「적자赤子」는 이삼 개월 된 어린아이로 그는 일체 물상에 마음이 움직이지 않습니다. 보살행에서 이러한 수행법을 「영아행嬰兒行」이라 합니다.

여러분은 어떤 일을 대할 때, 자신의 명예를 더럽히지 않는지, 도의에 어긋나지 않는지 생각하면 어떻게 해야 보살행을 닦을 수 있는지 체득할 수 있습니다. 갓난애를 보고 그를 따라 배워야 합니다. 갓난애는 말을 할 줄 모르고, 인연에 끄달리지 않으며, 일체 경계의 좋고 나쁨에 대해 모두 분별심을 일으키지 않습니다, 이것이 갓난애의 마음입니다. 그래서 갓난애의 마음은 솔직히 말해서 우리 가운데 그 누구도 없지 않습니까? 하나같이 이제부터 애석하게도 유지할 수 없고 나이를 좀 더 먹으면 갓난애의 마음을 상실합니다. 그것은 진정으로 불심이고 청정심인데, 이를 상실하고 맙니다.

우 거사는 주석에서 잘 말하고 있습니다. 「미친 사람이 속이고 업신여기거늘 어떻게 도에 드는 인연이 있겠는가. 많은 사람이 스스로 의심하고 마침내 본래면목을 망각한다.」 이 두 마디 말에는 가책과 탄식의 뜻이 있습니다. 우리는 본래 범부가 아니고 본래 어리석은 사람이 아님에도, 그것은 성인의 경계이기 때문에 우리가 해낼 수 없다고 여깁니다. 이는 정말 자포자기입니다. 열등감이 만들어 내는 것으로 우리가 불보살과 같지 않다고 여기고, 범부 노릇하는 것을 달갑게 여기며 어리석은 사람이 되는 것을 달갑게 여깁니다. 그래서 기꺼이 분발하지 않습니다. 그래서 물결치는 대로 표류하고 관례에 따라 처리하기 때문에 지금 대다수 사람을 보면 이런 경계 속에서 업에 따라 유전하고 있으니 당연히 범부입니다. 이런 사람에게 어떤 방법으로 그에게 되돌아보길 권하겠습니까? 당신은 불법의 이론으로써 그에게 말해야지 할 수 없습니다. 왜냐하면 그것은 불보살의 일이라 나는 감당하지 못한다고 생각합니다. 이에 부득이 다른 방법을 사용하여야 합니다. 이 방법은 곧 아래에서 말할 것입니다.

만약 그들이 과거 현재 미래 삼세의 인과법칙, 즉 선한 인이든 악한 인이든 각각 그 응보가 있다는 사실을 분명히 안다면 (인과응보는 삼세에 통하지만, 현재 시간은 너무 짧고 과거 미래의 시간은 너무 길다. 경장 속에 실린 인과응보의 일은 왕왕 다생다겁을 경과하면서 묵은 빚을 갚는 경우도 있다. 신구의 삼업으로 지은 여러 선업과 여러 불선업이 마침내 무르익은 때에 이르러 하나하나 과보로 살아가고 그 과보가 다하여야 비로소 끝난다. 중생의 업장은 무겁고 욕망은 깊어 망념을 좇아 죄악을 짓고 잇달아 소란을 피우면서 언제 어디서나 미혹한 경계에 빠지고, 불구덩이에 처해도 깨닫지 못하고, 원망을 들어도 알지 못한다. 이렇게 오랜 세월 기나긴 밤 만겁 동안 삼계육도에 빠져있으니, 가련하고 또 불쌍할 뿐이다.)

若告以過去現在未來三世因果。或善或惡。各有其報。(報應通三世。現在時期爲至暫。過去未來時期則甚長。藏經中所載因果報應之事。往往有經多生多劫。而酬償夙債者。身口意三。所作諸善諸不善業。緣熟時至。一一自食其報。報盡方休。衆生障重慾深。昧卻本明。逐妄造孽紛紛擾擾。無時無處不在迷境。處火坑而不覺。遇怨懟而不知。千秋長夜萬劫沉淪。可憐亦可悲已。)

그에게 인과응보를 말하면 그는 받아들일 수 있고 두려워할 것입니다. 이는 부처님께서 중생을 제도하는 선교방편의 법문입니다. 「보응통삼세 報應通三世」에서 삼세는 과거 현재 미래를 가리킵니다. 과보는 삼세에 통합니다. 「현재시기위지잠現在時期爲至暫」은 현세보現世報를 말합니다. 현세의 응보는 시간이 길지 않아 이번 생에 나타남을 볼 수 있습니다. 「과거미래시기즉심장過去未來時期則甚長」 즉, 다생다겁에 심은 인에 대해 현재 과보가 현전하는 경우도 있지만, 이와 달리 현재 과보를 받지 않고 미래세의 인연이 무르익어야 과보를 얻는데, 이러한 상황이 대부분입니다. 현재 지은 인으로 현재 과보를 얻으면 이는 현인연과現因現果입니다. 현재 세상에 지은 인으로 오는 세상에 과보를 받으면 이를 「생보生報」라 하고, 이와 달리 현제 세상에서 지은 인으로 다생 다겁 이후에 다시 과보를 받으면 이를 「후보後報」라 합니다. 여러분은 불법에서 말하는 삼세인과는 사事·리理에 있어 대단히 밝고 확실하게 말함을 잘 알아야 합니다. 삼세인과는 주로 중하 근성根性의 사람을 가르치고 인도하고 이를 통해 불도에 들 수 있음을 알 수 있습니다.

장경 중에 실린 인과응보의 일은 때때로 다생다겁이 지나야 과거의 빚을 갚는 경우도 있다.

藏經中所載因果報應之事。往往有經多生多劫。而酬償夙債者。

여러분이 《장경藏經》을 조사한다면 이러한 인과응보만을 찾는 것도 상당히 어려운 일입니다. 왜냐하면 이러한 일은 여러 경론에 흩어져 있기 때문입니다. 선인께서 경론에 있는 인과응보를 추려서 책 한권으로 편집한 덕택에 이 책을 보기만 하면 《대장경》 전체의 인과응보를 모두 볼 수 있습니다. 이 책의 이름은 《경률이상經律異相》, 《법원주림法苑珠林》이라 합니다. 이 두 책의 분량은 상당히 큽니다. 《법원주림》만해도 100권이 있으니, 그 분량은 《화엄경소초華嚴經疏鈔》와 차이가 없습니다. 《경률이상》은 500권이나 됩니다. 그래서 분량은 모두 상당히 많습니다. 이는 부처님이 경전에서 삼세인과의 사事를 말한 것입니다.

신구의 삼업으로 지은 여러 선과 불선업은 기연이 무르익을 때를 기다려서 하나하나 그 업보를 다 갚아야 바야흐로 멈춘다.

身口意三。所作諸善諸不善業。緣熟時至。一一自食其報。報盡方休。」

이 몇 마디 말을 마음에 확실히 새겨두어야 합니다. 신·구·의는 삼업三業을 가리킵니다. 우리는 신·구·의 삼업을 날마다 짓고 시시각각 짓고 있습니다. 지은 업에는 선업도 있고, 악업도 있으며, 선도 아니고 악도 아닌 무기업無記業도 있습니다. 선업과 악업은 모두 과보가 있습니다. 언제 과보가 현전하는가? 연이 무르익을 때입니다. 우리가 지은 업은 아뢰야식阿賴耶識 안에 업인業因을 남기는데, 인因이 과가 되려면 그 가운데 연緣이 있어야 합니다. 어느 때라도 기연機緣이 무르익으면 과보가 현전하니, 결코 응보가 없는 것이 아닙니다. 바꾸어 말하면 인이 있으면 반드시 과가 있습니다.

아마도 동학들께서는 물을지도 모릅니다. "성불한 이후에도 과보가 있습니까?" 성불한 이후에도 여전히 과보를 피하지 못합니다. 석가모니

부처님께서는 세상에 계실 적에 3개월 동안 말의 먹이를 먹는(馬麥) 과보를 시현하셨으니, 성불하고서도 여전히 과보를 받으셨습니다. 그러나 어쩌면 이미 아라한 이상의 과위를 증득한 후 받는 과보는 우리와 과보가 같지 않습니다. 우리는 과보를 받아 괴로움을 느끼지만 그들은 과보를 받은 후 이런 느낌이 없습니다. 왜 느낌이 없는가? 그들은 전인후과前因後果에 대해 모두 또렷이 알기 때문입니다.

예를 들면 우리가 인과응보를 알지 못하여 지금 몸에 지닌 돈과 재화를 남에게 도둑질당하여 마음속은 매우 괴롭고 번민으로 가득합니다. 이는 괴롭다는 느낌(苦受)입니다. **불보살님께서도 과보를 받지만, 이는 자신이 이전 세상에서 그의 것을 도둑질한 인으로 오늘 그에게 도둑질당하였지만, 그에게 빚을 갚아야 할 일이 없어 마음속에는 즐겁다는 느낌(樂受)은 있지만 괴롭다는 느낌은 없습니다.** 받아야 할 과보를 받는다는 사실이 매우 분명합니다. 그래서 깨달음 이후 단지 빚을 갚고 더 이상 빚을 지지 않습니다. 한번 갚으면 마음속이 한층 편안하고 점점 더 자재해집니다. 마음은 확실히 청정평등각에 이릅니다.

우리 범부들은 미혹 전도되어 한편으로는 빚을 갚고 한편으로는 빚을 지어서 영원히 다하지 않으니, 그 괴로움은 이루 말할 수 없습니다. 이는 비유하여 말한 것입니다. 그래서 「보진방휴報盡方休」 즉, 과보가 다하여 완전히 갚는다고 말합니다. 그러나 반야지혜가 현전하여야 진정으로 「휴休(쉼)」라고 말할 수 있습니다. 다시 말해 자신은 더 이상 업을 짓지 않습니다.

고덕께서 우리에게 말씀해 주셨습니다. "인연에 따라 옛날에 지은 업을 없애고 더 이상 새로운 화를 짓지 말라(隨緣消舊業 莫再造新殃)." 업을 없앰은 빚을 갚음으로 더 이상 빚을 짓지 않음입니다. 마음이 진정으로 청정에 이르러 한 티끌도 물들지 않을 때 빚을 갚을 뿐입니다. 인연에 따름은 인연에 끄달림과 다릅니다. 「수연隨緣」은 보살행이고, 「반연攀緣」은 범부행입니다. 수연은 곧 보현보살께서 말씀하신 「항순중생恒順衆生」입니다. 「항恒」은 곧 영원한 모습입니다. 영원히 모든 중생에 수순하여야 업을 없앨 수 있습니다. 수순할 수 없으면 마음이 움직이고 마음이 움직이면 업을 짓습니다. 그래서 업을 짓지 않고 싶으면 반연하지 말고 수연을 배워야 합니다. 선한 일을 하고 싶어 인연에 끌려 선한 일을 하는 것이 좋겠습니까? 선인께서는 우리에게 "좋은 일은 일이 없는 것만 못하다(好事不如無事)." 하셨습니다. 일이 없음(無事)은 마음이 청정한 것입니다. 좋은 일을 하면 마음이 청정하지 않습니다. 우리가 **정말 마음이 청정하고 싶으면 유일한 방법은 인연에 수순하여 집착하지 않아야 해낼 수 있습니다.**

「중생장중욕심衆生障重慾深 매각본명昧卻本明」에서 「장障」은 업장을 말합니다. 업장은 너무나 무겁고 욕망은 너무나 많습니다. 그래서 본성 속의 지혜광명을 잃어버립니다. 「축망조얼분분요요逐妄造孽紛紛擾擾 무시무처부재미경無時無處不在迷境 처화갱이불각處火坑而不覺 우원대이부지遇怨懟而不知」에서 불구덩이는 삼계를 가리킵니다. 삼계육도가 곧 불구덩이입니다. 《법화경》에서 말씀하신 삼계화택三界火宅인데, 안온한 곳이 있겠습니까? 원망을 받고도 알지 못하여 원수를 잘못 가족으로 여깁니다.

「천추장야만겁침륜千秋長夜萬劫沉淪 가련역가비이可憐亦可悲已。」이는 중생상을 말합니다. 현전하는 인간세상을 가리킬 뿐만 아니라 천상계를 포함한 육도중생이 모두 이러한 모습입니다. 그래서 인과응보는 일체 사실의 현상이고 작용은 대단히 광대합니다. 중하근기 정도의 사람에 대해 인과응보의 도리를 말하면 쉽게 이해하고 쉽게 받아들입니다.

반드시 악한 과를 두려워하여 악한 인을 끊고, 선한 인을 닦아 선한 과를 바라야 한다. 무릇 선악은 신구의 삼업을 벗어나지 않는다. (신구의 삼업은 간단히 말하면 각각 모두 십선업이 되거나 반대로 십불선업이 될 수 있다. 이는 대승계율 중의 《십선업도경》에서 상술하고 있다. 이 경은 양저우 장경원에서 간행하여 각지에서 불경을 유통하고 있으니 열독하길 바란다.) **이미 이러한 인과를 알았다면 스스로 몸과 입을 잘 방어하고 지키며, 마음을 깨끗이 하고 걱정을 씻어낼 수 있어 비록 어두운 방 안 깊숙한 구석**(어두운 방, 사람이 보지 못하는 은밀한 곳을 말한다)**에 있을지라도 항상 하느님을 마주하듯** (군자는 삼가고 두려워한다. 어두운 방 안에 있을지라도 마치 여러 사람이 보고 있는 것처럼 여러 손가락이 가리키고 있는 것처럼 느낀다. 항상 많은 사람이 감시하고 있는 것처럼 항상 명료하면 위에서 관찰하여도 불편하지 않다.) **감히 이치에 맞지 않고 영예롭지 않은 마음이 조금이라도 싹터 스스로 죄과를 범하지 않게 될 것이다.**

則必畏惡果而斷惡因。修善因而冀善果。善惡不出身口意三。(身口意三業簡言之各各都能爲十善業及相反之十不善業詳大乘戒律中之十善業道經此經揚州藏經院印行可向各地佛經流通處請閱)既知因果。自可防護身口。洗心滌慮。雖在暗室屋漏之中。常如面對帝天。(暗室人目不見之地漏隱處也言 君子戒謹恐懼。雖處暗室中。覺（也好像是）十目所視。十手所指。常若有多人監視然。常存明明在上鑒察不爽意。)不敢稍萌匪鄙之心。(匪同非不合理也鄙同醜不榮譽也)以自干罪戾也已。(干犯也戾罪過也含不敢侵犯意故於文從戶從犬)

이 단락의 글을 읽으면 수도하는 선결 조건을 알 수 있습니다. 즉 인과를 깊이 믿어야 착실히 수행할 수 있습니다. 만약 인과응보의 원리를 부정하고 근본적으로 인과응보를 믿지 않으면 방법이 없습니다. 심오한 이론을 말해도 이해하지 못하고 받아들일 수 없습니다. 즉 그들은 그것이 불보살의 일이고 범부는 해낼 수 없다고 여깁니다. 조금 쉽게 말하면 그들은 인과응보는 신화일 뿐이라고 믿지 않습니다. 이러한 사람은 불보살도 그들을 제도할 수 없다고 말합니다. 불경에서는 「일천제一闡提」라고 일컫습니다. 「일천제」는 곧 선근이 없는 사람입니다.

만약 악한 과보를 얻고 싶지 않으면 먼저 악의 인을 끊어야 합니다. 악의 인을 짓지 않으면 당연히 악한 과보를 받지 않을 것입니다. 좋은 과보를 바라지 않은 사람이 어디에 있습니까? 좋은 과보는 어디에서 옵니까? 선한 인으로부터 옵니다. 좋지 않은 과보를 여의고 마음에 드는 과보를 얻고 싶으면 반드시 악을 끊고 선을 닦아야 획득할 수 있음을 알 수 있습니다. 악을 끊고 선을 닦는 중점은 신구의 삼업에 있습니다. 왜냐하면 선을 짓고 악을 지음은 모두 신구의 삼업을 여의지 못합니다.

「신구의삼업身口意三業 간언지簡言之 각각도능위십선업各各都能爲十善業 급상반지심불선업及相反之十不善業 상대승계율중지십선업도경詳大乘戒律中之《十善業道經》。」

여기서는 수행의 강령을 들고 있습니다. 중생이 신·구·의로 짓는 갖가지 업은 무량무변합니다. 부처님께서는 우리의 신·구·의 조작을 십대 강령으로 귀납합니다. 이른바 신업이 셋이고, 구업이 넷이며, 의업이 셋입니다. 이를 일러 「십선업도十善業道」라고 합니다.

「신삼身三」은 몸으로 짓는 업으로 살생하지 않고, 도둑질하지 않으며, 삿된 음행을 하지 않는 것으로 이는 몸으로 짓는 세 가지 선업입니다. 「구사口四」는 네 가지 입으로 짓는 업으로 거짓말을 하지 않고, 험한 말을 하지 않고, 이간질하는 말을 하지 않고, 꾸미는 말을 하지 않는 것으로 이는 입으로 짓는 네 가지 선업입니다.

「의삼意三」은 곧 마음 속 세 부류의 생각으로 탐내는 생각을 품지 않고, 성내는 생각을 품지 않으며, 어리석은 생각을 품지 않는 것으로 이는 마음으로 짓는 세 가지 선업입니다. 이는 곧 《십선업도경十善業道經》에서 말씀하신 열 가지 선업의 공덕과보입니다. 십선업을 반대로 말하면 십악업十惡業이라 합니다. 이는 부처님께서 중생을 위해 선악의 표준을 가리킨 것입니다. 우리가 신구의로 생각을 움직이고 조작하면 이 열 가지 조목을 생각하여야 합니다. 내가 짓는 것은 선업에 속합니까? 아니면 악업에 속합니까? 선악의 과보는 저절로 명료해집니다. 불보살은 이러한 법문으로 중하 근성의 중생을 접인하여 보리대법菩提大道으로 들어갑니다.

그래서 악을 끊고 선을 닦음은 대승불법에서 근본법문이고 무상보리는 곧 이러한 기초 위에 건립되는 것입니다. 우리가 만약 인과를 깊이 믿고 응보를 깊이 믿으면 대승의 문으로 들어갈 수 있습니다.

「기지인과既知因果 자가방호신구自可防護身口 세심척려洗心滌慮」. 「심心」은 곧 의意입니다. 당신이 신구의 삼업에 대해 저절로 방어하고 지킬 수 있음을 이해하게 됩니다. 바꾸어 말하면 당신은 잘못을 고치고 선을 닦습니다.

「수재암실옥루지중雖在暗室屋漏之中 상여면대제천常如面對帝天」. 고대 중국인은 하늘을 대단히 존경하였습니다. 민간에서는 옥황상제라 부르고 불문에서 도리천왕이라 합니다. 「제천帝天」은 옥황상제 · 사천왕과 마찬가지입니다.

「불감초맹비비지심不敢稍萌匪鄙之心」. 비匪는 맞지 않음(非)과 같고 비鄙는 더러움(醜)과 같습니다. 감히 이치에 맞지 않는 마음은 조금도 간직하지 않고, 감히 추악한 생각은 조금도 간직하지 않습니다. 감히 악한 일은 하지 않습니다. 이래야 악업을 끊을 수 있습니다.

「이자간죄려야이의以自干罪戾也已矣」.「간干」은 범한다는 뜻입니다. 「려戾」는 곧 죄과입니다. 이는 곧 늘 하느님을 마주하듯이, 사람들을 마주하듯이 감히 고의로 악업을 짓지 않는다는 말입니다.

이는 대각大覺 세존世尊(대각은 진공실상을 궁구하여 근원을 철저히 깊이 캐어 막아서 장애가 없다는 의미이다. 범부는 깨닫지 못하고 성문은 자신은 깨닫지만 남을 깨닫게 못하며, 보살은 자신도 깨닫고 또한 남을 깨닫게 하지만, 오직 제불여래만이 스스로 깨닫고 남을 깨닫게 함에 모두 원만하다. 그래서 홀로 대각이라 부른다. 세존은 부처님의 존칭이다. 부처님은 만덕을 구족하여 일체세계가 존경하고 받드는 분이 된다.) **일체 상중하 근기의 모든 중생에게 두루 자신의 앎을 극진히 하고 자신의 뜻을 정성스럽게 하며, 자신의 마음을 바르게 하고, 자신의 몸을 닦도록 가르치신 대도요, 정법이다.**

> 此大覺世尊。(大覺究竟眞空實相。徹底盡源。更無遮障之謂。凡夫不覺悟。聲聞自覺不覺他。菩薩自覺亦覺他。惟諸佛如來自覺覺他皆圓滿。故獨稱之爲大覺。世尊乃佛之尊號。以佛具足萬德。爲一切世界所尊奉。故曰世尊。)普令一切上中下根。(根根器含來歷及分等意)致知誠意。正心修身之大法也。

위대한 성현과 불보살은 중생을 제도하고 이 법문을 버리지 않습니다. 이런 법문은 중하 근성의 사람에게 매우 유효하고, 상근기의 지혜가 날카로운 사람도 예외가 아닙니다. 상근기의 지혜가 날카로운 사람은 통상적으로 심성의 이론상에 치우치고, 뒤쪽에서 두 마디 말로 잘 설득하고 있습니다. "심성을 잘 말하는 자는 반드시 인과를 버리지 않는다(善談心性者 必不棄離因果)." 이는 상근기의 지혜가 예리한 사람에 대해 한 말입니다. 그래서 상근기의 사람은 믿지 않음이 없고, 그의 신심은 중하근성의 사람보다 훨씬 견고합니다. 왜냐하면 그는 이러한 이치를 이해하기 때문입니다. 그래서 그의 수행은 반드시 여법합니다.

「대각구경진공실상大覺究竟眞空實相 철저진원徹底盡源 갱무차장지위更無遮障之謂。」「대각大覺」은 부처를 가리킵니다.「구究」는 궁구窮究이고,「경竟」은 필경, 원만의 뜻입니다. 진공실상의 이체에 대해「근원을 철저히 깊이 캐어 막아서 장애함이 없다는 의미이다」, 이것이 대각입니다. 이는 대승의 불과 차원에서 말한 것입니다.

「범부불각오凡夫不覺悟 성문자각불각타聲聞自覺不覺他 보살자각역각타菩薩自覺亦覺他 단공행미원만但功行未圓滿。」이는 부처 · 범부 · 소승보살이 다른 이유를 설명합니다.「유제불여내자각각타개원만惟諸佛如來自覺覺他皆圓滿 고독칭지위대각故獨稱之爲大覺 세존내불지존호世尊乃佛之尊號 이불구족만덕以佛具足萬德 위일체세계소존봉爲一切世界所尊奉 고왈세존故曰世尊。」부처님께서는 구경원만의 대각을 얻어 일체세간의 존경대상입니다. 부처님께서 원만한 큰 지혜로써 중생을 교화하고 두루 일체 상중하 근기를 치지致知 · 성의誠意 · 정심正心 · 수신修身하게 하는 대법大法이고 곧 인과를 깊이 믿고 악을 끊고 선을 닦는 법문입니다.

그러나 세간의 지혜로운 사람은 인과응보가 자신을 구속한다고 두려워하여 상에 집착하는 것이라 생각하며 (해탈하지 못한다 말하며), 어리석은 자는 자신의 부끄러운 점을 방어하려고 인과응보는 아득하고 막연하다고 말한다. (이 두 부류의 사람이 견지하는 변명은 실제로는 모두 자신의 단점을 두둔하는 일종의 조소를 면하기 위한 말이다.) 이러한 두 부류 사람을 제외하면 누가 인과를 믿고 받아들이지 않겠는가? (사람은 괴로워하면서 부끄럽고 창피해 할 줄 모를 뿐이다. 부끄러워할 줄 알면 곧 감히 잘못을 감싸지 않고, 창피해할 줄 알면 곧 그럭저럭 지내지 않는다. 부끄러워하고 창피해하는 마음이 있으면 곧 그 사람은 도에 들어가는 인연이 된다.)

> 然狂者畏其拘束。謂爲著相。(言不解脫)愚者防己愧怍。謂爲渺茫。(此兩等人所持託辭其實皆回護己短之一種解嘲語也)除此二種人。有誰不信受。(人惟苦不知愧恥耳。知愧便不敢遂過。知恥便不敢因循。有愧恥之心。即爲其人入道因緣)

이는 저 선근이 없고 인과를 부정하는 사람들에게 인과를 깊이 말하든 쉽게 말하든 모두 받아들일 수 없다는 말입니다. 우리는 지금 다른 사람이 받아들이든 받아들이지 않든 우리 자신과 상관이 없는지, 거꾸로 물어야 합니다. 그가 그의 부처가 되든지, 그의 지옥에 떨어지든지 나와 무관합니다. 문제는 자신은 어떠한가? 입니다. 이래야 부처님께서 제도 · 교화하시는 진정으로 중요한 점을 받아들입니다. 그래서 부처님께서 말씀하신 일체 경론은 반드시 나 한 사람을 위해 말씀하신 것이고,

부처님께서 제정하신 계율은 나 한 사람이 닦도록 가르치신 것이지 다른 사람과 상관이 없다고 보아야 합니다. 우리가 이렇게 직하승당(直下承當 ; 현재의 자리에서 깨침)하여야 이익을 얻을 수 있고 업을 짓지 않게 됩니다. 이렇게 직하에 승당할 수 없으면 늘 어떤 사람이 계율을 깨뜨렸고 어떤 사람이 나쁜 일을 하였는지 보입니다. 당신 입으로 이런 말을 하면 이는 곧 입으로 짓는 악업입니다. 당신 마음에 이런 생각이 움직이면 마음으로 짓는 악업입니다. 바깥 경계가 움직이면 그 속에서 악업을 짓는 것을 미혹(迷)이라 합니다. 이는 깨닫지 못함입니다. 반드시 바깥이 선이든지 악이든 우리와 상관없음을 알아야 합니다. 나는 응당 어떠해야 하는가? 「여여부동如如不動하고 요요분명了了分明」하여야 합니다. 또렷하고 분명하면 미혹하지 않고, 여여부동하면 업을 짓지 않습니다. 마음이 청정하여 물들지 않고, 바깥 경계에 따라 동요하지 말아야 수행한다 할 수 있습니다. 이 두 마디 말은 매우 중요합니다. 우리는 항상 점검하고 반성하여야 합니다.

「광자狂者」는 광혜狂慧의 사람을 가리킵니다. 이른바 광혜는 대부분 세간의 총명지혜를 가진 사람, 세지변총世智辯聰의 사람을 가리킵니다. 이 한 부류의 사람은 부처님의 경전에 대해 대단히 기뻐하면서 이는 철학이고 매우 이치가 있다고 생각합니다. 그러나 계율을 말하면 공자의 예교禮教를 받아들이려고 하지 않습니다. 계율은 예교보다 여전히 엄격합니다. 이는 시의時宜에 맞지 않은 생활 교조教條로 굳이 그것을 배울 필요가 있는가? 그것의 이론을 배우면 된다고 생각합니다. 이러한 사람은 매우 많은데, 언제나 자신을 총명하다고 생각합니다. 그들은 계율이 3천 년 전에 제정된 외국인의 생활규범일 뿐 우리가 굳이 준수할 필요가 있는가? 생각합니다. 삼대의 예절이 모두 같지 않은데, 하물며 외국의 옛 예절이겠습니까? 우리는 현대인인데, 굳이 고대의 예절을 배울 필요가 있습니까? 현재인이 보기에 최상의 경례는 허리를 굽혀 세 번 절하는 것인데, 굳이 여전히 무릎을 꿇고 정례할 필요가 있습니까? 이것이 곧 광자狂者입니다. 계율이 우리를 구속하는 것이라 생각하고, 오히려 저 계율을 지키는 사람을 상에 집착한다고 말합니다. 《금강경》에서는 상相을 깨뜨려야 한다고 말씀하십니다. 상을 여의고 수행하여야 하는데, 굳이 계율에 집착할 필요가 있습니까? 그것은 계율의 상 아래 죽음입니다. 진정으로 계율의 상 아래 죽음이 있습니까? 정말 있습니다! 없는 것이 아닙니다. 그러나 계율을 지키는 사람에 대해 꼭 완전히 상에 집착한다고 말할 수 없습니다. 그 중에는 여전히 매우 고상하고 현명한 사람이 있어 상에 집착하지 않고 일체 선을 닦습니다.

석가모니부처님의 제자는 고불이 다시 온 사람이 매우 많고 절대 다수는 모두 명심견성明心見性한 사람인데, 왜 계율 상에서 지나치게 따져야 하겠습니까? 그것은 공연으로 우리에게 보여주는 것입니다. 바꾸어 말해 우리는 여전히 명심견성하지 못한 채 상에 집착하여도 가까운 장래에 이로운 점이 있을 것입니다. "모든 악을 짓지 말고 온갖 선을 받들어 행하십시오(諸惡莫作 衆善奉行)." 설사 성불하고 조사가 될 수 없을지라도 절대 삼악도에 떨어지지 않고 악한 과보를 받지 않으니,

이는 무엇이 나쁘겠습니까?

그래서 세간의 지혜가 있는 사람이 한 말에 속아 넘어가 그럴듯한 이론이 매우 일리가 있다고 생각해서는 안 됩니다. 계율을 가벼이 여기면 이는 잘못된 것입니다. 이는 첫째 부류 사람입니다. 둘째 부류 사람은 그 자신이 양심에 부끄러운 일을 매우 많이 하여 마음에 꺼림칙한 것이 있습니다. 「어리석은 사람은 자신의 부끄러운 점을 방어하려고 인과응보는 아득하고 막연하다고 말한다(愚者防己愧怍 謂爲渺茫).」 그는 감히 계율을 꺼내지 못합니다. 계율을 꺼내면 자기 한 몸이 모두 죄과罪過라고 느낍니다. 그러나 표면상으로는 또한 부끄럽다고 말하고 난처하다고 말합니다. 그래서 계율을 이야기하면 선악과보의 일은 아득하고 막연하여 신뢰하기 부족하다고 말합니다. 이런 논조는 앞쪽과 그다지 같지 않지만, 뜻은 같습니다. 모두 받아들일 수 없고, 기꺼이 악을 끊고 선을 닦지 않음은 모두 잘못을 두둔함입니다. 자신에게 결점이 있고 단점이 있어도 회개할 줄 모릅니다. 인광대사께서는 우리에게 말해줍니다. 지혜로운 자와 어리석은 자, 두 종류의 사람을 제외하고 누가 인과를 믿지 않겠습니까? 이 사람은 인과를 믿지 않습니까?

「사람은 괴로워하면서 부끄럽고 창피해 할 줄 모를 뿐이다. 부끄러워할 줄 알면 곧 감히 잘못을 감싸지 않고, 창피해할 줄 알면 곧 그럭저럭 지내지 않는다. 부끄러워하고 창피해하는 마음이 있으면 곧 그 사람은 도에 들어가는 인연이 된다(人惟苦不知愧恥耳。知愧便不敢遂過 知恥便不敢因循 有愧恥之心 即爲其人入道因緣).」

우 거사가 여기서 말하는 부끄러워하고 창피해하는 마음(愧恥心)은 곧 불법에서 말하는 참괴慚愧33)입니다. 참괴심이 있는 사람은 불도에 들어가는 인연이 생깁니다. 바꾸어 말하면 참괴할 줄 모르는 사람은 불도에 들어가기 매우 어렵습니다. 인과문제에 대해서는 철오선사의 두 마디 말씀을 인용하면 대단히 잘 설명할 수 있습니다.

그래서 몽동선사(夢東禪師 : 철오선사徹悟禪師라고도 함. 청나라 건륭 가경 연간 법문 제일의 스님. 본래 선문의 종장宗匠이었는데, 세상을 구제하려는 광대한 서원으로 정토종 홍양에 매우 힘씀. 만년에 물러나 북경 회유현 홍라산 자복사資福寺에서 염불기풍을 크게 진작시켜 먼 곳과 가까운 곳 두루 감화시켜 도인과 속인을 불교에 귀의토록 하여 지금에 이르도록 정업의 인을 널리 심으니, 모두 홍라사紅螺寺를 받들어 중국 황하 이북 제일의 염불도량이 됨. 《철오선사어록》이 세상에 간행됨. 말마다 금석 같고 글자마다 석가모니불 같아 오늘날 섭심의 교화의 방편으로 널리 유포되어 중생을 이롭게 하니 스승의 굉법宏法 공덕은 한량이 없다)**께서 이르시길, "심성을 잘 말하는 자는 결코 인과를 버리지 않으며,** (과거에 지은 것은 인이 되었고, 현재 받는 것은 과가 된다. 현재 지은 것은 인이 되고, 미래에 받는 것은 과가 된다. 고락의 인과는 모두 자심自心이 감득한 것으로 말미암는다. 시방삼제 일체의 사상은 잠깐 사이에 망녕되이 움직이는 생멸심生滅心 속에서 발생하지

---

33) 참심慚心과 괴심愧心은 한 쌍이다. 참심慚心은 자신에 대해 부끄러워하는 마음이고, 괴심愧心은 타인에 대해 부끄러워하는 마음이다. _《인광대사문초청화록》(비움과소통)

않는 것이 하나도 없고 또한 본래 청정한 진여심眞如心 속에 사라지지 않는 것이 없다. 하나의 터럭 끝 상에 화장세계를 다 받아들인다. 사상은 무량하지만 하나도 인과가 아님이 없고, 무량한 인과는 하나도 심성에서 나오지 않음이 없다. 심성은 쉽게 보지 못하지만 즉시 인과를 빌려 볼 수 있다.) **또 인과를 깊이 믿는 자는 끝내 인간의 본래 심성을 크게 밝힐 것이다." 라고 말씀하셨다. 이는 이치로 보나 현상으로 보나 반드시 그럴 수밖에는 없다.**

故夢東云。(夢東禪師爲前淸乾嘉間法門第一人。師本禪門宗匠而救世願廣弘揚淨宗甚力。晚年退休。直隸懷柔縣紅螺山資福寺。蓮風大扇。遐邇向化。道俗歸心。迄今淨因廣植。法門中咸推紅螺寺。爲中國黃河以北。第一念佛道場。有《徹悟禪師語錄》刊行於世。言言金石字字牟尼。今日方便攝心之化。流布益廣。師之宏法功德無有限量矣。)善談心性者。必不棄離於因果。(過去所造爲因。現在所受爲果。現在所造爲因。未來所受爲果。苦樂因果皆由自心之所感。十方三際一切事相無一不發生於瞥爾妄動之生滅心中。亦無不消除於本來淸淨之眞如心中。一毫端上納盡華藏世界。事相無量無一而非因果。無量因果無一不出之於心性。心性不易見。即可借因果以見之。)而深信因果者。終必大明夫心性。(徹悟禪師語錄暢論一切衆生受生十界因緣即發軔於念頭動處至論玄義開卷了然)此理勢所必然也。

철오선사의 이 말씀은 진정으로 지혜가 있는 사람은 상근기의 지혜가 예리하여 절대 인과응보를 믿지 못할 리 없습니다. 중하 근기의 사람은 인과응보를 깊이 믿을 수 있어 장래에 반드시 상상근기와 같이 심성의 학을 명백히 깨칠 수 있습니다. 바꾸어 말하면 그도 명심견성明心見性할 수 있고 성불하고 조사가 될 수 있습니다. 우 거사의 주석에는 철오선사의 간략한 소개가 있습니다. 철오선사의 문집은 상당히 널리 유통되었습니다.

인광대사는 철오선사의 두 마디 말씀을 인용하는데, 이는 대단히 중요합니다. 실제상 인광대사는 대승불법을 배우는 사람 내지 불법의 최상승에 이르기까지 「인과因果」를 여읠 수 없음을 깨우치도록 인도합니다.

「선담심성자善談心性者」, 이는 선종의 대덕을 가리킵니다. 이른바 「불립문자不立文字, 직지인심直指人心」을 말합니다. 이는 대승법에서 최상승자입니다. 선사께서 말씀하신 이 한마디 말은 결코 근거가 없는 것이 아닙니다. 우리가 《장경藏經》에서 역대 조사대덕들의 어록을 고찰할 수 있으면 확실히 이러합니다. 무릇 참 선지식은 절대 인과를 등지고 버리지 않습니다. 우리는 근대 허운虛雲 노화상의 말씀으로써 적지 않은 동수들이 허운 노화상의 《법휘法彙》를 본 적이 있지만, 노화상께서 원적圓寂에 드시기 이삼 년 전 최후의 유교遺敎인 《방편개시록方便開示錄》은 처음부터 끝까지 우리에게 인과의 이치를 중시하면서 염불하여 정토에 태어나길 구하라 가르치셨습니다.

우 거사의 주석을 살펴보겠습니다. 건乾·가嘉는 건륭乾隆, 가경嘉慶년대의 사람을 가리킵니다. 법문중 제일인法門中第一人은 그를 추앙함으로 당시 불교에서 일대의 고승이었습니다. 그는 본래 선종의 조사, 선종의 대덕입니다. 그는 선종 조사의 신분으로써 정토 홍양에 크게 힘썼습니니다. 왜냐하면 정토법문이야말로 진정으로 상중하 세 근기를 두루 가피하고 이근 둔근을 함께 거두기 때문입니다.

철오선사도 정종淨宗의 일대조사로 확실히 정종에 대한 공헌이 매우 큽니다. 북방의 염불법문은 그 어르신 한 사람이 제창 홍양하셨습니다. 근세 인광대사가 소주蘇州 영암산靈巖山 도량에서 하신 것과 마찬가지입니다.「심성을 잘 말하는 자는 결코 인과를 버리지 않는다」. 이 두 마디 말은 대단히 유명합니다.

「과거에 지은 것은 인이 되었고, 현재 받는 것은 과가 된다. 현재 지은 것은 인이 되고, 미래에 받는 것은 과가 된다(過去所造爲因 現在所受爲果 現在所造爲因 未來所受爲果).」이 네 마디 말은 우리에게 인과는 삼세를 통함을 일러줍니다. 그래서 보살은 이를 두려워합니다.

우 거사는 주석에서 말합니다.「고락인과는 모두 자심의 감득으로 말미암는다. 시방삼제 일체 사상은 잠깐 사이에 망녕되이 움직이는 생멸심生滅心 속에서 발생하지 않는 것이 하나도 없고 또한 본래 청정한 진여심眞如心 속으로 사라지지 않는 것이 없다. 하나의 터럭 끝 상에 화장세계를 다 받아들인다. 사상은 무량하여도 하나도 인과가 아님이 없고, 무량한 인과는 하나도 심성에서 나오지 않음이 없다. 심성은 쉽게 보지 못하지만 즉시 인과를 빌려 볼 수 있다.」

이는 인과因果와 심성心性의 이치를 최고조에 이르도록 말한 것입니다. 심성은「체體」를 말하고, 인과는「상相과 용用」을 말합니다.《십사강표十

四講表》(불학14강 강기)에서 체(體 ; 성체와 질체) · 상(相 ; 현상) · 용(用 ; 역량)을 설명하고 있습니다. 이른바 체는 곧 심성을 말합니다. 심성은 십법계 의정장엄의 체입니다. 인과 과는 곧 십법계 의정장엄의 상 · 용입니다. 이런 관계는 어떻게 나누어질 수 있습니까? 만약 진정으로 그 가운데 관계를 알 수 있으면 심성과 인과는 하나이되 둘이고, 둘이되 하나로 한 본체의 양면임을 알 수 있습니다.

수지修持가 만약 심성에 편중한다면 인과를 이야기하지 않고 인과를 이해하지 못합니다. 즉 심성의 이치에도 사무칠 수 없습니다. 이는 필연적입니다. 왜냐하면 이理와 사事는 나누어지지 않기 때문입니다. 만약 우리가 진정으로 이성理性 상에서 통달하면 사상事相 상에서 절대 버릴 수 없습니다. 이 한 마디 말은 근기가 예리하고 지혜로운 사람에 대해 말한 것입니다. 아래 한 마디를 합쳐서 보면 세 근기에 두루 가피합니다. 우리는 이렇게 높은 재능이 없고 돈오頓悟하여 심성의 이치를 분명히 이해하는 것은 확실히 쉽지 않습니다. 그러나 우리가 사상 상에서 시작함은 사람마다 모두 연분이 있다고 말할 수 있습니다. 우리는 모두 《아미타경》을 독송하였습니다. 《아미타경》의 극칙極則은 곧 심성의 이치를 말함입니다. 그러나 업을 지닌 채 왕생함(帶業往生)의 사상은 완전히 인과의 감응입니다. 아미타부처님께서 인지에서 발한 서원이 「인因」이고, 현재 닦아서 극락세계를 성취함은 「과果」입니다. 우리가 현재 정토법문을 깊이 믿고 왕생하길 발원함이 「인因」이고, 장래 보신報身이 다하였을 때 아미타부처님께서 접인하여 우리가 왕생함이 「과果」입니다. 여러분은 반드시 이 법문을 깊이 믿어야 불법의 수승한 공덕과 이익을 획득할 수 있습니다.

인과를 깊이 믿으면 장래에 반드시 명심견성할 수 있습니다. 극락세계에 왕생하기만 하면 설사 하품하생일지라도 원만한 불과를 증득할 수 있습니다. 경전에서는 극락세계에 왕생하면 삼불퇴三不退를 증득한다고 말씀하십니다. 삼불퇴를 증득함은 경전에서 말하는 일생보처一生補處보살이니, 이것이 어찌 사람마다 모두 연분이 있지 않겠습니까? 보처보살에 이르러야 심성을 크게 밝힘입니다. 크게 밝힘은 구경 원만하게 이해함입니다. 우리가 사는 사바세계는 고인고과苦因苦果이고, 극락세계는 낙인낙과樂因樂果입니다. 이런 곳에서 과보는 중시할 필요가 없고, 「수인修因」에 중점을 두어야 합니다. 수인에서 말하면 이 소책자는 곧 우리에게 「낙인樂因」을 지으면 나중의 과보는 당연히 「낙보樂果」임을 가르칩니다. 원요범 거사처럼 그가 조작한 것은 고락의 상대적인 낙인이고, 장래 과보는 사바세계, 인도와 천도에서 복을 누립니다. 그러나 수행을 잘하지 못하면 인도와 천도의 복보는 결코 누릴 수 없습니다.

복을 누리면 쉽게 미혹 전도됩니다. 인간 세상에 아무리 큰 복보라도 당신은 몇 년간 누릴 수 있습니까? 설사 2백 살을 살지라도 이백 년을 지낼 뿐입니다. 이백 년을 다 누린 후 어떻게 합니까? 여전히 육도에 윤회하게 됩니다. 이런 일은 너무나 두렵고 너무나 슬픕니다. 그래서 인간과 천상의 복보가 우리는 모두 필요 없다고 말합니다. 우리가 무엇을 닦아야 진정한 낙인樂因입니까? 정업을 닦는 것입니다. 이른바 「정업淨業」은 곧 악을 끊고 선을 닦는 가운데 지성심至誠心·청정심淸淨心으로 노실하게 염불하여 정토에 태어나길 구하는 것입니다.

악을 끊고 선을 닦는 목표는 자기 마음을 청정히 함에 있습니다. 이것을 제외하고는 아무것도 구하지 않습니다. 이는 《아미타경》의 말씀과 똑같습니다. 염불의 주요 목적은 일심불란一心不亂을 구하는데 있습니다. 일심불란은 곧 청정심입니다. 이는 무루無漏의 선법善法입니다. 이 한 가지 업인業因은 서방극락세계의 과보와 비로소 상응하고, 비로소 서방극락세계에 왕생할 수 있습니다. 만약 이러한 이치를 알지 못하면 악을 끊고 선을 닦으면서 인천의 복보를 희구하면 얻을 수 있지만, 이렇게 한 평생 수행해 쏟은 각고의 노력은 내생에 한평생 복을 누리는 것과 바꾸는 것에 불과할 뿐입니다. 이는 실로 얻는 것보다 잃는 것이 많아서 복을 누려도 미혹·전도되지 않음이 없습니다. 그래서 복보를 누리는 가운데 또한 무량한 죄업을 짓습니다. 이는 우리가 특별히 경각심을 가져야 하는 점입니다.

보살이면 이런 마음은 최초 움직일 때 나중의 과보가 청정한지 알 수 있습니다. 이것이 우리 범부와 다른 점입니다. 시방삼세 일체의 사상은 모두 「과果」라고 말합니다. 과가 있으면 반드시 인이 있기 마련입니다. 이러한 인으로 우리의 마음, 최초 일념의 생멸심 중에 십법계 의정장엄이 나타나지 않는 것이 없습니다. 명심견성한 후, 이는 성불을 말합니다. 부처가 된 후 비로소 진심의 이체 상에는 본래 일체 망상이 없음을 또렷이 이해합니다. 이러한 이치는 비록 매우 알기 어려울지라도 이해하지 않을 수 없습니다. 우리는 강당에 모여서 대경대론 상에서 언제나 이 문제를 토론하고, 언제나 이 문제를 제기합니다. 한 번, 두 번, 열 번, 스무 번에 깨달을 수 없어도 괜찮습니다. 천 번 ,만 번 하다보면 필연코 깨달을 곳이 있게 마련입니다. 이는 우리가 마땅히 분명히 알아야 합니다. 그래서 반드시 많이 보고 많이 들어야 합니다. 목적은 곧 개오開悟하려 함입니다.

우리는 어느 날 청정심의 현전現前을 획득하고 그런 후에 《화엄경》에서 말씀하신 무장애법계(일진법계)를 알 수 있습니다. 여기서 예를 하나 들면 하나의 터럭 끝 위에 화장세계를 다 받아들인다는 것입니다. 이 사례 하나가 가리키는 것은 사사무애事事無礙의 경계입니다. 이를 통해 우리 육도범부의 경계에서 뿐만 아니라 육도 이외 사성四聖의 경계 중에서도 말하자면 전체 십법계의 의정장엄依正莊嚴은 인과감응因果感應의 이치가 아닌 것은 하나도 없음을 알 수 있습니다. 성불은 성불의 인이 있고, 보살이 되는 것은 보살이 되는 인이 있으며, 삼악도는 삼악도의 인이 있습니다. 이를 명백히 알아야 합니다. 명백히 안 후 십법계는 마음대로 선택할 수 있습니다. 내가 그 법계 하나에 이르길 희망하면 나는 어떠한 인을 짓습니다. 바꾸어 말하면 십법계에서 스스로 주재할 수 있고 업력에 따라 표류하지 않을 것입니다.

《요범사훈》은 곧 우리에게 경계 속에서 주관하여 운명을 개조하도록 가르칩니다. 범부는 한 사람도 운명에 따라 변하지 않은 이가 없는데,

그 한 사람은 운명을 피할 수 있습니까? 운명을 피할 수 있는 사람은 과거에는 수행인 뿐이라 말합니다. 그래서 관상·사주는 수행인은 보지 않습니다. 왜냐하면 수행인의 명상命相은 정확히 볼 수 없는데 그는 자신이 개조할 수 있기 때문입니다. 만약 수행인이 관상과 사주를 보아 매우 정확하여 관상을 본 것에 대해 몇 마디 칭찬하고 자신은 여전히 돌이켜 참회할 줄 모르면 이렇게 여러 해 닦았어도 여전히 운명의 손아귀에 조금도 바뀐 것이 없습니다.

원요범은 범부 속인으로서 운명을 전환할 수 있었습니다. 우리가 불문의 사부대중 제자로서 운명을 개조할 수 없다면 어떤 수도를 이야기하겠습니까? 재가자이든 출가자이든 학불學佛의 첫걸음은 곧 자신의 운명을 개조하는 것입니다. 이것이 인광대사께서 특별히 본서를 제창하시고 유통한 의도가 있는 곳입니다. 곧 우리가 불법에서 좋은 기초를 다지도록 하여 주고, 그런 후 대승 소승의 경전을 비로소 수용할 수 있습니다. 마지막 한 마디 말합니다. 이러한 이치와 현상은 필연에 있습니다.

모름지기 범부의 지위에서 불과를 원만히 증득하기까지 모두 인과에서 벗어나지 않음을 알아야 한다. 인과를 믿지 않는 자는 모두 스스로 그 선인선과를 버리고, 늘 악한 인만 짓고 늘 악한 과보를 받을 것이다. 그러면서 진점겁(塵點劫 ; 겁은 가장 긴 시간이다. 일천육백팔십만 년이 일 소겁小劫이고, 이십 소겁이 일 중겁中劫이다. 첫째 중겁을 거치면 성겁成劫이라 하고, 둘째 중겁을 거치면 주겁住劫이라 하며, 셋째 중겁을 거치면 괴겁壞刧이라 한다. 넷째 중겁을 거치면 공겁空刧이라 한다. 순환 왕복이 헤아릴 수 없이 많음을 진겁塵刧이라 한다.)**이 다 지나도록 삼악도**三惡道(중생은 선악의 업력으로 육도에 윤회하니, 즉 하나 천도 · 둘 인도 · 셋 아수라도 · 넷 지옥도 · 다섯 아귀도 · 여섯 축생도이다. 지옥 아귀 축생은 삼악도이다.)**를 윤회하여 생사의 흐름을 벗어나지 못한다. 슬프도다.**

> 須知從凡夫地。乃至圓證佛果。悉不出因果之外。有不信因果者。皆自棄其善因善果。而常造惡因。常受惡果。經塵點刧。(刧最長時間也一千六百八十萬年爲一小刧二十小刧爲一中刧歷第一中刧曰成刧歷第二中刧曰住刧歷第三中刧曰壞刧歷第四中刧曰空刧循環往復多不勝計曰塵刧)輪轉惡道。(衆生以善惡業力輪迴六道一天道二人道三阿修羅道四地獄道五餓鬼道六畜生道地獄餓鬼畜生爲三惡道)末由出離之流也。哀哉。

이 몇 마디 말은 인광대사께서 일반 범부에 대해 비통해 하고 탄식하심입니다. 철오선사의 두 마디 말로 말미암아 우리는 분명히 이해합니다. 인과의 이치는 범부이든 성인이든 모두 피할 수 없고 모두 벗어날 수 없습니다. 지금 먼저 우리 자신은 믿고 있는지 묻습니다. 만약 인과응보를 믿을 수 있으면 이러한 사람은 경전에서 말씀하신 대로 선근이 많고 복덕이 많습니다. 인과응보를 믿지 않으면 선근이 적고 복덕이 적습니다. 인과를 믿지 않으면 기꺼이 선한 인을 닦으려 하지 않습니다. 선한 인을 닦지 않음은 선한 과보를 얻을 수 있는 기회를 스스로 포기하는 것입니다. 이는 정말 자포자기自暴自棄라 합니다.

여기서 우리가 주의해야 하는 가장 중요한 점은 악을 끊고 선을 행하는 것이 우리 본분상의 일이고, 선한 과보에 대해 전혀 아랑곳하지 않을 정도로 마땅히 이렇게 해야 합니다. 부귀를 구하고 공명을 구하고 장수를 구하며 많은 자손을 구함은 전부 다 구할 필요가 없습니다. 당신의 선한 인이 두터우면 저절로 과보를 얻으니, 굳이 구할 필요가 있겠습니까? 만약 당신이 구하려면 그 선은 참된 선이 아닙니다. 고덕께서는 우리에게 "단지 어떻게 밭을 갈고 김을 맬지 물을 뿐 무엇을 수확할지 묻지 말라(只問耕耘 莫問收穫)."고 가르치셨습니다.

과보에 대해 이해할 필요 없이 선을 두텁게 쌓으면 과연 저절로 현전하니, 이 얼마나 자재합니까! 선악의 과보를 믿지 않으면 늘 악한 인을 짓기 마련입니다. 늘 악한 인을 짓는 사람이 악업이 무르익으면 어찌 악한 과보를 받지 않는 이치가 있겠습니까. 과보는 불가사의합니다. 인광대사께서 여기서 우리에게 말씀하십니다. "늘 악한 과를 받아 진점겁에 이른다(常受惡果 經塵點劫)." 항상 악한 과보를 받습니다. 「진점겁塵點劫」은 시간의 길이를 가리킵니다.

우 거사는 주석에서 말합니다. "겁은 가장 긴 시간이다. 일천육백팔십만 년이 일 소겁小劫이고, 이십 소겁이 일 중겁中劫이다. 첫째 중겁을 거치면 성겁成劫이라 하고, 둘째 중겁을 거치면 주겁住劫이라 하며, 셋째 중겁을 거치면 괴겁壞劫이라 한다. 넷째 중겁을 거치면 공겁空劫이라 한다. 순환 왕복이 헤아릴 수 없이 많음을 진겁塵劫이라 한다."

「진塵」은 미진微塵을 가리킵니다. 성成 · 주住 · 괴壞 · 공空 네 개의 중겁中劫을 합쳐서 일 대겁大劫이라 부릅니다. 이는 곧 우리가 인과응보를 믿지 않고 여전히 악한 인을 지으면 삼악도에 떨어지지 않음이 없음을 설명합니다. 악도에 떨어지면 괴로운 과보의 시간은 너무나 깁니다. 학불하는 동수 여러분이 이번 생에 진정으로 성취가 있으려면 반드시 인과를 깊이 믿는 것에서 시작하여야 합니다. 바꾸어 말하면 최저한도의 좋은 점은 악도에 떨어지지 않는 것입니다. 이는 범부속인, 패기가 없는 사람에게 하는 말입니다. 진정으로 총명한 지혜와 패기가 있는 사람에게 말하면 최저한도는 업을 지닌 채 왕생함으로, 현전에서 우리가 정수와 조수를 쌍수하고 있는 것입니다. 이른바 정수正修란 24시간 동안 부처님 명호를 끊어지지 않고 억불憶佛 염불念佛하여 언제 어디서나 마음에 아미타부처님만이 계실 뿐입니다. 조수助修는 곧 일체 악을 끊고 일체 선을 닦는 것입니다.

이 한편에서는 우리에게 「여러 악은 짓지 말고 온갖 선을 봉행하라(諸惡莫作 衆善奉行)」고 말해 줍니다. 악을 끊고 선을 닦으면서 일체 복보를 희구하지 않습니다. 무엇을 구합니까? 단지 명종命終에 임할 때 마음이 전도되지 않음을 구할 뿐입니다. 이러면 틀림없이 업을 지낸 채 왕생할 수 있습니다. 이렇게 수학하는 것이 바로 좀 더 온당하고 틀림없이 성공할 수 있습니다. 만일 그렇지 않으면 설사 다음 생에 인천의 복보를 누릴지라도 복보를 다 누리면 여전히 악도로 전전함을 피하지 못합니다. 이는 매우 두려운 일입니다.

「생사의 흐름을 벗어나지 못한다(末由出離之流)」 이는 곧 육도생사六道生死의 범부는 인과응보를 믿지 않아서 윤회를 벗어나지 못한다는 말입니다. 이는 매우 비통해할 만 합니다.

성현의 천만 마디 말씀은 모두 사람이 반성하고 망념을 통제하게 하는 가르침이 아님이 없고, 우리의 마음에 본래 갖추고 있는 명덕明德이 매몰되지 않고, 직접 그것의 수용(이익)을 얻을 수 있도록 함이다.

聖賢千言萬語。無非欲人返省克念。俾吾心本具之明德。不致埋沒。親得受用耳。

이곳에서 말하는 성현은 세간 출세간을 포괄합니다. 세간의 성현과 출세간의 성현은 모두 이렇게 우리에게 가르치고 인도합니다. 그래서 그들이 남긴 천만 마디 말씀의 목적은 단지 우리에게 반성하고 망념妄念을 통제(克念)하라는 가르침 하나일 뿐입니다. 반성(돌아봄)은 지혜이고 극념克念은 선정입니다. 반성은 간파이고, 극념은 방하입니다.

「극념克念」은 자신의 망념, 그릇된 생각을 주재하거나 통제한다는 뜻입니다. 망념을 진화시킬 수 있어야 진심의 이체가 현전할 수 있습니다. 진심 속에 본래 갖추고 있는 광명은 불법에서 반야지혜라 일컫고, 공자가 말씀하셨듯이 명덕을 밝혀야 현전할 수 있습니다. 바꾸어 말하면 성체性體가 본래 갖추고 있는 광명의 덕용德用이라야 매몰에 이르지 않습니다.

「친득수용親得受用」에서 「친親」은 직접입니다. 당신이 이체 상의 수용(受用 ; 이익)을 얻을 수 있으면 제불보살의 수용과 다름이 없습니다. 이러한 수용이 가리키는 것은 법신 · 반야 · 해탈입니다. 이것이 곧 직접 수용을 얻음입니다. 즉 당신은 청정법신을 증득하고, 무량한 지혜 · 무량한 신통을 증득하며, 대자재를 얻습니다. 이것이 성현이 가르친 목적이 있는 곳입니다.

다만 사람들이 인과를 모르는 까닭에 늘 제멋대로 하고 싶은 바를 하니, 설령 평생토록 글을 읽는다고 할지라도 또한 단지 그 문장만 배울 뿐이다. 이들은 성인이 되길 희망하고 현인이 되길 일로 삼지 못하면 성현의 위대함을 쫓길 희망하고 본받을 목표가 없는 것이며, 이로 인해 눈앞에서 일생을 허송세월 하고 말 것이오.

但人由不知因果。每每肆意縱情。縱畢生讀之。亦止學其詞章。不以希聖希賢爲事。(希希望學步意也)因玆當面錯過。

이 몇 마디 말씀은 우리가 경계할 만합니다. 오늘날 성현의 책을 읽는 사람은 물론 많지 않지만, 우리 동수 여러분은 각자 읽었다고 말씀하실 수도 있습니다. 비록 세상에 나온 성현의 책은 읽은 적이 없을지라도 불교의 경전, 조사의 어록, 이것은 출세간의 성현이 지은 책으로 우리는 여러 해 동안 읽었습니다. 그러나 우리는 법신, 반야, 해탈을 직접 체험한 적이 있습니까? 만약 삼덕三德의 비장祕藏이 아직 현전하지 않았고 아직 진실한 이익을 얻지 못했다면 그 이유는 무엇입니까?

여기서 인광대사께서는 우리의 병통을 진단해 주십니다. 우리의 병폐는 인과를 믿지 않는 것입니다. 말로만 인과를 말하는 것은 아무런 소용없습니다. 왜냐하면 몸과 마음으로는 여전히 제멋대로 방종하고, 육근六根이 방일하기 때문입니다. 이러면 인과를 믿지 않습니다.

경전에서 부처님께서는 우리에게 어떻게 하라고 가르치셨지만, 우리 자신은 일상생활에서 오히려 가르침대로 봉행하지 않습니다. 부처님께서 말한 것과 우리 자신이 하는 것은 완전히 다른 일로 따로 놉니다. 우리의 심행은 부처님의 가르침과 상응할 수 없고, 여전히 제멋대로 방종합니다. 이러한 마음 상태로 아무리 경전을 일년 이년 읽었다고 말할지라도 곧 평생 읽어도 소용없습니다. 왜냐하면 이렇게 한평생 경전을 읽으면 문장과 문구를 배울 뿐입니다. 우리는 지금까지 보살이 되어야겠다, 부처가 되어야겠다고 발심하지 않았기 때문입니다. 그래서 성취할 수 없습니다.

「희希」는 희망입니다. 성인이 되길 희망하고 현인이 되길 희망합니다. 「성聖」은 곧 부처님이고, 「현賢」은 곧 보살입니다. 우리는 돌이켜 자문해 보아야 합니다. “나는 부처가 되겠다, 이런 마음을 발하였는가?” 언제 부처가 됩니까? 내생을 기다릴 필요 없이 이번 생에 부처가 되어야 합니다. 현재 부처가 되어야 합니다. 이런 마음을 발해야 좋습니다.

이래야 진실한 이익(受用)을 얻을 수 있습니다. 이러한 마음을 발하지 않으면 대승경전과 세간 출세간 성현의 가르침에 어찌 잘못된 이치를 맞닥뜨리지 않겠습니까? 이 한 마디 말은 우리 사부대중 동학들의 병통을 깨뜨립니다. 우리는 마땅히 깨달아야 합니다. 아래 단락은 본문으로 귀결하는데, 이 책의 서문을 대신하여 이 책의 종지를 말합니다.

원요범 선생이 자식을 훈육하기 위해서 지은 네 편의 글은 문리가 모두 유창하여 사람의 심목心目을 확 트이게 (단박에 개오하게) **한다. 그래서 이 글을 읽으면** (마음의 생기가) **무성하게 자라나고, 시급히 이를 본받으려는 기세가 저절로 생겨날 것이다.**

袁了凡先生訓子四篇。文理俱暢。豁人心目。(豁頓然開通也)讀之自有欣欣向榮。(指心地上一片生機)亟欲取法之勢。

원요범 선생이 쓴 이 4편의 문장은 자식을 가르치는 가훈입니다. 이는 문자상, 의리상으로 모두 유창하여 막힘이 없고 사람의 심목을 확 트이게 할 수 있습니다. 이는 곧 불법에서 말하는 「개오開悟」입니다. 이를 착실하게 읽기만 하면 당신도 개오할 수 있습니다.

「이 글을 읽으면 마음의 생기가 저절로 생겨난다(讀之自有欣欣向榮)」, 여기서 흔흔향영欣欣向榮은 식물로서, 곧 악을 저지르고 선을 추구하는 마음이 저절로 생김을 비유한 것입니다. 우 거사는 주석에서 말합니다. 「심지상의 생기를 가리킨다(指心地上一片生機)」 확실히 이러한 느낌이 생깁니다. 「시급히 이를 본받으려는 기세가 일어난다(亟欲取法之勢)」, 읽고 난 후 마음속에 본받으려는 마음이 일어날 것입니다.

요범 선생이 이렇게 하신 것은 옳은 것이니, 우리도 이렇게 본받아야 합니다. 그도 운명을 개조할 수 있었는데, 우리가 왜 할 수 없겠습니까? 우리도 할 수 있을 뿐만 아니라 그보다 더욱 더 수승하고자 하면 앞길은 더욱 광명일 것입니다. 왜냐하면 우리는 이러한 기초를 빌어 직접 대승불법에 들어갈 수 있기 때문입니다. 만약 이러한 기초가 없으면 대승불법을 수학하여도 허사가 되고 말 것입니다.

미타법회가 열리는 동안 저는 여러분에게 「염처念處 · 정근正勤」을 강조합니다. 사념처四念處와 사정근四正勤이 어떤 수행법인지 이해하지 못하면 《요범사훈了凡四訓》을 읽으면 됩니다. 《요범사훈》이 있으면 대체할 수 있습니다. 사념처와 사정근이 얼마나 중요한지 보십시오. 이런 기초가 없으면 오근五根에서 신근信根, 정진근精進根, 염근念根의 삼근三根을 갖추어야 업을 지닌 채 왕생(帶業往生)할 수 있습니다. 마치 식물이 흙에서 자라는 것과 같습니다. 흙이 없으면 그것은 어디서 자라겠습니까? 흙은 곧 염어 정근입니다. 바꾸어 말하면 곧 《요범사훈》입니다.

우리가 지금 배우는 대승불법은 발붙일 곳이 없습니다. 그래서 저는 동수 여러분에게 먼저 《요범사훈》을 배울 것을 두루 권합니다. 이는 너무나 중요합니다. 마치 우리의 마음속에 높은 빌딩을 건설하고자 할 때 먼저 부지를 찾는 것과 같습니다. 《요범사훈》은 곧 토지입니다.

토지를 찾아야 비로소 집을 지을 수 있습니다. 토지를 찾지 못하면 어느 곳에 집을 짓겠습니까? 왜냐하면 이 책은 우리 눈앞에 없어서는 안 되는 과정으로 마땅히 적극적으로 본받아야 합니다.

이는 진실로 세상을 개선하는(이 책은 모두 세상의 도의와 인심을 개선하는 위력을 갖추고 있다는 말이다.) **훌륭한 계획**(선법)**이다.**

洵淑世(淑善也言此書具改善世道人心之偉力也)良謨也。(良謨猶言善法也)

이 책은 세상의 도의와 인심을 개조하는 힘이 확실히 있고, 부처가 되고 조사가 되는 근본을 수행하는 것이라고 말할 수 있습니다.

영가(즉 저장성 원저우)**에 사는 주군쟁**周群錚 **거사가 이 책의 유통을 발원하고서 서문을 주길 부탁하였다.**

永嘉(即浙江溫州)周群錚居士。發願流通。祈予爲序。

이 단락은 이 책을 유통한 인연을 말합니다. 어떤 사람이 유통하겠다고 발심하였는가? 영가永嘉는 지금의 원저우(溫州)입니다. 원저우에 주군쟁 거사가 있었는데, 그는 이 책을 새로이 복사·인쇄하여 시방에 증정하고 법연을 맺겠다는 유통·발원을 하고서 노법사에게 서문 한편을 작성해 주시길 청하였습니다. 서문은 곧 이 책 속에 담긴 요의 및 공덕과 이익에 대해 소개하는 것입니다.

그래서 요점만 들건대 성현이 극기복례(克己復禮 ; 자신의 사욕을 극복하고 본연지성을 회복한다) **· 한사존성**(閑邪存誠 ; 삿된 생각을 막고 성심을 간직한다)**의 공부를 한 뜻을 저버리지 않기를 바랍니다.**

因撮取(僅舉大要也)聖賢克己(戰勝私欲之謂即孔氏毋意毋必毋固毋我之修省工夫)復禮閑邪存誠(存保持勿失之意也)之意。以塞其責云。

이 단락은 인광대사의 겸허하신 말씀입니다. 「촬취撮取」는 요점만 든다는 뜻입니다. 「성현극기복례聖賢克己復禮」과 관련, 우 거사는 주석에서 말씀하셨습니다. 「사욕을 이겨냄을 이름. 즉 공자께서 사사로운 뜻이 없고(毋意), 반드시 이러해야 하는 것은 없으며(毋必), 자기 의견을 지키는 고집이 없으며(毋固), 자기만을 챙기는 이기심이 없었다(毋我)는 수신 성찰의 공부이다.」

이는 유교에서 학인에게 가르쳐 훈계하는 공부 방법입니다. 불법에서는 곧 일체 상을 여의는 공부입니다. 《금강경》에서 우리에게 상에 집착하지 말라고 가르친 것은 이러한 뜻입니다. 이는 극기공부를 말합니다. 이는 공자가 학인에게 가르쳐 훈계한 공부를 가리킵니다.

「무의毋意」에서 「의」는 불법의 용어(名相)로 말하면 더욱 더 이해하기 쉽습니다. 「의意」는 곧 제6의식으로 좀 더 거칠게 말하면 분별심입니다. 우리의 육근六根이 육진六塵경계와 접촉할 때 제6의식을 씁니다. 당신이 공자를 보면 그가 말한 것이 불법과 다르지 않음을 이해하지 않을 수 없습니다. 불교에서는 우리에게 심의식을 여의라고 가르칩니다. 이는 곧 제6의식을 여읨입니다. 「무필毋必, 무고毋固」에서 「고」는 고집이고, 「필」은 곧 반드시 이러해야 함입니다. 이 두 글자는 곧 말라식末那識이라 말할 수 있습니다. 필과 고는 모두 집착입니다. 경계 가운데 일체 집착하지 않으면 마지막 남는 것은 무아毋我입니다. 「무아」는 곧 자아를 잊음(忘我)입니다. 이는 불법에서 말하는 아집을 깨뜨림으로 인아집人我執을 깨뜨리고 법아집法我執을 깨뜨림이니, 어찌 말라식을 여의지 못하겠습니까? 불법에서 말하는 심의식을 여읨과 대조조사를 해 보면 어떤 차이가 있겠습니까? 참선도 교학도 염불도 심의식을 여의어야 비로소 명심견성明心見性할 수 있습니다.

「복례復禮」, 이는 실제로 말하면 곧 견성見性의 경계입니다. 「성性」은 본체를 말하고, 「예禮」는 작용을 말합니다. 상相·용用에서 말하면 그 상용을 얻으면 필연코 견성합니다. 공자는 왜 예가 많겠습니까? 석가모니부처님께서는 왜 예가 많겠습니까? 어떤 사람을 상대하든지 모두 공경하기 때문입니다. 부처님께서는 우리에게 일체 중생을 공경하라고 가르치십니다. 체가 있고 용이 있어 진정으로 예의가 바르고 털끝만큼도 흠결이 없으면 성인입니다. 만약 세간 출세간을 말하면서 몇몇 대덕들은 학문이 증장하고 도업이 증장하는데도 오히려 자신을 높이고 아만에 빠져 사람을 무시합니다. 이러면 전도된 행사로 결코 이러한 도리가 없습니다. 지혜가 있을수록, 수지修持가 있을수록 중생을 상대할 때 겸허해집니다. 당신은 겸허하고 공경하는 가운데 비로소 진정으로 지혜광명을 체득할 수 있습니다.

만약 학문이 증장하면서 화내는 성질이 커지고, 자신을 높이고 아만에 빠지는 습기가 증장하면 여기에는 결코 학문이 없습니다. 그는 이미 불법에서 팔난의 하나인 세지변총世智辯聰에 봉착한 상태입니다. 말하자면 그는 불도를 걷는 것이 아니고 이미 마도에 떨어진 상태로 결코 정법에 있는 것이 아닙니다.

「복復」은 「공경을 회복함」입니다. 예전까지는 공경할 줄 몰랐는데, 명심견성한 후 비로소 공경할 줄 알게 되고 평등을 이해하며 겸허를 알게 되었다고 볼 수 있습니다. 최대한 자신을 낮추고 다른 사람을 치켜세울 줄 압니다. 일체 중생은 모두 부처님이고 모두 선지식입니다. "공경은 무형의 예복이라 할 수 있다."

이 부분으로부터 우리 자신의 공부를 검증할 수 있습니다. 우리는 일체 사람에 대해, 일체 일에 대해, 일체 법에 대해 겸허한 마음이 증장하고 있습니까? 오만한 습기를 날마다 끊어 없애고 있습니까? 이는 우리가 점검 반성할만한 것입니다. 만약 우리의 오만한 습기가 증장하고 있고, 겸허·공경의 공부에 진보가 없으면 우리 자신은 보리도菩提道 상에 없다고 깨달아야 합니다. 바꾸어 말하면 불법에서 어떤 법문을 배우든지 반드시 과실이 있고 결점이 있게 마련입니다. 또한 도업이 증진할 리 없고, 선한 과보가 현전할 리 없습니다. 어떻게 자신이 보리도상에 있는지 압니까? 이러한 공부에 힘쓰면 되지, 다른 사람에게 가르침을 청할 필요가 없습니다.

다른 사람은 모두 당신에게 정중한 말을 하고, 당신을 공경합니다. 왜냐하면 참말을 하는 사람은 매우 적기 때문입니다. 거짓말을 들어도 우리는 기뻐합니다. 입으로 말하는 것과 마음속으로 생각한 것은 각각 다른 일이기 때문입니다. 저는 옛날에는 세상 물정도 모르고 아는 것이 적어 이런 결점을 저질렀습니다. 지금 누군가 저에게 가르침을 청하면, 저는 아첨하고 감히 진실한 말을 하지 못할 것입니다.

이전에 함께 출가한 도반이 있었는데, 서로 정이 돈독했습니다. 그가 경전을 강설하였는데, 저도 아래에서 들었습니다. 강설을 마친 후 그는 "내가 잘하지 못하는 부분이 있으면 지적해 주시게." 저는 참말인 줄 알고, 그에게 "너는 그 부분에 결점이 있으니 고쳐야 하네."라고 말했습니다. 그는 금방 얼굴을 붉히더니 나를 노려보며 불쾌해했습니다. "자네는 잘 하였네, 잘했어! 아주 잘했어!"라고 공손한 말을 할 수밖에 없었습니다. 이후로 저는 더 이상 참말을 할 수 없었습니다.

이런 상황에서 저는 다른 사람에게 가르침을 청할 것이고, 다른 사람도 마찬가지로 내게 아첨하며 거짓말을 하고 진심으로 말하지 않게 되니, 우리가 어떻게 진보할 수 있겠습니까? 진정으로 진보하길 원한다면 스스로 반성할 수밖에 없습니다. 스스로 점검하여야 합니다. 다른 것은 점검하지 말고 이 한 가지 일만 하면 됩니다. 나는 일체 중생에게 공경하고 있는가? 자신을 높이고 아만에 빠지는 습기를 날마다 줄여가고 있는가? 이렇게 두 가지 일을 관찰할 수 있으면 우리는 보리도 위에 있지 않겠습니까! 우리는 도업에서 날마다 정진하고 있지 않겠습니까!

우 거사는 주석에서 말합니다. "그릇된 생각을 방지하라. 나아가 선을 넘지 말라. 조심하는 것은 도둑을 막는 것과 뜻이 같다."

「한사존성閑邪存誠」에서 「한閑」은 방지한다는 뜻입니다. 이는 《십선업도경十善業道經》에서 말하듯이, 생각을 지키기를 마치 성을 지키듯이 한다(防意如城)는 뜻입니다. 「사邪」는 삿된 생각, 삿된 행동, 삿된 말을 가리킵니다. 우리는 시시각각 조심하고 생각이 일어나면 이 생각이 선한 생각이든, 악한 생각이든, 이를 알아채고 각조覺照하는 공부를 일으켜야 합니다. 생각이 일어나지 않으면 그만입니다. 생각이 일어나면 이 생각이 선한 생각인지, 악한 생각인지 알아채고 장래 과보가 선한 과보인지 악한 과보인지 즉시 알아채야 합니다. 이를 「한사閑邪」라 하고, 이를 「존성存誠」이라 합니다.

한사와 존성의 공부는 한 가지 본체의 두 가지 면입니다. 인광대사께서 이 한편의 서문을 지은 뜻은 마지막 이 두 가지 점일 뿐이라고 말씀하셨습니다. 우리도 성현과 마찬가지로 극기복례克己復禮의 공부를 하고 한사존성閑邪存誠의 공부를 하여야 어르신의 은혜를 저버리지 않습니다. 《요범사훈》을 수학하려면 특별히 「자정기의自淨其意」에 중점을 두어야 함을 분명히 알아야 합니다.

옛 서문에서 이 책은 깊고 넓으며, 치우치지 않고 정미롭다고 설명합니다. 「잘못을 고침」, 「선을 쌓음」 이 두 편은 본문으로 앞에서 제안한 것처럼 경전에서 말한 정종분과 같습니다. 「운명을 세우는 이치」는 현신설법現身說法으로 서분과 마찬가지입니다. 제4편 「겸손의 미덕이 지닌 효과」는 유통편과 마찬가지입니다.

여러분은 이 책이 「복보」를 얻는 것에 중점을 두고 있음을 알아야 합니다. 바꾸어 말하면 선근 복덕을 닦고 유지하여야 합니다. 어떤 방법으로 유지할 수 있습니까? 겸손의 미덕으로 유지할 수 있습니다. 앞에서 말한 「일체 중생을 공경」하여야 당신의 복보를 유지할 수 있습니다. 일체 중생을 공경할 수 없으면 닦은 유루有漏의 복보는 모두 새어버립니다. 그래서 겸손의 미덕으로 복보를 잃지 않도록 유지하여야 합니다. 겸손의 미덕이 없으면 닦는 대로 새어버립니다. 닦은 것이 새는 것도 모자라 한평생 닦아도 여전히 복보가 없습니다. 《원각경》에서 말씀하신대로 "지극히 가련한 자가 중생"입니다.

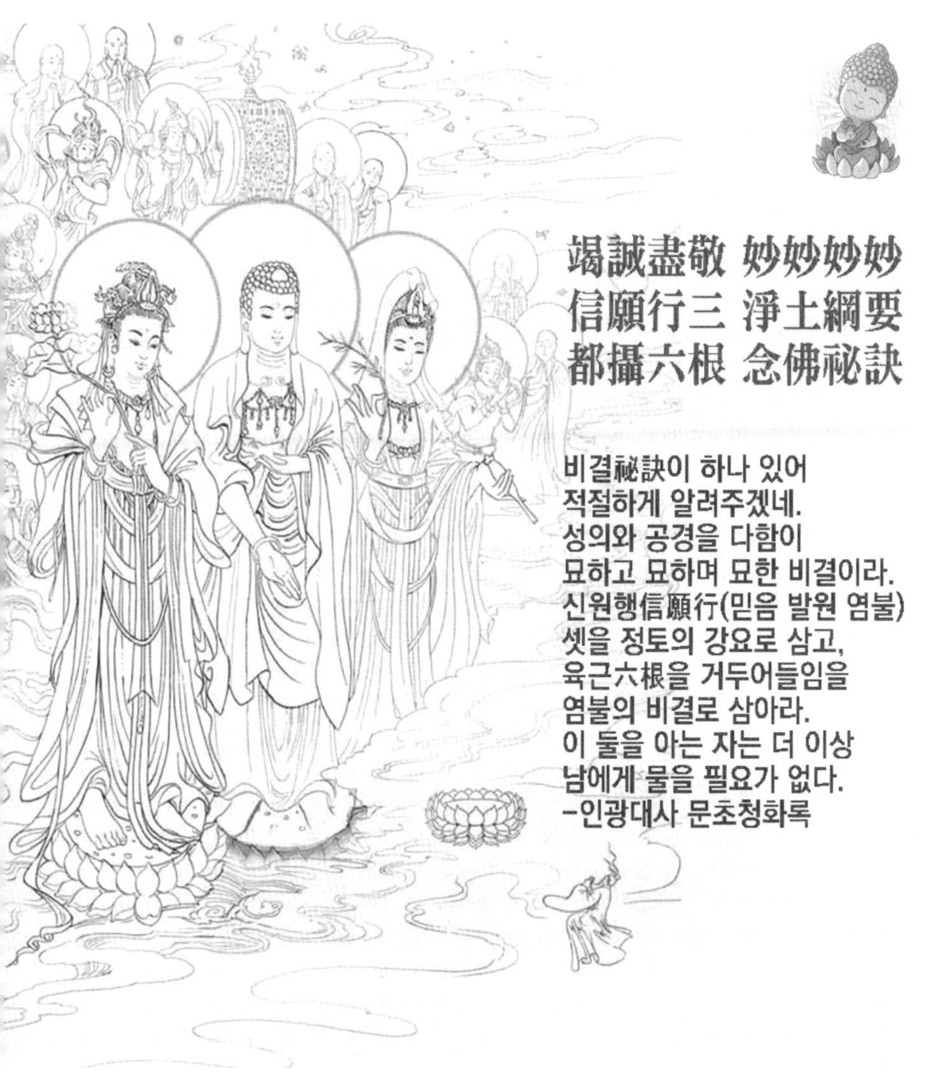

竭誠盡敬 妙妙妙妙
信願行三 淨土綱要
都攝六根 念佛祕訣

비결祕訣이 하나 있어
적절하게 알려주겠네.
성의와 공경을 다함이
묘하고 묘하며 묘한 비결이라.
신원행信願行(믿음 발원 염불)
셋을 정토의 강요로 삼고,
육근六根을 거두어들임을
염불의 비결로 삼아라.
이 둘을 아는 자는 더 이상
남에게 물을 필요가 없다.
-인광대사 문초청화록

[제4부]

요범사훈의 종지

정공淨空 큰스님 강술

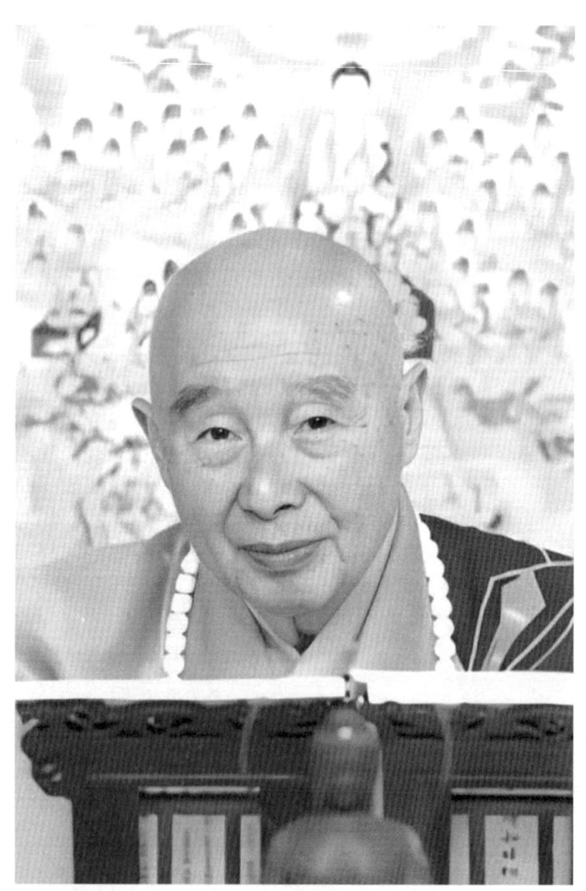

요범사훈 소개

《요범사훈了凡四訓》은 원요범 선생이 자식에게 남긴 교훈으로 어떻게 사람이 되고 일을 처리할 것인지, 어떻게 재난을 없앨 것인지, 어떻게 선을 닦고 복을 쌓을 것인지 가르치셨습니다. 중국에서는 이러한 활동으로 자손에게 격려한 사람은 요범 선생 한 사람뿐만 아니라 대단히 많습니다. 요범 선생은 독실한 불교도로 불교의 몇몇 고승대덕, 특히 인광印光대사께서는 그를 대신해 《요범사훈》을 널리 선양하셨습니다. 그래서 크게 유통되어 사회에 많은 영향력을 끼쳤습니다. 그러나 예나 지금이나 요범 선생처럼 수학하여 성취한 사람이 일일이 셀 수 없을 정도로 많음을 알아야 합니다. 요컨대 이 책은 인과의 이치를 설명하는 책입니다. 우리는 인과를 깊이 믿어야 합니다. 이번 장은 「총체적인 가르침(總示)」과 「개별적인 설명(別明)」으로 나뉩니다. 먼저 전체 소개를 하겠습니다.

사람에게도 정수가 있고, 일에도 정수가 있다.

사람에게도 정수가 있고 일에도 정수가 있습니다. 정수定數는 곧 보통사람이 말하는 운명으로, 이 운명은 확실히 추산해낼 수 있습니다. 동양인은 사주 · 관상 · 풍수 모두에 큰 흥미를 가지고 있습니다.

미혹하면 있고 깨달으면 없다.

운곡선사께서는 잘 말씀하셨습니다. "정수는 미혹하면 있고 깨달으면 없다(定數是迷了就有 覺悟了就沒有)." 육도 범부는 미혹한 존재입니다. 사성법계(성문 · 연각 · 보살 · 부처)도 미혹하여 여전히 깨달음이 없습니다. 십법계를 뛰어넘어야 진정한 대성인입니다. 미오迷悟의 표준은 견성見性입니다. 명심견성明心見性하여야 「오悟」라 일컫고, 명심견성이 없으면 모두 「미迷」입니다. 미혹하면 운명에 떨어집니다. 고명高明한 사람은 그대의 세세생생 운명을 압니다. 불보살과 대성인은 이런 능력이 있지만 작은 성인에게서 이러한 능력은 한계가 있습니다. 경전에서는 아라한은 한 사람의 과거 오백세 및 미래 오백세를 안다고 말합니다. 이는 공 선생의 고명함과 견주어 많습니다. 공 선생은 단지 이번 생만 추산할 수 있을 뿐, 내생은 추산할 수 없었습니다.

운명은 어디서 올까요? 자신의 망상 · 분별 · 집착으로부터 옵니다. 부처님께서는 우리를 위해 우주와 인생의 진상, 육도윤회의 기원이 곧 망상 · 분별 · 집착이라고 설명하셨습니다. 육도윤회는 본래 없고 자신이 창조한 것으로 자신이 짓고 자신이 받으며 다른 사람이 당신에게 안배하여 주는 것이 아닙니다. 망상 · 분별 · 집착의 총칭은 번뇌입니다. 집착은 견사번뇌見思煩惱이고, 분별은 진사번뇌塵沙煩惱, 망상은 무명번뇌無明煩惱입니다. 이 세 가지 번뇌는 각각 무량무변합니다. 우리는 이러한 번뇌를 갖추고 있습니다. 그래서 이 몸으로 바뀝니다. 몸은 번뇌의 과보이고, 환경도 번뇌의 과보입니다. 번뇌는 정수가 있습니다.

그래서 공 선생이 요범 선생을 위해 산명하였는데, 대단히 정확하게 운명을 추산할 수 있습니다. 《요범사훈》에 대해 상세하게 강해하여 책을 출간하고서 이 책 제목을 「**개조명운改造命運 심상사성心想事成**」이라 바꾸었는데 전체 책의 내용은 이 여덟 글자입니다. 그래서 각오覺悟는 대단히 중요합니다.

미혹 : 무심에 이를 수 없어 음양에 속박되고 성쇠흥폐盛衰興廢하여 모두 정수가 있다.

「무심無心」은 곧 망상 · 분별 · 집착이 없는 경지입니다. 이 몸이 자신이라 집착하여 자신의 이 몸으로 바깥 모든 일체 사람 · 일 · 사물과 대립합니다. 이것이 미혹迷惑이고 불각不覺입니다. 그래서 음양에 속박 당합니다. 동양인은 음양 · 운수를 말하나, 외국인은 자장 · 환경의 교란을 말합니다. 인사환경과 물질환경에 교란 당하면 자재하지 못하고 마음은 언제나 변화가 생깁니다.

「성쇠盛衰」는 인간에 대한 말로, 인간은 한 평생 동안 운명이 5년마다 바뀝니다. 가장 좋은 5년이 있고 가장 나쁜 5년이 있습니다. 운명은 주기성이 있어 성행하는 때가 있고 쇠퇴하는 때가 있습니다. 「흥폐興廢」는 일에 대한 말로, 사업은 번창하는 때와 실패하는 때가 있습니다. 이는 성쇠폐퇴에 「모두 정수가 있다」는 것입니다. 세상 사람들이 보는 관상과 사주는 그 추산이 대단히 정확하지만, 운명을 개조할 수 없습니다. 그래서 하늘의 뜻에 맡기고 업에 따라 유전할 뿐입니다.

요범 선생은 어린 시절 공 선생을 만나 운명을 추산 받았습니다. 공 선생은 그의 운명은 한 평생의 수명이 53세이고 관료가 되어 현의 장을 맡을 것이라 추산하였습니다. 53세의 수명에 이르러 마땅히 사직하고 고향으로 돌아가니, 잎이 떨어져 뿌리로 돌아가는 것과 마찬가지입니다. 공 선생은 그가 매년 국가로부터 얼마나 대우를 받는지 고시에서 몇 등에 합격하는지 모두 매우 정확하게 추산하였고, 요범 선생은 하나하나 대조해보니 조금도 틀리지 않아 깊이 믿고 의심하지 않았습니다. 이미 한 평생의 운명이 모두 이미 정해져 있으니, 마음이 정해지고 망상도 사라집니다. 세상 사람은 공명과 재산을 추구하지만, 요범 선생은 이런 생각이 없었습니다. 왜냐하면 그는 운명 속에 없는 것은 구해도 구할 수 없음을 이해하였기 때문에 시원하게 아예 생각하지 않았습니다. 나중에 그는 운곡선사의 선방에서 3일 낮밤을 앉아 수행하여도 망상이 없었습니다.

선사께서는 그에게 감탄하며 말했습니다. "그대의 공부는 뛰어나오. 보통사람은 할 수 없네."

그는 말했습니다. "저의 운명은 이미 정해져 있어 망상을 해도 소용이 없습니다."

운곡선사께서는 하하 크게 웃으며 말했습니다. "나는 그대가 성인이라 생각하지만, 원래 그대는 여전히 범부이네."

요범 선생은 표준이 범부이니 왜냐하면 그는 악을 짓지도, 선을 짓지도 않기 때문입니다. 그는 공 선생이 추산한 운명에 따라 하루하루 보내면서 업에 따라 유전하였습니다. 실제로 말하면 이 또한 조금도 자재하지 못하니, 참 딱합니다. 운곡선사의 가르침을 만나서 그는 비로소 명백히 이해하였고 깨달았습니다.

망상 · 분별 · 집착이 있으면 이는 미혹(迷)이고, 망상 · 분별 · 집착이 없으면 깨달음(悟)입니다. 육도의 범부는 망상 · 분별 · 집착이 늘 있고 사성 법계의 중생은 망상 · 분별은 있지만 집착은 없습니다. 만약 분별조차 없으면 십법계를 뛰어넘어 일진법계(一眞法界)에 머물게 됩니다. 《화엄경》에서 비로자나불의 화엄세계는 일진법계입니다. 아미부처님의 극락세계도 일진법계입니다. 시방제불께서 머무시는 보토도 또한 일진법계이니, 집착 분별을 다 끊고 망상 일부분을 끊어야 합니다. 망상은 가장 끊기 어려울 뿐만 아니라 다 끊지 못합니다. 그래서 일진법계에도 여전히 계급이 있습니다. 《화엄경》에서 말하는 41위 법신대사는 곧 41계급이 있다는 말입니다. 계급은 어디에서 유래합니까? 망상이 작을수록 계급이 높아지고, 망상이 많을수록 계급이 낮아집니다. 그러나 망상이 가장 낮은 한도는 일품을 깨뜨려야 합니다. 「일품 무명을 깨뜨려 일분 법신을 증득한다(破一品無明 證一分法身)」. 이는 곧 원교의 초주보살로 제불여래의 사상 및 견해가 모두 같습니다. 이로써 십법계는 자신이 지은 것이고 육도도 자신이 지은 것이며 삼악도도 자신이 지은 것임을 알 수 있습니다. 선한 인을 지으면 선한 과를 얻고, 악한 인을 지으면 악한 과를 얻으니, 업인 · 과보는 조금도 차이가 없습니다. 그래서 자신을 제도하려면 틀림없이 분별 집착을 깨뜨려야 합니다. 분별을 깨뜨리고 집착을 깨뜨림은 말하기는 쉬우나 행하기는 어렵습니다. 이는 무량겁 이래의 습기번뇌 때문이거늘 어찌 쉽게 끊을 수 있겠는가!

시방 제불찰토에서 왜 서방극락세계에 치우쳐 찬탄하는가? 서방극락세계 아미타부처님의 홍원은 확실히 제불여래와 같지 않기 때문입니다. 제불여래의 찰토는 분별과 집착을 끊지 않으면 결코 갈 수 없습니다. 그러나 서방극락세계는 끊지 않아도 왕생할 수 있으니, 방편 이 여기에 있습니다. 서방극락세계에는 사토四土 · 삼배三輩 · 구품九品이 있습니다. 집착을 끊을 수 있으면 방편유여토方便有餘土에 태어납니다. 만약 분별도 끊으면 틀림없이 실보장엄토實報莊嚴土에 태어납니다. 전부 끊지 못하고 분별 · 집착이 모두 여전히 있으면 범성동거토凡聖同居土에 태어나지만, 모두 왕생할 수 있습니다. 이는 시방 일체제불세계에 없는 것이다. 비록 분별 집착을 끊지 못해도 왕생할 수 있습니다. 만약 현재 날마다 죄업을 짓는다면 여전히 왕생할 수 없습니다. 서방극락세계에서 왕생하는 표준은 비록 번뇌를 끊을 필요가 없다고 말하지만 제어하는 능력이 있어야 합니다. 제어가 끊는 것보다 훨씬 쉽고 우리는 해낼 수 있습니다. 만약 끊으려면 실제로는 해낼 수 없다고 말합니다.

어떤 방법으로 제어합니까? 이 방법은 간단하고 쉽습니다. 바로 분별 집착하는 생각이 일어나면 한마디 「아미타불」 부처님 명호로 그것을 눌러둡니다. 이러면 분별 집착이 더 이상 발전할 수 없습니다. 그것이 발전해가면 죄업을 짓고 맙니다. 그래서 잡념이 일어나면 부처님 명호를 들어야 합니다. 선인께서는 "잡념이 일어날까 두려워말고, 알아차림이 더딜까 두려워하라(不怕念起 只怕覺遲)." 말씀하셨습니다. 빨리 깨달아야 합니다. 깨달음은 곧 염불입니다. 이는 돌로 풀을 눌러두는 것과 같습니다. 오래 눌러두면 공부가 득력합니다. 이는 우리 같은 범부도 해낼 수 있습니다. 염불을 오래하면 일상생활에서 집착은 점차 옅어집니다. 집착은 곧 자신을 위하는 생각입니다. 염불하면 자신을 위하는 생각이 옅어집니다. 공부가 잘되면 자신을 위하는 생각이 사라지고 마음을 움직이고 생각이 움직일 때 더 이상 자신을 위하지 않고 매순간 사회를 위하고 중생을 위합니다. 이러한 경계, 「공부성편功夫成片」에 도달할 수 있으면 곧 공부가 득력하고 서방극락세계에 왕생할 수 있다는 자신이 생깁니다.

여러분들은 세상사는 한바탕 꿈임을 알아야 합니다. 세상은 모두 가상이고 조금도 진상이 없으니, 구태여 죄를 저지를 필요가 있겠습니까! 진정으로 깨우치고 참으로 명백히 이해하면 더 이상 죄업을 짓지 않고 더 이상 멍청한 일을 하지 않습니다. 사람에 대해, 일에 대해, 사물에 대해 심지에서 고쳐나갑니다. 과거 미혹한 때에는 늘 다른 사람을 제어하고, 다른 사람의 일에 관여하며, 일체 사람 · 일 · 사물을 차지하고 싶어 합니다. 제어 · 점유의 생각은 곧 업을 짓는 제일 요소입니다. 깨달은 사람은 이러한 것을 포기하고, 더 이상 일체 사람 · 일 · 사물을 제어 · 점유하는 행위가 없었습니다. 이러한 것을 포기할 수 있으면 대자재 · 진정한 심신의 안락 · 복보와 지혜의 증장을 얻습니다. 이는 진정한 복보이자 진실한 지혜입니다. 우리의 지혜와 복보는 곧 「제어 · 점유」에 장애를 받습니다. 그래서 자기 본유의 지혜가 현전할 수 없고,

본래 성덕에 갖추고 있는 무량한 복보도 현전할 수 없습니다. 이러한 이치는 부처님의 설명이 아니라면 우리는 결코 알지 못합니다.

[깨달음(悟)] : 화와 복의 변화는 사람에 달려 있고, 선을 쌓고 악을 끊으면 재난이 없어지고 행복이 찾아온다.

화와 복은 자기 손에 달려 있습니다. 운명은 자신이 짓습니다. 그래서 자신은 운명을 바꿀 수 있습니다. 자신을 버리고 일체 사회를 위해 중생을 위하면 제불보살과 감응도교感應道交할 수 있습니다. 왜냐하면 제불보살은 곧 이 심원心願이기 때문에 당신의 심원이 제불보살과 완전히 같으면 즉시 제불보살의 가지加持를 얻습니다.

저는 26세에 학불學佛을 하면서 장가章嘉대사를 가까이 모셨습니다. 대사께서는 저에게 "불씨문중에서 구함이 있으면 반드시 응함이 있다(佛氏門中 有求必應)."라고 가르치셨습니다. 만약 구함이 있는데도 응함이 없으면 틀림없이 장애가 있습니다. 장애는 자신에게 업장이 있습니다. 업장을 참회하면 구하는 것이 현전합니다. 불가에서 수행을 말하는 법문이 무량합니다. 실제로는 어떤 법문이든 모두 참회법입니다. 단지 참회하는 방식이 다를 뿐 효과는 같습니다. 우리는 반드시 참회하여야 합니다. 무엇을 참회합니까? 자신을 위하는 것은 잘못된 것입니다. 우리는 명성을 구하고, 이익을 구하고, 다른 사람의 공경을 구하고 싶으면 모두 잘못된 것입니다.

많은 사람이 호주를 찾는 이유는 복된 땅을 찾기 위해서입니다. 이는 복된 땅입니까? 꼭 그렇다고 할 수 없습니다. 어떤 곳이 가장 안전합니까? 복을 닦고 덕을 쌓는 것이 가장 안전합니다. 재난이 닥치면 많은 사람이 지은 공업共業은 막을 수 없습니다. 그러나 우리는 좋은 곳이 있으니 극락세계로 이민갈 수 있습니다. 하물며 진정으로 깨달은 사람은 생사의 관념이 없고, 시간의 관념도 없습니다. 생명은 결정코 영원합니다. 우리의 장래 생활은 변화할수록 수승하고, 변화할수록 좋아집니다. 경계는 마음에 따라 바뀝니다. 그래서 근원으로 돌아가고 마음대로 돌아갑니다. 그래서 근본으로 귀결함은 결국 마음 닦음에 있습니다.

중국의 오래된 선조는 진실한 지혜로 충만하였습니다. 현대의 눈으로 보면 수많은 제불보살이 현재 중국에 보입니다. 중국의 문자는 지혜의 부호입니다. 여기서 말하는 「화복禍福」 두 글자는 매우 유사한데, 우리에게 화복을 확실히 알아야 한다고 가르칩니다. 수많은 세상 사람들은 화를 복이라 여기고 복을 화라고 여겨, 복을 멀리 여의고 화와 가까워집니다. 이러한 문자부호는 당신에게 지혜의 눈을 뜰 수 있게 합니다.

우리가 오늘 좋은 곳을 찾아 이민하려면 어디에서 찾아야 합니까? 심지에서 찾아야 합니다. 바깥 경계에서 찾지 못합니다. 만약 바깥 경계에서 정말 찾아 재난을 피할 수 있으면 인과정율因果定律도 뒤집히고 운명의 설법도 뒤집히니 어찌 이런 이치가 있겠습니까? 인과의 이치는 제불여래께서도 뒤집을 수 없고 바꿀 수 없습니다. 이는 영원불변의 진리입니다. 완전한 전변轉變은 자기 깨달음에 의지해야 합니다. 깨달은 사람이 비로소 선을 닦고 악을 끊습니다. 재난은 어디로부터 옵니까? 악한 생각과 사상·견해가 재앙을 초래합니다.

전쟁은 사람이 만든 가장 큰 재앙입니다. 이는 일체중생과 악연을 맺고 생성하는 일입니다. 우리는 불교서적에서 "세상에 전쟁이 없게 하려면 중생의 고기를 먹지 말아야 한다." 이 한 마디 말을 늘 읽습니다. 만약 세상 사람이 중생의 고기를 먹으면 전쟁은 틀림없이 피할 수 없습니다. 《능엄경》에 이르시길, "사람이 죽어 양이 되고, 양이 죽이 사람이 된다." 하셨습니다. 사람이 양고기를 먹으면 양이 죽어 사람으로 태어나고, 사람이 죽어 양으로 태어나 서로 먹고 먹히니 서로 원수를 갚는 일이 사라지지 않습니다. 보복이 적당하지 않고 매번 보복이 지나치면 큰 파멸을 이루게 됩니다.

호주정부는 다원문화를 추진하고 있습니다. 이는 지혜의 작법입니다. 그 목적은 사회 안정과 세계평화를 추구함에 있습니다. 이를 통해 모든 사람들이 인종차별과 종교차별을 없애고, 일체 오해와 장벽을 없애어 다른 종족과 다른 문화가 공동으로 생활하고 상호 합작하여 공존 공영할 수 있습니다. 실제상으로는 최초로 다원문화를 추진한 분은 석가모니부처님입니다. 석가모니부처님께서 말씀하신 제일경은 《대방광불화엄경大方廣佛華嚴經》입니다. 이 경에서는 1백70여 종의 다른 집단이 기록되어 있는데, 우리 현대 사회와 견주어도 여전히 많습니다. 다른 종족, 다른 생활방식, 다른 사상, 다른 신앙, 갖가지 서로 다른 그들이 모두 화목하게 함께 지낼 수 있고 모두 화장세계로 들어갈 수 있습니다. 부처님께서는 우리를 위해 다른 집단이 화목하며 함께 지낼 수 있는 하나의 모범을 펼쳐 보여주셨습니다. 우리는 그들에게서 학습하고 그들과 화목하게 함께 지내야 합니다. 《대방광불화엄경》은 갖가지 다른 집단을 화합시키는 가르침이니, 바로 현대 사회의 해결할 수 없는 온갖 문제들을 해결할 수 있는 교재입니다.

오늘 저는 첫 삽을 뜨는 의식에 참가하였습니다. 각 종교 지도자마다 축사를 하였습니다. 모두 좋은 말씀이었지만 실현할 수 없다면 아무런 쓸모가 없습니다. 마지막으로 제가 말할 차례가 되어, 제가 하는 축복은 모든 종교지도자의 축복이 모두 실현될 수 있길 바라는 것이라고 모두를 일깨웠습니다. 어떻게 해야 실현할 수 있을까요? 심량이 커야 합니다. 불교에서는 "마음은 태허를 감싸고 그 심량은 법계에 두루 한다(心包太虛量周沙界)." 말합니다. 큰 심량이 있어야, 일체 사람 · 일 · 사물에 대한 통제와 점유를 포기해야 이러한 축복을 실현할 수 있습니다. 만약 여전히 불평하는 마음이 있어 나는 다른 사람에 비해 훨씬 뛰어나고 다른 사람은 모두 나만 못하다고 생각하면 영원히 실현할 수 없습니다. 그래서 《화엄경》이 우리에게 주는 가장 큰 계시는 만법이 평등하다는 이치입니다. 우리는 이러한 이치를 깊이 체득하여야 합니다.

부처님께서 경전에서 허공법계虛空法界 일체중생은 자신과 생명공동체라고 말합니다. 이 생명공동체가 곧 법신法身입니다. 일체 제불여래에게는 법신이 있고, 우리에게도 법신이 있으며, 우리의 법신은 부처님의 법신과 한 몸입니다. 법신을 증득하면 성불합니다.

예컨대 한 사람의 몸은 다원문화입니다. 눈도 한 집단이고, 귀도 한 집단이며, 기관마다 모두 하나의 집단이니, 모든 집단은 공동의 생명입니다. 모든 기관은 집단이니, 모든 집단은 하나의 생명을 공유합니다. 집단마다 모두 제일입니다. 눈은 보는 것이 제일이고, 귀는 듣는 것이 제일이며, 코는 냄새 맡는 것이 제일이고, 혀는 맛보는 것이 제일입니다. 제이는 없습니다. 제이가 있으면 싸우게 됩니다. 이러한 집단이 싸우면 사람은 병에 걸립니다. 부처님께서는 전체 허공법계가 하나의 법신이니, 각각 제일이고 제이는 없음을 깨달았습니다. 《화엄경》에서 1백70여 개 집단은 각각 제일입니다. 《능엄경 25원통장》에서 25위 보살은 각자 제일입니다. 각각이 모두 제일이면 평등합니다. 이래야 화목할 수 있습니다. 높고 낮음이 있고 제일, 제이가 있으면 평등할 수 없고 고집 투쟁이 생기면서 문제가 발생합니다.

학불學佛은 곧 청정과 평등을 배움입니다. 일체 사람 · 일 · 사물은 모두 평등하고, 우리는 제불보살과 평등합니다. 우리는 학불을 통해 중생과 부처가 평등함을 압니다. 「평등진법계平等眞法界」, 평등은 곧 일진법계一眞法界입니다. 바꾸어 말하면 일체 착오는 모두 평등하지 않은 마음에서 생겨납니다. 평등하지 않음은 미혹전도迷惑顚倒로 사실의 진상을 또렷이 이해하지 못합니다. 그래서 일체중생은 모두 평등한 존재임을 반드시 알아야 합니다. 세간 법에서 한 학생이 잘못을 저지르면 그를 자를 수 있지만, 불법에서는 자를 수 없습니다. 눈에 문제가 있다고 해서 눈을 뽑아버릴 필요는 없습니다. 이는 건강한 상태가 아니라 병에 걸린 상태입니다. 무엇이 건강한 상태입니까? 그가 정상을 회복하도록 그를 도와야 합니다. 그래서 불법에서는 사람을 자르는 일은 없습니다. 불법의 교학에서는 악인을 선인으로 바꾸어야 합니다. 그를 교화하고 그를 이끌어 그를 바꾸어야 합니다. 교화는 곧 변화시킴입니다. 악인은 선인으로 변화시키고, 나쁜 것은 좋은 것으로 변화시키며, 미혹은 깨달음으로 변화시키고 범부는 성인으로 변화시킵니다. 이것이 불법 교학의 성취입니다.

경전에서는 잘 말씀하십니다. "불씨 문중에는 한 사람도 버리지 않는다." 한 사람도 포기하지 않습니다. 사람을 자르면 그것은 미혹한 처리이지 책임을 지는 것이 아닙니다. 잘 가르치지 못하면 되짚어보고 자신을 반성해야 합니다. 자신이 잘못하여 그를 감화시킬 방법이 없었습니다. 자신이 깨달아야 진보가 있습니다. 결코 잘못을 남에게 전가해서는 안 됩니다. 진정으로 불보살은 중생의 잘못을 자기 어깨 위에 집니다. 좋은 일은 다른 사람에게 돌립니다. 이는 다른 사람의 공덕입니다. 잘못은 모두 자신에게 있습니다. 이것이 책임을 지는 훌륭한 선생님의 자세입니다. 결코 과실과 죄업이 자신이 지은 어떠한 죄업보다 무거울지라도 다른 사람에게 전가해서는 안 됩니다.

불법의 교육은 깊은 감화를 주는 교육으로 이치를 또렷이 말하고 명백히 말하여 선악에는 응보가 있음을 알게 합니다. 만약 그가 여전히 악을 저지르려고 하면 장차 과보를 받을지라도 당신을 탓하지 못할 것입니다. 그래서 또렷이 말하고 명백히 말할 뿐만 아니라 곧 대자비심을 발하여 학생에게 모범을 보여주어야 합니다. 부처님께서 우리를 위해 가장 좋은 모범을 보이셨고 부처님의 제자들인 보살 아라한, 역대의 조사대덕들도 모두 우리를 위해 좋은 모범을 보이셨습니다. 이들은 모두 우리의 전형, 모범입니다. 우리는 관찰 체험하여야 어떻게 학습할 것인지 명료하게 이해할 수 있습니다.

제가 과거에 이병남李炳南 거사를 가까이 모셨을 적에 이 거사님께서는 대단히 겸손하셔서 스승의 신분으로 나를 가르치신 것이 아니라 스스로 동학의 신분이라고 생각하셨습니다. 그는 인광印光대사의 학생입니다. 그래서 그는 나에게 인광대사를 배우라고 가르치셨습니다. 실제로 그의 행지行持는 인광대사와 다름이 없었습니다. 그의 생활은 최저수준에 내려가 하루 한 끼를 먹었고 생활은 대단히 검소하였습니다. 그의 의복은 모두 3, 40년을 입었고 내의와 양말은 모두 기운 것이었습니다. 그는 좀 더 나은 생활을 보낼 수 있었지만, 그러지 않았습니다. 그도 돈이 있었습니다. 제사를 받드는 관부의 주임비서로 계급이 매우 높았고, 대우도 매우 두툼하였습니다. 또한 두 학교의 교수도 겸임하여 모두 수입이 있었습니다. 그러나 그는 생활비를 제외한 수입금 전부로 자선공익사업을 하였습니다. 그의 일생은 매순간 중생을 이롭게 하고, 매순간 사회를 돕고자 하였습니다. 그는 교학에 매우 성실해서 타이중에서 38년간 경전강설을 하면서 여태껏 쉬어 본 적이 없고 노고를 아끼지 않았습니다. 출근도 하고 교학도 하여야 하고, 진료도 하여야 했습니다. 그의 의술은 매우 뛰어났습니다. 고달픈 생활이라 조금도 낭비할 엄두가 나지 않았습니다.

이러한 대선지식들이 우리에게 모범을 보여 주셨으니, 우리는 이를 본받고 학습하여 모든 것을 대중을 위해 일하여야 합니다. 도량을 건립하는 것도 자신을 위해서가 아니라 이 부분을 위해서 입니다. 저는 도량에 조금도 미련이 없습니다. 대만의 도량도 내놓았고, 미국의 도량도 내놓았습니다. 조금도 서운해 하는 생각이 없습니다. 저는 매우 편안하게 지내고 있습니다. 이것은 선을 쌓고 복을 닦는 것(積善修福)입니다. 대중을 위해 일하면 선을 쌓고 복을 닦는 것이지만, 자신을 위해 일하면 죄업을 짓는 것입니다. 이러한 중생이 공양하는 돈은 모두 인과의 돈입니다. "쌀 한 톨 시주하니, 크기가 수미산과 같다. 금생에 도를 요달하지 못하면 털 쓰고 뿔 달린 축생으로 태어나 빚을 갚아야 한다(施主一粒米 大如須彌山 今生不了道 披毛戴角還)."하였으니, 이는 빚을 갚기 전에 지옥에 떨어져 아귀로 변해 죄를 가득 받고서 다시 축생으로 변해 빚을 갚아야 한다는 말입니다. 이러한 돈을 지금 매우 자재하게 쓰면 장래에 다시 태어나면 자재하지 못합니다. 인광 대사께서는 신도들이 공양한 돈은 전부 경서를 인쇄하여 보시하셨습니다. 이는 법보시입니다. 저는 한 평생 인광 대사를 따라 배워 모든 신도님들이 나에게 한 공양 전부로 경전을 인쇄할 것입니다.

싱가포르 이목원李木源 거사에게 저는 이렇게 하라고 가르쳤는데, 그는 착실하게 노력하였습니다. 그래서 감응이 불가사의하였습니다. 도량이 대단히 흥성하였고 날마다 진보하였습니다. 잘못을 고쳤습니다. 이목원 거사는 도량이 넓어서 누구라도 그에게 비평하면 선의이든 악의이든 모두 받아들였습니다. 비평하기만 하면 그는 진지하게 사고하고 과실이면 곧장 개선하였습니다. 그래서 이 도량은 날마다 새로워졌습니다. 모든 사람에 대해 늘 선의든 악의든 모두 감사하는 마음으로 대하는 것이 곧 불보살이고 학불學佛입니다. 그래서 이 도량에 모든 사람들이 미소를 가득 머금고 아무런 이견이나 충돌이 없으니, 진정으로 견해를 화합하여 함께 이해하고(見和同解) 계율을 화합하여 함께 수행하고(戒和同修), 이익을 화합하여 함께 균등히 합니다(利和同均). 그곳은 곧 복의 땅이니, 기꺼이 복을 닦고 기꺼이 복을 짓습니다. 우리가 지금 재난을 없애려고 복을 닦지 않고 악을 끊지 않으면 재난이 사라질 수 없습니다. 그래서 반드시 마음을 바꾸고 마음을 고쳐야 합니다.

운명은 자신이 지어야지 운수에 얽매여서는 안 된다

이는 결론입니다. 운명은 틀림없이 자신이 지은 것이고, 자신도 틀림없이 운명을 개조할 수 있습니다. 이치와 방법을 알면 개조할 수 있습니다. 제가 학불을 하기 전에 매우 많은 사람이 나의 운명을 추산하였는데 모두 저는 45세만 살 수 있다고 말하였습니다. 저는 이 사실을 믿지만, 그것은 미신이 아닙니다. 왜냐하면 저의 집안 어르신(할아버지, 큰 아버지, 아버지)은 46세를 넘기지 못했습니다. 또한 저는 복보가 없다고 추산하였습니다. 다행히 저에게는 약간의 작은 지혜가 있어 불법을 만나면 이해할 수 있고 잘 배울 수 있었습니다. 이것이 저의 운명을 바꾸어

놓았습니다.

한 해는 타이베이에서 「인왕법회仁王法會」를 거행하였는데, 저는 《인왕경仁王經》을 총 26일 강설하셨습니다. 법회기간에 감주 활불甘珠活佛을 만났는데, 그는 저와 오랜 친구입니다. 감주 활불은 저를 보고서 매우 기뻐하면서 말하였습니다. "종전에 우리는 모두 자네는 매우 총명하지만 애석하게도 복보가 없고 단명할 것이라 말했지만, 자네는 여러 해 동안 강경설법하면서 홍법하며 중생을 이롭게 하여 운명이 바뀌었네. 그래서 장수할 뿐만 아니라 복보도 매우 클 것이네." 그래서 반드시 진실로 수행하여야 비로소 운명을 개조할 수 있습니다. 이는 「불씨문중에는 간절하게 구하면 반드시 감응이 있다」는 말입니다. 명이 짧으면 장수를 구할 수 있고 복이 없으면 복을 구할 수 있습니다. 특히 자신을 위해서가 아니라 중생을 위해서 구하면 틀림없이 감응이 있기 마련입니다.

운명창조 : **경의 가르침, 반드시 선근 · 복덕 · 인연을 갖추어야 한다**

반드시 세 가지 조건을 갖추어야 합니다. 선근과 복덕은 모두 숙세에서 닦아 이루어진 것입니다. 무엇을 선근이라 합니까? 이치에 밝음이 선근입니다. 또 믿고 이해함이 선근입니다. 즉 선지식과 접촉하고 선지식을 가까이 하며 선지식의 가르침을 믿고 이해할 수 있음이 선근입니다. 행할 수 있음이 복덕입니다. 즉 믿고 기꺼이 함이 복덕입니다. 선근과 복덕이 있으면 불보살이 당신을 위해 인연을 빨리 이루게 하는데, 이것이 곧 감응입니다. 선근 복덕으로 감득할 수 있고, 인연으로 응함이 있습니다. 불보살님께서 우리를 위해 증상연增上緣이 되십니다.

개시開示 — 이치 · 방법 · 경계를 알아야 한다

진정으로 이해할 수 있고 투철할 수 있으면 운명을 개조하는 것은 어렵지 않습니다. 사람이 세상에서 가장 얻기 어려운 것은 수명입니다. 누구나 수명이 늘어나고 몸이 건강할 수 있기를 희망하나, 이는 결코 쉽지 않습니다! 이 일은 모두 해낼 수 있는 작은 일입니다. 특히 염불법문을 만나는 인연은 비할 데 없이 수승합니다. 육도를 뛰어넘고 십법계를 뛰어넘어 왕생하여 물러나지 않고 성불하는 일은 가장 어렵습니다. 이 일을 해낼 수 있거늘 어찌 성취할 수 없는 일이 있겠습니까! 그래서 성취할 수 없다면 반드시 알아야 합니다. 장가 대사께서 말씀하셨듯이 자신에게 업장이 있으면 반드시 반성하여야 하고 잘못을 고치고 자신을 새롭게 하여야 합니다. 진정으로 잘못을 고치고 자신을 새롭게 하면 제불보살께서 즉시 감응도교感應道交하실 것입니다. 자신을 위하지 말고, 염념마다 사회를 위하고 염념마다 중생을 위하여야 합니다. 사회를 위하고 중생을 위하는 것이 곧 진정으로 자신을 위하는 것입니다. 자신을 위하면 틀림없이 자신을 유지할 수 없습니다. 왜냐하면 무량겁 이래 번뇌 · 습기와 죄업이 너무나 무겁기 때문에 이번 생에 자신을 위해 수학하길 노력하면 공덕이 대단히 한계가 있고 업력을 당해낼 수 없습니다. 생각을 바꾸어 중생을 위하고 불법을 위하면 자신의 업력을 바꿀 수 있습니다. 이러한 이치를 우리는 알아야 합니다.

[제1편]

운명을 세우는 이치

이는《요범사훈了凡四訓》의 제1편입니다. 전문은 두 단락으로 나뉩니다. 첫째 단락은「길흉화복에는 정해진 운수가 있다(休咎有數)」고 말합니다. 둘째 단락은 주제인「입명지학立命之學」입니다.

[제1단] 길흉화복에는 정해진 운수가 있다(休咎有數)

자운사慈雲寺에서 공 선생을 만나 정해진 운수가 모두 정확한지 시험해보았다. 이에 생사영욕生死榮辱 · 치란흥쇠治亂興衰의 운수는 모두 정해져 있다고 믿고, 세상에 개의치 않고 구하는 것이 없었다.

원요범 선생은 자운사에서 공 선생을 만났는데, 공 선생은 그를 위해 운명을 추산하여 그의 한평생 길흉화복을 단정합니다.「휴구休咎」는 곧 길흉화복입니다.「시수개험試數皆驗」, 여러 번의 시험은 모두 대단히 영험하고 정확하였습니다. 그래서 사주 · 관상 · 점복은 이치가 없는 것은 아닙니다. 진정으로 학문이 있고 덕행이 있는 사람은 운명 추산이 매우 정확합니다.

일반 강호의 점술사는 믿을 수 없고, 그는 비록 얼마간 말할 수 있을지라도 실제상으로 그는 전부 경험에 기대어 말한 것입니다. 왜냐하면 그는 날마다 접촉하는 사람은 많고 보는 사람도 많기 때문에 일반 중생의 심리를 따져볼 수 있습니다. 당신의 언행과 행동거지를 보고서 당신에게 어떤 곤란이 있는지 알고 이에 대응하는 말을 하지만 그것은 정확하지 않습니다. 공 선생은 강호의 점술사 부류에 속하지 않습니다. 그는 확실히 학문이 있고, 수양이 있으며, 도덕이 있습니다.

산정한 운수가 모두 정확하였기 때문에 요범 선생은 깊이 믿고 의심하지 않았으며, 이 사람은 「생사生死」에 명운이 있고, 「영욕榮辱」에 명운이 있음을 알았습니다. 「영榮」은 한 평생 번성함과 공명부귀이고, 「욕辱」은 희구한 것을 얻을 수 없어 물질생활과 정신생활이 대단히 곤궁하여 고통스러움입니다. 이는 모두 명운으로 정해져 있는 것입니다. 「생사영욕」은 자신의 일생을 말합니다. 「치란흥쇠治亂興衰」는 가정과 사회 곧 불가에서 말하는 의보환경依報環境으로 자신이 거주하는 환경입니다. 「치治」는 사회안정, 「란亂」은 사회동란을 말합니다.

사회의 안정과 동란은 정해진 운수가 있고, 국가의 흥쇠와 가정의 흥쇠 내지 자기 사업의 흥쇠는 모두 정해진 운수가 있습니다. 이는 술수(術數 ; 음양 복서 등의 이치)에 근거하여 추산하는 것으로 곧 요즘말로 수학입니다. 수학은 과학의 어머님입니다. 중국 최고의 술수는 곧 《역경易經》입니다. 한 사람의 한 평생 길흉화복, 한 국가의 국운 내지 전 세계의 갖가지 변천은 모두 《역경》의 괘상卦象에서 추산해낼 수 있습니다. 「수개전정數皆前定」, 사람의 한 평생 내지 세세생생 모두 정해진 운수에 따라 세월을 보내고, 매우 적은 사람이 정해진 운수에서 벗어날 수 있습니다.

요범 선생은 공 선생의 운명산정을 거친 후 자기 일생의 길흉화복은 전생에 정해져 있는 것임을 알았습니다. 그래서 「개의치 않고 구하는 일이 없었다(澹然無求)」. 그의 마음은 안정되고 진정으로 「남과 다투는 일이 없고 세상에 대해 구하는 것이 없음(與人無爭 於世無求)」을 실천하였습니다. 그는 필경 총명한 유생으로 구하는 것도 없었고 다투는 일도 없었습니다. 이는 곧 "운명 속에 있을 때는 끝내 꼭 있고, 운명 속에 없을 때는 억지로 구하지 않는다(命裡有時終須有 , 命裡無時莫強求)."는 정신입니다.

요범 선생은 확실히 표준 범부로 완전히 명운에 수순하여 세월을 보냈지만, 보통사람보다는 총명합니다. 보통사람은 이런 이치를 알지 못하고 사실의 진상을 이해하지 못하여 날마다 허망하게 기구합니다. 이는 망념입니다. 구할 수 없을 뿐만 아니라 여전히 수많은 죄업을 짓습니다. 복을 닦고 복을 기를 줄 모르고 오히려 자신의 명운에 원래 있는 복보도 모두 손실을 봅니다. 이는 가장 어리석은 사람입니다.

[제2단] 입명지학立命之學

[1] 운곡선사 법문

산중에서 마주 앉아 3일간 아무런 생각이 없었다. 선사는 기이한 모습에 물었는데 범부임을 알았다.

요범 선생은 한가할 때 절에 들러 고승대덕을 방문하는 것을 좋아했습니다. 하루는 운곡 선사를 만나 선사와 선방에서 3일간 마주 앉았는데, 마음에 망념이 없었습니다. 이는 상당히 좋은 공부였습니다. 일상생활에서 육근이 육진경계에 접촉할 때 마음을 일으키지 않고 생각이 움직이지 않았으며, 분별 집착하지 않는 공부를 하였습니다.

운곡 선사는 매우 찬탄하며 그에게 평상시 어떤 공부를 하였는지 물었습니다. 요범 선생은 착실한 사람으로 "저는 어떤 공부도 한 적이 없습니다. 공 선생에게 저의 명운을 산정 받은 후로 망상을 지어도 아무런 쓸모가 없으니 그냥 아무런 망상도 짓지 않았습니다."라고 말했습니다. 운곡 선사는 이 말을 듣고서 하하 크게 웃었습니다. "나는 그대가 성인이라고 생각하오. 원래 당신은 범부였지만 이처럼 명운이 바뀌었네."

명운에 따라 구르는 사람은 범부입니다. 명운을 바꿀 수 있어야 비로소 성인입니다. 운곡 선사는 그에게 운명에 따라 구르지 말고 마땅히 운명을 바꾸어야 한다고 가르쳤습니다. 요범 선생은 명운이 이미 정해져 있는데 어떻게 바꿀 수 있단 말인가? 의심을 품었습니다. 아래는 운곡 선사가 그에게 베푼 법문의 중요사항입니다.

[법문1] 《사서오경》에 이르길, **"운명은 자신이 짓는 것이고, 복은 자신이 구하는 것이다."**

운곡선사는 먼저 「경문을 인용하여 증명(引證)」 합니다. 시서詩書는 《사서오경四書五經》입니다. 명운은 자신이 짓는 것이지 다른 사람이 당신에게 정해주는 것이 아닙니다. 일생의 길흉화복은 자신이 과거에 지은 인으로 이번 생에 받는 과보입니다. 불가에서는 우리의 몸은 업보신業報身이라고 말합니다. 제불보살이 세간에 응화應化함은 원력신願力身으로 업력이 아니라 원을 타고 다시 오신 것입니다. 그래서 그의 응화는 영원히 자재합니다. 우리는 번뇌에 속박되어 조금도 자유가 없습니다. 그래서 업보신이라 합니다.

업에는 「인업引業」 과 「만업滿業」 두 가지가 있습니다. 인업引業은 곧 당신이 육도 중에서 어느 한 도에 환생하도록 이끈다는 말입니다. 과거 생에 오계십선五戒十善을 매우 잘 닦으면 이런 역량은 당신을 인도에 가서 환생하도록 이끕니다. 사람 몸을 얻어 이번 생을 사는 동안의 길흉화복이 곧 만업滿業입니다. 이는 다른 한 개의 인입니다.

당신이 전생에 일을 처리하고 사람을 상대하며 사물을 접하면서 닦은 선업이 많으면 이번 생에 복보를 얻습니다. 어떤 것이 선업에 속합니까? 보시공양입니다. 재물이 명운에 있는 것은 전생에 재보시財布施를 닦았기 때문입니다. 재보시를 많이 할수록 이번 생에 얻는 재물도 많아집니다. 명운에 재물이 있으면 어떤 직업에 종사하든 상관없이 모두 돈을 법니다. 작업의 근태는 단지 연이고, 과거 생의 보시는 인입니다. 총명지혜도 과보로 이는 전생에 법보시法布施를 닦았기 때문입니다. 다른 사람에게 가르치길 좋아하면 이 번 생에 총명지혜를 얻습니다. 만약 무외보시

無畏布施를 닦으면 건강장수를 얻습니다.

세상 사람이 희구하는 과보는 재물 · 총명지혜 · 건강장수 이 세 부류를 벗어나지 않습니다. 이번 생에 재물이 있고 총명지혜가 있으며 건강장수가 있으면 이는 전생에 잘 닦았기 때문입니다. 이번 생에 생활이 매우 곤궁하고 고통스러우면 현재 아무리 뉘우쳐보아도 소용이 없음을 알아야 합니다. 다만 이치를 알고 착실히 노력하여 인을 닦아 대단히 수승하게 닦으면 내생을 기다릴 필요 없이 이번 생에 과보가 현전합니다.

결코 돈을 벌어 저축을 하면 돈이 생긴다는 말이 아닙니다. 이는 믿을 수 없습니다! 불경에서는 "재물은 전혀 자신의 것이 아니라 다섯 집안이 공유하는 것이다. (만약 자신이 번 돈은 자신의 것이라고 여기면 잘못이다.)"라고 말씀하십니다. 세상의 재물은 물, 불, 관가, 도적, 가산을 탕진하는 자식이 공유하는 것입니다. 최근 2년간 싱가포르 경제에 폭풍이 밀어닥치는 가운데 억대, 천만대 재산을 가진 많은 사람들이 주식이 떨어져 한 푼의 가치도 없어져 결국 막다른 골목에 이르자 투신자살했습니다.

한 동수께서 저에게 말했습니다. 그의 친구는 수억의 재산을 가지고 있었는데 이번 경제 폭풍으로 완전히 손해를 보아 삼백만 원이 남았는데, 결국 건물에서 뛰어내려 자살했다고 합니다. 삼백만 원도 적지 않은 돈으로 그럭저럭 세월을 보낼 수 있는데 굳이 죽을 필요가 있었겠습니까! 재물은 믿을 수 없습니다. 만약 그가 돈이 있을 때 이 돈으로 빈곤을 구제하고 사회복지 사업을 했다면, 경제 폭풍의 영향을 받지 않았을 것입니다. 경제 폭풍의 소동 속에서도 장사를 해서 돈을 버는 사람이 있었는데, 우리 동수 중에도 한 분 있습니다. 명운에 재물이 있고 즐겨 보시하니 경제폭풍은 그에게 아무런 영향이 없었습니다. 그래서 재물은 과이고, 보시는 인입니다.

총명지혜는 과이고 법보시는 인입니다. 법보시가 포괄하는 범위는 범위 광범위합니다. 좋은 책을 인쇄하여 남에게 선을 권하는 것이 법보시입니다. 자신의 지혜와 기술력으로 다른 사람에게 가르치는 것도 법보시입니다. 현대 과학기술이 발달하여 경전을 강설한 비디오테이프, 녹음테이프, CD를 제작하여 사람과 인연을 맺고 사람에게 불법을 수학하라고 권하는 것이 모두 법보시입니다. 일체 중생을 열심히 도와주면 저절로 복보도 있고 지혜도 있습니다.

건강장수는 과이고, 무외보시는 인입니다. 이른바 무외보시無畏布施란 곧 다른 사람이 두려움을 갖고 심신이 불안할 때 일체 공포에서 벗어나도록 위로하고 보호해주는 것입니다. 중국 불교도가 채식을 선택하고, 중생의 고기를 먹지 않으며, 일체의 중생을 해치지 않음이 무외보시에 속합니다.

어떤 인을 닦아 어떤 과보를 얻으면 이런 과보를 「만업滿業」이라고 합니다. 사람 몸을 얻는 것은 인업引業에 속하고, 세 가지 보시를 닦는 것은 만업滿業에 속합니다. 만일 과거 생에 이 세 가지 보시를 닦지 않으면 비록 사람 몸을 얻었을지라도 생활이 대단히 어렵고 고달픕니다. 세상에는 부귀가 있어도 지혜가 없는 사람이 있는가 하면, 지혜가 있어도 부귀가 없는 사람이 있지만, 이미 복보가 있으면서도 또한 지혜가 있는 사람은 많지 않습니다. 이미 무병장수할 뿐만 아니라 지혜도 있고 큰 복보도 있어야 진정한 원만입니다.

노인요양원을 운영하는 것은 무외보시無畏布施입니다. 많은 사람들의 노후 생활은 매우 고통스럽습니다. 특히 현대 사회에서는 자녀가 효도하지 않아 부모가 늙으면 노인요양원에 들어가 삽니다. 노인요양원은 물론 물질생활에서는 세심하게 보살펴 주지만, 정신생활에서는 매우 빈곤합니다. 저는 세계 각지의 많은 노인요양원을 참관해 보았습니다. 호주 골드 코스트(황금해안)에는 몇 개의 은퇴마을이 있습니다. 저도 방문하여 참관한 적이 있습니다. 노인복지사업은 호주가 가장 잘하지만, 정신생활에 대한 돌봄이 부족해 보였습니다. 그래서 노인요양원에서 배불리 먹고 할 일 없이 혼자 햇볕을 쬐고 말하는 사람이 아무도 없이 사는 삶이 너무 답답해 보였습니다. 이는 놀고먹으면서 죽기를 기다리는 것이나 마찬가지입니다.

오늘 이렇게 세상을 떠나는 한 사람을 보고 내일 또 한 사람이 떠나가고, 날마다 이런 상황을 보면 공포감을 피하기 어렵습니다. 따라서 노인요양원 운영은 물질생활의 돌봄뿐만 아니라 정신생활의 돌봄이나 종교 수행상의 돌봄에 특별히 치중하여야 합니다. 병고를 겪고 있는 노인이나 나이가 많이 드신 노인에 대해서는 특별히 잘 보살펴야 합니다. 날마다 죽는 사람이 생겨서 그와 이야기를 나누어야 하는데, 하루에 두세 번, 한 번에 10분의 시간을 넘지 않습니다. 그들에게 염불을 권유하고 삼세인과의 이치를 들려주고 깨닫게 하여 죽음에 대한 공포가 생기지 않도록 하는 것이 무외보시입니다.

생사는 단지 하나의 변화일 뿐입니다. 이 몸이 허물어졌으니 다시 한 몸을 바꾸고 다시 생활환경을 바꿉니다. 그가 과연 정말 알았다면 삶을 탐내지도, 죽음을 두려워하지도 않을 것입니다. 나이를 많이 먹으니 내생의 생활환경이 이번 생보다 더 수승하다 생각하면 저절로 두려워할 리 없습니다. 우리의 정신과 체력으로 노인을 돌보고 돕는 것은 내재內財보시로 외재外財보다 더 수승합니다. 외재는 몸 바깥의 물건입니다. 그에게 인과의 이치와 불법의 이치를 강해하고 염불을 권유하는 것이 법보시입니다. 그는 받아들인 후 마음이 매우 편안하고 두려움이 없습니다. 이것이 무외보시입니다. 노인요양원이 세 가지 보시를 갖추면 비록 서방 극락세계에 왕생할 수 없더라도 내생의 과보는 반드시 대단히 수승하여 재물과 총명지혜와 건강 장수할 것입니다. 그래서 노인요양원은 진정한 도량이 되어 날마다 다른 사람에게 왕생을 권하니, 자신이 어찌 왕생하지 못할 이치가 있겠습니까! 틀림없이 극락정토에 왕생합니다.

요 몇 년 동안 경제는 불경기였는데 거사림의 수입은 오히려 매월 증가하였습니다. 그 원인은 다름이 아니라 거사림에서 부처님의 가르침에 따라 보시를 닦아 갈수록 더 많이 보시하였습니다. 싱가포르 거사림의

식당에서는 1년 365일 매일 무료로 음식을 제공하였습니다. 어떤 사람이든, 학불을 하지 않고 심지어 불법을 비방하는 사람조차도 오는 사람은 모두 거절하지 않았습니다. 뷔페로 열 여 가지 메뉴가 있어 선택의 여지가 있고, 또한 과일, 커피, 우유도 무료로 제공합니다. 매일 거사림에 와서 밥을 먹는 사람이 천여 명이고, 토요일과 일요일에는 사천 명이 올 정도로 매우 번창하였습니다. 거사림은 지금까지 쌀, 채소, 기름, 소금을 사 본 적이 없습니다. 왜냐하면 이곳은 조건 없이 공제供齋하는 곳이기 때문에 그래서 자연히 쌀도 보내고, 반찬도 보내고, 기름도 보냅니다. 그래서 보낸 음식을 다 먹지 못해 오래 두면 상하기 때문에 매일 트럭으로 노인요양원, 고아원에 보냅니다. 그래서 진정으로 좋은 일을 하겠다고 발심한다면, 반드시 삼보의 가지加持와 천룡의 호법護法을 얻어야 합니다.

[법문2] **부처님께서 말씀하시길, 구함이 있으면 응함이 있으니, 안팎으로 모두 얻는다**(有求必應 內外雙得).

운곡 선사께서는 불가의 말씀을 인용하십니다. "구함이 있으면 반드시 응함이 있습니다(有求必應)." 무릇 구함이 있어도 얻지 못하면 모두 업장이 있기 때문입니다. 자신의 업장을 참회하고 없앨 수 있다면 마음에 맞게 자신이 원한 것을 원만히 이를 수 있습니다. 사리사욕을 채우려고 구한다면 아무런 감응이 없습니다. 조금도 사심이 없이 완전히 중생을 위하고 불법을 위하면 감응이 불가사의합니다. 「내외쌍득內外雙得」에서 「내內」는 지혜와 건강장수이고, 「외外」는 재물과 공명부귀로 당신은 이를 전부 얻을 수 있습니다. 이론이 또렷하면 당신은 믿음을 건립할 수 있습니다.

그렇다면 어느 곳에서 시작하여야 하겠습니까?

[법문3] **실학을 지향하라**(指歸實學 ; 현학이나 빈말이 아니라 진실하고 여실한 배움을 지향하라). **악을 끊고 선을 닦아 널리 음덕을 쌓아라**(廣積陰功).

명운을 개조하려면 이 두 마디 말에서 시작하여야 합니다. 일체 선하지 않은 생각 · 선하지 않은 사상 · 선하지 않은 언행을 바르게 고쳐야 합니다. 바르게 닦음이 곧 선입니다. 무릇 자신을 위하는 것은 모두 선하지 않습니다. 다시 말해 우리가 생각하는 것 · 말하는 것 · 행하는 것이 모두 자신의 이익을 위하면 선하지 않습니다. 염념마다 중생을 위하고 사회를 위하면 선합니다. 세간과 출세간의 모든 성현은 모두 이를 표준으로 삼아 마음을 일으키고 생각을 움직이며 말하고 행동하면서 사회를 돕고 고난 중생을 돕는 일에 자신의 신심을 봉헌奉獻하라 가르칩니다.

봉헌이 곧 「광적음공廣積陰功」입니다. 일체중생을 위해 복무하는 것이 공덕입니다. 무엇이 음공인가? 남이 알지 못하도록 좋은 일을 행함입니다. 왜냐하면 다른 사람이 이를 알고 칭찬하면 그 공덕은 이미 갚아버렸습니다. 좋은 일을 하되 알리지 않으면 이는 음덕陰德입니다. 이 선한 덕을 두텁게 쌓을수록 그 과보는 불가사의합니다. 악한 일은 모두가 다 알길 희망합니다. 그 사람이 당신을 욕하고 당신을 꾸짖으면 악은 그 과보를 이미 갚아버립니다. 그래서 악은 숨겨서는 안 되고 알려야 합니다. 선은 간직하여야 공덕을 두텁게 쌓을 수 있습니다.

오늘날 사람은 복덕이 부족하여, 조금이라도 좋은 일을 하면 남이 알지 못할까 두려워 마구 떠벌려서 즉시 그 과보를 몽땅 갚아버리지만, 자신이 저지른 악은 남이 알지 못하도록 꽁꽁 감춥니다. 그래서 점점 더 악이 두텁게 쌓이고 있는데 선은 제대로 쌓지 않아 장래의 과보는 모두 악한 과보일 뿐입니다.

이 두 마디 말을 진정으로 실천하면 다음 생에 사람 몸을 잃지 않습니다.

[법문4] **잘못을 고침은 불이법문不二法門에 들어감을 가리킨다.**

불이不二는 곧 평등입니다. 모든 잘못의 근원은 어디에 있습니까? 평등하지 않음에 있습니다. 나는 다른 사람보다 조금 높다. 이렇게 언제 어디서나 높고 낮다는 생각이 있으면 이것이 번뇌이고, 엄중한 분별 집착입니다. 그래서 불가에서는 번뇌를 끊어야 한다고 말합니다. 유가는 세간법으로 비록 끊어야 한다 말하지 않지만 제어하여야 한다고 가르칩니다. 《예기禮記 · 곡례曲禮》에서는 "오만함을 내버려둬서도 안 되고, 욕심대로 행동해서도 안 되며, 뜻을 가득 채워서도 안 된다(傲不可長 欲不可縱 志不可滿)."라고 법문합니다. 탐 · 진 · 치 · 교만은 일체중생이 태어날 때부터 가지고 있는 번뇌이고 무량겁 이래 세세생생 훈습하여 자라는 종자로 학습할 필요가 없이 탐 · 진 · 치 · 교만이 현전하고, 오만의 습기는 때에 따라 나타납니다.

오만이 있으면 욕계에 태어날 수 있을 뿐 색계에는 연분이 없습니다. 오만 · 진애瞋恚를 끊어버리고 선정을 닦아 공덕禪定을 이루어야 색계천에 태어날 수 있습니다. 그래서 이는 큰 번뇌입니다. 이러한 엄중한 번뇌를 끊어버릴 수 있으면 마음이 평등하고, 이래야 대승불법의 불이법문과 상응할 수 있습니다. 불이법은 곧 평등법입니다. 진정으로 명료하여 법마다 제일이고 법마다 평등하거늘 오만할 만한 것이 뭐가 있겠습니까? 어떻게 다른 사람에게 있을 수 있겠습니까. 《화엄경》에서는 법마다 제일이고, 제이는 없다고 말합니다. 제일이 곧 불이不二여야 지혜가 드러날 수 있습니다. 선정이 있어야 지혜가 생길 수 있고, 지혜가 있어야 운명을 변화시킬 수 있습니다.

[법문5] **의리로 다시 태어난 몸 - 원을 타고 다시 오다.**

악을 끊고 선을 닦으며 · 음덕을 널리 쌓으며 · 착실히 잘못을 고치지 못하면 이번 생에 업보를 여의지 못합니다. 착실히 노력해 수학하여야 운명이 변합니다. 의리義理로 거듭난 몸[34]이 명수命數를 뛰어넘으면 관상과 운명추산은 정확하지 않습니다. 이는 운명을 확실히 바꿀 수 있는 고침의 이치가 있고, 고침의 방법이 있으며, 고침의 효과가 있다는 설명입니다. **진정으로 잘못을 고치면 제불보살의 응화應化, 즉「원을 타고 다시 온 분」이나 마찬가지입니다.** 이상이 운곡 선사께서 하신 법문의 대의입니다.

[참 수행자라면 세상의 잘못을 보지 않는다]

십법계 속 불보살들도 모두 여전히 잘못이 있거늘 우리가 어찌 잘못이 없겠습니까? 반드시 일진법계 속 부처님이라야 잘못이 없음을 알아야 합니다. 우리는 날마다 무량무변한 잘못을 지으면서 자신은 완전히 알지 못하고 세상에 무관심하고 인仁하지 않는데, 어찌 구원이 있겠습니

---

34)「혈육의 몸」은 곧 현전하는 우리의 몸으로 업력이 변하여 나타난 것입니다. 망상분별 집착을 여읠 수 없어 명수命數에 떨어져 역학점술로 일생의 길흉화복을 추단할 수 있습니다. 명수를 뛰어넘고 싶다면 심리에서 변화를 이루어 예전의 선하지 않은 관념과 행위를 바로 고쳐서 일체가 의리와 상응하여야 합니다. 이러한 몸을「의리의 몸」이라 합니다. 불법의 용어로 말하면 원력이 업력을 크게 넘으면 원력의 몸이라 하고, 원을 타고 다시 옴(乘願再來)이라 합니다. 혈육의 몸은 사리사욕으로 가득 차 있지만, 의리의 몸은 공평무사하여 일체 중생의 이익을 생각합니다. 세상에 있는 동안 몸은 사회와 중생을 위해 복무하여 복을 짓는 도구가 될 뿐 자신의 업력과 완전히 벗어난 관계입니다. 이러한 몸을 의리의 몸이라 하고 원을 타고 다시 온 분이라 합니다. _《요범사훈 강기》, 정공 큰스님

까? 현재 중생은 확실히 이와 같아서 유일한 방법은 곧 청경聽經35) · 독경讀經 · 연교硏教입니다. 이 방법으로 자신을 일깨우시길 바랍니다.

그래서 석가모니부처님께서 세상에 계실 적에 49년간 중단 없이 경전을 강설하고 설법하셨습니다. 이것을 제외하고 다른 방법은 없으니, 날마다 강설하고 날마다 권면하여야 합니다. 이른 바「일문에 깊이 들어 오랜 시간 몸에 배이도록 닦아야(一門深入 長時薰修)」효과가 생길 수 있습니다. 사흘간 청경하지 않으면 모습이 완전히 달라집니다. 이는 모두 사실입니다. 이를 통해 우리의 번뇌 · 업장 · 습기가 얼마나 깊고 무거운지 알 수 있습니다. 그래도 여전히 스스로 옳다고 여기는데 오만할 만한 것이 뭐가 있겠습니까? 그래서 불보살과 조사대덕들은 진정으로 대자대비하여 날마다 권면하고 가르쳐 인도하십니다.

자신이 반성할 수 있으면 자신의 잘못을 발견할 수 있습니다. 몇몇 동수들이 저에게 말했습니다. "저희들은 다른 사람의 잘못을 보지만 자신의 잘못을 보지 못하는데 어떻게 하면 좋겠습니까?" 저는 말했습니다. "뉘우치면 잘못을 볼 수 있을 겁니다." 어떻게 뉘우칠까요? 다른 사람은 거울과 같아 다른 사람의 잘못을 보고서 자신에게 잘못이 있는지 생각해보면 발견할 수 있습니다. 육조대사께서 "참수행자라면 세상의 잘못을 보지 않는다." 말씀하셨습니다. 참수행자는 범부를 바꾸어 성인

---

35) 경전을 원문 그대로, 혹은 강설로 풀어서, 혹은 생활에 빗댄 법문으로 음성을 저장해 시공간의 한계를 초월해서 법륜을 굴린다. 무궁무진하게 반복할 수 있다. 이것이 청경聽經이다. _《불광》

을 이룬 사람을 가리킵니다. 범부는 세상의 잘못을 보게 마련입니다. 잘못은 어디에서 유래합니까? **잘못은 자신에게 있고 세상에는 잘못이 없습니다.** 그것은 자신의 번뇌 습기가 현행하여야 잘못이 보입니다. 그래서 다른 사람의 잘못을 봄은 바로 자신의 잘못입니다. 그러나 세상 사람은 자신을 비추어 볼 줄 몰라 자신의 잘못을 알지 못하고 줄곧 다른 사람의 잘못이라 여깁니다. 진정으로 깨달은 사람, 수행하는 사람은 세간의 잘못을 보면 즉시 자신을 반성합니다. 자신의 잘못을 발견할 수 있으면 이것이 깨달음입니다. 자신의 잘못을 바로 고쳐야 범부를 바꾸어 성인을 이룸입니다.

잘못은 무량무변한데, 그 근본은 곧 사리사욕을 챙김에 있습니다. 좋은 일은 자신에게 돌리고 나쁜 일은 다른 사람에게 미루는 것이 잘못의 근본입니다. 대승·소승의 불법은 모두 근본에서 닦음(從根本修 ; 일상생활에서 마음을 움직이고 생각을 움직임에 잘못을 지으면 서둘러 그것을 바로 잡아 마음을 닦음)을 중히 여기면 효과는 대단히 현저하고 속도가 빠릅니다. 망상·분별·집착도 근본입니다. 육근六根이 육진六塵에 대응해 분별·집착을 일으킵니다. 집착은 곧 번뇌장煩惱障이고, 분별은 곧 소지장所知障입니다. 집착 중에서 가장 엄중한 것은 신견身見·아견我見입니다.

육신의 몸을 나라고 여겨 사리사욕이 생기고 아애我愛·아치我痴·아만我慢이 생깁니다. 이것이 유식唯識에서 말하는 「사대번뇌가 늘 서로 따름(四大煩惱常相隨)」[36]입니다. 진정으로 깨달으면 이른바 의리로 거듭난 몸(義理再生之身)」입니다. 이는 육신의 몸이 나이지 않음을 앎입니다. 누가 나입니까? 허공법계 일체중생이 나입니다.

일체중생이 진정한 자기임을 아는 것이 정지정견正知正見입니다. 염념마다 자신을 위하면 무량무변한 죄업을 짓고 설사 선을 행할지라도 참된 선이 아닙니다. 왜냐하면 육도를 벗어날 수 없기 때문입니다. 선을 행해도 삼선도三善道에서 과보를 받아 윤회를 벗어나지 못한다면 그것은 악업입니다. 그래서 반드시 큰 전환을 이루어야 합니다. 학불學佛하기 전에는 염념마다 자신을 위합니다. 이치를 안 후에는 염념마다 중생을 위합니다. 세간에 살아있는 동안 중생을 위해 복무하고 불법을 위해 복무합니다. 불법은 일체중생을 깨닫게 하는 방법입니다. 바꾸어 말해 일체중생이 깨닫도록 돕고 일체중생이 우주와 인생의 진상을 이해하도록 돕는 것이 곧 불법입니다. 우리는 이 세상에 와서 일체중생을 위해 복무하는 존재이어야 합니다. 일체중생 속에는 당연히 자신을 포함합니

---

36) 유식唯識 경론에서 「사대번뇌상상수四大煩惱常相隨」를 말합니다. 말나식末那識의 기초는 사대번뇌입니다. 맨 앞은 아견我見입니다. 말나는 아견입니다. 아집은 아뢰야阿賴耶 견분見分의 일분을 집착함입니다. 아뢰야의 견분은 무량무변하여 다함이 없는데 그 일분을 집착하여 자신의 마음으로 여기면 이것이 망심妄心입니다. 이것이 번뇌의 뿌리입니다. 이 부분에서 일어나는 것이 아애我愛입니다. 나라는 것이 있다고 봄이 아견我見으로 이것이 아애我愛를 낳습니다. 아애는 탐욕이고, 아치我癡는 어리석음이며, 아만我慢은 성냄입니다. 견見·애愛·치痴·만慢 이 사대번뇌는 늘 서로 끊임없이 따름입니다. 이 사대번뇌를 끊어 버려 사라지면 말나를 바뀌어 평등성지平等性智가 되면 이 사람은 곧 법신보살입니다. 법신보살은 팔식八識을 바꾸어 사지四智를 이루어 십법계를 뛰어넘고 더 이상 십법계 속에 머물지 않습니다. _《정토대경해연의淨土大經解演義》, 정공 큰스님

다. 자신이 일체중생 바깥에 있지 않으면 심량이 광대합니다. 시시각각 일체중생을 생각하고 일체중생을 도우면 생각이 바뀝니다.

[의심은 죄의 근본이고 믿음은 복의 어머니이다]

이치에 대해 믿을 수 없고, 받아들일 수 없으면 이치대로 행할 수 없어 매일의 생활은 여전히 업을 짓습니다. 이 죄의 뿌리는 곧 의심입니다. 의심을 끊고 믿음을 내어 가르침에 의지해 봉행하면 곧 스스로 많은 복을 구함입니다. 「모母」는 자라게 할 수 있다는 뜻을 비유한 것입니다. 「믿음은 복을 자라게 할 수 있다.」 좋은 스승도 있고, 좋은 학생도 있어야 합니다. 좋은 학생은 스승님의 가르침에 대해 의심하지 않고 틀림없이 믿어 가르침의 의미를 깨우치고, 기꺼이 가르침에 의지해 봉행할 수 있습니다. 이러한 학생은 스승의 마음속 계승자이고, 틀림없이 성취할 수 있습니다.

[2] 실행공덕實行功德

「공功」은 공부입니다. 공부는 악을 끊고 선을 닦으며 잘못을 고치고 자신을 새롭게 함을 말합니다. 아래 다섯 가지를 열거합니다.

1. 범성의 실학을 깨닫고자 명호를 요범이라 바꾸었다.

요범 선생은 운곡 선사의 가르침을 받아들이고 깨달았습니다. 성현의 가르침은 빈말이 아니라 진실한 학문으로 확실히 인생을 바꿀 수 있고 운명을 개조할 수 있습니다. 이러한 학문이라야 진실합니다. 그는 호를 바꾸어 「요범了凡」이라 하였습니다. 요了는 명료明瞭란 뜻으로 과거 범부의 습기를 명료하게 앎입니다. 이름은 표법(表法 ; 법을 드러내 보임)으로 다른 사람이 그를 보고서 「요범了凡」이라고 부르면 내가 정말 알고 있는지, 정말 깨닫고 있는지 자신을 일깨웁니다. 이름은 시시각각 이름과 실제가 부합하는지 자신을 일깨웁니다. 옛날 사람은 이름의 뜻을 매우 깊게 지었습니다. 어버이가 주신 이름은 한평생 바꾸지 않고 시시각각 자신을 일깨워서 어버이께서 자신에게 바라는 점을 실천하고 있는지 이름과 실제가 부합하여야 큰 효라고 생각하였습니다.

2. 이해와 행지가 서로 도와, 선한 일을 삼천 건 행하겠다고 서원하고 원만히 행한 후 정해진 명수가 나타나지 않았다.

그는 운곡 선사의 가르침을 받아들여서 악은 끊고 선을 닦아 음덕을 널리 쌓았습니다. 해解는 그 이치를 이해함입니다. 해는 행지行持를 돕고, 행지도 또한 이해에 깊이 드는 것을 돕습니다. 이를 「해행상자解行相資」라고 부릅니다. 그는 비록 선한 일을 삼천 건 행하겠다고 발원하였을지라도 적극적으로 행할 수 없었고 시간이 너무 오래 걸려 십 년이 지나 비로소 원만히 행할 수 있었습니다. 그래서 감응은 그렇게 빨리 나타나지 않았지만, 명운이 바뀌어 공 선생의 추산이 점점 부정확하였습니다. 그는 관직이 승급하였고 녹봉도 많아져 명운과 서로 부합하지 않았습니다. 이러한 효과가 있어 그의 믿음은 더욱 견고해졌습니다.

3. 2차로 선한 일을 삼천 건 행하겠다고 서원하고 이를 행한 후 자식을 구하여 천계天啟를 낳았다.

그의 명운에는 자식이 없었기 때문에 이번에는 「자식을 구하기」 위해 선한 일을 행하였습니다. 그는 후에 자식을 둘 얻었습니다. 이는 명운에는 없는 일로 구한 것이었습니다. 이번에는 삼천 건의 선한 일을 삼년이 되지 않아 원만히 해낸 것입니다. 그가 신심이 있어 행할 수 있었고 대단히 적극적이었을 뿐만 아니라 온 가족이 모두 실천하여 과연 자식을 구하여 얻을 수 있었다고 볼 수 있습니다.

4. 3차로 선한 일 만 건을 행하겠다고 서원하고 진사 학위를 구하여 병술년에 과거시험에 합격하였다.

진사進士는 공명功名으로, 이는 그의 운명에 없는 것입니다. 종전의 학위로는 현에서 치루는 고시로 얻는 수재秀才와 성에서 치루는 고시로 얻는 거인擧人인데, 진사는 황제가 치루는 고시(전시殿試라 불림)로 국가가 수여하는 최고학위입니다.

그 당시 그는 보지현의 지현知縣에 임명되어 농민의 생활이 곤궁함을 보고서 감세를 실행하였습니다. 이 정책은 전체 현에 사는 몇만 명의 사람에게 모두 이익이 돌아갔습니다. 그래서 이는 만 건의 일을 한 셈으로 일만 건의 선한 일을 원만히 해내었습니다. 꿈속에 경계가 나타나 그의 선행이 이미 원만히 이루었다고 말했지만 그는 반신반의하여 고승대덕에게 가르침을 청하니, 틀림없이 확실하다고 하였습니다. 그래서 관공서에서 이러한 좋은 일을 할 기회와 권력이 있어 잘 닦을 수 있었습니다. 즉 농민의 부담을 경감하여 전체 현의 사람이 모두 이익을 얻을 수 있었습니다. **좋은 정책 하나는 만건의 선이고 잘못된 정책 하나는 만 건의 악**인 이러한 이치를 반드시 알아야 합니다.

그는 공명을 구하여 과연 공명을 얻었습니다. 그는 명운에 자식이 없었지만, 자식을 구해 자식을 얻었습니다. 또 그는 53세만 살 팔자였지만 70여 세까지 살았습니다. 왜냐하면 그는 공덕을 쌓아 장수를 구하지 않았지만, 수명이 저절로 연장되었기 때문입니다. 인연과보의 이치를 알아야 합니다. 그는 한평생의 경험, 한평생의 실학으로써 자식을 가르치고 인도하였습니다.

5. 자식에게 가르치길, 삿된 지견을 방지하고 진성심을 간직하고, 그릇을 알고 잘못을 고치고 집안을 바로잡고 나라의 은혜에 보답하라.

《요범사훈》이 4편의 문장은 그의 자식에 대한 가르침입니다. 내용은 「**한사존성閑邪存誠**」입니다. 「한閑」은 방지이고, 「사邪」는 잘못된 사상 행위를 말합니다. 삿된 지견을 예방할 줄 알아야 합니다. 「존성存誠」 자신을 속이지 않고 다른 사람을 속이지 않고 진성심眞誠心37)으로 일을 처리하고 사람을 대하며 사물을 접하면 복보가 커집니다. 마음이 허위로 일체 죄업을 짓는 근본인 줄 알아야 합니다. 일을 처리하고 사람을 대할 때 조금도 성의가 없는 사람은 틀림없이 지옥에 떨어집니다. 우리는 진성심으로 사람을 대할 뿐 다른 사람이 우리를 속여도 아랑곳하지 않고 개의치 않습니다. 인생은 짧습니다. 진성심으로 사람을 대하면 내생에 좋은 거처가 있으니, 적어도 천상에 태어나 천복을 누립니다. 속이려는 마음으로 사람을 대하고 죄업을 지으면 삼악도에 떨어집니다. 각자 자신의 거처가 있고 자신의 인과가 있습니다.「자신의 그름을 알고 잘못을 고치며, 집안을 바로잡고 나라의 은혜에 보답한다(知非改過齊家報國)」, 심량이 점차 확대되어 자신을 위하지 않고 사회와 중생을 위할 수 있으면 복보가 커집니다.

[3] 결론

운곡 선사의 가르침은 세밀하고 깊은 진리이기에 상세히 음미하여 행하도록 힘써라.

운곡 선사의 가르침은 대단히 세밀하고 깊은 진리이므로 세심하게 연구하고 음미하여 자신을 격려하고 받들어 행하면 틀림없이 운명을

---

37) 증국번曾國藩은 "일념도 생겨나지 않음을 성誠이라 한다"고 말한 적이 있다. 말하자면 성誠은 청정심으로, 마음속에 다른 잡념이 없음을 말한다. 불법에서는 망상이 없고 분별이 없으며 집착이 없음을 말하는데, 이런 마음이 곧 진성심眞誠心이다.

개조할 수 있습니다. 자신의 운명을 고칠 수 있을 뿐만 아니라 가운과 국운도 고칠 수 있습니다. 오늘날 세상에는 재난이 많이 일어나고 있습니다. 우리가 참으로 깨닫고 진정으로 뉘우치고서 일체중생과 사회를 위해 복무하고 불보살의 가지加持를 구하면 재난을 피하고 없앨 수 있습니다. 자신을 위함은 사리사욕을 챙김이고, 중생을 위함은 공덕이 끝이 없습니다. 자신을 위함에서 중생을 위함으로 생각을 바꿈이 참된 수행이자 진정한 실학實學입니다.

願我臨終無障礙
彌陀聖眾遠相迎
速離五濁生淨土
回入娑婆度有情
老實念佛
求生淨土
心想事成
심상사성
이뤄진다
생각대로
그 어떤 것이든 마음속으로 깊고 강렬하게 생각한다면
그것이 그대로 현실로 나타나게 되는데,
현실로 나타날 현상들의 모든 씨앗들이 본래부터
이미 우리들 마음속에 다 들어 있기 때문입니다.
(이를 심상사성心想事成 즉, 마음으로 간절히
생각하고 원하면 현실로 이루어진다는 의미다)
이러한 까닭에, 마음의 근본속성(心性)이 어떤 것인가를
철저히 이해하는 사람은 결코 현실세계에 나타나는
인과(법칙)를 부정하거나 소홀히 하는 법이 없으며,
반대로 현실로 나타나는 인과를 깊이 믿고 바른 인과를
따라 청정한 행위(淨業)를 쌓아가는 사람이라면, 결국에는
반드시 마음의 참다운 속성(불성佛性)을 크게 밝히게 됩니다.
-철오선사-

[제2편]

잘못을 고치는 법 (改過之法)

이는《요범사훈》의 제2편으로 네 개의 소단락으로 나뉩니다. 첫째 「잘못을 고치는 인행」, 둘째 「잘못을 고치는 기초」, 셋째 「잘못을 고치는 법」, 넷째 「잘못을 고치는 효험」입니다. 효험은 곧 결과, 효과를 봄입니다.

[1] 잘못을 고치는 인행(改過之因)

[길흉의 조짐 : 매우 후덕한 사람은 복을 얻고, 매우 각박한 사람은 화가 가까워진다]

궂은일(凶)이든 좋은 일(吉)이든 어떤 일이 미래에 닥쳐오기 전에 모두 전조 조짐이 있습니다. 고대의 유생은 이러한 전조에 대해 모두 매우 또렷하게 보았습니다. 그러나 현대인은 비록 대단히 또렷한 전조일지라도 모두 깨닫지 못할 수 있습니다. 이는 독서와 매우 큰 관계가 있습니다. 옛사람은 성현의 글을 읽었고 그 목적은 성현이 되는 것에 뜻을 두었습니다.

「성현聖賢」은 곧 우주와 인생의 사리에 대해 명료하게 통달한 사람을 성인이라 하고, 원만하게 통달할 수 없지만 착실하게 학습하는 사람을 현인이라고 합니다. 불법에서 성인은 부처님이고 현인은 곧 보살입니다. 오늘날 독서의 목적은 모두 돈을 벌기 위함이고 명성과 이익을 위함으로 그에게는 지혜가 없습니다. 그래서 길흉의 조짐이 눈앞에 있어도 볼 수 없습니다. 성현이 되는 것에 뜻을 두면 마음은 청정하고 선정에 든 상태입니다. 청정심과 선정심은 지혜를 낳아서 설사 전조가 매우 또렷하지 않을지라도 모두 알아차릴 수 있습니다. 이 책에서 드는 예는 매우 많습니다. 이를 세심하게 체득하고 관찰하면 우리는 이번 생에 비로소 궂은일을 피하고 좋은 일로 나아갈 수 있는(避凶趨吉) 능력이 생깁니다.[38]

여기서는 대원칙 하나를 말합니다. 「매우 후덕한 사람은 복을 획득하고, 매우 각박한 사람은 화가 가까워진다(過於厚者常獲福 過於薄者常近禍)」 한 사람의 마음이 후덕하고 남을 속이지 않으면 늘 복보를 얻지만, 마음이 대단히 각박한 사람은 쉽게 재난과 화를 맞습니다. 그러나 현대인의 관념은 오히려 후덕하면 남이 업신여기고 지독하면 자신의 능력을 드러낼 수 있다고 여깁니다. 이는 옳다고 여김이 뒤바뀌어 인과응보의 이치를 모르는 것입니다. 마음이 후덕한 사람은 안목이 원대하고, 마음이 각박한 사람은 안목이 짧고 편협하며 눈앞의 이익만 챙깁니다. 이 두 부류의 사람은 전혀 다른 결과가 생깁니다.

---

38) 운명을 알면 분수를 알게 되고, 분수를 알면 거기에 맞춰 행동할 줄 알며, 진퇴를 알고 거기에 맞추어 행동할 줄 알면 비로소 만족할 줄 알게 된다. 사주를 배우면 부귀와 빈천을 알고 수명의 장단을 알며, 질병과 직업을 알며 환경과 운의 행로를 미리 알아 궂은일을 피하고 좋은 일로 나아갈 수 있다.

고대도 이와 같았고 현재도 그대로입니다. 각박한 사람이 비록 집안을 번성시키고 억만 재산을 축적할지라도 사후에 자식은 힘써 노력하지 않고 몇 년간에 걸쳐 돈을 물 쓰듯 탕진해버리니, 이에 따라 재앙이 다가오고 맙니다. 전생에 닦은 복보가 크면 이번 생에 쇠퇴한 모습이 현전하지 않고 과거 생에 닦은 복이 적으면 금생에 쇠퇴할 것입니다. 우리 주위 인사들을 자세히 관찰하면 어떤 사람은 돈을 벌어도 3년, 5년 만에 파산하고 쇠퇴하지만, 어떤 사람은 10년 20년을 버틸 수 있어도 여전히 덧없고 만년 생활은 빈궁하여 고생하게 됨을 어렵지 않게 알 수 있습니다.

어떤 사람이 저에게 말하길, 홍콩의 평지와 산간 사이는 모두 매우 좋은 별장지역으로 과거에는 영화배우들이 살았는데 지금은 주인이 바뀌었습니다. 그 사람들은 부귀를 누린 날이 십 년을 넘기지 못했습니다. 돈도 있고 지위도 있고 세력도 있을 때 복을 닦을 줄 모르고 마음껏 돈을 쓰며 즐겼으니 복을 다 누렸습니다. 일을 처리하고 사람을 대할 때 각박했고 자신을 속이고 남을 속여 모두 유종의 미를 거두지 못했습니다.

이런 예는 동서고금을 막론하고 매우 많을 뿐만 아니라 모두 매우 또렷합니다. 마음이 후덕하여 기꺼이 손해를 보고, 양보하는 사람은 당장은 손해를 보는 것 같아 남들이 경시하고 깔보지만, 나중에 복이 있습니다. 젊었을 때 운이 나빠서 중장년에는 겨우겨우 살지만 늙어서 복이 옵니다. 우리는 만년에 복을 누리는 것이 진정한 복이라는 것을 알아야 합니다. 젊어서 복을 누리다가 만년에 복이 없고 보살피는 사람이 없으며, 생활이 매우 가난하고 곤궁하면 이는 복이 없는 사람입니다. 큰 벼슬을 하고 큰 재물을 벌어 뜻을 이루었을 때는 매우 많은 머슴이 시중을 들었지만, 늙어갈 때 돌보는 사람이 없고, 병들어 죽어도 아무도 모르는 사람이 많습니다. 이는 제가 직접 본 것입니다. 그 원인은 뜻을 이루었을 때 복을 닦을(修福) 줄 몰랐기 때문입니다.

석가모니부처님께서는 위대한 성인이고, 공자도 중국 역사상 위대한 성인입니다. 우리는 불경을 읽고 《논어》를 읽었는데 석가모니부처님과 공자는 그 당시 세상을 살면서 근면 절약하고 복을 아꼈을 뿐만 아니라, 마음씨도 후덕하고 인자하며, 온 힘을 다해 사회를 돕고 일체의 고난 중생을 도왔습니다.

공자의 후손은 지금까지 70여 세대에 걸쳐 중국, 해외를 막론하고 사회적 존경을 받았으며, 이 복은 매우 커서 역대 제왕들은 견줄 수 없습니다. 한나라와 당나라는 중국 역사상 가장 큰 명성을 누렸지만, 한 고조의 후손은 아무도 모르고 당 태종의 후손도 아무도 알지 못합니다.

석가모니부처님께서는 비록 출가하여 후손이 없었지만, 지금도 전 세계에 석가모니부처님을 공양하는 사람이 매우 많은데, 이 복은 훨씬 더 큽니다! 복은 어디에서 옵니까? 부처님의 마음은 후덕하여 보통사람을 넘어섭니다. 그래서 복이 몇천 년이 지나도 쇠퇴하지 않았습니다.

그러나 마음이 각박하면 아무리 눈앞이 휘황찬란하고 발전해도 결국

쇠락하는 날이 오고 맙니다. 마음이 후덕하고 인자하여 비록 눈앞이 궁핍하고 곤란할지라도 장차 틀림없이 큰 복을 누릴 날이 있을 것입니다. 사람을 볼 때도 이렇게 보고, 한 가정을 볼 때도 이렇게 봅니다. 속담에 "집안이 화목하면 모든 일이 흥하다(家和萬事興)."는 말이 있습니다. 한 집안도 아버지가 인자하고 자식이 효도하며 형제간에 서로 우애를 다하면 비록 매우 평범한 가정일지라도, 심지어 상당히 가난할지라도, 장래에는 반드시 번영할 것입니다. 아무리 사업이 크고 재산이 많은 가정이라도 서로 겉으로는 웃고 있으나 속이 편치 않으면 이 부귀는 오래가지 못하고 틀림없이 쇠퇴할 것입니다.

또한 사회와 국가로 확대하여 보면 만약 이곳의 국민이 대체로 매우 각박하다면, 이곳은 복된 땅이 아닙니다. 다수의 국민이 매우 후덕하면 곧 복된 땅입니다. 공자께서 "위태로운 나라에 머물지 말고 어지러운 나라에 들어가지 말라(危邦不居 亂邦不入)." 말씀하셨습니다.

일상생활 속에서 마음이 후덕한 사람은 틀림없이 절약하고 복을 아낄 줄 압니다. 마음이 각박한 사람은 정반대로 사치를 누리는데, 이는 불행하게 될 조짐입니다. 또한 사회와 국가의 길흉화복은 선인이 말한 대로 「불을 보듯 분명하다(明若觀火)」

[지성이면 하늘에 계합한다. 복이 장차 이르는 때는 그의 선행을 관하면 먼저 알기 마련이다. 화가 장차 이르는 때는 그 악을 관하면 먼저 알기 마련이다. 복을 얻고 화를 멀리하려면 먼저

잘못을 고쳐야 한다.]

「지성합천至誠合天」

「천天」은 현재 말로 자연의 이치를 가리킵니다. 이는 성리性理 상에서 말한 것입니다. 옥황상제, 천지 귀신은 사상事相 상에서 말한 것입니다. 성리와 사상은 하나이지 둘이 아닙니다.

「복장지福將至 관기선필선지지觀其善必先知之」

한 사람에게 복이 머지않아 현전할지는 그의 선행을 관찰하면 분명히 알 수 있습니다. 그는 틀림없이 마음이 선량하고 행위가 선량합니다. 이는 조짐입니다. 요 몇 년 저는 네 가지 좋음(四好)를 제창하고 있습니다. 「좋은 마음 간직하기(存好心) · 좋은 말 하기(說好話) · 좋은 일 행하기(行好事) · 좋은 사람 되기(做好人)」 이 네 가지 좋음에 부합하면 복이 머지않아 현전하는 사람입니다.

「화장지禍將至 관기악필선지지觀其惡必先知之」

한 사람에게 재난이 닥쳐올지는 그의 행위를 관찰하면 알 수 있습니다. 그는 틀림없이 마음이 선하지 않고 말이 선하지 않으며 행위가 선하지 않습니다. 이것이 조짐입니다. 다른 사람을 살펴보면서 자신을 뉘우치고 반성하십시오. 선한 일이 늘어나면 계속 유지하여야 하고, 자신의 악을 발견하는 즉시 잘못을 고치고 이후 더 이상 짓지 않으면 「복을 얻고 화를 멀리 할」 수 있습니다. 일체 화와 해악을 멀리 여의기 위해서 가장 중요한 것은 「먼저 잘못을 고쳐야」 합니다.

잘못을 고치려면 반드시 자신의 잘못을 알아야 합니다. 잘못은 곧 사리사욕을 챙김에서 비롯합니다. 사리사욕을 챙기는 마음은 나쁜 마음이고, 사리사욕을 챙기는 행위는 나쁜 행이며, 사리사욕을 챙기는 말은 나쁜 말입니다. 마음이 나쁘고, 말이 나쁘며, 행위가 나쁘면 재난이 닥쳐올 것입니다. 반대로 마음이 선하고, 행위가 선하며, 말이 선하면 화를 멀리 여의고 복을 얻습니다. 이는 고금 이래 영원불변의 인과법칙으로 요즘 말로 「진리」입니다.

그래서 가장 먼저 자신의 잘못을 발견하면 이를 부주의하게 흘려보내고, 소홀히 여겨서는 결코 안 됩니다. 염념마다 중생을 위하고, 염념마다 사회 전체의 안전을 생각하여야 합니다. 일체 행위를 함에 있어 이 원칙을 여의지 말아야 합니다. 좋은 마음과 말과 행위를 간직하려면 반드시 잘못을 고쳐야 합니다.

[2] **잘못을 고치는 기초 근본(改過之基) :「삼심원발三心圓發」**

「삼심三心」은 불법에서 말하는 삼심이 아니고, 요범 선생이 이 편에서 말씀하신 세 가지 마음입니다.

첫째 「부끄러운 마음을 내어야 한다. 부끄러움을 알면 큰 용기를 낼 수 있다(要發恥心—知恥能生大勇)」

이는 곧 공자께서 "부끄러움을 알면 용에 가깝다(知恥近乎勇)."는 말씀입니다. 「용勇」은 과감하게 잘못을 고침입니다. 부끄러움을 모르는 사람은 영원히 잘못을 고치려 하지 않습니다. 「치恥」는 곧 잘못입니다. 마음이 선하지 않음 · 말이 선하지 않음 · 행이 선하지 않음은 모두 부끄러움입니다. 학불學佛하는 사람은 석가모니부처님을 선악의 표준으로 삼고, 중국 고대 유생은 공자를 선악의 표준으로 삼았습니다.

《논어》에서 공자는 「온溫 · 량良 · 공恭 · 검儉 · 양讓」 다섯 가지 덕이 있다고 말합니다. 첫째 온화 후덕함이고, 둘째 마음이 선량함입니다. 셋째 사람을 공경함입니다. 이는 오만한 습기가 없이 신중하게 일을 처리함입니다. 넷째 절약함입니다. 절약은 복을 아껴서 인력과 물력을 결코 낭비하지 않음을 말합니다. 인력을 낭비하지 않음은 사람을 사랑함(愛人)이고 , 물력을 낭비하지 않음은 물건을 아낌(愛物)입니다. 이는 이른바 「백성을 어질게 하며 만물을 사랑함(仁民愛物)」입니다. 다섯째 참고 양보할 수 있음입니다.

석가모니부처님의 대덕은 곧 십선十善입니다. 몸으로는 살생을 하지 않고, 도둑질을 하지 않으며, 삿된 음행을 하지 않습니다. 입으로는 거짓말을 하지 않고, 이간질을 하지 않으며, 거친 말을 하지 않으며, 꾸미는 말을 하지 않습니다. 마음으로는 탐내는 생각을 품지 않고,

성내는 생각을 품지 않으며, 어리석은 생각을 품지 않습니다. 이는 세간 출세간의 대성인이 지닌 선악의 표준입니다. 우리의 마음가짐·언어·행동이 십선을 위배하면 이는 곧 염치가 없음입니다.

부끄러움을 모르는 사람을 불법에서는 「일천제一闡提」라고 합니다. 일천제는 인도말로 중국어로 선근이 없는 사람입니다. 그는 부끄러움을 모르고 잘못을 고치지 않습니다. 부처님의 교학教學은 화엄華嚴·아함阿含·방등方等·반야般若·법화열반法華涅槃의 다섯 시기로 나뉩니다. 앞 네 시기에는 부처님께서 일천제에게 가르침을 펴시지 않아 가르칠 방법이 없었습니다. 그래서 일천제에게는 불성이 없어 부처가 될 수 없다고 말씀하셨습니다. 그러나 법화회상에서는 「개권현실開權顯實」(삼승三乘의 방편權을 열어서 일승一乘의 진실實을 드러내 보임)로 부처님께서는 일천제에게도 불성이 있고 부처가 될 수 있다고 말씀하셨습니다. 이는 이번 생뿐만 아니라 내생 혹은 다음 내생에 부처님께서 중생을 세세생생 제도하심을 가리킵니다. 아마도 무량겁 또 무량겁이 지나야 비로소 그는 뉘우칠 것입니다. 그러나 부처님께서는 인내심이 매우 강하시어 한 사람도 포기하지 않습니다. 이는 부처님의 대자대비를 드러내 보입니다.

불법은 십선을 선악의 표준으로 삼음을 매우 쉽게 알 수 있습니다. 우리의 사상과 언행이 십선과 상응하면 선이고, 십선과 서로 위배하면 곧 악입니다.

작년에 저는 미국 휴스턴에서 경전을 강설하면서 채념생蔡念生 노거사의 아들을 만났는데, 그는 대학교수였습니다. 그는 현대인이 가진 병의 근본은 「부끄러움을 모름」에 있다고 말합니다. 이 말은 매우 정확합니다. 그밖에 두 분의 교수가 사회 대중의 깨달음을 어떻게 일깨울 것인가 논의하였는데, 곧 「부끄러움을 알아야」 한다는 것입니다. 저는 당시 그들에게 단체 하나를 조직하여 「지취학사知恥學社」라 이름하고 이 운동을 추진할 것을 제의하였는데, 그들은 매우 찬성하였습니다.

사람마다 모두 수치심을 가질 줄 알고 모두 부끄러워할 줄 알면 세상의 재난에서 구해낼 수 있습니다. 사람마다 모두 부끄러움을 모르면 이는 대재난이 닥치는 전조입니다. 우리가 자신을 구할 수 있는가, 사회와 중생을 도울 수 있는가, 그 관건은 「부끄러움을 앎(염치)」에 있습니다.

둘째 「**두려운 마음을 발하여야 한다. 두려움을 알면 지성·공경의 마음을 낸다**(要發畏心—知畏則生誠敬)」

「외畏」는 과보를 두려워함(畏懼)입니다. 현대인은 인과응보를 믿지 않고 육도윤회를 믿지 않아서 과보를 두려워하지 않습니다. 그러나 학불하는 사람은 육도윤회가 있음을 압니다. 《지장보살본원경地藏菩薩本願經》에서는 지옥의 상황을 설명하고 있으니 이를 읽고서 어찌 믿지 않습니까?

과거 오래된 중국에는 현과 성마다 모두 성황당이 있었습니다. 실제로 말해 고대의 정치는 사람과 귀신이 공동으로 다스렸다고 말합니다. 현마다 이 세상(陽間)에는 현의 장관이 있고, 저 세상(陰間)에는 성황이 있어 음양이 함께 다스립니다. 성황당에는 십전염왕(十殿閻王 ; 시왕)과 지옥변상도가 있습니다. 지옥변상도상은 오늘날의 전람회처럼 선악과보의 형상을 전시합니다. 매우 많은 사람이 성황당에 가서 이를 본 후 잘못을 고치고 감히 더 이상 악을 짓지 않으며 악을 지으면 장래 과보를 받아야 함을 알게 됩니다.

「외畏」는 곧 장래 과보를 받음을 두려워함입니다. 그래서 「두려움을 알면 지성 공경의 마음을 낸다(知畏則生誠敬)」, 인연과보의 이치와 사실의 진상을 또렷이 알면 지성 공경의 마음이 저절로 일어나 일체 사람 · 일체 일 · 일체 사물에 대해 지성으로 공경합니다. 부끄러움을 알고 지성 공경을 다함은 선입니다.

셋째 「**용맹한 마음을 내야 한다. 용맹을 알면 진작시킬 수 있다**(要發勇心一知勇則能振奮)」

용맹한 마음을 낼 수 있으면 정신을 가다듬고 진정으로 악을 끊고 선을 닦을 수 있습니다. 이에 반해 용맹한 마음을 낼 수 없으면 비록 부끄러움을 알고 정성과 공경을 다할지라도 여전히 나태하고 해이하며 더는 발전하지 않고 그럭저럭 지내다 마지막에는 결국 타락하고 삼악도의 과보를 받고야 맙니다.

요범 선생의 잘못을 고치는 법은 곧 이 세 가지 조건에 기초합니다. 불법으로 말하면 이 세 가지 조건은 모두 보리심의 「심심深心」에 속합니다. 「보리심菩提心」은 곧 《기신론起信論》의 **「직심直心 · 심심深心 · 대비심大悲心」** 과 《관무량수불경觀無量壽佛經》의 **「지성심至誠心 · 심심深心 · 회향발원심迴向發願心」** 입니다. 심심深心은 곧 좋은 덕과 좋은 선의 마음입니다.[39] 그래서 이 세 가지 조건은 모두 좋은 덕과 좋은 선에 속합니다. 이는 자리自利 · 자수용自受用의 세간법입니다. 만약 불법에서 성취가 있으려면 반드시 세 가지 마음을 갖추어야 하고, 이 세 가지 마음은 진성심眞誠心을 기초로 하여 진성이 절정에 이르러야 합니다.

저는 스무 글자로 불법교학의 정수를 개괄하였습니다. 즉 **「진성眞誠 · 청정淸淨 · 평등平等 · 정각正覺 · 자비慈悲」의 보살심**과 **「간파看破 · 방하放下 · 자재自在 · 수연隨緣 · 염불念佛」의 보살행**으로 시시각각 자신을 일깨워야 합니다. 만약 우리의 마음이 진성이 아니면 곧 허위이고, 청정하지 않으면 번뇌 습기가 있으며, 평등하지 않으면 옳고 그름 · 나와 남 · 낮

39) 「둘째 심심은 일체 선행을 기쁜 마음으로 즐겨 모으는 까닭이다(二者深心 樂集一切諸善行故)」 일체 선행을 하고 습관을 이루어서 더욱더 즐거워하고, 마음속에 고뇌를 느끼지 않으면 심심과 상응한다. 그러나 일체 선행을 모두 행하면 광대한 마음인데 어떻게 심심이라 하는가? 왜냐하면 첫째 정념진여正念真如의 마음에 의지하여 「일체 선행을 기쁜 마음으로 즐겨 모아」, 선행마다 모두 진여실제真如實際로 회향하고 인천의 복보와 이승의 소과로 회향하지 않기 때문에 이러한 마음은 깊다. _《대승기신론 강기》, 도원장로

고 높음이 있으며, 미혹하여 전도되면 깨닫지 못하며, 사리사욕을 챙기면 자비가 없습니다.

이 스무 글자와 상반됨이 곧 염치가 없음입니다. 그들은 이미 부처가 되고 대보살이 되었지만 나는 여전히 육도에서 윤회하고 있으니 이보다 더 큰 몰염치는 없습니다. 그래서 염치가 있어야 분발하고 용맹정진하여 이번 생에 따라잡아 나도 부처가 되고 보살이 될 수 있습니다. 할 수 있을지는 일념의 순간에 달려 있습니다. 일념에 깨달으면 한평생 해낼 수 있습니다. 그래서 용맹심을 내는 것이 관건입니다.

대승경전에서는 보살의 유일한 선근은 「정진」이라고 말합니다. 세간법의 선근은 세간 출세간의 일체법에 대해 탐진치가 없음입니다. 이는 모두 보리심의 심심深心에 속합니다. 심심은 자신을 이롭게 함이고 **회향발원심**은 타인을 이롭게 함입니다. **자신이 닦아 쌓은 일체공덕 복보를 자신이 누리지 않고 일체중생에게 공양하여 모두가 복을 누리도록 합니다.** 그래서 불가에서 말하는 세 가지 마음은 요범 선생의 세 가지 범위보다 훨씬 넓습니다. 이 세 가지는 단지 보리심의 하나일 뿐입니다.

이러한 기초가 있어야 잘못을 고치면 효과가 있습니다. 그렇지 않으면 잘못을 고치고 싶을지라도 매우 어렵습니다. 수많은 동수 여러분께서는 자신에게 잘못이 있는 줄 알지만 고칠 수 없다고 말하는데, 바로 이러한 기초가 없기 때문입니다. 그래서 요범 선생은 잘못을 고쳤는데, 그

하나의 도리와 순서가 있었습니다. 이는 그가 자신의 경험을 자식에게 가르친 것으로 이러한 이론과 순서를 따라야 잘못을 고치는 효과를 거둘 수 있습니다.

[3] 잘못을 고치는 법(改過之法)

첫째는 잘못된 사실을 고침으로써 외부와의 억지 약속으로부터 수정해도 병의 근원이 끝내 남아있다(就事而改之—強制於外 病根終在)

이는 사상에서 악을 끊고 선을 닦는 것을 말합니다. 마음속은 변화가 없어 그 효과는 크지 않습니다. 사상에서 닦으면 그 목적은 명리를 바라고 다른 사람의 공경 찬탄을 바라는 것에 있어 자신의 지명도를 위해 선을 행합니다. 이는 선하지 않은 마음입니다. 선을 행함 · 선을 베풂에 마음이 선하지 않으면 쌓은 선은 즉시 보답됩니다.

둘째는 이치를 분명히 알고 잘못을 고침으로 사상과 이치를 이미 알았다면 잘못을 장차 저절로 그만둘 것이다(明理而改之—事理既明 過將自止)

「명리明理」는 길흉화복의 큰 이치와 사실진상에 대해 또렷하게 이해하는 것을 말합니다. 선한 인을 심으면 선한 과를 얻고 악한 인을 지으면 반드시 악한 보를 얻는 이러한 이치와 사실진상을 또렷하게 이해하면 두려운 마음이 생기고 악한 과보를 두려워하여 감히 더 이상 악한 일을 저지르지 않을 것입니다. 그래서 「잘못을 장차 저절로 그만둘 것이다(過將自止)」 말합니다.

악한 일을 저지르면 악한 과보가 생길 뿐만 아니라 악한 생각을 일으킬 때마다 악한 과보가 생길 것이니, 결코 마음을 일으키고 생각을 움직이는 것이 미약하여 말할 가치가 없을지라도 아무도 아는 사람이 없다고 여겨서는 안 됩니다. 실제로 자신만 알아채지 못할 뿐 불보살과 천룡·귀신은 알아챕니다. 왜냐하면 마음을 일으키고 생각을 움직이는 것은 파동 현상이기 때문입니다.

50여 전에 과학자는 물질의 존재가 있다고 승인하였습니다. 물질을 분석하면 분자, 원자와 전자로 이루어집니다. 현재 말하는 기본입자는 물질의 존재가 있는 것 같습니다. 현대과학이 더욱 진일보하여 근본적으로는 물질의 존재가 없음을 발견하였습니다. **물질은 파동현상입니다.** 이 말은 대승불법에서 말하는 것과 대단히 가깝습니다. 무명은 파동현상입니다. 「무명이 있어 불각이 일어나 세 가지 세밀한 식을 낳고, 경계가 연이 되어 여섯 가지 거친 상이 된다(無明不覺生三細 境界爲緣長六粗)」[40], 이것이 우주와 인생의 진상眞相입니다.

그래서 확실히 파동현상입니다. 무엇이 파동인가 하면 사상이 파동입니

---

40) 《기신론起信論》에서 말씀하시길, "무명이 인因이 되고 경계가 연緣이 되어 세 가지의 세밀한 식(三細之識)과 여섯 가지의 거친 모양(六麤之相)을 내면 헷갈려서 어두운 연을 따르면서 육취에 잠기고, 시각始覺이 인이 되고 오도가 연이 되면 깨쳐서 아는 연을 따르면서 일승에 오른다."고 하셨다.

다. 마음을 일으키고 생각을 움직이면 미약한 파동입니다. 일념은 선하고 일념은 악하며 생각이 너무나 미약하여 자신은 알아차리지 못할지라도 불보살은 이미 알아챘었습니다. 왜냐하면 불보살의 마음은 청정하기 때문입니다. 이는 곧 받아들이는 능력이 매우 강하여 지극히 미약한 전파도 받아들일 수 있다는 말입니다.

우리가 불보살의 파동 현상을 받아들일 수 없는 것은 우리의 거친 마음, 우리의 생각이 큰 바다의 파도와 같기 때문입니다. 우리의 파동은 큰 파도이든 지극히 미세한 파동이든 생각이 움직이는 찰나의 순간 두루 허공법계에 미치는 속도의 빠르기는 불가사의합니다. 그래서 불보살·천지 귀신과 대단히 빠르게 감응도교感應道交합니다.

물질의 파동 속도는 완만합니다. 비록 완만할지라도 시간이 길뿐 허공법계에 도달합니다. **마음의 파동은 그 속도가 대단히 빨라 찰나의 순간 허공법계에 두루 합니다.** 비유를 들어 말하면 물질의 파동은 물의 파동과 같아 마치 작은 연못에 돌 하나를 떨어뜨리면 물결이 일어나 천천히 연못 전체에 이르는 것과 같습니다. 사상의 파동은 무선전파처럼 장애가 없어 속도가 빠릅니다.

《무량수경無量壽經》에서는 **서방 극락세계에 설사 하하품으로 왕생할지라도 본래의 능력을 회복하여 모두 다 천안天眼으로 환히 보고, 천이天耳로 빠짐없이 들을 수 있다**고 말합니다. 시방세계 일체중생이 마음을 일으키고 생각을 움직이는 것은 파동 현상으로 그는 모두 받아들일 수 있습니다. 그러나 우리가 자신을 속이고 남을 속이면 그것은 염치없는 짓입니다. 과거 무량겁 이래 우리는 불법을 듣지 않고 사실의 진상을 모르면서 날마다 멍청한 짓을 하였습니다. 그러나 다행히 지금 사람 몸을 얻고 불법을 듣고 사실진상을 이해하였는데 아직도 뉘우치지 못합니까? 뉘우치기만 하면 결정코 더 이상 그릇된 짓을 하지 않을 것입니다.

마음을 일으키고 생각을 움직이며 말하고 행동할 때 십선업도十善業道를 여의지 않음이 사상事上에서 닦음입니다. 「진성眞誠 · 청정淸淨 · 평등平等 · 정각正覺 · 자비慈悲」의 보살심과 「간파看破 · 방하放下 · 자재自在 · 수연隨緣 · 염불念佛」의 보살행은 이치를 분명히 알고 잘못을 고치는 것입니다. 마음을 일으키고 생각을 움직이면서 일을 처리하고 사람을 상대하며 사물을 접할 때 이 열 마디와 상응하면 곧 참 깨달음이고 진정한 뉘우침이지만, 이 열 마디와 위배하면 미혹迷惑이고 불각不覺입니다.

이번 생에 어떤 법문을 수학하든 상관없이 불도의 성취는 유한하여 육도윤회를 벗어날 수 없습니다. 육도윤회를 벗어나지 못하면 틀림없이 삼악도에서 윤회할 것입니다. 십선업도十善業道와 상응하여야 비로소 사람 몸을 얻습니다. 그래서 스스로 잘 반성하여 마음을 일으키고 생각을 움직이며 말하고 행하는 모든 것이 십선업도와 상응하지 못하면 틀림없이 삼악도에 떨어질 것입니다,

셋째는 **마음에서 고침으로써, 상을 취하지 않고 여여부동하여야 합니다**(從心而改之—不取於相 如如不動)

「마음에서 고침(從心而改)」은 최고급 단계로 마음에서 고치면 틀림없이 십법계를 벗어납니다. 진정으로 깨달은 사람은 곧 마음에서 그것을 고치면 「진성眞誠 · 청정清淨 · 평등平等 · 정각正覺 · 자비慈悲」의 보살심과 「간파看破 · 방하放下 · 자재自在 · 수연隨緣 · 염불念佛」의 보살행과 상응합니다. 세간 출세간법에 대해 더 이상 집착 분별하지 않습니다.

「불취어상不取於相」, 이는 상에 집착하지 않음입니다. 「여여부동如如不動」, 이는 자신의 마음이 청정 평등하여 「바깥으로 상에 집착하지 않고 안으로 마음이 움직이지 않음」입니다. 조금도 명백히 말하면 「바깥으로 상에 집착하지 않음」은 결코 바깥 경계에 유혹되지 않는다는 말입니다. 눈으로 색을 보고, 귀로 소리를 들으며, 마음을 일으키고 생각을 움직이면서 경계에 따라 구르면 이는 범부로 미혹하여 깨닫지 못한 사람입니다. 순경順境이든 역경逆境이든 마음이 경계와 만날 때 마음이 태연자약泰然自若하고 말끔(乾乾淨淨)하여 일념도 생하지 않고 여여부동하면 곧 《능엄경》에서 말씀하셨듯이 "만약 능히 사물을 바꿀 수 있으면 곧 여래와 같다(若能轉物 卽同如來)." 하겠습니다. 이 사람은 성인입니다. 그는 경계를 바꿀 수 있는 능력이 있어 경계에 따라 바뀌지 않습니다.

그저께 한 동수 분이 우리 도량의 풍수를 말했습니다. 그의 말로는 우리 도량의 주차장은 백호의 위치이고, 청룡의 위치는 승방으로 그 위치는 너무나 좋지 않습니다. 제가 보기에는 매우 좋습니다. 청룡 위치에 출가인과 염불인이 머물고 있으니 어찌 좋지 않겠습니까? 진정으로 수양이 있고 도덕이 있으면 저절로 경계를 바꿀 수 있으니, 이렇게 이해할 필요가 없습니다.

무릇 운명을 추산하고 관상을 보며 풍수를 보는 것은 모두 마음이 경계에 따라 바뀌는 것을 볼 따름입니다. 풍수가 좋은지 좋지 않은지는 일정하지 않고, 사람의 마음·정서와 서로 어울립니다. 자신이 거주하는 환경이 매우 편안하고 매우 즐겁다고 느끼면 그 풍수는 당신에게 좋습니다. 여기에 머물 때 마음이 늘 편안하지 않고 거북하며 번뇌가 많으면 풍수는 좋지 않습니다. 다른 사람에게 물을 필요 없이 자신에게 매우 분명한 감이 있습니다. 범부는 환경의 영향을 받게 마련입니다. 그래서 좋은 거주환경을 선택하여야 합니다.

중국인이 거주하는 집은 정방형으로 그 속에서 편안하게 삽니다. 만약 집을 오각형 육각형으로 지어 그 속에서 살면 순조롭지 못합니다. 우리 도량의 옆에 매물로 내놓은 집이 하나 있었는데 가서 보니, 풍수가 좋지 않았습니다. 방이 네 개 있었는데 안방은 부부가 머무는 곳으로 직사각형이었고, 방 세 개는 그의 딸 셋이 머무는 곳인데 모두 오각형이었습니다. 나는 그에게 물었다. "따님들이 그 안에 사는데, 생각이 이상하지 않았습니까?" 그는 "제 세 딸은 모두 모두 생각이 매우 어수선하여 제대로 가르칠 수 없습니다."라고 말했습니다. 풍수적으로 말하면,

오각형 집에서 백일을 살면 생각이 매우 어수선해집니다.

이는 곧 범부에게는 선정의 힘이 없고 지혜가 없어 환경의 영향을 받는다는 사례입니다. 외국인이 지은 집은 모두 기괴한 것이어서 중국인의 집처럼 정방형이 아닙니다. 그래서 외국인의 거처에서는 오래 살지 못하고 자주 이사를 갑니다. 중국인이 지은 집은 몇백 년 살 수 있어 여러 대에 전해져 고향집인 셈입니다.

그래서 최고급으로 잘못을 고치는 것은 마음에서 고치는 것입니다. 마음을 진정으로 바꾸면 환경의 영향을 받지 않을 수 있습니다. 집이 오각형이든 육각형 팔각형이든 진정한 수행인이 그곳에서 선정에 들면 조금도 영향을 받지 않습니다. 도덕이 있는 사람은 마음에서 잘못을 고칩니다. 이는 보살의 수행입니다. 보살은 용맹정진하면서 날마다 잘못을 고칩니다. 보살 조차 이와 같거늘 하물며 범부이겠습니까!

보살은 십신十信·십주十住·십행十行·십회향十迴向·십지十地·등각等覺의 51개 위차位次가 있는데, 잘못을 고쳐야 위로 올라갈 수 있습니다. 등각보살도 여전히 잘못이 있습니다. 어떤 잘못이겠습니까? 최후 일품생상무명一品生相無明이 다 끊어지지 않았습니다. 그래서 잘못을 고쳐 자신을 새롭게 하고 최후 일품무명을 없애야 구경 원만한 불과에 도달하면 「묘각위妙覺位」라 부릅니다. 요즘 사람들은 「개진改進」을 강조하고 있는데, 이는 곧 잘못을 고치고 한 걸음 나아간다는 뜻입니다. 잘못을 고치지 않고 어떻게 진보가 있겠습니까?

[3] 결론

일심이 선이 되면 정념이 현전한다

「정념正念」은 일심이 선이 된 상태입니다. 「일심一心」의 뜻은 매우 깊습니다. 그것은 곧 두 번째 생각이 없습니다. 그래서 진정으로 학불學佛하는 사람은 날마다 복을 닦고 지혜를 닦습니다. 이는 보살행입니다. 복을 닦음은 악을 끊고 선을 닦음에서 닦습니다. 지혜를 닦음은 「상에 집착하지 않고 여여부동함」에서 닦음이니 이는 복혜쌍수福慧雙修입니다. 누구든지 우리의 잘못을 지적하면 모두 진지하게 받아들이고 변명하지 말고 자세히 반성하여야 합니다. 《논어집주》에서 말하길, "잘못이 있으면 그것을 고치고, 없으면 칭찬하고 분발하여 자신을 다스리는 일에 정성과 간절함으로 이와 같아야 배움의 근본을 다하였다 말할 수 있다." 하였습니다. 이것이 성인과 현인의 진실한 공부입니다. 다른 사람이 틀렸다고 말하는데 변명하려고 하면 이는 다른 사람이 말한 잘못을 거절하는 것입니다. 스스로 선도善道를 배척하면 가까운 화가 멀지 않았습니다.

《정관정요貞觀政要》에서는 당 태종이 다른 사람의 권고를 받아들였고, 다른 사람이 자신의 잘못을 말하는 것을 환영하였다고 기록하고 있습니다. 그는 내가 선뜻 받아들이지 않으면 선뜻 나의 잘못을 말하는 사람이 없을 것이라 말합니다. 이런 도량이 있어 그는 역사상 명군이 되었습니다.

[제3편]

선을 쌓는 길 (積善之方)

[1] 총괄해 보임(總示)

「적선지가積善之家 필유여경必有餘慶」

《역경》에 이르길, "선을 쌓는 집안에는 두고두고 경사가 있다." 세간 출세간의 성인과 철인으로 인과의 이치를 깊이 통달하지 못한 자는 없다.

"선을 쌓는 집안에는 두고두고 경사가 있다(積善之家 必有餘慶)." 이 말의 출처는 《역경易經》입니다. 이는 앞에서 말한 길흉의 조짐과 완전히 상응합니다.

무릇 사회에서 명성과 지위가 있고 대중에게 존경을 받는 대가족은 모두 매우 많은 세대에 걸쳐 선을 행하였는데, 중국 역사상 기록이 대단히 많습니다. 한 사람이 선을 쌓으면 재난을 피할 수 있습니다. 불법에서는 선을 쌓으면 업장을 없앤다고 말합니다. 선을 행하지 않고 선을 쌓지 않으면 업장은 없앨 수 없습니다.

한 사람이 선을 행하면 반드시 한 집안에 영향을 미쳐서 온 가족을 이끌어 모두 선을 행하고 선을 쌓을 줄 압니다. 이 집안은 설사 이 한 대에서 번창할 수 없을지라도 이대, 삼대 혹 사대에는 반드시 번창할 것입니다. 그래서 안목은 자신의 이 한 세대를 보아서는 안 되고, 깊은 곳에 두고 먼 곳에 두고 보아야 합니다.

선종은 달마達摩 대사를 통해 중국에 전래되었습니다. 그가 처음 올 때 아무도 알아보는 사람이 없었습니다. 그는 소림사에서 9년간 면벽 수행을 하면서 혜가慧可 한 사람을 기다려만 했습니다. 혜가는 승찬僧璨에게 법을 전하였고, 승찬은 도신道信에게 법을 전하였으며, 도신은 홍인弘忍에게 전하여 오대까지 한 제자에게만 전하였습니다. 6대 혜능에 이르러 비로소 선종이 빛나고 성대하게 되었습니다.

혜능 대사가 계승한 선종은 오대의 조사들이 선을 닦아 쌓은 공덕으로 그의 당대에 이르러 발전하였고, 중국불교 일 천여 년 동안 많은 영향을 미쳤습니다. 선종의 과거 이들 조사는 적은 수의 사람만이 알았지만, 육조에 이르러 선종이 발달한 후 수많은 사람이 이들 조사를 알게 되었습니다.

한 개인, 한 가정, 한 단체, 나아가 국가에 이르기까지 선을 닦고 선을 쌓을 줄 모르면 어떻게 발전하겠습니까? 《역경》의 이 두 마디 말은 성인의 말씀으로 언사는 매우 긍정적이고 조금도 의심이 없어 틀림없이 「경사가 있게」 마련입니다.

[진나라의 정사 《이십오사》는 인과응보의 기록이다]

이는 요堯·순舜·우禹·탕湯과 같은 황제와 공자에 이르기까지 중국의 세간 성인을 집대성하였습니다. 출세간의 성인인 제불보살은 이러한 인과의 이치와 사실의 진상에 대해 통달하지 못한 것이 하나도 없습니다. 그러나 우리는 미혹 전도되어 이러한 사실을 이해하지 못한 채 옛 성현의 서적을 읽어도 그들이 이러한 방식으로 사람에게 선을 행하라고 권하였을 뿐, 반드시 진실은 아니라고 생각합니다. 우리는 의심을 품어 믿지 못합니다. 그래서 선뜻 행하지 못합니다. 선을 행할 수 없으면 틀림없이 악을 짓게 마련이니, 과보가 나타나 후회하여도 늦습니다.

[요범거사는 열 명의 옛일을 들어 증명하였다]

요범거사는 열 명의 사람을 들어「적선지가積善之家 필유여경必有餘慶」이 진실하고 헛되지 않음을 증명하였습니다.

[인과의 이치를 깊이 이해하여야 실질적인 수행공부를 다할 수 있다]

이는 총결總結입니다. 우리가 수행 공부하여 득력하지 못함은 인과응보의 이론에 대해 철저하게 명료하지 못해 신심이 부족하기 때문입니다. 사실의 진상을 정말 분명히 이해한다면 다른 사람이 독촉하지 않아도 잘못을 스스로 고칩니다. 경전에서 말씀하시길, 아라한은 지혜가 있고 능력이 있어 자신의 과거 오백세 상황을 알 수 있다 합니다. 자신은 일찍 지옥의 상황에 떨어져 있다고 생각하여 여전히 아직 두려움을 느껴 피와 땀을 흘립니다! 우리는 과거 지옥에 떨어진 적이 있지만, 잊어버렸습니다. 만약 우리도 아라한 공부가 있었다면 과거 세세생생 괴로움에 떨어진 상황을 알아 아마 틀림없이 분발하거늘, 어떻게 습기를 고칠 수 있겠습니까?

만약 우리도 아라한의 공부가 있다면 세세생생 고난을 겪는 상황에 떨어지는 줄 알 수 있어 틀림없이 분발하여 병통과 습기를 어떻게 고치지 않겠습니까! 실제로 고칠 수 없는 것이 아니고 자신이 기꺼이 고치려고 하지 않은 것입니다. 성인과 범부의 차이는 여기에 있으니, 성인은 기꺼이 고치고 범부는 기꺼이 고치려고 하지 않습니다. 범부는 언제 비로소 기꺼이 고칠 수 있습니까? 죄과가 절정에 이르러야 비로소 기꺼이 뉘우칩니다. 그래서 만약 인과의 이치를 깊이 이해하지 못하면 뉘우치는 것은 확실히 매우 어렵습니다.

저는 처음 학불하는 사람에게 먼저 《요범사훈》을 삼백 번 읽기를 권해드립니다. 이러면 인과를 깊이 이해할 수 있습니다. 한번을 읽든 열 번을 읽든 아무런 소용이 없습니다. 왜냐하면 훈습薰習하는 힘이 너무 약하기 때문입니다. 시간을 정해 삼백 번을 완성해야 하고, 중단없이 훈습을 하면 인과를 믿게 될 것입니다. 마음을 일으키고 생각을 움직이며, 말하고 행동할 때 이런 생각을 움직이고 이런 일을 함이 모두 인과의 이치와 일치하는지 고도로 경각심이 생깁니다. 삼백 번의 공부가 없으면 사람과 일과 마주할 때 여전히 번뇌·습기에 수순합니다.

저 자신이 수학한 기초도 이 책에서 득력한 것입니다. 제가 막 불법과 접촉할 때 주경주朱鏡宙 노거사께서 저에게 《요범사훈》을 보내와 저는 읽고서 깊은 감동을 받았습니다.

[2] 상세한 해석(別明)

[선善에는 진가眞假·단곡端曲·음양陰陽·시비是非·정편正偏·만반滿半·대소大小·난이難易가 있다]

선을 행하고 선을 쌓으려면 가장 먼저 무엇이 「선善」 인지 알아야 합니다. 선악에 대해 변별하는 능력이 없는 사람이 매우 많습니다. 선을 악을 지음이라 여기고, 악을 선이라 여기는 뒤바뀐 선입견은 학불學佛을 어렵게 할 뿐만 하니라 올바른 사람이 되기도 어렵게 합니다.

고대에 어린이는 어려서부터 가르치는 사람들이 있었습니다. 집에서는 어버이가 가르치고 학교에서는 선생님이 가르쳐서 어려서부터 설사 나쁜 일을 저지르지라도 양심의 가책을 받았고 염치를 알았습니다. 오늘날 사람은 나쁜 일을 저질러도 양심의 가책을 받지 않을 뿐만 아니라 나쁜 일을 하여도 당연한 것으로 여기고, 말할라치면 흥미로운 이야기만 늘어놓을 뿐 부끄럽다고 여기지 않습니다. 이는 도를 닦음에 있어 최대의 장애로 도업道業을 성취할 수 없고, 올바른 사람이 되는 것도 나중에 모두 실패할 것입니다. 그것이 곧 「선을 쌓지 않는 집안에는 두고두고 재앙이 있다」는 말입니다.

「참된 선과 거짓된 선(眞假)」

참된 선과 거짓된 선을 구별하는 표준은 네 가지가 있습니다. 첫째 표준은 부처님의 말씀과 같습니다. **"남에게 유익한 일을 하는 것은 선이고, 자신에게 유익한 일을 하는 것은 악이다."** 현대인의 관념은 이와 상반되는데, 모두 자신의 사리사욕을 불변의 진리 · 정당한 이치라고 간주합니다. 이런 관념은 견해 상의 잘못입니다. 사리사욕을 챙기면 틀림없이 남에게 손해를 끼치고 자신을 이롭게 합니다. 좋은 일은 자신이 독차지하고 악한 일은 다른 사람에게 떠맡깁니다. 현대사회에서 이러한 현상은 너무나 많습니다. 곳곳마다 요행을 바라는 심리가 있고, 다른 사람의 편의가 차지하고 있습니다.

왜 자신의 이익을 챙기는 것이 악입니까? 부처님께서는 우리에게 육도윤회는 곧 사리사욕이 변하여 나타나는 것이라 말씀하셨습니다. 자신의 이익을 챙기는 마음이 옅어질수록 윤회를 벗어나기 쉬워집니다. 자신의 이익을 챙기는 마음이 없으면 윤회를 벗어납니다. 바꾸어 말하면 육도윤회를 벗어나는 것이 선이고 육도윤회를 벗어날 수 없는 것이 악입니다. 이 일을 믿는 사람은 더욱 줄어들고 있습니다. 수많은 사람은 근본적으로 육도윤회가 있다고 승인하지 않습니다. 세상 사람은 육도윤회는 신화이고 진실이 아니라고 생각하고, 스스로 총명하다고 여깁니다. 우리가 믿는 까닭은 믿는 이치가 있기 때문입니다.

그것은 곧 대승경전에서 말씀하신 「유식소변唯識所變」입니다. 십법계의 의정장엄依正莊嚴은 마음에서 생겨난 것입니다. 탐심은 아귀이고, 어리석음은 축생이며, 성냄은 지옥입니다. 당신의 마음속에 시기하고 성내는 마음이 있으면 지옥으로 변화됩니다. 우리에게 탐진치의 마음이 있으면 탐진치가 업인業因이 되어 삼악도가 나타납니다. 그래서 탐진치의 마음을 끊어버릴 수 있으면 삼악도는 사라집니다.

두 번째 표준은 다른 사람을 이롭게 하는 것을 공公이라 하고 공적인 것은 곧 참된 선입니다. 자신의 이익만 챙기려는 것을 사私라고 하고, 사적인 것은 곧 거짓된 선입니다.

셋째 표준은 진심에서 우러나와 다른 사람을 돕고 사회를 이롭게 하면 참된 것이고, 다른 사람이 하는 모습을 보고 마지못해 따라 하면 거짓된 것입니다. 처음 발심한 사람이 진심으로 발심한 것은 참된 것이고, 둘째 발심한 사람에게는 명성이 되고 이익이 될 수 있어 그 마음이 거짓된 것입니다. 비록 다른 사람을 이롭게 하겠다고 발심할지라도 실질적인 궁극의 목적은 자신의 이익을 챙김에 있습니다. 다른 사람의 찬탄·공경을 획득하길 희망하는 것은 사적인 것이고, 거짓된 것입니다.

넷째 표준은 「흔적을 드러내지 않고 선한 일을 함(無爲而爲)」은 참된 것이고, 「바라는 것이 있어 선한 일을 함(有爲而爲)」은 거짓된 것입니다.

요범 선생은 이 네 가지 표준을 말씀하셨습니다. 이는 우리에게 참된 선과 거짓된 선을 어떻게 변별할 것인지 가르칩니다. 선을 행하고 선을 쌓을 때 선에 참된 선과 거짓된 선이 있음을 알아야 하고 선을 쌓을 때 참된 선을 쌓아야 합니다.

「단정한 선과 왜곡된 선(端曲)」

단정한 선과 왜곡된 선을 구별하는 표준은 세 가지가 있습니다. 첫째 표준은 순수하게 세상 사람을 구제하려는 마음을 품으면 이는 단정한 선이고, 조금이라도 세상 사람의 비위를 맞추려는 마음을 품으면 이는 왜곡된 선입니다. 「미媚」는 아부하고 비위를 맞추어 마음이 올바르지 않음을 뜻합니다. 이는 곧 요즘 말로 환심을 사는 것입니다. 사회에 환심을 사고 다른 사람에게 환심을 사기 위해 선한 일을 하면 이는 왜곡된 선이고, 조건 없이 진심으로 다른 사람을 도우면 이는 단정한 선입니다.

둘째 표준은 순수하게 사람을 사랑하는 마음을 품으면 이는 올바른 선이지만, 진정으로 사람을 사랑하지 않고 이런 행지行持를 구실삼아 자신의 목적을 이루고자 하면 이는 비뚤어진 선입니다. 셋째 표준은 진정으로 사람을 공경하는 마음을 품으면 이는 단정한 선입니다. 「단端」은 단정, 단장입니다. 털끝만큼이라도 세상 사람을 업신여기는 마음이 있다면 왜곡된 선입니다.

「숨겨진 덕과 드러난 선(陰陽)」

선을 행하되 남이 알게 하고 싶지 않으면 이는 숨겨진 덕이고, 다른 사람이 모두 알게 선을 행하면 이는 드러난 선입니다. 요범 선생은 "음덕이 있는 사람은 하늘이 복을 내려주신다(陰德天報之)." 말합니다. 이는 천지 귀신이 모두 보답한다는 말입니다. 또한 "드러난 선이 있는 사람은 세상의 명성을 누릴 뿐이다. 명성은 또한 복이다(陽善享世名 名亦福也)." 말합니다. 조금이라도 좋은 일을 하면 다른 사람의 공경 찬탄을 누립니다. 공경과 찬탄도 복입니다. 그러한 복은 즉시 누리고 다 없어집니다.

특히 오늘날 선을 쌓기는 대단히 쉽지 않습니다. 조금이라도 좋은 일을 하여 신문에 게재되고 텔레비전에서 선전되면 복이 조금도 남지 않습니다. 그러나 오늘날 사람은 악을 지으면 갖가지 방법으로 숨겨 다른 사람이 알지 못하게 합니다. 악이 쌓이면 하늘이 벌을 내리고 하느님이 징벌합니다. 선을 행하여도 선을 쌓지 못하고 악을 지어 악이 모두 누적되면 이 얼마나 두려운 일입니까! 이러한 이치와 사실의 진상을 빠짐없이 알아야 합니다. 그러나 오늘날 선행을 하면 확실히 기자가 와서 취재하고, 언론 매체가 보도할 것입니다. 그러나 우리의 마음은 확실히 그런 생각이 없으면 선행을 조금 더 보존할 수 있을 것입니다. 만약 자신의 인지도와 명성을 높이기 위해서 선을 행하면 복은 다 누리게 될 것입니다.

「명자名者 조물소기造物所忌」이니, 명성은 사람이 시기할 뿐만 아니라 천지 귀신도 시기합니다. 「세지향성명이실부부자世之享盛名而實不副者

다유기화多有奇禍」, 세상에서 지명도가 높은 사람이 진실한 덕행이 없으면 왕왕 재앙이 생깁니다.「인지무과구이횡피오명자人之無過咎而橫被惡名者 자손왕왕취발子孫往往驟發」진정으로 마음이 선하고 행동이 선한데 오히려 세상의 시기와 비방을 받는 사람은 왕왕 자신의 생에는 번성하지 않지만, 그의 자손 대에는 틀림없이 번성할 것입니다. 그의 선은 진정으로 누적되고, 그의 죄업은 현세에 이미 다 갚습니다. 그래서 선인은 항상 사람들에게 선을 떠벌리지 말고 숨겨진 공덕을 쌓으라고 가르쳤습니다. 이는 매우 깊은 이치입니다.

「옳은 선과 그른 선(是非)」

요범 선생은 고대의 사례를 들어 증명한 후 마지막 결론으로 말합니다. "선한 일을 할 때는 특별히 누적되는 폐단을 고려하여야 한다. 그래서 선은 일시적인 것에 있지 않고 오랜 시간 이후에 있으며, 한 사람의 삶에 있지 않고 세상에 미친 영향에 있다. 만약 그가 현재 한 일이 선한 일일지라도 이 선한 일이 좋은 영향을 미치는 것이 아니라, 그 영향으로 오히려 사람에게 해를 끼치면 그것은 참된 선이 아니다. 이러한 선은 옳은 것 같지만 실제로는 그릇된 선이다."

예컨대 2차 세계대전 때 일본에 원자폭탄을 투하해 일본인을 항복시킨 적이 있습니다. 원자폭탄은 아인슈타인이 발명한 것으로 당시 사람들에게 이는 좋은 것이라고 말하였습니다. 그러나 지금 생각해 보면 아인슈타인의 발명은 선하지 않고, 오히려 원자폭탄 발전으로 누적된 폐단은 장차 전 세계를 파멸시킬 수도 있습니다. 사실상 일본인의 항복은 조만간 이루어질 사건이었습니다. 왜냐하면 그 당시 일본의 국력은 이미 다 소모되어 더 이상 전쟁을 지연시킬 수 없었기 때문입니다. 그래서 무릇 옳은 것 같지만 실제로는 그릇된 선으로 모두 참된 선이 아닙니다.

반대로 눈앞에서 행하는 일이 선해 보이지 않지만, 오랫동안 영향을 미치면 확실히 이익을 얻는 중생이 많은데 이는 참된 선입니다. 예컨대 중국불교는 채식을 제창하였는데, 처음 채식을 배우는 사람은 얼굴이 노랗고 몸이 마르며 영양불량으로 선하지 않아 보입니다. 하지만 천천히 습관이 된 후에는 신체 건강에 매우 큰 도움이 됩니다. 지금까지 고기를 먹는 데 익숙하여 당장은 조정하는데 적응 기간이 필요하기 때문입니다. 이는 생리상 변화로 그 기간은 약 1년에서 3년 정도로 개인의 체질에 따라 결정됩니다. 이를 잘 참아낼 수 있으면 채식에 적응할 수 있고, 만년의 신체 건강은 일반 육식하는 사람과 비교할 수 없습니다. 이는 진정으로 얻는 이점입니다.

그래서 선인은 항상 총명한 사람은 앞뒤로 눈이 있다고 말했습니다. 뒤로 역사의 교훈을 기억하고, 앞으로 자신이 어떻게 복을 얻을 수 있는지 볼 수 있습니다. 이를 앞뒤로 눈이 있다고 하는데 일반적으로 안목이 있다는 말입니다. 젊은이 중 누가 놀이공원을 싫어하고 누가 놀기를 싫어하겠습니까! 청춘은 정말 좋은 시기입니다. 그러나 향락에 빠져 세월을 낭비하고 나아지려고 노력할 줄 모르면 노후는 어렵습니다.

젊은 시절 행복하고 즐겁게 보낸 사람은 종종 그의 가정 형편이 좋습니다. 가족의 생계가 매우 어려운데 언제 놀러 갈 기회가 있겠습니까? 매일 일을 해야 하고, 하루 일을 하지 않으면 하루도 먹을 것이 없습니다. 그래서 가정생활이 어려운데도 자손이 종종 잘 배워 번성할 수 있으면 이는 인과관계가 있게 마련입니다.

저는 몹시 가난한 가정에서 태어나 집에 가진 것이 하나도 없었습니다. 부친께서 날마다 일을 하지 않으면 온 가족이 생활을 이어나갈 수 없었습니다. 이러한 곤경한 집안 사정을 알고 저는 젊은 시절 놀 엄두를 못 내고, 오르지 책을 읽고 공부를 하였을 뿐입니다. 그래서 동료, 동창, 친구들은 저를 책벌레라고 놀렸습니다. 그들은 나에게 "왜 놀지 않느냐?" 물었는데, 저는 "나도 놀고 싶지만, 시간을 좀 바꾸어 너희들이 젊어서 놀 때 나는 젊은 시절 돈을 많이 모아서 노년에 잘 놀 거야." 말했습니다.

요즘 저의 동창 친구들은 저를 보면 모두 "네가 옳았네." 말합니다. 이것이 곧 제가 그들보다 총명한 점입니다. 노년에 복을 누리는 삶이 진정한 복입니다. 젊은 시절 복은 참된 복이 아닙니다. 젊어서 고생하는 것은 체력이 있고 정신력이 있어 아무래도 상관없지만, 노년에 복이 없으면 돌봐줄 사람도 없고, 생활이 매우 비참합니다. 그래서 젊은 시절 복을 닦고 덕을 쌓으며 선을 행해야 합니다. 그래야 노년 시절 어느 곳에 지내든 돌봐줄 사람이 있습니다. 그래서 우리는 옳은 선과 그른 선을 변별하는 능력을 지녀야 합니다.

「치우친 선과 올바른 선(偏正)」

선한 마음과 선한 행동은 올바른 선이고, 악한 생각과 악한 행동은 치우친 선입니다. 그러나 우리는 선한 마음을 품었는데 악한 일을 저지르는 것을 보곤 합니다. 이는 곧 「올바른 선 가운데 치우친 선(正中偏)」이라 합니다. 악한 마음을 품었는데 오히려 선한 일을 하는 것을 보곤 합니다. 이는 「치우친 선 가운데 올바른 선(偏中正)」이라 합니다. 이러한 사실 · 진상은 알지 않으면 안 됩니다. 선한 사람이 악한 일을 저지르기도 합니다. 이에 담긴 선악의 인과因果 · 사상事相은 매우 복잡합니다.

비유컨대, 일찍이 저는 타이베이에서 전문대학 불교강좌에 참가하였습니다. 주최자인 도안道安 법사는 저에게 교학을 청하였습니다. 그래서 저는 그와 친해질 기회가 있었습니다. 도안 스님은 대단히 자비로우셨습니다. 그래서 어떤 신도가 수시로 돈을 사취하였지만, 노스님은 다 주었습니다. 어느 날 저는 노스님을 뵈러 갔는데, 마침 한 사람이 나왔고 그 사람은 저도 알고 있었습니다. 노스님께서 말씀하셨습니다. “방금 그 사람이 오늘도 와서 나에게 돈을 달라고 속이더군.” 저는 말했습니다. “그래 돈을 주셨습니까?” “주었죠.”

그 사람은 노스님이 이미 알고 있는 줄 모르고 오늘 또 속여서 돈을 손에 넣었다고 생각하였습니다. 도안 법사는 왕생할 때 빚이 8백여만 원이었는데, 모두 사람에게 사취당한 돈이었습니다. 하지만 노스님께서 몰랐던 것이 아니라, 알고도 속아주셨습니다. 노스님께서는 돈이 없었지만, 신도에게 돈을 빌려 그에게 주었습니다. 이것이 「올바른 선 가운데 치우친 선」입니다. 악한 마음을 품었어도 좋은 일을 한 것입니다. 이에 반해 그는 정말 당신을 해치려 하고 당신을 혼내려고 했지만, 뜻밖에도 이러한 인연으로 당신이 큰 이익을 얻는 경우가 있습니다. 이런 일들은 종종 있습니다. 그것은 「치우친 선 가운데 올바른 선」입니다.

그래서 선악은 판별하기 매우 어렵습니다. 매우 세심하게 관찰하여 부처님께서 「무릇 일체 상은 모두 허망하다(凡所有相 皆是虛妄)」 말씀하신 대원칙을 단단히 지켜야만, 당신은 또렷하게 명백하게 볼 수 있습니다.

「반쪽짜리 선, 원만한 선(半滿)」

만滿은 원만함이고, 반半은 원만하지 않음을 뜻합니다. 선을 행하되 선에 집착하지 않는 것이 원만함입니다. 선을 행한 후 내가 얼마나 좋은 일을 행하였는지, 어떤 사람에게 은혜를 베풀었는지 염념마다 잊지 못하면 이 선은 반쪽짜리로 원만하지 않습니다. 예컨대 재물로 다른 사람을 도울 때 안으로는 자신이 좋은 일을 하였다고 생각하지 않고, 밖으로는 어떤 사람이 당신의 은혜를 받았는지 걱정하지 않으며, 당신의 그런 재물을 생각하지 않으면 마음이 청정합니다. 이것이 「삼륜체공(三輪體空 ; 보시하는 자 · 보시받는 자 · 보시물에 집착하지 않음)」입니다. 이런 복은 원만합니다. 얼마나 보시를 하든지 상관없이 모두 원만합니다.

만약 상에 집착하여 보시하고, 보시할 수 있는 나를 잊지 않고 그 사람이 나의 은혜를 받은 것을 잊지 않는다면, 당신이 아무리 많이 보시하여도 반쪽짜리 선일 것입니다. 반쪽짜리 선은 곧 얻는 복이 매우 유한합니다. 원만한 선이어야 복이 무한합니다. 그래서 경전에서 공경심으로 벽지불에게 밥을 한 사발 보시 공양하면 9십억 겁에 빈궁의 과보를 받지 않을 수 있으니 밥 한 사발은 무량한 복보를 심을 수 있다고 말씀하십니다. 왜 복보가 이렇게 큽니까? 진성심 · 청정심 · 평등심 · 자비심으로 복을 닦으면 복보가 곧 원만합니다. 그래서 한 푼의 공양으로도 무량무변한 죄업을 소멸시킬 수 있음은 곧 진성 · 청정심으로 보시를 닦음입니다. 만약 상에 집착하며 보시를 하면 황금 만 냥을 기부하더라도 그 복보는 대단히 유한합니다.

그래서 복을 닦음은 정말 매우 공평한 것입니다. 돈이 있고 지위가 있어야 복을 닦을 수 있고 빈궁하고 천하며 지위가 없는 사람은 복을 닦을 수 없다는 말이 아닙니다. 이러한 도리는 없습니다. 그것은 세상 사람의 속된 견해이고 불보살의 지혜가 아닙니다. 경전에서 보면 거지가 불보살을 만나고 아라한을 만나 자신의 이번 생에 빈궁하고 천한 삶이 과거 생에 복을 닦음이 없는 까닭이라 생각하고 오늘 성현을 만나 복을 좀 닦으려고 하였습니다. 그러나 실로 공양할 것이 아무것도 없어 자신이 바깥에서 밥을 조금 빌었는데, 아마도 이미 반을 먹었고 조금 남아있을 수 있습니다. 아라한이 싫어하지 않고 당신의 공양을 받으면 당신은 내생에 천복을 누릴 것입니다.

그래서 밥 한 사발, 밥 반 그릇의 복이 바뀌어 내생에 천복을 누릴 수 있습니다. 이는 진성 · 공경심으로 복을 닦았기 때문입니다. 크게 부귀한 사람이 백만 원, 천만 원을 보시하였다고 해서 반드시 천상에 날 수 있는 것은 아닙니다. 이러한 이치를 이해하면 자신이 어떻게 수학해야 하는지를 알 수 있습니다. 복을 닦는 것은 누구에게나 기회가 있고 평등한 것입니다. 문제는 당신이 이 이치를 알고 있는지, 이런 사실 · 진상을 알고 있는지 여부입니다. 이치대로 여법하게 수학하면 누구나 다 원만한 복보를 얻을 수 있습니다.

「어려운 선과 쉬운 선(難易)」

선을 행하고 선을 쌓음에는 어려운 것도 있고 쉬운 것도 있습니다. 무릇 기회가 있어 행하면 이는 쉬운 선이고, 기회가 있는데 선뜻 행하지 않으면 이는 어려운 선입니다. 특히 빈궁한 사람, 생활이 극도로 곤란한 처지에 있는 사람이 발심하여 보시 공양을 닦을 수 있다면 이는 진정으로 어려운 일을 해내어 귀하다 할 수 있습니다. 그래서 어려운 것과 쉬운 것은 일에 있는 것이 아니라 마음에 있습니다. 진정으로 깨닫고 이해하여 기회를 잡을 수 있으면 쉬운 것입니다. 그러나 세상에는 확실히 부와 지위가 있는 사람이 매우 많지만, 선을 닦고 선을 쌓는 것을 몰라서 기회를 잡지 못하면 이는 그에게 어려운 것입니다.

동수 한 분께서 저에게 말했습니다. 호주에서 돈이 매우 많은 사람이 죽었는데, 그는 재산을 아들에게도 딸에게도 물려주지 않고, 그가 키우던 개에게 물려주어 이 개는 부자 개가 되었다고 합니다. 그는 개를 이렇게 좋아하여, 내생에 반드시 축생도에 가서 개로 태어날 것입니다. 이는 어리석음이 절정에 달한 것입니다! 그는 이렇게 많은 재산이 있었지만, 사회복지사업을 할 줄도 몰랐고, 세상의 어려운 사람을 도와줄지도 몰라서 많은 기회를 그 앞에서 놓쳤습니다. 물론 이 개도 그와 인연이 있었습니다. 과거 생에 인연이 없으면 불가능합니다. 이는 그가 어리석음으로 인해 복을 닦을 줄 몰랐던 사례입니다.

[결론]

1. 선을 행하려면 반드시 이치를 궁구하여야 한다. 그렇지 않으면 선을 행하여도 아무런 이익이 없다.

이는 참말입니다. 우리는 그 가운데 이치를 깊이 이해하여야 합니다. 우리는 진정으로 좋은 일, 선한 일을 해야 합니다. 가장 먼저 무엇이 제일로 좋은 일인지 이해하여야 합니다. 이는 바로 「중생이 미혹을 깨뜨리고 개오開悟하도록 돕는 일」입니다. 그래서 석가모니부처님과 제불보살께서 이 세상에 응화應化하신 이유는 이 일을 하시기 위함입니다. 이는 요즘말로 「다원문화의 교학教學」입니다. 일체중생이 미혹을 깨뜨리고 개오하도록 도운 과보는 곧 괴로움을 여의고 즐거움을 얻음(離苦得樂)입니다. 중생의 고난은 어디에서 유래합니까? 미혹 · 전도迷惑顛倒로 인해 갖가지 고난이 초래됩니다. 깨달음을 성취한 후 재난이 사라집니다. 그래서 깨달음을 성취한 후에는 저절로 진심과 망념(眞妄) · 그릇됨과 올바름(邪正) · 옳고 그름(是非) · 이익과 손해(利害)를 판별하는 능력이 생기고, 저절로 악을 끊고 선을 닦아 공덕을 쌓으면 복보가 궁진함이 없습니다.

2. 열 가지 강령

요범 선생은 여기서 또한 선을 쌓는 열 가지 강령을 말하여 우리에게 착실히 행하라고 가르칩니다.

1. 다른 사람과 함께 선을 행하여야 한다(與人爲善).

이는 선한 마음을 간직함입니다. 선한 마음을 간직하여 선한 마음으로 일체중생을 대우하여야 합니다.

2. 사랑하고 공경하는 마음을 품어야 한다(愛敬存心).

진성심眞誠心으로 일체중생을 사랑하고 일체 사람 · 일 · 사물을 사랑하여야 합니다. 「경敬」은 공경 신중 세심함을 뜻합니다. 사람에 대해, 일에 대해, 물건에 대해 사랑하고 공경하는 마음을 품어야 합니다.

3. 다른 사람의 선업을 이루도록 도와야 한다(成人之美).

다른 사람에게 좋은 일이 있으면 우리는 그를 도와서 일을 이루게 하여야지 파괴해서는 안 됩니다. 이 사람은 악인이지만 그가 한 일이 좋은 일이면 「치우친 선 가운데 올바른 선」으로 우리는 그를 도와야 합니다. 사람에 대해서 돕는 것이 아니라 일에 대해서 도와야 합니다. 이 일이 사회에 대해 이익이 있으면 마땅히 도와야 합니다. 사람은 비록 선하지 않을지라도 우리는 언제나 그를 지도하고, 그의 선행을 성취할 수 있도록 온 마음을 다해 그를 도와야 합니다.

4. 다른 사람에게 선을 행하라고 권하여야 한다(勸人爲善).

특별히 능력이 있고, 기회가 있는 사람에게 선을 권유하여야 합니다. 선을 행할 수 있는 능력이 있고 기회가 있는데, 이를 놓치면 너무나 애석합니다. 기회가 없으면 기회를 만들기가 더 어렵습니다. 기회를 만들려면 기회를 만드는 조건이 있어야 합니다. 그렇지 않으면 선을 행할 수 없습니다. 그래서 기회를 포착하는 것이 진정한 지혜입니다.

5. 다른 사람의 위급한 상황을 구해 주어야 한다(救人危急).

사람에게 위급한 재난·위험이 생겼을 때 그는 호인이든 악인이든 은인이든 원수이든 상관없이 위급한 상황을 보고도 구원하지 않으면 안 됩니다. 반드시 구원하여야 합니다.

6. 큰 이익을 가져다 주는 사업에 참여하여 이루어야 한다(興建大利).

이른 바 큰 이익(大利)은 사회를 이롭게 하고 중생을 이롭게 하는 사업입니다. 자신이 능력이 있으면 자신이 행할 수 있겠지만 자신의 능력이 없으면 대중의 능력을 모아서 행해야 합니다. 사회 대중의 일을 이롭게 함은 너무나 많은데 무엇이 진정한 큰 이익입니까?

진실한 큰 이익은 교육을 거치지 않음이 없습니다. 교육은 근본입니다. 오늘날은 사회가 어지럽고, 인심이 불안하며, 재난이 빈번하게 일어납니다. 그 원인은 곧 교육의 실패입니다. 현전하는 가장 큰 이익은 곧 종교교육의 실행입니다. 현재의 학교 교육은 오래된 교육의 종지로 되돌아가기 매우 어렵습니다. 바꾸어 말하면 설사 알고 있을지라도 고칠 수 없습니다. 그래서 오늘날 유일한 방법은 곧 종교교육입니다.

종교교육은 우리 자신이 어떻게 추진해 나갈지 보아야 합니다. 불교교육에 대해 말하면 오늘날 불교교육을 추진할 수 없는 원인이 어디에 있습니까? 스승으로 섬길만한 사람이 없고 경전을 강설하고 설법하는 사람이 없기 때문입니다. 출가인이 비록 적지 않을지라도 출가인이 자신을 잊지 않고 이기심을 버리지 않고 불타교육을 추진하는 것은 근본적으로 불가능합니다.

불타교육을 추진하고 싶으면 최소한도 사리사욕을 챙기는 생각을 버려야 하는데 이는 매우 어렵습니다. 그래서 눈앞의 가장 큰 이익은 학교를 세우고 교사를 육성하며, 그런 후에 한 무리의 사람이 추진하여 중생을 교화하고, 중생이 악을 끊고 선을 닦아 공덕을 누적하도록 돕는 사업입니다.

이 세상에는 고아가 매우 많습니다. 이런 아이들은 어릴 때부터 어머니의 사랑을 잃어버리고 가정을 잃어버렸습니다. 그들은 진정으로 사랑하는 마음이 있는 사람이 보살피고 가르쳐야 합니다. 어떻게 가르칠 것인가,

이는 모두 사회적인 큰 이익 중의 하나입니다.

요즘 사회에서는 나이가 든 사람이 은퇴한 후 자녀가 효도를 하지 않으면 노인의 만년은 매우 외롭고 적적합니다. 우리는 어떻게든 그들을 돌보고 가르치며, 그들을 뉘우치게 하고, 참회하게 하며, 착실히 학습하여 내생이 이번 생보다 더욱 수승할 수 있도록 하는 것이 교육입니다. 당연히 가장 수승한 것은 그가 부처가 되고 보살이 되도록 돕는 일입니다. 이 목표를 달성하지 못하면 마땅히 그가 천상에 태어나도록 돕고 내생에 인간으로 태어나 부귀를 누리도록 도와야 합니다. 이는 모두 큰 이익에 속합니다.

7. 재물을 바쳐야 복을 지어야 한다(捨財作福).

세상 사람은 재물이 죄업인 줄 모릅니다. 재물을 바칠 수 있으면 당신은 복을 닦습니다. 재물을 축적함은 곧 죄업입니다. 수많은 사람들이 재물 부족에 시달리고 있는데, 당신이 재물을 곁에 두고 몇몇 사람들이 고난을 겪게 하면 이는 곧 죄업을 짓는 일입니다. 하물며 재물을 곁에 쌓아두고 탐진치가 날로 늘어남이겠습니까. 바꾸어 말하면 삼악도에 떨어지는 기회가 늘어납니다. 그래서 재물은 반드시 말끔히 바쳐서 환원하여야 합니다.

세상 사람이 재물을 선뜻 바치지 못하는 것은 염려하는 마음이 있기 때문입니다. 재물을 바친 후 생활을 회복하지 못할까 걱정하는 것은 그가 인과의 이치를 모르기 때문입니다. 운명에 있는 것은 바쳐도 모두 바칠 수 없습니다. 운명에 없는 것은 구해도 구하지 못합니다. 그러나 재물이 생길 때는 빨리 바쳐서 환원하여야 합니다.

중국에서는 예전에 재물의 신인 범려范蠡는 자신의 재물을 사회에 바쳤는데, 이는 매우 이치가 있습니다. 범려는 재무를 처리할 줄 알고 월왕越王 구천勾踐을 도와 오나라를 쳐서 무찌른 후 은퇴하여 장사를 했고, 얼마 지나지 않아 부자가 되었습니다. 부자가 된 후 보시를 하였고, 보시가 끝나면 다시 작은 장사를 시작하였습니다. 얼마 되지 않아 또 부자가 되었습니다. 부자가 된 후 또 사회에 환원하였습니다. 이것이 삼취삼산(三聚三散 ; 세 차례 많은 돈을 모아 세 차례 사회에 환원함)입니다. 그래서 그는 재물을 환원할 줄 알고 보시할 줄 알았습니다.

많이 벌수록 결코 재물을 쌓지 말고 환원하여야 합니다. 이것이 큰 복보를 닦음입니다. 그는 이번 생에 재물을 사용해도 틀림없이 부족할 수 없었을 뿐만 아니라 내생의 복보도 견줄 수 없이 수승하였을 것입니다.

8. 정법을 수호하고 지켜야 한다(護持正法).

세간의 정법과 출세간의 정법은 모두 수호하여야 합니다. 오늘 정법을 수호하고 지킴에 있어 싱가포르의 이목원 거사를 모범으로 삼아 우리가 학습할만합니다. 그는 이기심이 조금도 없고, 진정으로 염념마다 불법을 위하고 염념마다 중생을 위합니다. 그러나 호법을 위해서는 맨 먼저 지혜가 있고 능력을 있어야 정법을 인식합니다.

《능엄경》에 말씀하신 것처럼 특별히 현전하는 시대에는 "그릇된 스승의 설법이 항하사처럼 많다(邪師說法 如恒河沙).” 이는 그릇된 불법을 말하는 스승이 너무 많다는 뜻입니다. 그래서 맨 먼저 정법을 인식할 능력이 있어야 합니다. 그런 후에 비로소 정법을 수호하고 지키겠다고 발심하여야 합니다. 우리는 한평생 전심전력을 다해 이런 일을 행하지만, 사람마다 연분이 달라서 어떤 사람은 매우 학불하고 싶어 선지식을 가까이 모시고 싶어도 만날 수 없습니다. 진정으로 선지식을 만나면 큰 행운입니다. 선지식을 만나 진정으로 불법을 학습하고 홍양하며 호지함은 더할 나위 없는 복보입니다.

9. 어른을 공경하고 존중하여야 한다(敬重尊長).

부처님께서는 우리에게 어버이께 효도하고 스승님을 존경하여야 한다고 가르치셨습니다. 현재 세상 사람들은 효도와 사도師道를 중시하지 않습니다. 우리는 사회대중을 위해 좋은 모범을 보여야 하고 부모와 스승 어른의 은혜를 염념마다 잊지 말아야 합니다. 이는 마음씨를 너그럽게 가짐입니다. 잊지 않을 뿐만 아니라 행동과 표현이 있어야 하고, 어버이와 스승·어른을 효성스럽게 모시는 책임을 다해야 합니다. 생명은 부모를 통해 얻고, 혜명慧命은 스승을 통해 얻으니 부모와 스승에 대한 은혜를 어찌 잊을 수 있겠습니까?

제 초등학교 선생님은 이미 찾을 수 없고, 중학교 시절 선생님은 지금 한 분 계십니다. 명절이 되면 저는 선생님에게 선물을 보내는데 선물은 비록 미약하지만, 선생님은 학생이 선생님을 잊지 않음에 대해 매우 따뜻한 감정을 느낍니다.

선생님의 두터운 은혜에 우리는 어떻게 보답해야 합니까? 선생님의 덕행을 찬양하여야 합니다. 저는 이병남 선생님과 10년 동안 학불을 하였습니다. 이 선생님이 돌아가신 후, 저는 타이중台中 연사蓮社 연우님들에게 선생님의 고향인 산동山東 지난(濟南)에 기념당을 건립하자고 건의했습니다. 한韓 관장님은 저에게 호법의 은혜가 있어 염념마다 잊지 않았습니다. 저는 그녀의 고향에 7층짜리 빌딩을 사서 한영韓瑛 관장의 기념당으로 삼았는데, 이것은 근본을 잊지 않음입니다.

저에게는 또한 중학교 교장인 저우팡다오(周邦道) 선생님이 계셨습니다. 저는 항일 전쟁기간 동안 구이저우(貴州)에서 공부하였는데, 그는 저의 학교 교장이셨습니다. 대만에 가면 우리는 이병남 노거사와 학불하는 연분이 있었습니다. 그가 왕생하고 저는 구이저우에 교장님을 기념하기 위해 중학교를 건립하였습니다. 교장님의 별호가 경광慶光이어서 학교 명칭을 경광 중학이라 하였습니다. 저의 모친이 왕생하고서 저는 화장華藏 장학금으로 그녀를 기념하였습니다. 대륙에는 50개의 학교가 있는데, 이 장학금으로 설립하였습니다.

진정으로 어버이에게 효도하고 스승을 존경하려면 우리는 행동으로 표현하여야 합니다. 이것이 효도와 사도를 제창함이고 은혜를 알고 은혜 갚음을 제창함입니다. 사람은 근본을 잊어서는 안 됩니다. 이것이 교육의 작용입니다.

10. 생명을 사랑하고 물건을 아껴야 한다(愛惜物命).

불가에서는 채식을 제창합니다. 채식은 살생을 하지 않는 일입니다. 계율에서 「불살생不殺生」은 첫 번째 계율입니다. 살생은 큰 죄악입니다. 우리는 일체중생을 보호하도록 학습하여야 합니다.

[2] 선행은 궁진함이 없다. 이를 통해 확대하여 만덕을 갖출 수 있다.

선행은 정말 무량무변합니다. 요범 거사는 여기서 우리를 위해 이 열 가지 강령을 열거하여 우리가 실천할 수 있도록 하셨습니다. 그런 후 이 열 가지 강령을 확대하여야 진정으로 선을 쌓음 · 선을 행함입니다. 우리는 이번 생에 다행히 불법을 만나고 좋은 스승을 만나 비로소 이러한 이치를 이해하고, 비로소 이번 생에 여하히 사람 노릇을 할 줄 알게 되었습니다. 진정으로 가르침대로 봉행하면 이번 생을 매우 충실하게 매우 원만하게 보낼 수 있습니다. 특히 현재와 같은 크게 혼란한 시대에 선을 쌓고 덕을 쌓으려면 반드시 기회를 다잡아 서둘러 행하길 노력하여야 합니다. 기회를 잃으면 다시 만나기 매우 어렵습니다.

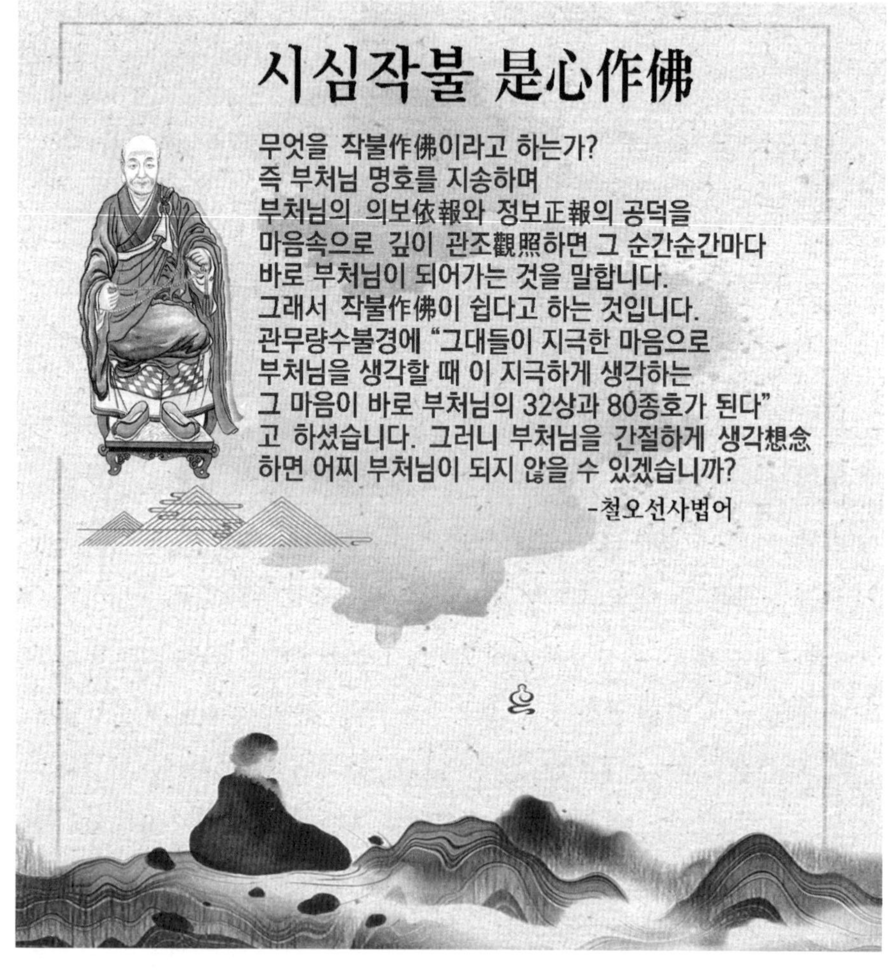
시심작불 是心作佛
무엇을 작불作佛이라고 하는가?
즉 부처님 명호를 지송하며
부처님의 의보依報와 정보正報의 공덕을
마음속으로 깊이 관조觀照하면 그 순간순간마다
바로 부처님이 되어가는 것을 말합니다.
그래서 작불作佛이 쉽다고 하는 것입니다.
관무량수불경에 "그대들이 지극한 마음으로
부처님을 생각할 때 이 지극하게 생각하는
그 마음이 바로 부처님의 32상과 80종호가 된다"
고 하셨습니다. 그러니 부처님을 간절하게 생각想念
하면 어찌 부처님이 되지 않을 수 있겠습니까?
-철오선사법어

[제4편]

겸손의 덕이 지닌 효과

이 편에서는 주로 우리에게 사람을 위해 일을 처리할 때 겸손할 줄 알아야 한다고 말합니다.

[오만은 손해를 부르고 겸손은 이익을 얻는다]

오늘날 사람들은 좋은 일을 하여도 성취할 수 없습니다. 그 원인은 대부분 너무 오만한 자세를 취하기 때문입니다. 오만한 자세는 다른 사람들의 질투를 불러일으켜 저항을 생기게 합니다. 저항이 너무 세어 당해낼 수 없는 때에 이르면 일은 하루아침에 무너지고 맙니다. 옛사람이 착한 일을 하면 왜 성취할 수 있었는지, 왜 그렇게 순조롭게 잘 되었는지, 또 많은 사람의 도움을 얻을 수 있었는지, 그 원인은 곧 겸허함에 있습니다. 공덕을 자신의 것으로 차지하지 말아야 합니다. 공덕은 모두 여러분의 것입니다.

오늘날 우리가 싱가포르에서 이렇게 많은 좋은 일을 하였는데, 이목원 거사는 지금까지 이것이 그가 한 일이라고 말한 적이 없고 모두가 한 일이라고 말했습니다. 한 사람 한 사람 모두 최선을 다했기 때문에 오늘 빼어난 성과를 올릴 수 있었습니다. 공덕은 모두에게 돌렸고, 잘못은 자신에게로 돌려서 일에 성공할 수 있었습니다. 공덕은 자신에게 돌리고 잘못은 모두에게 돌린다면 실패하지 않을 수 없습니다.

[1] 《역경易經》을 들어 총설함(擧易總明)

"하늘의 도는 가득 찬 것을 비우고 겸손한 것을 증가시키며, 땅의 도는 가득 찬 것을 바꾸어 겸손한 것으로 흘러 윤택하게 한다. 귀신의 도는 가득 찬 사람에게 해를 끼치고 겸손한 사람을 복되게 하며, 사람의 도는 교만한 사람을 싫어하고 겸손한 사람을 좋아한다(天道虧盈而益謙 地道變盈而流謙 鬼神害盈而福謙 人道惡盈而好謙)." (겸괘, 단사)

「천도휴영이익겸天道虧盈而益謙」

「영盈」은 곧 자만입니다. 《서경》에 이르길, 「자만은 손해를 부르고 겸손은 이익을 얻는다(滿招損 謙受益)」 하였습니다. 사람이 가장 금기해야 할 것은 곧 「자만(滿)」입니다. 사람은 매우 만족할 때 이따금 자기도 모르는 사이에 교만한 태도가 출현합니다. 이는 가장 좋지 않은 조짐입니다. 전쟁도 또한 이와 같아 교만하여 적을 얕보는 군대는 반드시 패합니다. 「겸謙」은 겸허로, 겸허하면 이익을 얻습니다. 《역경》에서는 이 비유를 듭니다. 예컨대 이 잔이 가득 차서 물을 더 채우려고 하면 더 채울 수 없고 흘러넘칠 것입니다. 만약 이 잔에 물이 절반만 있으면 다른 사람의 공양을 받아들일 수 있습니다. 「휴虧」는 손해를 봄이고 「익益」은 증가시킴입니다. 당신이 자만하면 손해를 볼 것이고, 겸손하면 이익을 볼 것입니다. 이것이 천도입니다.

「지도변영이유겸地道變盈而流謙」

「변變」은 변천입니다. 자만할 때 틀림없이 변화할 것입니다. 「유流」는 윤택입니다. 움푹 팬 땅은 물이 흘러 윤택하고, 지대가 높은 땅은 윤택할 수 없습니다.

「귀신해영이복겸鬼神害盈而福謙」

귀신은 자만한 사람을 보면 이따금 해를 끼치고, 겸허한 사람은 귀신이 보우합니다.

「인도오영이호겸人道惡盈而好謙」

혼자 득의양양한 자는 싫어하고, 시기 질투하여 방해합니다. 겸허한 자는 모두 기뻐하고 존중하며, 돕고자 합니다. 그래서 우리는 일을 처리하고 사람을 상대하며 사물을 접할 때 겸손할 줄 알아야 합니다.

[2] 사례를 들어 상세히 해석함(舉事別明)

"정빈丁賓은 태도가 공손하고, 일체 일을 순순히 받아들였다. 모욕을 받아도 대꾸하지 않았고, 비방을 들어도 따지지 않았다. 그는 과연 시험에 합격하였다. 풍개지馮開之는 자신을 낮추고 용모를 단정히 하였다. 친구가 면전에서 그의 잘못을 공격하여도 마음을 평온히 하고 질책을 순순히 받아들였다. 그도 과연 시험에 합격하였다. 하건소夏建所는 기질이 겸손하였고, 자신의 뜻을 양보하여 겸손한 광채가 사람을 압도하였다. 온후하고 선량한 태도가 이와 같아 과연 시험에 합격하였다(丁賓恭敬順承受侮不答, 聞謗不辯, 必登第。馮開之虛己斂容, 友面攻其非, 平懷順受, 及第。夏建所氣虛意下, 謙光逼人, 溫良若此, 中式)."

요범 선생은 이 단락에서 그가 잘 알고 있는 몇 분의 사례를 듭니다. 무릇 겸손한 유생은 모두 시험에 합격하여 공명을 얻을 수 있습니다. 첫째 정빈丁賓은 그와 동시대인 중에서 가장 젊은 유생으로 사람됨이 부모님에게 효도하고 스승을 존경하였습니다. 동학들이 그를 비방하고 모욕을 줄지라도 그는 한마디 변명도 하지 않고 잘 견뎌 낼 수 있었습니다. 게다가 공경심 · 청정심 · 평등심으로 사람을 대하고 그를 비방하고 모욕을 주는 사람을 싫어하고 차버리지 않았습니다. 그래서 이 사람은 시험에 합격하여 공명을 얻었습니다. 공명이 있는지 없는지 부귀가 있는지 없는지는 학식에 달려 있지 않고 운명 속에 정해져 있습니다. 운수가 좋으면 마침 시험출제 문제를 모두 알게 됩니다. 어떤 사람은 매우 열심히 노력하고 날마다 공부하여도 마침 시험출제 문제를 읽은 적이 없어 종종 합격하지 못합니다.

저는 초등학교에서 중학교 시험을 볼 때 매일 놀면서 전혀 공부하지 않았는데, 결국 10등에 합격했다. 조동문曹同文이라는 동학은 매우 열심히 공부해서 반에서 일등이었지만, 결국 그는 시험에 합격하지 못했습니다. 왜 시험에 떨어졌을까요? 이것이 운명입니다. 그래서 선인들은 과거시험에 대해 먼저 음덕을 말했습니다. 당신의 조상이 음덕을 쌓았는가, 당신 자신이 음덕을 쌓았는가? 요범 거사는 사람을 볼 때도 이렇게 보았습니다. 이것이 길흉화복의 조짐입니다.

둘째 풍개지도 당시 과거 응시자 중의 한 사람입니다. 이 사람은 겸손하였습니다. 대중 속에서 언행을 삼갈 줄 알았고 남을 공경하였습니다. 다른 사람이 면전에서 그의 잘못을 말하여도 겸손한 마음으로 받아들였습니다. 이는 보통사람이 실천할 수 없는 것입니다. 요범 선생은 이 사람은 과거시험에 반드시 합격하리라 여겼고 과연 예상한 대로였습니다.

셋째 하건소夏建所는 사람을 대하고 일을 처리함에 겸손한 마음으로 자신의 뜻을 양보하고, 곳곳마다 감히 남보다 앞서지 않았습니다. 요범 선생은 그가 "겸손한 광채가 사람을 압도하였고, 온후하고 선량한 태도가 이와 같았다." 말하였다. 온후하고 선량하며, 겸손한 태도로 자신을 낮추었습니다. 이러한 유생은 확실히 시험에 합격합니다. 이것이 겸손한 미덕이 주는 효과를 말합니다.

> "겸손하게 자신을 굽힘은 복을 받는 기초이다. 겸손하면 가르침을 받아 선복을 취함이 무궁무진하다(虛心曲己 受福之基 謙則受教 取善無窮)."

마지막으로 자식에게 겸손을 배우도록 해야 한다고 격려합니다.

「허심곡기虛心曲己 수복지기受福之基」

겸손하게 자신을 굽힘은 복을 받는 기초입니다. 아만에 가득 차 자신을 높이고 뽐내며 안하무인격으로 다른 사람을 무시하면 화를 초래하는 근원입니다. 당신이 지금 뜻을 이루면 거만할 수 있지만, 어느 날 당신이 일이 뜻대로 되지 않아 기가 꺾일 때 다른 사람이 당신을 만나 더 이상 당신을 거들떠보지 않으면 당신은 고통을 겪게 될 것입니다. 그래서 뜻을 이루었을 때 겸손·공경할수록 더욱 성심성의를 다해 이러한 기회를 이용하여 다른 사람을 돕고 복을 닦고 덕을 쌓아야 합니다. 자신이 나이 들고 몸이 약해지면 은혜에 보답하는 사람과 당신을 돌보는 사람이 많습니다. 그래서 우리가 지금 복을 닦아야 만년에 이르러 복을 누릴 것입니다. 중국 교육에서 나이가 초년 시기는 복덕의 기초를 배양하는 때입니다. 이러한 교육은 모두 초등학교 때 부모님과 선생님이 가르칩니다. 한 사람의 성취는 모두 그 당시 양쪽의 도움을 받습니다. 그래서 부모님과 선생님의 은덕이 가장 큽니다. 중년 시기는 사회에 진출하여 복을 닦고, 자신과 가족을 행복하게 하며, 복을 쌓는 때입니다. 《예기禮記》에 "나이가 칠십이면 벼슬을 그만둔다(七十而致仕)." 말합니다. 칠십세는 퇴직하는 연령으로 퇴직한 후 복을 누립니다.

요즘은 사회가 뒤바뀌어 아이들이 호강하고 부모가 총애하며, 중년에는 생존의 전장에서 목숨을 걸고, 만년에는 무덤을 찾는 것이 이 얼마나 슬픈 일입니까! 이는 중국과 외국의 교육이념이 다르기 때문입니다. 제가 과거 미국에 머물 때 많은 중국인이 여전히 할아버지와 손자

삼대가 같은 집에서 살아가는 모습을 미국 노인이 보고서 매우 감동하였다고 합니다. 그들의 자녀는 집을 떠난 후에 다시 집으로 돌아오지 않고, 설이나 명절이 올 때마다 연하장 한 장 보내오면 매우 기뻐한다고 합니다. 요즘 사람들은 서양문화의 영향이 너무나 커서 외국인을 따라 배은망덕하게도 부모님을 모시지 않습니다. 이러한 인을 심으면 만년에 퇴직할 때 이르러 이러한 과보를 맛볼 것입니다. 우리는 전통적이고 선량한 가르침을 회복하고자 하면 반드시 자신부터 실천하여야 하고 겸손할 줄 알아야 합니다.

「겸즉수교謙則受教 취선무궁取善無窮」

겸손해야 가르침을 받을 수 있고 선복善福이 무궁무진할 수 있습니다. 사람이 거만하고 겸손하지 않으면 훨씬 더 좋은 스승이라도 가르칠 방도가 없습니다. 저는 이병남 스승님과 십년 동안 지내면서 스승님께서 학생을 가르치는 모습을 지켜보았습니다. 무릇 학생이 거만하고 조금도 겸손한 마음이 없어도 선생님은 그에게 매우 정중하고 공손하였습니다. 그에게 잘못이 있어도 스승님은 꾸짖지 않았는데, 왜냐하면 말해도 아무런 소용이 없고 도리어 죄를 짓고 원수가 되기 때문입니다. 이것이 정말로 가르치고 있는 모습입니다. 기꺼이 받아들이지 않는 경우 손님으로 여기고, 기꺼이 받아들이는 경우 학생으로 여겼습니다. 스승님은 편견이 아니라 학생이 기꺼이 받아들이는지 아닌지 전적으로 살펴보았습니다. 그래서 성실과 공경의 마음이 약간 있고 약간 받아들일 수 있으면 당신에게 약간 가르치고, 성경의 마음이 한껏 있고 한껏 받아들일 수 있으면 당신에게 한껏 가르치며, 받아들일 수 없으면 가르치지 않고 가르쳐도 아무런 소용이 없습니다. 이는 사람에 맞게 가르침을 베푸는 것으로 학생이 지닌 진실하고 성실한 마음 · 겸손한 마음을 보고 가르칩니다.

불법의 교학은 그 뜻이 우주와 인생의 진상을 설명함에 있습니다. 즉 인생은 자기 본인이 일구어 나가는 것이고, 우주는 곧 자신이 살아가는 생활환경입니다. 우주와 인생의 진상을 깨달은 자이면 부처 · 보살이라 칭하고, 미혹 전도되어 또렷하게 알지 못하고 명료하게 알지 못한 자이면 범부라 칭합니다. 그래서 성인과 범부는 단지 깨달음과 미혹, 사이에 있습니다. 깨달으면 대자재를 얻고, 미혹하면 자재하지 않을 뿐만 아니라 여전히 매우 많은 고난을 겪습니다. 사실 · 진상을 깨닫지 못하면 자신의 번뇌 · 지견知見과 잘못된 의견 · 방법에 따라 이러한 길상치 못한 과보로 변하여 나타나고 수많은 재난을 초래하게 됩니다. 자고이래로 세간 출세간의 성인에 대해 중국인은 성인이라 하고 인도인은 부처라 하지만, 그 뜻은 완전히 같습니다. 그래서 「성聖」의 정의는 곧 우주와 인생의 참된 실상을 명백히 이해한 사람입니다.

불법에서 세간의 성인과 출세간의 성인을 구별하지만, 실제로는 모두 방편설입니다. 진정으로 깨닫고 원만히 깨달은 사람은 마음이 청정하여 세간 · 출세간의 이런 개념이 결코 없습니다. 있으면 망상 · 분별 · 집착을 끊지 못하고, 설사 깨달을지라도 매우 유한합니다. 부처님께서는 개인마다 모두 철저히 깨닫기를 희망하셨습니다. 다시 말해 사람마다 모두 성불하길 희망하셨습니다. 성불은 곧 철저하고 원만한 깨달음입니다.

그래서 부처님은 신이 아닙니다. 신은 여전히 깨닫지 못하고 있습니다. 신은 우리보다 조금 큰 복을 누리고, 우리보다 조금 높은 지혜를 가지고 있지만, 신은 실제로 지혜가 얼마 높지 않고, 삼계육도三界六道를 벗어날 수 없습니다. 우리는 모두 이러한 사리에 또렷해야 비로소 어떻게 학불學佛해야 하는지, 학불하는 목적이 어디에 있는지, 학불하는데 갖추어야 할 태도와 방법이 무엇인지 알고, 어떠한 성취가 있길 희망할 수 있습니다. 성취는 곧 과보입니다. 우리는 각자 모두 행복하고 즐겁고 원만한 생활을 보내길 희망하는데 불법은 확실히 우리에게 이러한 목적을 달성할 수 있게 합니다. 이번 생에서든 내생에서든 상관없이 세세생생 영원히 행복한 삶 · 원만한 삶 · 즐거운 삶을 얻을 수 있습니다.

어떻게 해야 얻을 수 있습니까? 깨달아야 얻을 수 있습니다. 어떻게 해야 깨달을 수 있습니까? 교학을 해야 하고, 선지식과 가깝게 지내야 합니다. 부처님께서는 경전에서 우리를 이렇게 가르치셨고, 중국의 성인도 우리를 이렇게 가르치셨습니다. 선지식과 가깝게 지내면 정말 깨달을 수 있습니까? 물론 깨닫는 사람은 여전히 소수이고 깨닫지 못한 사람이 다수를 차지합니다. 관건은 여전히 「배우길 좋아함(好學)」에 있습니다. 배우길 좋아하는 사람이 선지식과 가깝게 지내면 성취가 있습니다. 배우길 좋아하지 않으면 선지식을 만나도 헛되이 보내고 맙니다. 배우길 좋아하면 정말 수승한 성취가 있는지는 반드시 그렇다고 할 수 없고, 겨우 작은 성취가 있다고 말할 수 있습니다. 큰 성취·원만한 성취에 이르려면 또 하나의 조건을 추가해야 하는데, 곧 큰 심량입니다. 속담에 이른바 **"심량이 크면 복이 크고, 복이 크면 지혜가 크다."** 하였습니다. 큰 지혜· 큰 복덕은 곧 큰 심량에서 오는 것입니다. 심량이 작으면 설사 배우길 좋아하고 선지식을 만날지라도 성취는 여전히 작습니다.

불가의 교학도 또한 마찬가지입니다. 소승불교에서는 선지식과 가깝게 지낼 것을 말합니다. 대승불교에서는 배우길 좋아할 것을 추가하고, 보현행에서는 다시 큰 심량을 추가합니다. **"마음은 태허를 감싸고 그 심량은 법계에 두루 한다(心包太虛 量周沙界).**" 또한 배우길 좋아하고, 또한 선지식과 가깝게 지내길 즐거워합니다. 이 세 가지 조건을 갖추어야 한평생 원만히 성불할 수 있습니다. 선우가 모자라면 설사 배우길 좋아하고 큰 심량이 있어도 성취할 수 없는데, 기초가 없기 때문입니다. 그래서 선지식과 가깝게 지내는 것이 지극히 중요함을 알 수 있습니다. 《아난문사불길흉경阿難問事佛吉凶經》에서는 시작부터 명사明師와 가깝게 지내야 하다고 말합니다. 여기서 「명明」은 곧 명료하게 통달함을 뜻합니다. 설사 배우길 좋아하지 않고 큰 심량이 없을지라도 명사와 가깝게 지낼 수 있으면 불법을 수학하는 제일 목표인 악을 끊고 선을 닦음을 달성할 수 있습니다. 말하자면 참된 선지식은 절대 사람이 탐진치를 증가시키도록 도울 리 없습니다. 사람이 탐진치를 증가시키도록 도우면 곧 악지식입니다. 사람이 십악업을 짓도록 도우면 곧 악지식입니다. 선지식은 사람에게 악을 끊고 선을 닦으라 가르칠 뿐만 아니라 자신이 틀림없이 좋은 본보기가 됩니다.

석가모니부처님께서는 가장 좋은 스승님이자 가장 좋은 선지식입니다. 그 자신이 말씀하신 것은 그가 전부 다 실천하셨습니다. 그는 한평생 자신에게 필요한 것은 최저수준으로 줄여, 옷 세 벌에 발우 하나만으로 생활하였습니다. 곧 우리에게 물질적 생활이 최저수준, 즉 이른바 배부르게 먹고, 따뜻하게 입고, 비바람을 피할 수 있는 작은 집이 있으면 충분하다고 일러주셨습니다. 마음에는 조금도 걱정 근심이 없고 몸에는 털끝만한 압력도 없어 바로 성현이 말씀한 대로 「이치에 맞아 마음이 편안(心安理得)」 합니다. **도리가 명백하면 마음이 편안하고 마음이 편안하면 만족할 줄 알아 늘 즐겁습니다.** 세상에서 어떤 사람이 가장 괴롭습니까? 만족할 줄 모르는 사람이 가장 괴롭습니다. 그에게는 만족하는 때가 영원히 없습니다.

그래서 불법 교학의 목표는 가장 먼저 중생에게 「악을 끊고 선을 닦아라(斷惡修善)」 가르칩니다. 이는 인행을 닦는(修因) 것으로 그 과보는 인천의 복보입니다. 악을 끊음은 곧 삼악도를 끊음이고, 선을 닦음은 곧 인천의 복보를 닦음입니다. 이는 명사明師와 가깝게 지내고 선우와 가깝게 지내면 이렇게 수승한 과보를 얻음을 가리킵니다. 덧붙여 교학을 즐기면 그 과보는 더욱 수승합니다. 교학을 하면 깨달을 수 있고 이치를 밝힐 수 있어 우주와 인생의 진상을 명료하게 통달하며, 그 과보는 더욱 수승하여 육도윤회를 벗어날 수 있습니다.

세상에서 가장 바른 즐거움은 독서의 즐거움입니다. 어떤 책을 읽어야 즐겁습니까? 성현의 책을 읽으면 즐겁습니다. 부처님께서는 위대한 성인이자 현인입니다. 날마다 불경을 읽고 경전에 담긴 의리를 체득하면 그 즐거움은 무궁무진합니다. 이 즐거움은 세상에서 얻는 명성과 이득, 오욕육진五欲六塵의 즐거움과 견줄 수 있는 것이 아닙니다. 그래서 석가모니부처님께서는 한평생 모든 일에 즐거워 지치지 않았습니다. 부처님의 학생은 여러 대보살 · 대아라한 · 조사 · 대덕으로 각자 모두 자신의 일에 즐거워 지치지 않습니다. 우리는 마땅히 세심하게 체득 관찰하여 진정으로 성현과 가깝게 지내야 합니다. 그 가운데 큰 즐거움이 있습니다.

한 걸음 더 나아가 심량을 개척하여 정말 "마음은 태허를 감싸고 그 심량은 법계에 두루 하며," 염념마다 일체중생을 위해 생각하고, 허공법계를 위해 생각합니다. 이러한 심량을 불법에서는 「보현행普賢行」이라 칭합니다. 어떤 법문을 수학하든지 모두 보현법문입니다. 이러한 심량으로 수학한 공덕을 가장 원만하고 가장 구경까지 넓히면 불도를 원만히 이룹니다.

이에는 세 가지 단계가 있으니, 첫째는 「악을 끊고 선을 닦는(斷惡修善)」 단계로 삼악도三惡道를 벗어나 인천人天의 복보를 얻습니다. 둘째는 「미혹을 깨뜨리고 깨달음을 여는(破迷開悟)」 단계로 육도윤회六道輪迴를 벗어나 사성법계四聖法界(성문 · 연각 · 보살 · 부처)에 왕생합니다. 최고의 층차는 곧 **심량을 개척하여 포용할 수 없는 것이 하나도 없고**

마음이 진성眞誠 · 청정清淨 · 평등平等 · 정각正覺 · 자비慈悲이면 제불 여래와 같습니다. 이러면 「초범입성超凡入聖」입니다. 「범凡」은 십법계 十法界이고, 「성聖」은 일진법계一眞法界입니다. 최고의 층차에서는 십 법계를 뛰어넘어 일진법계로 들어갑니다. 《화엄경》에서 말하는 화장세 계華藏世界, 정토종에서 말하는 극락세계는 모두 초범입성超凡入聖입니 다. 불법은 깨달음의 교육에 속합니다.

불보살 선지식이 가르치길 바라면, 와서 배울 사람이 있을까요? 「**불씨 문중에는 한 사람도 버리지 않는다(佛氏門中 不捨一人)**」 하였습니다. 기꺼이 배우고자 하는 이가 한 사람이라도 있으면 불보살께서 와서 가르치십니다. 우리는 경전에서 보는 **당기중當機衆**입니다. 당기중은 법회에 와서 배우는 학생입니다. 그를 제외하고는 모두 방청하는 무리입니다. 진정으로 와서 배우는 사람은 이익을 얻습니다. 방청하는 무리는 단지 법연을 조금 맺는 것일 뿐입니다. 바꾸어 말하면 불학의 상식을 조금 얻고 진정한 이익은 얻지 못합니다. **진정으로 학생이 되면 진실로 실천(眞幹)하게 됩니다.** 진실로 악을 끊고 선을 닦으면 그가 정규생이고, 불법에서는 당기중이라 합니다.

그래서 부처님의 교학은 대단히 자비로우셔서 기꺼이 배우려는 이 한 사람이라도 있기만 하면 부처님께서 세상에 머물러 계십니다. 교학의 성과는 악인을 교화시켜 선인으로 바꾸고, 나쁜 사람을 교화하여 좋은 사람으로 바꾸며, 미혹한 사람을 교화하여 깨달은 사람으로 바꿉니다. 이것이 교학教學입니다. 나쁜 사람이라고 해서 그를 제적하면 그것은 실패한 교육입니다. **성공한 교육은 한 사람의 성격을 변화시키는 것입니다.** 중생은 변화시킬 가능성이 있습니까? 틀림없이 가능합니다. 그러나 **중생의 업장 · 번뇌 · 습기가 매우 무거워 선지식에게 인내심이 있어야 합니다.** 이는 하루 이틀에 성공할 수 있는 것이 아닙니다.

저는 학불한지 47년 만에 비로소 바뀌었고, 마음을 돌렸습니다. 저는 노력하는 사람도 아니고 상근기의 지혜가 예리한 사람도 아니었지만, 날마다 배우고 하다가 중도에 포기하지 않아 나도 모르는 사이에 바뀌었습니다. 정말 바꾸었습니다. **마음을 일으키고 생각을 움직여도 결코 더 이상 자신을 위해 생각하지 않았습니다.** 자신을 위해 생각한다면 바뀌지 않았습니다. **일체중생의 행복을 위해 생각하고 일체중생의 재난을 소멸시키기 위해 생각하는 것이 곧 진정한 마음돌림(回頭)입니다.** 그래서 우리의 학습은 스승과 상응해야 합니다. 스승은 불보살입니다. 불보살의 가르침은 곧 경전입니다. **경전을 독송함은 곧 제불보살과 가깝게 지내는 것입니다.**

그래서 이번에 《요범사훈了凡四訓》의 대의를 여러분에게 간략히 소개하는 것은 매우 필요한 일입니다. 《요범사훈》의 내용은 바로 「인과를 깊이 믿고 운명을 바꾸는 일」입니다. 특히 요즘 세상에 무사한 재난이 발생하고 있는데, 이를 해소할 수 있습니까? 할 수 있습니다. 이치와 방법을 알기만 하면 해소할 수 있습니다. 이치와 방법을 모르면 방법이 없습니다.

보현행원普賢行願이란 무엇입니까?
여래의 원만한 과덕은 반드시
대행大行을 닦아야, 복덕이 원만합니다.
하나하나의 행문行門마다 모두
자성自性과 상응하여야 할 뿐만 아니라
하나하나의 행문이 법계에 두루해야 합니다.
그리고 어떠한 행도 모두 일체 행을
널리 머금어 거둘(含攝) 수 있고,
일체 행도 모두 하나의 행 가운데
머금어 거둘 수 있습니다.
이것이 바로 보현행의 본체이고,
이것이 바로 보현보살이 행한 것입니다.
바꾸어 말하면 이러한 수행 방법을 통해
우리는 보현보살普賢菩薩을 성취합니다.
-정공상인, <보현행원 염불성불>

요범사훈 심요

1판 1쇄 펴낸 날 2023년 8월 30일

원저 원요범 **강술** 정공스님 **편역** 허만항

발행인 김재경 **편집** 허서 **디자인** 김성우 **마케팅** 권태형 **제작** 다산문화사

펴낸곳 도서출판 비움과소통

서울 금천구 가산디지털2로 43-14 한화비즈2차 7층 702호

전화 010-6790-0856 팩스 0505-115-2068

이메일 buddhapia5@daum.net

979-11-6016-092-5 03220

* 경전을 수지독경하거나 사경하거나 해설하거나 유포하는 법보시는
한 사람의 붓다를 낳는 가장 위대한 공덕이 되는 불사입니다.

* 전법을 위한 법보시용 불서는 저렴하게 보급 또는 제작해 드립니다.
다량 주문시에는 표지 · 본문 등에 원하시는 문구(文句)를 넣어드립니다.